日本古代の年中行事書と新史料

西本昌弘著

吉川弘文館

目次

第二部　古代の儀式書・年中行事書と新史料

序章　古代史研究と新史料
——東山御文庫本と九条家本を中心に——

はじめに

本書はかつて禁裏文庫や公家文庫に伝えられた儀式・年中行事書のなかから、主として新出史料と思われる書物や逸文を選び出して紹介し、新史料が明らかにする歴史的事実を指摘したものである。

本書で取り上げた新史料群は大きく分けると二つになる。一つは、かつての禁裏文庫を継承する京都御所東山御文庫などに収蔵される古典籍であり、摂関期の公卿で能書家たる藤原行成が編纂した『新撰年中行事』『行成大納言年中行事』『行成卿除目小葉子』『禁省日中行事』などを含む。これらはいずれも失われた書物と考えられていたが、東山御文庫所蔵の近世写本や国立歴史民俗博物館所蔵の広橋家旧蔵本のなかに、完本もしくは残欠本の形で伝存することが確認された（一部推定を含む）。本書では、これら新史料群の概要を紹介し、未知の史料から判明する新たな歴史的事実について言及した。

いま一つは、宮内庁書陵部所蔵の九条家本『神今食次第』に引かれる新史料を紹介し、従来の研究に修正を迫る点を指摘した。具体的には、「内裏式」「清涼記」「西記」「醍醐天皇御記」「村上天皇御記」などの新出逸文であり、きわめて長文の一括引用がなされているところから、これらの儀式書や記録の性格を考える貴重なデータを提供している。本書では、これらの新史料を翻刻して、「内裏式」「清涼記」などの性格や成立年代について再考を加えるとともに、新出逸文が投げかける諸問題について考察した。

一　東山御文庫本と新史料

東山御文庫本は禁裏文庫本の中核を伝える蔵書群である。東山御文庫は京都御所内の東北隅に現存する。明治十五年に近衛忠熙は邸内の東山倉を献上して御所内に移築したが、同三十四年に東山倉と同様式の建物が新築されて東山御文庫と呼ばれ、このなかに禁裏文庫本の多くが収蔵されてきた。東山御文庫本の主体は江戸時代前期に後西天皇や霊元天皇が新写させた写本であり、その後も東山・中御門・桜町・後桜町などの各天皇によって蔵書の充実がはかられた。近世のたび重なる火災や地震、近現代の地震や戦争にともなう災禍などをくぐり抜け、現在に伝えられたのである。昭和五十三年には御文庫の西隣に鉄筋コンクリート造りの西庫が新造され、収蔵品の多くはここに移された。現在の東山御文庫は宮内庁侍従職の管掌するところで、収蔵品は約六万点におよぶ(1)。

東山御文庫では毎年十月から十一月にかけて御物の曝涼が行われるが、その機会に学術研究者に閲覧の機会が与えられた。宮内庁書陵部では戦後、研究員を京都に出張させて、御物の調査を行うとともに、マイクロフィルム撮影を行い、このマイクロフィルムを東京の書陵部庁舎に収蔵することで、研究者の閲覧に供してきた。こうして定期的な調査が開始され、研究者の裾野が広がるにしたがって、東山御文庫に未知の伝本や善本の存在することが判明してきた。

まず今江廣道氏は、鎌倉末期書写の東山御文庫本『一代要記』が諸写本の祖本たる金沢文庫本である可能性が高いことを論じた(2)。また東山御文庫本『延喜式覆奏短尺草写』については、虎尾俊哉氏が『延喜式』の編纂過程をうかがわせる貴重な史料として注目し、基礎的な考察を行った(3)が、今江廣道氏は全文を翻刻した上で、錯簡の有無などを検討している。[4] 本史料については、その後、虎尾俊哉・吉岡眞之・黒須利夫らの諸氏によって、さらに詳細な検討が加えられ、写真版や翻刻文も公刊されている。[5]

次に飯田瑞穂氏は、東山御文庫本『周易抄』の紙背に寛平九年の任符案が記されていることを紹介し、解読案を提示した。[6] また所功氏は、東山御文庫本の『撰集秘記』や『建武年中行事』が最古の善本であることに注目し、写真版によって両書を影印刊行している。[7] 宮崎康充氏は、『源基綱朝臣記』の書名をもつ東山御文庫の近世写本が、実は平時範の日記『時範記』承徳三年夏であることを解明した。[8]

さらに田島公氏は、東山御文庫の近世写本『叙位記 中外記』は元来、男叙位・女叙位を合わせた儀式書で、『叙玉秘抄』の原本にあたる書物であろうことを明らかにした。[9] 住吉朋彦氏は、東山御文庫本『駒牽勘例』の紙背に院政期の佚名漢詩集が残存することを紹介した。[10] 東山御文庫所蔵の『続日本紀』『続日本後紀』など六国史写本の調査・研究も進み、吉岡眞之・遠藤慶太・小倉真紀子・鹿内浩胤の諸氏によって専論が発表されている。[11]

これら以外にも、高田義人氏によって、東山御文庫本『朝野群載抄』が『朝野群載』の散逸した巻から諸文書を抄出した書物であること、[12] 石田実洋氏によって、東山御文庫本『御産記 寛弘六年十一月』が『小右記』の写本であること、[13] 小倉慈司氏によって、東山御文庫本『斎王記』が『江家次第』の影響下に十二世紀に作成された書物であることが、[14] それぞれ明らかにされた。また鹿内浩胤氏によって、東山御文庫『類聚三代格』が水谷川家本などに次ぐ重要な写本であることが解明され、[15] 尾上陽介氏によって、東山御文庫本『除目部類記』が「法性寺殿御記」のまとまった逸文を多数引用することが指摘されている。[16]

以上のように、東山御文庫本の調査と研究が進むにしたがって、これまで知られていなかった新出史料や古写の善本が存在することが明らかになった。とりわけ注目すべきは、東山御文庫には今はなき古写本の忠実な近世写本が数多く伝存することであり、近世の新写本といえども軽視することはできない。[17] 本書で紹介した東山御文庫本『新撰年中行事』なども、こうした新史料群の一、二であり、書陵部などに勤務した先学・先輩研究者の優れた研究業績の延長線上に検出されたものである。

二　九条家本と新史料

九条家本は藤原氏五摂家の一家たる九条家に伝えられた蔵書群である。九条家も東京遷都までは京都御所の南側、堺町御門の西に邸宅を構えていた。邸内には文庫もあったが、九条家は鴨川以東にも別の文庫を設けていたようである。[18] 公家文庫の蔵書は近世の火災・震災などで多く失われたが、九条家の文庫は幸いにしてこれを免れ、明治以降は東京に移された。その後の震災や戦災からも生き残った九条家本は、戦後、その一部が坊間に流失したが、昭和三十年から同三十二年にかけて、その大半が宮内庁書陵部に移管された。総点数は一万点を超え、書陵部において修補と整理が進められている。

九条家本の修補と整理は現在も継続中であるが、九条家本のなかに未知の貴重な史料が含まれることは、戦後、宮内庁書陵部に勤務する研究者を中心にしだいに明らかにされていった。

まず、九条家本のなかに源師房の日記『土右記』の現存唯一の伝本が伝わることが、平林盛得氏によって紹介された。[19] 延久元年夏の記事を収める鎌倉初期写の巻子本である。次に、平時範の日記『時範記』のまとまった形として残された唯一の伝本が九条家本のなかに存在することが、早川庄八氏によって紹介された。[20] 承徳三年春の記事を収める鎌倉写の巻子本である。『時範記』についてはさらに、永長二年冬上の記事を収める鎌倉写の巻子本が伝存することが、宮崎康充氏によって明らかにされている。[21] さらに、藤原師輔の日記の部類記『九条殿記』の飛駅事・開関事や中宮遷御事などの記文を収める平安末期写の断簡が九条家本のなかに存在することが、橋本義彦氏と平林盛得氏によって紹介された。[22]これによって、『九条殿記』に臨時部が存したことが判明した。このほか、藤原済時の日記『済時記』の唯一の伝本が飯倉晴武氏によって紹介された。[23]

以上は古記録に関する新発見であるが、古典籍などについても、重要な発見があった。米田雄介氏は九条家本『中右記部類』紙背の「摂津国租帳」について、『平安遺文』未収の新出断簡を紹介しつつ、その接続を再考して、綿密な考証を行った。[24]九条家本『中右記部類』の構成や形態については、橋本義彦氏や吉田早苗氏が分析を加えている。[25]次に、吉岡眞之氏は九条家本『令訓釈抜書』を紹介し、これが九条道教に関わる『令』の講義・読会ノートである可能性を指摘した。[26]さらに、平林盛得氏は九条家に伝わる「固関木契」を紹介し、これは東山天皇譲位時に使用されたものであろうと推定した。[27]

これら以外にも、早川庄八氏は『西宮記』の古写本として九条家本の系統があることを明らかにし、[28]北啓太氏や栗木睦氏がこの視点を継承・発展させた。[29]また石田実洋氏は、九条家本『官奏抄』が源経頼の手になる『経頼卿青縹書』の抜書である可能性が高いことを指摘している。[30]

以上のように、九条家本の整理と調査が進むにしたがって、現存する唯一の古巻子本や未知の古書断簡などが多く伝来することが判明し、平安時代の古記録を中心として、古代史研究に新たな手がかりを提供することとなった。本書で紹介した九条家本『神今食次第』所引の新史料なども、こうした九条家本特有の孤立史料の一、二であり、先学諸氏のこれまでの研究成果を継承することによって、見出されたものである。

三　本書の構成と内容

本書は著者が一九九五年から二〇〇九年までに発表した論考のなかから九本を選び、これに新稿一本を加えて、一書としたものである。一書にまとめ直すにあたって、記述の統一をはかるため、論旨の変更や修正を行った場合があるが、その場合は補注や補記などに記述した。

これらのなかに引用される新史料を紹介しながら、新たなデータがもつ意味を略説した。

第一部では、東山御文庫本を中心にして、藤原行成が撰述した年中行事書・除目書の概略とその内容を述べ、

第一章「東山御文庫所蔵の二冊本『年中行事』について―伝存していた藤原行成の『新撰年中行事』―」は、表題の写本がこれまで佚書とされていた藤原行成撰『新撰年中行事』二巻の伝本であることを論じたもので、御障子本系の年中行事書のなかでも群を抜いて多数の行事を収録する本書は、すでに廃止された行事でも削除せずに掲出している場合があるので、国忌の廃置などに関する新史料を多く含んでいることを論じた。あわせて伝本の内容分析から、本書の大枠は寛弘年間までに定められていたと結論づけた。一九九五年秋に東山御文庫で本書に接してから三年の月日をへて、調査結果の概略と本書のもつ意義を紹介したものである。「あとがき」にも触れたように、本書確認の背景には、宮内庁書陵部の先輩諸氏が書かれた出張報告書があり、一九九五年秋の出張調査で一緒だった田島公氏の助言がある。そうした方々の学恩に感謝したい。

第二章「「蔵人式」と「蔵人所例」の再検討―『新撰年中行事』所引の「蔵人式」新出逸文をめぐって―」は、『新撰年中行事』に引かれる「蔵人式」「蔵人所例」などの新出逸文を紹介したもので、はじめて出現した「延喜蔵人式」や「蔵人式御短尺」の逸文がもつ意義を、蔵人所の展開過程のなかで論じた。

第三章「「官曹事類」「弘仁式」「貞観式」などの新出逸文―『新撰年中行事』に引かれる新史料―」は、『新撰年中行事』が引用する「官曹事類」「弘仁式」「貞観式」「延喜中宮式」などの新出逸文を紹介し、それらの新史料がもつ意味を述べたものである。

第四章「広橋家旧蔵本『叙除拾要』について―藤原行成の除目書と思われる写本―」は、国立歴史民俗博物館

所蔵の広橋家旧蔵記録文書典籍類に含まれる『叙除拾要』一巻が、藤原行成が編述した『行成卿除目小葉子』の伝本か抄本であることを論じ、これまでに確認されている「行成抄」逸文との対応関係を検討したものである。田島公氏が精力的に追究している院政期の叙位除目書の前提となる摂関期の叙位除目書として、本書のもつ価値は高いと思われ、相互の比較研究が今後の課題である。(31)

第五章「東山御文庫本『日中行事』について」は、表題の写本が摂関期における未知の日中行事書であろうことを論じ、これが『本朝書籍目録』にみえる「禁省日中行事」の伝本で、やはり藤原行成の手になる日中行事書である可能性が高いことを述べたものである。古代天皇の日中行事をまとめて記述した書物は少ないが、『侍中群要』とあわせて本書を利用することで、内裏における天皇や側近官人の日々の営みを追究する研究が盛んになることを期待したい。

第二部では、九条家本を中心にして、古代の儀式書・年中行事書に引かれる新出逸文を翻刻し、新史料が語る事実を指摘するとともに、『北山抄』巻十や『年中行事秘抄』の成立過程を分析した。

第一章「九条家本『神今食次第』所引の「内裏式」逸文について―神今食祭の意義と皇后助祭の内実―」は、宮内庁書陵部所蔵の表題書に引かれる「内裏式」（実は「内裏儀式」）の新出逸文を紹介しながら、『内裏儀式』の成立年代に再考を加え、あわせて神今食・新嘗祭における寝具の意味、皇后助祭の内実などを検討した。

第二章「九条家本『神今食次第』にみえる「清涼御記」逸文―「清涼記」の成立年代と「新儀式」との異同―」は、同じく表題書に引かれる「清涼御記」新出逸文を紹介しながら、「清涼記」の成立年代を再検討し、「清涼記」と「新儀式」とは異名同書であることを論じたものである。

第三章「九条家本『神今食次第』所引の「西記」と「二代御記」―行幸時の鈴印携行とも関わる新史料―」は、同じく表題書が引用する「西記」「醍醐天皇御記」「村上天皇御記」などの逸文を紹介したものである。とりわけ後二者については、長文の新出逸文が検出されたので、その記述内容を分析して、古代における行幸時の鈴印携行の原則について考察を加えた。

第四章「『北山抄』巻十の錯簡とその復元―稿本と前田本の相違点を手がかりに―」は、藤原公任の自筆稿本たる稿本『北山抄』巻十に残された形態上・筆跡上の諸特徴を観察しつつ、前田本『北山抄』巻十との相違点にも注目しながら、公任がどのように草稿本を編成し直して稿本を作り上げたのかを考えた。また、公任没後に稿本の一部が誤って転写されたために、前田本を祖本とする流布本には誤配列が存在することを指摘した。

第五章「『江家年中行事』と『年中行事秘抄』―大江匡房原撰本の展開過程―」は、『年中行事秘抄』の原撰者は大江匡房と中原師遠であったのではないかという視点から、『江家年中行事』と大東急記念文庫本『年中行事秘抄』の行事項目を対比・検討したものである。考察を進めるにあたって、静嘉堂文庫本『年中行事秘抄』と宮内庁書陵部所蔵葉室頼孝本『年中行事秘抄』の奥書記載が大いに参考になった。本章はもともと二〇〇三年三月に刊行した科学研究費補助金研究成果報告書『古写本による年中行事書の比較研究』に掲載したものであるが、不十分な点が多かったため、静嘉堂文庫本『年中行事秘抄』奥書の「花押一」を藤原忠通のものとみた失考などを含め、とりわけ後半部分には修正の筆を加え、大幅に改稿した。

おわりに

吉田兼見の孫兼従はかつて九条道房に対して、「本朝の書策は大略伝わらず、世間に残る所三分の一なり」と語った[32]。たしかに『日本後紀』をはじめとして、応仁の乱以降に伝本の多くを失った書物は少なくない。しかし、東山御文庫本や九条家本など禁裏文庫・公家文庫に関わる調査が進み、これまで佚書と考えられてきた書物の伝本が確認される場合が増えてきていることも事実である。とくに近年、田島公氏を中心に禁裏・宮家・公家文庫の総体的研究が継続的に進められ、蔵書目録を利用した「目録学」的研究が活況を呈していることが注目される(33)。こうした研究の過程で、小倉慈司氏によって、東山御文庫本のマイクロフィルム目録も公刊された(34)。基礎的な条件整備が進められるなか、今後の調査の進展によって、さらに新史料の発見される可能性がある。関係史料が少なく、制約の多かった古代史研究の扉を少しでも開けるためにも、禁裏文庫や公家文庫に関わる写本調査はさらに進められるべきであろう。

註

（1）東山御文庫の沿革と東山御文庫本の概要については、辻善之助「東山御文庫について」（『日本宗教史講座』第一五回配本、東方書院、一九三五年）、黒板勝美「東山御文庫及びその歴代宸翰について」（『虚心文集』六、吉川弘文館、一九四〇年）、平林盛得「後西天皇収書の周辺」（岩倉規夫・大久保利謙編『近代文書学への展開』柏書房、一九八二年）、田島公「禁裏文庫の変遷と東山御文庫本の蔵書―古代・中世の古典籍・古記録研究のために―」（大山喬平教授退官記念会編『日本社会の史的構造』古代・中世、思文閣出版、一九九七年）、徳川義寛「東山御文庫御物について」（『皇室の至宝　東山御文庫御物』一、毎日新聞社、一九九九年）などを参照。

（2）今江廣道「一代要記について―東山御文庫本を中心として―」（『書陵部紀要』一一、一九五九年）。

（3）虎尾俊哉『延喜式』（吉川弘文館、一九六四年）。

（4）今江廣道「資料紹介　延喜式覆奏短尺草写」（『書陵部紀要』二四、一九七二年）。

（5）虎尾俊哉「『延喜式覆奏短尺草』について」（『国立歴史民俗博物館研究報告』六、一九八五年）、吉岡眞之「『延喜式覆奏短尺草写』の一問題」（『日本歴史』四五九、一九八六年。のち『古代文献の基礎的研究』吉川弘文館、一九九四年に再録）、虎尾俊哉「「延喜式覆奏短尺草」補考」（『日本歴史』四六九、一九八七年）、吉岡眞之「『延喜式覆奏短尺草写』の研究―翻刻・訓読篇―」（『国学院大学大学院紀要文学研究科』三一、一九九九年）、黒須利夫「『延喜式覆奏短尺草写』の基礎的考察」（『延喜式研究』二六、二〇一〇年）。

（6）飯田瑞穂「『周易抄』紙背文書」（『国書逸文研究』七、一九八一年）。『周易抄』紙背文書の任符案が宇多天皇に差し出された内案であろうことは、吉川真司氏の教示を得て、田島公「『周易抄』紙背文書と内案」（『日本歴史』六〇八、一九九九年）、西本昌弘「周易抄」（週刊朝日百科『皇室の名宝』一一、一九九九年）などが紹介している。

（7）所功編『京都御所東山御文庫本撰集秘記』（国書刊行会、一九八六年）、同編『京都御所東山御文庫本建武年中行事』（国書刊行会、一九九〇年）。

（8）宮崎康充「資料紹介　時範記承徳三年夏」（『書陵部紀要』三一、一九八一年）。

（9）田島公「『叙玉秘抄』について―写本とその編者を中心に―」（『書陵部紀要』四一、一九九〇年）。

（10）住吉朋彦「資料紹介　東山御文庫本『駒牽勘例』紙背〔平安末期〕写佚名漢詩集」（『書陵部紀要』四八、一九九七年）。

（11）吉岡眞之「東山御文庫本『続日本紀』の周辺」（『続日本紀研究』三〇〇、一九九六年）、遠藤慶太「『続日本後紀』現行本文の問題点」（『平安勅撰史書研究』皇学館大学出版部、二〇〇六年）、小倉真紀子「近世禁裏における六国史の書写とその伝来」（『禁裏・公家文庫研究』三、思文閣出版、二〇〇九年）、鹿内浩胤「『続日本後紀』現行本文の成立過程」（『日本古代典籍史料の研究』思文閣出版、二〇一一年）。

（12）高田義人「『朝野群載抄』について」（『栃木史学』一八、二〇〇四年）。

（13）石田実洋「東山御文庫本『御産記　寛弘六年十一月』（小右記）の紹介」（田島公編『禁裏・公家文庫研究』一、思文閣出版、二〇〇三年）。

（14）小倉慈司「東山御文庫『斎宮記』について」（義江彰夫編『古代中世の史料と文学』吉川弘文館、二〇〇五年）。

（15）鹿内浩胤「東山御文庫本『類聚三代格』について」（『書陵部紀要』五七、二〇〇六年。のち『日本古代典籍史料の研究』思文閣出版、二〇一一年に再録）。

（16）尾上陽介「東山御文庫本『除目部類記』所引『法性寺殿御記』『中右記』逸文」（田島公編『禁裏・公家文庫研究』二、思文閣出版、二〇〇六年）。

（17）橋本義彦「序―東山御文庫と書陵部―」（田島公編『禁裏・公家文庫研究』一、思文閣出版、二〇〇三年）。

（18）西本昌弘「『内裏式』の古写本について」（『日本古代儀礼成立史の研究』塙書房、一九九七年）二一二頁。

（19）平林盛得「史料紹介　土右記」（『書陵部紀要』一二、一九六〇年）。

（20）早川庄八「資料紹介　時範記」（『書陵部紀要』一四、一九六二年）、同「資料紹介　時範記補遺」（『書陵部紀要』一七、一

九六五年）。以上の二編はのち『日本古代の文書と典籍』（吉川弘文館、一九九七年）に再録。
(21)　宮崎康充「資料紹介　時範記永長二年冬上」（『書陵部紀要』三八、一九八七年）。
(22)　橋本義彦「資料紹介　九條殿記」（『書陵部紀要』二一、一九七〇年。のち『平安貴族社会の研究』吉川弘文館、一九七六年に「九條伝殿の逸文」と改題して再録）、平林盛得「資料紹介　九条殿記」（『書陵部紀要』二九、一九七八年）。
(23)　飯倉晴武「資料紹介　済時記」（『書陵部紀要』二三、一九七一年）。
(24)　米田雄介「摂津国租帳に関する基礎的考察」（『書陵部紀要』二四、一九七二年。のち『摂関制の成立と展開』吉川弘文館、二〇〇六年に再録）。
(25)　橋本義彦「部類記について」（高橋隆三先生喜寿記念論集『古記録の研究』続群書類従完成会、一九七〇年。のち『平安貴族社会の研究』吉川弘文館、一九七六年に再録）、吉田早苗「『中右記部類』について」（皆川完一編『古代中世史料学研究』下、吉川弘文館、一九九八年）。
(26)　吉岡眞之「資料紹介　九條家本「令訓釈抜書」」（『書陵部紀要』三二、一九八〇年。のち『古代文献の基礎的研究』吉川弘文館、一九九四年に再録）。
(27)　平林盛得「資料紹介　固関木契」（『書陵部紀要』三九、一九八八年）。
(28)　早川庄八「壬生本西宮記について」（高橋隆三先生喜寿記念論集『古記録の研究』続群書類従完成会、一九七〇年。のち『日本古代の文書と典籍』吉川弘文館、一九九七年に再録）。
(29)　北啓太「『西宮記』の書誌」（『西宮記研究』一、一九九一年）、同「壬生本『西宮記』旧内容の検討」（『史学雑誌』一〇一―一一、一九九二年）、栗木睦「『官奏事』の基礎的研究」（『古代文化』五三―一一、二〇〇一年）、同「『西宮記』写本系統についての試論」（『日本歴史』六四一、二〇〇一年）、北啓太「解説」（宮内庁書陵部本影印集成『西宮記』三、八木書店、二〇〇七年）。
(30)　石田実洋「九条本『官奏抄』の基礎的考察」（田島公編『禁裏・公家文庫研究』二、二〇〇六年）。
(31)　田島公註(9)論文、同「田中教忠旧蔵本『春玉秘抄』について―「奥書」の紹介と検討を中心に―」（『日本歴史』五四六、一九九三年）、同「「花園説」の源流と相承の系譜―『春玉秘抄』の成立と伝来の過程を手懸かりとして―」（上横手雅敬監修『古代・中世の政治と文化』思文閣出版、一九九四年）、同「尊経閣文庫本『無題号記録』と東山御文庫本『叙位記　中外記』所引「院御書」―『院御書』の基礎的研究1―」（『禁裏・公家文庫研究』一、思文閣出版、二〇〇一年）、同「尊経閣文庫所蔵

『無題号記録』解説」（尊経閣善本影印集成『無題号記録　春玉秘抄』八木書店、二〇一一年）。

（32）　宮内庁書陵部所蔵『道房公記』寛永十八年（一六四一）九月二十日条。西本昌弘「『日本後紀』の伝来と書写をめぐって」（『続日本紀研究』三一一・三一二、一九九八年）三八頁参照。

（33）　研究成果の中核は、田島公編『禁裏・公家文庫研究』一・二・三（思文閣出版、二〇〇三・〇六・〇九年）にまとめられている。なお、近年における禁裏本などの研究状況については、鹿内浩胤「研究の視覚と本書の構成」（『日本古代典籍史料の研究』思文閣出版、二〇一一年）を参照されたい。

（34）　小倉慈司「東山御文庫本マイクロフィルム内容目録（稿）（1）（2）」（田島公編『禁裏・公家文庫研究』一・二、思文閣出版、二〇〇三・〇六年）。

第一部　藤原行成の年中行事書と新史料

第一章　東山御文庫所蔵の二冊本『年中行事』について

――伝存していた藤原行成の『新撰年中行事』――

はじめに

三蹟の一人で能書家として知られる藤原行成は、一条天皇の時代に蔵人頭・右大弁・参議・権中納言などを歴任し、源俊賢・藤原公任・藤原斉信らとともに四納言と称された。また、一条天皇の信任をえて長くその側近に奉仕し、参議や権中納言に昇ったのちも、侍従を兼任している。一方、行成は藤原師輔の長子伊尹を祖父に、醍醐天皇皇孫の恵子女王を祖母にもち、藤原北家のなかでも主流の九条流の家柄に属した。寛弘六年三月一日には藤原道長の命令によって、「九条殿御日記十二巻」を書写して進上しており(1)、九条流の有職故実を継承するうえにおいても、行成は重要な役割を果たしていた。

その藤原行成に『新撰年中行事』という著作があったことは、『本朝書籍目録』に「新撰年中行事、二巻、行成卿撰」とあることから知られるが、この書は早くから亡失して現在に伝わらないとされている。たとえば、行成の詳細な伝記を著された黒板伸夫氏は次のように述べている(2)。

そして逸文を残すのみであるが彼自身に儀式書の編著があり、『行成卿抄』・『行成大納言家年中行事』・『新撰年中行事』等の名が伝えられている（所功『平安朝儀式書成立史の研究』）。もし現存したならば『西宮記』（源高明）・『北山抄』（藤原公任）・『江家次第』（大江匡房）等と並ぶ貴重な一書を加えることになったであろう。

行成の手になる『新撰年中行事』はこのように散逸した書とされていたが、京都御所東山御文庫に所蔵される古典籍のマイクロフィルムを改めて見直してみると、そのなかに『新撰年中行事』の完全な伝本が存在することが判明した。そこでここにその概要を紹介するとともに、これまでの研究成果と照らし合わせながら、『新撰年中行事』の内容と構成などについて、基礎的な考察を行ってみたいと思う。

一　『行成卿抄』をめぐる研究史

東山御文庫に存在した伝本の紹介を行う前に、『新撰年中行事』をめぐる研究史を振り返っておきたい。『新撰年中行事』=『行成卿抄』の研究と逸文収集は、和田英松・時野谷滋・所功・大島幸雄らの諸氏によって進められてきた。まず和田英松氏は、『本朝書籍目録』に「行成卿撰」としてみえる「新撰年中行事、二巻」について、「この書今伝はらず」としながら、『西宮記』四月灌仏条裏書に「行成大納言家年中行事」、『参議要抄』除目条に「行成抄」、『年中行事抄』(『執柄家年中行事』)の処々に「行成抄」として引載されるのは、この「新撰年中行事」のことであろうと論じた(3)。和田氏はまた、『魚魯愚抄別録』や『年中行事抄』などから三十四条の「行成卿抄」逸文を検出し、これを『国書逸文』のなかに掲出している(4)。ついで時野谷滋氏は、年給制度の確立過程を考察するなかで、『長兼蟬魚抄』の引く「行成抄」逸文が重要な意味をもつことを指摘し、『行成抄』の逸文は『長兼蟬魚抄』によってなお増補することが可能であると述べている(5)。

さらに所功氏は、藤原為房の『撰集秘記』が引用する書物とその引用順序を詳しく検討した結果、多くの場合『北山抄』の次に引かれている記文のなかに、古来「行成卿抄」や「行成抄」と称して伝えられているものと一致するものがあることから、これらは『行成卿抄』の逸文である可能性が高く、そうなると「行成卿抄」の新出逸文が二十条以上も出てきたことになると説いた(6)。また、『撰集秘記』の写本においては、上記の推定『行成卿抄』逸文のいくつかに「拾年」と頭書するものがあるが、これは「拾遺年中行事」とでもいう書名をさすもので、「拾遺年中行事」と「行成卿抄」とは異名同書ではないかと思われるとし、藤原行成は長保三年から寛弘六年まで参議で侍従（拾遺はその唐名）と大弁を兼任していたから、この時期になったものが「拾遺年中行事」と命名されたのかもしれないと推定している。

その後、『撰集秘記』の記載をさらに精査した所功氏は、同書中から『行成卿抄』の推定逸文を五十一条、類推逸文を四十五条拾い出し、これらの逸文を細かく検討することによって、『行成卿抄』の原形構成・成立年代・編纂素材などを考察している(7)。所氏の論述は多岐にわたるが、その要点をまとめると次のようになろう。

① 「行成卿抄」の記事は多くの場合、まず行事の簡潔な説明文を掲げ、ついで先行書（「蔵人式」や『延喜式』など）を引くという構成をとっている。

② 『撰集秘記』の恒例行事部にみえるだけで、臨時儀式部にまったく引かれていないので、『行成卿抄』は『九条年中行事』や『小野宮年中行事』などのような恒例行事中心の御障子文系年中行事書であったと考えられる。

③ 年中行事書としての『行成卿抄』は『西宮記』裏書にみえる「行成大納言家年中行事」、『本朝書籍目録』にみえる「新撰年中行事」、『撰集秘記』頭注にみえる「拾年」（「拾遺年中行事」の略か）と同じものをさすと思われるが、除目関係の逸文はやや趣を異にするから、これらは広橋家本『江家次第』巻四裏書にみえる「行成卿除目小葉子」の逸文ともみられる。

④ 『行成卿抄』の成立年代は長和六年（一〇一七）以降で、行成晩年の万寿二年（一〇二五）に近いころと推

定される。ただし一気に書き上げたものとは限らず、早くからまとめていた草稿に修訂を加えて最終的に仕上げたのが、万寿二年に近いころであったとみなしてよい。

⑤『行成卿抄』の編纂にさいして行成は、手許にあった先人の儀式行事書や日記部類記をはじめ、自身の日記や覚書などを素材として活用したであろうと想像される。

⑥ほとんど各項目に『延喜式』の関係条文を掲げ、天暦前後成立の「清涼記」「蔵人式」などを引いているのは、当時聖代視されつつあった延喜・天暦時代の故実に朝儀の理想を見出そうとする意識が、行成にもあったからではないかと思われる。

以上に要約した所功氏の研究は、『行成卿抄』の逸文を幅広く集成し、それらを丹念に分析することによって、『行成卿抄』に関する知見を大きく広げたもので、逸文をもとにした『行成卿抄』復原研究の到達点を示すものといってよい。『行成卿抄』の逸文や関係記事を収集する作業はその後も継続されており、大島幸雄氏は『台記』康治元年正月七日条に「行成抄」、『玉蘂』建暦二年十二月十三日条に「拾遺年中行事」の書名がみえることを指摘している(8)。とりわけ後者は、『撰集秘記』の頭書「拾年」に関する所功氏の推定を補強するもので、『行成卿抄』と『拾遺年中行事』が異名同書である可能性がさらに高まった。

これまでに蓄えられた『行成卿抄』＝『新撰年中行事』に関する研究史は以上の通りであるが、『新撰年中行事』の伝本が現存したとすると、逸文からはうかがえない同書の全体像を知ることができ、これによって従来の研究の妥当性を検証するとともに、新たな知見を追加することが可能となるであろう。そこで以下、東山御文庫に伝存した『新撰年中行事』の概要を紹介するとともに、その本文を検討することによって、本書の構成や引用書目などについて考えてみたい。

二　東山御文庫二冊本『年中行事』の概要

京都御所東山御文庫には、後西・霊元の両天皇が江戸時代前期に新写させた典籍・記録・文書を中心に、貴重な古書類が数多く所蔵されている[9]。それらの古書類は大正十三年から昭和二年まで実施された学術調査のさいに、一番から一八五番までの箱に分類整理され、詳しい目録が作成された[10]。現在、東山御文庫本は勅封とされ、基本的には非公開であるが、宮内庁書陵部が逐次マイクロフィルムを撮影し[11]、これを研究者の閲覧に供している。

東山御文庫本における年中行事書は第一四四番の箱に収められており、その多くは昭和四十八年（一九七三）にマイクロフィルム撮影された[12]。第一四四番の箱中には、『年中行事』と題される写本が計十一点蔵されているが、このうち九点が一冊本、一点が一巻本で、残る一点が二冊本の『年中行事』である。一冊本の『年中行事』九点のなかには、内容的にみて『年中行事御障子文』と一致するもの[13]（一四四―四、一四四―九）や、『江家年中行事』の写本と想定されるもの[14]（一四四―六、一四四―一一）、『師光年中行事』と合致するもの（一四四―七）、実は『江家次第』巻六と考えられるもの[15]（一四四―一二）などがあり、一巻本の『年中行事』（一四四―二七）はいわゆる『口言部類』（『中右記部類』）とまったく同じものである。

以上の年中行事類のなかで、ただ一点だけ存在する二冊本の『年中行事』（一四四―八）が『新撰年中行事』の伝本と推定されるものである。上下両冊とも美濃判袋綴装で、タテ二八・三センチ、ヨコ二〇・一センチ。うす茶色を呈する唐草文様渋表紙の中央に、後西天皇の宸筆でそれぞれ外題を「年中行事 上」「年中行事 下」と墨書する。上冊の本文は墨付六十枚で、毎月事および正月から六月までと春・夏の行事を収め、下冊の本文は墨付四十三枚で、七月から十二月までと秋・冬の行事を載せる。上下両冊の筆跡は異なり、書写奥書などはないが、いずれも江戸時代前期の書写と考えられる。

後西上皇が在位中（一六五四〜六三年）に禁中や諸家の蔵書を借りうけて新写させた諸本を、寛文六年（一六六六）三月二十四日に即位後まもない霊元天皇のもとに送置していることは、『葉室頼業記』の同日条に着目した田島公・吉岡眞之の両氏によって明らかにされたが、[16]このとき霊元天皇に送られた諸本のリストのなかに「年中行事類」一箱が存在することが注目される。東山御文庫に残る二冊本『年中行事』は江戸時代前期に書写されたもので、その外題は後西天皇によって書かれているから、後西天皇が新写させたこの「年中行事類」のなかに本書が含まれていた可能性は高いと考えられよう。なお、東山御文庫所蔵の『禁裏御蔵書目録』（一七四一―二―二五）は、元禄年間以降の収書を加えて桜町天皇在位中（一七三五〜四七年）に作成された目録とみられているが、[17]その「年中行事　一合」のなかに、一冊本の「年中行事」十一点とともに、上下二冊本の「年中行事」が一点収められており、このころまでには現在に伝わる禁裏本の大枠が出来上がっていたことが確認できる。

さて、東山御文庫の二冊本『年中行事』を『新撰年中行事』の伝本と考える理由は、これまでに検出されている「行成卿抄」逸文のほとんどが本書中の記載と合致することである。まず、『年中行事抄』には「行成卿抄」の逸文が十五例引用されているが、それらに対応する東山御文庫二冊本『年中行事』の記載をまとめたのが表1である。概して『年中行事抄』は二冊本『年中行事』の記載を簡略化して引用しており、なかには4・7・8のように意訳引用の目立つものもあるが、両者の記述はほぼ対応するということができよう。

次に『撰集秘記』所引の推定「行成卿抄」逸文のうち、「拾年」と頭書されるものは十一条を数えるが、二冊本『年中行事』のなかにはこれらすべてに対応する記述を見出すことができる。いま試みに十二月晦日の四条を選び、その対応関係を示すと次のようになる（上段が『撰集秘記』所引の「拾年」逸文、下段が東山御文庫二冊本『年中行事』の記載）。

表1　『年中行事抄』所引「行成卿抄」逸文と東山御文庫二冊本『年中行事』の記事対照表

No.	『年中行事抄』所引「行成卿抄」逸文	東山御文庫二冊本『年中行事』
1	若前三日雨雪、停之（正月元日朝賀事）	若前三日雨雪、□（正月元日朝賀事）
2	正月一日四孟告朔事注云、若有朝賀者、二日諸司進告朔文於弁官、自余月、朔日進之（正月二日視告朔事）	若有朝拝者、二日諸司進告朔文於弁官、〔自余月、朔日進云々〕（正月元日四孟告朔事）
3	年来之例、五日大臣家饗、仍六日行之（正月五日叙位議事）	年来之例、四五日大臣家饗、仍六日行云々（正月五日叙位議事）
4	白馬同参中宮、給酒禄於寮宮（正月七日節会事）	中宮又有此事、給馬寮官人酒禄（正月七日白馬事）
5	天暦九年論奏止之、安和詔依旧行之、長和又止、同六年以後復旧（正月十六日節会事）	天暦九年十二月論奏止之、安和詔依旧行、長和又止、同六年以後又行之（正月十六日女踏哥事）
6	仁寿元年二月二日右大臣宣、拠春日祭式、以平野・梅宮祭式、弥縫行之（二月上卯日大原野祭事）	仁寿元年二月二日右大臣宣、拠春日祭式、以平野・梅宮祭式、弥縫而行之（二月上卯日大原野祭事）
7	十五日涅槃会、涅槃会今称常楽会、十六日法華会、為熱田明神所行也（二月十五六日興福寺常楽会事）	涅槃会今者常楽会云々、涅槃会明日所行法華会者、為熱田明神所行也（二月十五六日山階寺涅槃法華会事）
8	先経奏聞（二月式部省行諸国一分除目事）	豫奏聞云々（二月式部省一分除目事）
9	元九月廿四日也、受戒之後六年出山（三月廿一日金剛峯寺年分度者事）	元者九月廿四日也、受戒之後住六年後出山云々（三月廿一日金剛峯寺年分度者事）
10	謂之位記云〔召〕給（四月十五日授成選位記事）	謂之位記召給（四月十五日授成選位記事）
11	或延引、用五月三日、称小正月、自延喜十七年有定停止、今則不行（四月廿八日駒引事）	或延引五月三日、称小正月、而延喜十七年有定停止、今則不行（四月廿八日駒引事）
12	結付昼御座間母屋南北柱（五月五日糸所供薬玉事）	結附昼御座間母屋南北柱（五月五日糸所献薬玉事）
13	若不実者、献花根（五月五日供早瓜事）	若不実者、献花根云々（五月五日内膳司供早瓜事）
14	東西、梵釈、崇福、常住、東名、出雲、聖神、法観、広隆、東薬、弥皇、佐比、嘉祥、宝皇等寺也（五月五日内蔵寮送諸寺菖蒲佩事）	東西、梵釈、崇福、常住、東名、出雲、聖神、法観、広隆、東薬、弥皇、佐比、嘉祥、宝皇（五月五日供諸寺昌蒲佩事）
15	兵衛陣紫宸殿前、内舎人立清涼殿西廂（六月雷鳴陣事）	兵衛直参入、陣紫宸殿前、内舎人立清涼殿西廂（五月雷鳴事）
	拾年同日宮内省進御薬事、式載南殿儀、蔵人式云、具見之、典薬式云、臘月御薬云々、右与元日御薬共造備、晦日奏進、其用途雑物、同在元日料内、	同日宮内省進御薬事、式載南殿儀、蔵人式具見之、典薬式云、臘月御薬云々、右与元日御薬共造備、晦日奏進、其用途雑物、同在元日料、但件御薬、

但件御薬、八日更受送八省御斎會所、十四日
返貢、
拾年同日封屠蘇漬御井事、
典薬式云、但屠蘇、官人将薬生、同日午時封
漬御井、令主水司守、元日寅一剋、官人率薬
生、就井出薬云々、
拾年同日撰定薬童事、
拾年同日典薬寮進東宮白散屠蘇事、
宮式云、十二月晦日、寮進云々一案、雑給丸
薬一案、其日平旦、官人率侍醫薬生等進之、
如五月供昌蒲儀、但屠蘇者、進与侍醫比封漬
御井、

八日更受八省御斎會所、十四日返貢、
同日封屠蘇漬御井事、
典薬式云、但屠蘇、官人将薬生、同日午時封漬御
井、令主水司守、元日寅一刻、官人率薬生、就井
出薬云々、
同日撰定薬童事、
同日典薬寮進東宮白散屠蘇事、
宮式云、十二月晦日、寮進云々一案、雑給丸薬一
案、其日平旦、官人率侍醫薬生等進之、如五月供
昌蒲儀、但屠蘇者、進与侍醫比封漬御井、

『撰集秘記』所引の「行成卿抄」逸文については、前述のように所功氏が、五十一条の推定逸文（「拾年」の頭書をもつ十一条を含む）と四十五条の類推逸文を検出しているが、前後の小さな不一致を除けば、あわせて九十六条のすべてを本書中に確認することができる。そして、東山御文庫二冊本『年中行事』の記載とつきあわせると、『撰集秘記』のなかにはさらに多くの『行成卿抄』＝『新撰年中行事』の逸文を検出することができ、両者を対照した結果、現存する『撰集秘記』七巻のなかに『新撰年中行事』の逸文は合計一五二条引用されていることが判明した。『撰集秘記』はたしかに多数の「行成卿抄」逸文を引用していたのであり、『撰集秘記』の記事に注目した所氏の慧眼が実証されたことになろう。[18]

さらに、『玉蘂』建暦二年十二月十三日条には、

此日、元日擬侍従及荷前等定也、（中略）次以官人召外記、六位宣業候小庭、余仰云、擬侍従荷前等定例文ヲ持参レ、外記称唯退下、則持来置余前、（中略）一々披見畢、日時一枚入此筥、中務省持也、宇治左府初ハ入外記筥、後ハ依北山説唯入筥返給、以弁召之、九条年中行事、拾遺年中行事等、定了後入外筥、仍申合松殿、仰云、常例入外記筥可為云々、小野宮説以弁筥、九条殿説入外記筥也、

とあり、元日擬侍従と荷前使の定文は外記筥に入れて奏上することが、『九条年中行事』と『拾遺年中行事』に記されていたという。たしかに、柳原家本『九条家年中行事』の十二月十三日条をみると、元日擬侍従と荷前使の定文は「令持外記参向御在所、付蔵人等奏聞」と述べるが、東山御文庫二冊本『年中行事』の同日条にも、

十三日預點元日侍従及奏賀奏瑞等事（中略）

同日點荷前使参議事（中略）

上件両事、書大間入硯筥奉、参議先以舊差文・侍従歴名・擇日文等入筥、依上卿召奉之、擇日文、寮以去五日奉省、々奉弁官、史中弁又申上卿、同日申給、了度外記、々々今日入筥奉之、

とみえ、元日侍従と荷前使の定文は十二月十三日に外記が筥に入れて奏上すると明記されている。

前述した『撰集秘記』所引の「拾年」と頭書する逸文との対応関係からみても、東山御文庫の二冊本『年中行事』は『拾遺年中行事』に相当する書であるとみなして大過なかろう。要するに、東山御文庫二冊本『年中行事』は、『年中行事抄』や『撰集秘記』に引用される「行成卿抄」そのものであるとともに、『拾遺年中行事』（略して「拾年」）とも称された書物であることが確認できるのであり、『行成卿抄』と『拾遺年中行事』を異名同書とみた所功氏の仮説がほぼ証明されたことになる。

ただし、これまでに知られている『行成卿抄』逸文の記事すべてが、東山御文庫二冊本『年中行事』のなかに

確認できるわけではない。まず、本書のなかには除目関係の「行成卿抄」「行成抄」逸文に対応するものがみられない。『除目中文抄』二合事や広橋家本『江家次第』巻四裏書には、

青標書裏書幷行成卿除目小葉子、参議給目一人、似可給一分由、師平朝臣陳之、

とあるので、所功氏の指摘するように、除目関係の『行成卿抄』逸文はこの「行成卿除目小葉子」の逸文とみるべきであろう。

次に、壬生家本や前田家大永鈔本の『西宮記』巻三、灌仏裏書には、

灌仏布施銭、

太政大臣、元無所見、承平七年、准左右大臣、被奉五百文、左右大臣、五百文、大納言、四百文、中納言、三百文、散位幷参議、二百文、四位、百五十文、五位、百文、六位、今定七十文、幷童子、五十文、

寛平八年四月八日定法也、先例、件布施銭、殿上地下、親王已下、参議已上、雖不参猶奉之、而延木以来、地下王卿不参者不奉之、又導師童子不灌佛、而寛平年中、依仰、男房之次、女房之前、灌佛、件事行成大納言年中行事之中記之、

とあり、灌仏布施銭のことが「行成大納言年中行事」のなかに記されているという。ところが、東山御文庫二冊本『年中行事』の四月八日灌仏事をみると、灌仏布施銭のことは何も書かれておらず、「同日灌佛事、若遇神事止云々、件日儀至于布施法、在葉子」とだけ注記されている。つまり、灌仏の儀式と布施法のことは本書ではなく、別冊の「葉子」の方に記載されているというのである。藤原行成の年中行事書には二冊本の『新撰年中行事』と前述した「除目小葉子」とは別に、灌仏などの儀式次第を記述した「葉子」の存在したことが確認できる。

ところで、この「葉子」に相当すると思われる写本が、やはり東山御文庫に蔵されている。東山御文庫二冊本『年中行事』と同じく第一四四番の箱中に収められるもので、渋引表紙に「年中」とのみ外題する袋綴装の一冊

本であるが、目録においては「年中行事」という書名で整理されている[19]（一四四―一三）。この一冊本の『年中行事』は首部を欠く残闕本で、四月七日の擬階奏事から十二月晦日の追儺事までを載せているが、その御灌仏事の条に、

　布施事
古例、親王五百文、太政大臣、無覧〔所見〕、間承平七年、准左右大臣例、奉五百文、大臣五百文、大納言四百文、中納言三百文、散三位幷参議二百文、四位百五十文、五位百文、六位七十文、童子五十文、已上、寛平八年定法也、先例、件布施銭、親王以下参議以上、不謂殿上地下、雖身不参猶奉、而延喜以来、地下王卿不参之時不奉、

という記事がみられる。これは前掲した『西宮記』灌仏裏書が引く「行成大納言年中行事」の記載とほぼ一致しているので、この一冊本『年中行事』こそ二冊本『年中行事』にみえる「葉子」に相当するものと考えられる。以下、混乱を避けるために、本章ではこの一冊本『年中行事』を『行成大納言年中行事』と称することにする。

さて、藤原行成の手になる年中行事書の逸文には、以上にあげた除目や灌仏に関するもののほかに、正月五日の叙位議に関わる「行成大納言抄」（『長秋記』天承元年正月五日条）、正月七日の位記召給に関わる「行成抄」（『台記』康治元年正月七日条）、七日節会の腹赤奏に関わる「故行成大納言抄」（『江家次第』巻一、元日節会）などの逸文が検出されているが、これらに相当する記事は東山御文庫の二冊本『年中行事』のなかには認められない。したがって、藤原行成はこれら正月行事の詳細を記した別冊をも編纂していたことが推測されるが、前述した一冊本の『行成大納言年中行事』が四月七日以前の記事を欠いていることを思うと、本来の『行成大納言年中行事』には正月・二月・三月の行事も記されていた可能性が高い。巻首部を失う以前の『行成大納言年中行事』には、叙位議や位記召給・腹赤奏などのことも叙述されていたが、現在はこの部分が欠脱しているために、逸文に

対応する記述が確認できないのではなかろうか。

以上を要するに、京都御所東山御文庫に伝存する二冊本の『年中行事』は、『本朝書籍目録』にみえる「新撰年中行事、二巻」に相当するもので、『年中行事抄』や『撰集秘記』に引かれる「行成卿抄」「行成抄」逸文や「拾年」逸文、あるいは『玉蘂』に引かれる「拾遺年中行事」逸文との対応関係からみて、この書は『行成卿抄』とも『拾遺年中行事』とも称されたことが確認できる。ただし、行成の手になる年中行事書には、この二冊本『年中行事』以外に、「除目小葉子」と称される別冊と、正月から十二月までの行事を詳述し、「行成大納言年中行事」「行成大納言抄」「葉子」などと称される別冊が存在し、この二つの別冊も「行成卿抄」や「行成抄」と呼ばれる場合があった。これらのうち、二冊本『年中行事』の全部と一冊本『行成大納言年中行事』の四月以降の部分とが東山御文庫に伝えられており、「除目小葉子」を除く『行成卿抄』のかなりの部分が近世初期の写本の形で現存していることになる。

三　『新撰年中行事』の内容と構成

前節での考察により、東山御文庫の二冊本『年中行事』が『新撰年中行事』＝『行成卿抄』の伝本であることが確認されたと思うが、『行成卿抄』の書名は別冊の「除目小葉子」などをも包含する広義のものなので、以下においては、東山御文庫二冊本『年中行事』のことを『新撰年中行事』と称することにしたい。

『新撰年中行事』は基本的に正月から十二月にいたる年中行事の沿革と現状を、おもに諸司式や「蔵人式」などを引用しながら説明したものであり、臨時行事を含まない恒例行事中心の御障子文系年中行事書であることは、これまでに逸文の分析から想定されていた通りである。『本朝書籍目録』がこの書を『九条年中行事』のあとに掲げているのは、そのことを端的に物語っているし、『新撰年中行事』のなかに『九条年中行事』に影響された記述がみられることは後述する通りである。しかし、御障子文系の年中行事書を代表する『九条年中行事』や『小野宮年中行事』と比較した場合、共通点はたしかに少なくないが、『新撰年中行事』には次のような顕著な特徴があることも事実である。

㈠『新撰年中行事』は巻頭に「毎月事」として毎月行事を載せている。『年中行事御障子文』では十二月のあとに「月中行事」と「日中行事」が書かれているが、『小野宮年中行事』にはこうした記載はみられない（『九条年中行事』は巻頭部が欠失しているため不明である）。また、『新撰年中行事』にみえる「毎月事」は『年中行事御障子文』の「月中行事」とはかなり異なるもので、一致する項目は毎月奏去月上日と毎六斎日殺生禁断の二つのみである。

㈡『新撰年中行事』は正月・四月・七月・十月の四孟月の直前に、それぞれ春・夏・秋・冬の項目を立てている。四季の項目は『九条年中行事』『小野宮年中行事』以下の年中行事書にはみられないもので、『新撰年中行事』に特有の記載といえる。

㈢『新撰年中行事』は十二月のあとに神事・御服事・御画事などの記事を載せていない。『九条年中行事』や『小野宮年中行事』にみられる御服事・廃朝事・雑穢事などの記載は、おおむね『年中行事御障子文』の記載を継承したものであるから、これらを載せていないということは、『新撰年中行事』が『年中行事御障子文』の形態に必ずしも拘束されていないことを示唆する。

㈣『新撰年中行事』に所載される年中行事の項目は、『九条年中行事』や『小野宮年中行事』のそれに比べてはるかに多い。すなわち、『九条年中行事』は柳原家本の現存部で一六四項目（末尾の「申政時」以下を除く）、『小野宮年中行事』は二九三項目（末尾の神事以下を除く）を有するのに対して、『新撰年中行事』は正月か

表2　四種の年中行事書における四月行事対照表

行　事　名	御障子文	九条年中	小野年中	新撰年中
夏				○
夏初毎寺仁王講事				○
四月				
天台舎利会事				○
朔日朝供夏御装束事	○		○	○
同日着朝座事	△(1)	○	○	○
諸大寺僧尼読大般若経事				○
同日旬事	○	○	○	○
裹裘御衣御弓事				○
同日定応向広瀬龍田祭五位事		○	○	○
続麻宮人間食事				○
供氷事	○		○	○
田租帳事				○
進御扇事	○	○	○	○
張御扇事				○
此日太皇太后王氏崩〔諱班子〕				○
上卯日宗像社祭事				○
同日大神祭事	○		○	○
同日縫殿寮御匣殿縫殿若酒等神祭事				○
上巳日山科神祭事	○	○	○	○
上申日平野祭事	○	○	○	○
同日松尾祭事	○	○	○	○
同日杜本祭事	○	○	○	○
同日当麻祭事	○		○	○
上酉日当宗祭事	○	○	○	○
酉日梅宮祭事	○	○	○	○
二日内侍司移宮人夏時服文事	○	○	○	○
三日国忌〔贈皇太后諱懐子〕	○			○
三日延暦寺年分得度四人事				○
三日神護寺真言宗年分得度事				○
同日擬階文進事				○
同日左右衛門府壊堋事			○	○
四日広瀬龍田祭事	○	○	○	○
五日中務省妃夫人嬪女御夏時服文事	○	○	○	○
式部請印様位記事	○	○	○	○
六七日大安寺大般若会事				○
七日奏二省成選短冊事	○	○	○	○
八日諸寺楽事				○
同日弾正検察東西寺事				○
同日灌仏事	○	○	○	○

ら十二月までで七〇五項目、これに毎月事や四季の行事を加えると総計七三〇項目を数える。『小野宮年中行事』の行事項目は『年中行事御障子文』のそれに近いので、『新撰年中行事』は所収する行事項目の多さ

行　　事　　名	御障子文	九条年中	小野年中	新撰年中
同日下野国薬師寺斎会事				○
十日中務省申給後宮幷女官夏時服文事	○	○	○	○
同日馬寮苅草丁事				○
十一日馬寮始飼青草事				○
同日春宮坊申請騎射節主殿署今良当色料事				○
同日式部請印成選位記事	○	○	○	○
差賀茂斎内親王禊日前駆奏聞事			○	
十二日内馬場造埒事	○		○	○
十三日兵部成選位記請印事	○	○	○	○
同日崇福寺悔過事				○
同日粽料糯米事				○
十四日神衣祭事	○		○	○
十五日授成選位記事		○	○	○
同日延暦寺授戒事				○
同日諸国々分寺安居事				○
同日十五大寺安居事				○
中午日賀茂斎内親王禊事	○	○	○	○
次未日御覧女騎料馬御事			○	○
先祭一日警固事	○	○	○	○
中申日賀茂祭事	○	○	○	○
次酉日同祭事	○	○	○	○
戌日解陣事	○	○	○	○
立東大寺授戒使事	○			
十六日三省進春季帳事	○	○	○	○
同日延暦寺授戒事				○
中旬定五月節権官事				○
十七日贈太政大臣忌〔諱房前〕				○
廿日以前奏郡司擬文事	○	○	○	○
任郡司事	○	○	○	
同日進五月五日走馬不堪状事	○		○	○
走馬結番事	○	○	○	○
下(中)子日吉田祭事	○		○	○
今月有度々御馬馳事				○
廿八日駒引事	○	○	○	○
廿九日国忌事〔皇后諱安子〕	○	○	○	○
調物期事				○
今月雑祭事	△(2)		△(2)	○
卅日諸国舂米事				○

備考　行事名は『新撰年中行事』のものを採用している。

注　(1)『年中行事御障子文』には朔日着朝座事の項目はなく，朔日視告朔事の項目が存在する。

(2)『年中行事御障子文』と『小野宮年中行事』には今月雑祭事という項目はないが，いずれも四月末尾に神衣祭事と三枝祭事を掲げている。

からしても、御障子文系の年中行事書からは一線を画しているということができよう。

このうち、『新撰年中行事』のもつ大きな価値は、㈣の特徴に集約されている。いま試みに四月分の行事について、『年中行事御障子文』『九条年中行事』『小野宮年中行事』など三書の項目と『新撰年中行事』の項目とを対照して示せば、表2のようになる。この表をみれば、『九条年中行事』や『小野宮年中行事』の行事項目が『年中行事御障子文』のそれを基本的に継承しているのに対して、『新撰年中行事』の行事項目が『年中行事御障子文』のそれを大幅に増補していることがわかる。『新撰年中行事』だけにみられる行事項目とその引用書を、いくつか例示的に抜き出してみると、次のようになろう。

（四月朔日）續麻宮人間食事、
　　掃部寮式云、……四月一日中省受之、……
（四月朔日）裹装御衣御弓事、給左右近陣、見承和例、
（四月朔日）諸大寺僧尼讀大般若経事、玄蕃式云、……毎年自四月一日、迄八月卅日、……
（四月朔日）田租帳事、民部式、……田租帳、明年四月一日云々、……
（四月朔日）張御扇事、見承和例、蔵人式御短尺云、……
（四月朔日）此日太皇太后王氏崩、諱班子、号東院大后、……
（四月）三日延暦寺年分度四人事、嘉祥三年符、……毎年四月三日、並令得度、……
（四月三日）三日神護寺真言宗年分得度事、二月以前試了、此日於此寺得度授戒、……
（四月三日）同日擬階文進事、承和七年四月日記、
（四月）同日左右衛門府壊堋事、蔵人式云、仍可開永安門之由、召仰右近陣、

以上のように、『新撰年中行事』においては、諸司式や「蔵人式」を中心として、「蔵人式御短尺」「承和例」「嘉祥三年符」などから、恒例行事の実施される月日が抜き出され、これを本文中に配列しなおしている。つまり、『新撰年中行事』は『年中行事御障子文』だけにとらわれず、諸司式以下の関係法令などから幅広く年中行

事事項を拾いだし、これを実施される月日順に列挙していると考えられる。その意味で『新撰年中行事』は、『九条年中行事』や『小野宮年中行事』と類似する点をもちながらも、行事項目の撰定の面において異色の内容をもち、従来から知られていた御障子文系の年中行事書とは、かなり異なる性格の年中行事書が出現したというべきであろう。

『新撰年中行事』がこのように多数の年中行事を収録しているのは、すでに廃止されて行われなくなった行事を削除せず、その後の新行事とあわせて掲出している場合があるからで、本書のなかには古くからの行事が重層的に遺存しているとみられる。とりわけ注目すべきは、『新撰年中行事』がすでに廃止された国忌を記述していることであり、このことによって、国忌の廃置に関する新知見をえることができる。『新撰年中行事』のなかにみえる国忌を、『九条年中行事』や『小野宮年中行事』のなかにみえる国忌と対比的に示したのが表3であるが、後二者がいずれも当時存在した国忌しか記載していないのに対して、『新撰年中行事』は称徳天皇など早くに省除された国忌をも載せていることがわかる。国忌の廃置については中村一郎氏のすぐれた研究がある[20]ので、中村説を参照しながら、『新撰年中行事』が提示する新たなデータを検討してみたい。

第一に、称徳天皇の国忌について、『新撰年中行事』八月四日国忌は、

四日国忌、西大寺、高野天皇、貞観今案止、天長元年十月十日官符、依去九月廿七日太政官論奏省除、

と記述する。称徳天皇の国忌の存在はこれまで想定されるだけで、手がかりとなる史料を欠いていたが、『新撰年中行事』のこの記事によって、その存在と廃止年月が確定できたことになる。『類聚国史』巻三十六、山陵には「(天長元年)十月丙戌(十一日)、陵戸五烟、奉充先太上天皇山陵」とあり、天長元年十月十一日に称徳天皇陵に陵戸五烟が充てられているが、十月十日に称徳天皇の国忌を省除したことと、その翌日に陵戸を設置したこととは、深く関わることがらなのであろう。

表3　三種の年中行事書にみえる国忌・崩日対照表

国忌・崩日	国忌・崩日対象者	九条	小野	新撰	新撰年中行事の記載
正月4日国忌	太皇太后藤原穏子	—	○	○	天暦八年始行之
正月28日国忌	贈皇太后藤原超子	—	○	○	停四月三日懐子国忌、入之
3月10日国忌	皇后藤原乙牟漏			○	康保二年三月論奏省除
3月17日国忌	桓武天皇	○	○	○	
3月21日国忌	仁明天皇	○	○	○	
4月1日崩日	太皇太后藤原班子			○	不置国忌、随無廃務
4月3日国忌	贈皇太后藤原懐子			○	寛和置之、長和年中除之
4月29日国忌	皇后藤原安子	○	○	○	
5月22日崩日	太皇太后藤原明子			○	不廃務
5月25日崩日	村上天皇		○	○	依遺詔、不置国忌
6月1日崩日	太皇太后藤原遵子			○	不置国忌山陵
6月22日円教寺御八講始	一条天皇		○		(長和二年始修)
6月30日国忌	贈皇后藤原沢子	○		○	天暦停
6月30日国忌	贈皇太后藤原胤子			○	寛和停
7月7日国忌	奈良天皇(平城天皇)			○	載仁和三年、今止
7月15日崩日	嵯峨天皇			○	不置国忌山陵
7月19日国忌	宇多天皇		○		
8月4日国忌	高野天皇(称徳天皇)			○	依天長元年九月廿七日論奏省除
8月9日国忌	田原天皇(志貴親王)			○	今不廃務、但省除由不見也
8月15日崩日	朱雀天皇			○	不置国忌
8月26日国忌	光孝天皇	○	○	○	
8月27日国忌	文徳天皇			○	承平元年停之
9月9日国忌	天武天皇			○	今止
9月28日国忌	太皇太后藤原順子			○	今不見
9月29日国忌	醍醐天皇	○	○	○	承平元年九月官符入之
10月17日国忌	崇道天皇(早良親王)			○	依天長元年九月廿七日論奏止之
12月3日国忌	天智天皇	○	○	○	
12月23日国忌	光仁天皇	○	○	○	
12月28日国忌	太皇太后高野新笠			○	桓武天皇母后歟

備考　①国忌・崩日の記載が存在するものに○を付した（—は欠失のため不明の箇所）。
　　　②『新撰年中行事』の記載は論述に必要なものを要約的に掲げてある。

第二に、志貴親王（春日宮天皇・田原天皇）の国忌は、宝亀二年五月甲寅（二十八日）に川原寺において始行されたが（『続日本紀』）、元慶八年六月十七日に太政大臣藤原基経以下の連名で出された太政官論奏をうけて、六月十九日の勅により「八月九日田原天皇国忌」を省除することが命ぜられた（『三代実録』）。『新撰年中行事』は元慶八年の省除記事を掲げながら、仁和三年の朝所打板にこの国忌が載せられていることと、延喜治部式と式部式の国忌規定に矛盾がみられることから、この国忌が元慶八年に省除されたことに疑問を呈している。諸司式の規定を重視する『新撰年中行事』の性格がよく表れているが、朝所の打板に国忌の一覧が掲げられていたというのは、これまで知られていなかった新事実といえよう(21)。

第三に、藤原乙牟漏の国忌を廃した時期については、康保二年正月十日とする説と同年三月十一日とする説の二つが存在する。前者は『日本紀略』康保二年正月二日条に「諸公卿上奏、請省除贈太皇大后三月十日国忌」とあり、同正月十日条に「興福寺国忌勅許也」とあるのを根拠とするが、乙牟漏国忌の省除を求める公卿奏請をうけて、ただ「興福寺国忌勅許也」とだけ記すのは言葉足らずの感を否めない。『日本紀略』は康保元年十二月十三日条にも「止興福寺国忌」という記事を掲げているので、同書のこのあたりの繫年には錯簡か欠脱があるように思われる。これに対して後者は、『西宮記』巻十四、論奏裏書の「村上天皇御記」が、「康保二年三月十一日、左大臣令延光朝臣奏、太政官請省国忌文、三月十日贈太皇大后興福寺、即書聞訖返給之」と述べることを根拠とするが、『新撰年中行事』三月十日国忌事にも「康保二年三月論奏、省除」と明記されるので、乙牟漏国忌の省除時期については、後者の三月十一日説をとるべきであろう。この場合、乙牟漏の国忌は康保二年三月十日に催行もしくは中止されたのち、翌十一日に省除されたということになる。

第四に、早良親王（崇道天皇）の国忌は、延暦二十四年四月甲辰（五日）に置かれたことが『日本後紀』にみえるが、これがいつ廃されたのかは不明であった。しかし、『新撰年中行事』十月十七日国忌事に、

十七日国忌事、大安寺、崇道天皇、今案止、（天長元年十月十日官符、依去九月廿七日論奏止之、但同年十二月十四日官符、列十陵預荷前也、）

とあるので、崇道天皇の国忌は天長元年九月二十七日論奏をうけて、同年十月十日に停止されたが、同年十二月十四日官符によって、その後も十陵に列し荷前に与ったことが判明する。前述した称徳天皇の国忌とともに廃されたということになろう。中村一郎氏は崇道天皇国忌の廃された時期によって、九国忌の制の成立時期が異なってくるというが、同国忌は天長元年に廃されたことが明らかになったので、九国忌の制は清和天皇の天安二年にはじまる可能性が濃厚となった。なお、『西宮記』巻十二や『江家次第』巻三の当時国忌条は、崇道天皇の国忌を「十月七日」とするが、『新撰年中行事』はこれを十月十七日のこととしており、いずれを是とすべきかは今後の検討にかかっている。[22]

第五に、文徳天皇の国忌を廃して醍醐天皇の国忌を設置したのは、延長八年十二月九日のこととされている。『日本紀略』同日条に「公卿上奏、請省除文徳天皇八月廿七日国忌、勅許之、（中略）置太上法皇九月廿九日国忌於西寺」とあるのがその根拠であるが、『新撰年中行事』十二月荷前事に「延長八―十二月九日、定十陵八墓云々」とあるように、この日に定められたのは近陵近墓だけであった可能性が強い。『新撰年中行事』八月二十七日国忌事には「文徳天皇、（承平元年停之、入九月廿九日国忌）」とあり、同書の九月二十九日国忌にも「醍醐天皇、承平元年九月官符、（停八月廿七日文徳天皇国忌、入之）」とみえるので、文徳天皇の国忌は承平元年九月官符で廃止され、これにかわって醍醐天皇の国忌が設置されたとみるべきではないだろうか。

第六に、藤原懐子の国忌は寛弘八年十二月二十七日に省除され、かわって藤原超子の国忌が新設されたと考えられている。これは『日本紀略』同日条に「詔、追尊皇妣女御従四位上藤原朝臣超子、贈皇大后、置国忌・山陵」と記されるからであるが、『新撰年中行事』四月三日国忌が懐子国忌について「長和年中除之」と記し、『中右記』嘉承二年十二月十三日条が、「藤超子、（中略）寛弘八年十二月廿七日、贈皇太后、同日告山陵、（中略）追置国忌、正月日」とするのは、懐子の国忌省除と超子の国忌新置が翌寛弘九年（長和元年）正月以降に持ち越されたことを示している。『権記』寛弘八年十二月二十七日条には「安和朝女御従四位下藤原朝臣超子、（中略）贈皇太后、今置山陵、預頒幣例」とあるが、このあと山陵廃置のことについて議論のあったことが記されている。また『小右記』寛弘九年五月二十五日条によると、藤原実資はこの日、贈后・国忌・山陵のことを記した去年十二月二十七日の詔書に署名を加えて返給している。懐子の国忌について『新撰年中行事』が「長和年中除之」というように、懐子の国忌省除と超子の国忌設置の手続きは寛弘九年（長和元年）正月に完了したと考えるべきであろう。

以上、『新撰年中行事』にみえる新たな手がかりをもとに、国忌の廃置をめぐる研究成果に若干の補訂を加えた。前掲した表3にみられるように、『新撰年中行事』は天武天皇・称徳天皇・志貴親王・高野新笠・早良親王・平城天皇などの国忌を記載する一方で、聖武天皇・藤原帯子・藤原旅子・高志内親王などの国忌を載せていない。聖武国忌と帯子国忌がそれぞれ『弘仁式』制定以前の大同二年五月と弘仁八年五月に廃され、旅子国忌と高志国忌がいずれも『弘仁式』制定以後に置かれ[23]、『貞観式』制定以前の天安二年に廃されていることを思うと、これらの四国忌は『弘仁式』と『貞観式』のいずれにも規定されていなかったために、本書には記載されなかったものと考えられる。このことを逆にいえば、寛平年間以前の国忌で『新撰年中行事』に所載されるものは、少なくとも『弘仁式』か『貞観式』のいずれかに規定されていたものとみることができよう。中村一郎氏は天武天皇の国忌が延暦十年三月の太政官奏言によって廃された可能性を示唆しているが、『新撰年中行事』に記載されているところからすると、『弘仁式』にも天武天皇の国忌が規定されていた確率は高いとみなければならない[24]。

『新撰年中行事』にみえる記載でいま一つ注目すべきは、国忌のほかに摂関家公卿の忌日を載せていることである。そうした忌日を一覧にすると表4のようになるが、これによると『新撰年中行事』には、藤原不比等からはじまり、房前—真楯—内麻呂—冬嗣—長良・良房—基経—忠平—実頼・師輔をへて、伊尹・兼家・為光にいたる各人の忌日が記されていることになる。これらはいうまでもなく藤原氏北家の嫡流を形成する公卿たちであり、師輔から伊尹らにいたる系統は九条流の流れを表現している。藤原行成も祖父伊尹を通してこの流れにつながっているが、伊尹の妻室で行成の祖母にあたる恵子女王の忌日九月二十七日[25]もまた、「東院女王忌日事」として『新撰年中行事』のなかに掲げられている。祖父と祖母の忌日を載せる点からも、本書が藤原行成の著作であることが知られるが、『九条年中行事』や『小野宮年中行事』には藤原不比等以外の忌日は記されていないので、『新撰年中行事』には藤原行成家の年中行事がかなり色濃く反映されていると考えることができる。

表4　『新撰年中行事』にみえる忌日

月　日	忌　　日	該当人物	薨　年　記　載
正月13日	昭宣公忌日	藤原基経	寛平三年薨
3月12日	大納言忌日事	藤原真楯	天平神護二年三月十二日薨
4月17日	贈太政大臣忌	藤原房前	天平九年薨
5月4日	入道右大臣忌日事	藤原師輔	天徳四年薨
5月18日	太政大臣清慎公忌日	藤原実頼	
6月16日	太政大臣恒徳公忌日	藤原為光	
7月2日	入道太政大臣忌日	藤原兼家	
7月3日	枇杷贈太政大臣忌日	藤原長良	斉衡三年薨
7月24日	贈太政大臣忌日	藤原冬嗣	天長三年薨
8月3日	淡海公忌日	藤原不比等	養老四年八月三日薨
8月14日	法性寺八講竟事 貞信公忌日	藤原忠平	天暦三年薨
9月2日	忠仁公忌日	藤原良房	
9月27日	東院女王忌日事	恵子女王	
10月6日	長岡贈左大臣忌日事	藤原内麻呂	弘仁三年薨
11月1日	謙徳公忌日事	藤原伊尹	

四　『新撰年中行事』の引用書と編纂素材

東山御文庫の二冊本『年中行事』は藤原行成の『新撰年中行事』に相当する写本であり、『新撰年中行事』の本文がほとんど無傷で伝存していた点に大きな価値があるが、それ以上に重要なのは本書がさまざまな先行史料を引用している点である。そのなかには本書だけにみえる古書の逸文や、本書の引用によってはじめて正確に理解できる記事などが含まれており、逸文の収集研究に資するところは小さくないと思われる。『新撰年中行事』に引かれる新出逸文については別に詳しく論じることとして、ここでは本書が引用する先行史料を概観するとともに、本書の編纂素材として注目すべきものを指摘しておきたい。まず、本書中に引用もしくは言及される史料を、漢籍と国書に分けて列記すると、次のようになる。

【漢籍】

漢書王莽伝、玉燭宝典、金谷園記、荊楚歳事記、崔寔・月令（四民月令）、雑要決、纂要、春秋説題、世風記、捜神記、続斉諧記、唐典要略、風俗通、本草（新修本草）、養生要集、論語、論語孔安国注、

【国書】

諸司式（弘仁式・貞観式・延喜式）、朝所打板、宴会記、官曹事類、官厨式、儀式、御記、先代旧事本紀、蔵人式（延喜蔵人式・天暦蔵人式）、所例（蔵人所例）、承和例、延喜例、蔵人式御短尺、九条殿年中行事、邦基卿記、外記庁例、外記私記、外記壁書、月旧記、交替式、弘仁格、貞観格、延喜格、史記（官史記）、国史、文徳天皇実録、三代実録、昭宣公伝、儒伝、清涼記、西宮記、奏事例、内裏式、伝説抄、内膳司旧記、口伝、南家氏人口伝、日記（外記日記）、仁和書、兵部省例、本朝月令、弁事、菓子、律、令、令義解、

漢籍のなかで引用が多いのは、「金谷園記」「月令」「玉燭宝典」の三書で、それぞれ九例・八例・七例の記事が引かれている。ついで「荊楚歳事記」と「纂要」が二例ずつみられるが、それ以外はいずれも一例のみの引用である。『新撰年中行事』においては、春夏秋冬の四季の項目や正月・二月など各月の冒頭のところに、頭書や細字割注の形で漢籍が多く引用されており、季節および各月の字義や行事の由来などが語られている。これほど豊富な漢籍の引用は『九条年中行事』や『小野宮年中行事』にはみられず、『新撰年中行事』の特徴の一つといってよいだろう。上記の漢籍のうち「世風記」「唐典要略」を除く一五種は、源順の『和名類聚抄』にも引かれ

ており[26]、これらが九～十世紀の知識人に広く流布した漢籍であったことがうかがえる。

国書のなかで圧倒的に多いのが諸司式の引用で、合計すると五百例近くにのぼる。本書の分量は二冊本で計百丁を数えるので、一丁につき約五例ほどの諸司式が引用されている計算になる。諸司式の多くは「太政官式」「式部式」などとして引かれるが、「弘仁官式」「弘仁式部式」など『弘仁式』であることを示すものが三十六例、「貞官式」「貞観今案」など『貞観式』であることを明記するものが三十一例、「延官式」「延式部式」など『延喜式』であることを記すものが三十三例存在する。『新撰年中行事』の成立した十一世紀初頭にはすでに『延喜式』が施行されていたから、たんに「太政官式」「式部式」などと称して引用される諸司式は『延喜式』であると考えるのが常識的であろう。ただし、問題のある式文の引用がいくつか存在する。

(1)式云、毎月中臣率卜部、進之云々（正月晦日神祇官奉御贖物事）

(2)近衛式云、大雪〔雷〕時陣御在所、又兵衛直参入、陣紫宸殿前、内舎人立清涼殿西廂（五月雷鳴事）

(1)の「式」と(2)の「近衛式」は「弘仁」「貞観」などの語を冠していないので、『延喜式』の引用とも考えられるが、延喜四時祭式下では(1)に相当する箇所が「其日中臣率卜部進」と記され、延喜近衛府式では(2)の「清涼殿西廂」が「春興殿西廂」と書かれており、『新撰年中行事』の引く(1)や(2)の「式」が『延喜式』ではないことがわかる。このように、『新撰年中行事』は『延喜式』以外の諸司式をも、たんに「式云」「近衛式云」などと称して引用する場合があり、これらを簡単に『延喜式』の引用とみると過ちを犯すことになろう。引用される諸司式が『弘仁式』『貞観式』『延喜式』のいずれにあたるのかは、一つ一つの式文を丹念に調査したのちに確定されるべきことである。

『新撰年中行事』にこのように大量の諸司式の引用がみられるのは、さきにも触れたように、藤原行成が主として諸司式にみえる行事の日次をもとに年中行事を復元しようとしているからである。志貴親王の国忌の省除を論じたさいに、国史にみえる元慶八年の省除記事に気づきながら、結局は『延喜式』における式文の不統一を指摘して、省除の事実を疑っているのも、『新撰年中行事』の諸司式へのこだわりを示している。このほか、四月十五日十五大寺安居事において、承和元年符・貞観十年符・元慶元年五月符などを引用したのちに、「依延喜式云々、可尋之」と書くのは、『延喜式』のなかに十五大寺安居の条文がないかどうかを注記したものであるし、七月一日式兵両省進補任帳事において、仁寿元年七月十四日宣旨と同三年六月十三日宣旨を引いたのち、「可尋式文」と記すのも、諸司式のなかに関係条文を探索すべきことをメモしたものである。以上の例はいずれも、行成が国史や官符・宣旨の記載よりも、諸司式の規定を重視したことを示しており、諸司式を中心にすえて年中行事を再構成しようとする意図を読みとることができる。

『新撰年中行事』のなかに引用される書目として、諸司式の次に多いのが「蔵人式」であり、五十例近くの逸文が引かれている。『新撰年中行事』のなかにこれだけ多数の「蔵人式」が引用されているのは、長保三年まで蔵人頭をつとめた藤原行成の経歴と無関係ではないだろう。以下、「令」が十八例、「外記庁例」が十一例、「令義解」が八例、「内裏式」が五例、「邦基卿記(27)」と「清涼記」が各四例、「官曹事類」が三例、「儀式」「九条殿年中行事」「西宮記」が各二例とつづく。ただし、書名を明記しての引用は少なくても、『新撰年中行事』の編纂素材の一つとして見逃せないのが、『清涼記』と『九条年中行事』の二書である。

まず『清涼記』は、本書中の①正月立春日主水司献立春水事、②正月八日修大元師法事、③六月一日内膳司供忌火御飯事、④十月二十一日競馬負方献物事の四カ所に引用されている。このうち①と④は『撰集秘記』や『年中行事抄』にも引かれる既知の逸文であるが、②は新出の逸文、③は『年中行事抄』所引の逸文を大幅に増補するものであり、①③④は『小野宮年中行事』にもほぼ同文が引用されている。ただし『小野宮年中行事』はこれらを「清涼記」の引用であるとは明記しておらず、『新撰年中行事』などが引く逸文と対比することによって、はじめて「清涼記」の引用であることが判明する。

所功氏は『小野宮年中行事』が『清涼記』から多くの記事を転用していることを指摘しているが、(28) これと同様に、『新撰年中行事』のなかにも、「清涼記」と断らずに『清涼記』の記事を引いた箇所がある。そのいくつかを例示すると次のようになる（右側が『清涼記』逸文、左側が『新撰年中行事』の記載）。

・（九月）一日奏可醸新嘗黒白二酒事
宮内省与神祇官共赴造酒司、卜造酒殿地及應進酒稲国郡、訖付内侍奏之、覧畢返給、内侍下弁官

・（九月一日）同日新嘗會酒造事、造酒、
其奏可醸新嘗黒白二酒事、宮内省・神祇官共赴造酒司、卜造酒殿地及應進酒稲国郡、訖付内侍奏之、覧畢返給、内侍下弁官、

・（十月）三日以前點定五節儛姫事（注略）
蔵人頭奉仰、召仰可献五節舞姫之公卿、或親王献之、但后妃・女御・尚侍可献之、別遣中使令仰示矣、又殿上舞姫、仰四位五位有女子之者、殿上舞姫或二人、或無之、

・（十月）三日以前點定五節儛姫事（注略）
蔵人頭奉仰、召仰可献之公卿、或親王献之、但后妃・女御・尚侍可献之、別遣中使令仰示矣、殿上舞姫、召仰四位五位有女子之者、殿上舞姫二人、或無之、

・（十二月）十九日御仏名事、自今日至廿一日、但三箇月、擇吉日初行之、
前一日、以御導師幷次第僧交名、賜内蔵寮、令請用、其請書内蔵寮進之、蔵人仰校書殿給之、

・（十二月）十九日御佛名事、自今日至廿一日、但三箇日中、擇吉日行之、
前一二〔日脱〕、以御導師幷次第僧夾名賜内蔵寮、令請用、其請書内蔵寮進之、蔵人仰校書殿給之、

これらはほんの一例であるが、『新撰年中行事』は「清涼記」とほとんど異ならない記事を、「清涼記」とは注

記せずに引用する場合が多く、本書の編纂にさいして『清涼記』の記事がなかば無意識に手本とされたことを示している。こうした類の「清涼記」の引用は『小野宮年中行事』にも多くみられるから、書名をあげての引用はそれほど多くはないが、『新撰年中行事』と『小野宮年中行事』が等しく『清涼記』を基本的な編纂素材の一つとしていたことが想定されよう。

次に『九条年中行事』は、『新撰年中行事』のなかの二カ所に引用されている。一つは六月十日奏御体御卜事の細字割注に「九条殿年中行事、此日不可必有官真〔奏〕、延長五〔二カ〕年七月左大臣命者、邦基卿記」とみえるもの、いま一つは十二月晦日宮内省進御薬事に頭書して「九条殿年中行事等住〔注〕中務省、是不止内薬之時儀歟」と記すものであり、この二つに対応する記述は、柳原家本『九条家年中行事』の十二月十日奏御卜事と十二月晦日中務省進御薬事にみえている。しかし『新撰年中行事』のなかには、この二例のほかにも『九条年中行事』と一致する記述が少なからず存在する。そのいくつかを例示すると、次のようになる（右側が『九条年中行事』、左側が『新撰年中行事』の記載）。

・（二月）卯日大原野祭事、仁寿元年二月二日右大臣宣、據春日祭式、以平野梅宮祭式、弥縫而行之、

・（二月）上卯日大原野祭事、仁寿元年二月二日右大臣宣、據春日祭式、以平野梅宮祭式、弥縫而行之、

・（七月十日）相撲人入京事、
以今月十日為期、延喜三年符、十九年宣旨云、相撲人違期到来、随状下獄云々、廿二年依彼宣旨行之、一倍違期之数令候、

・（七月）十日相撲人入京事、延喜十三年符、以今日為期、十九年宣旨、違期到来、随状下獄云々、廿二年依彼宣旨行之、一部〔倍〕違期三〔之〕数令候、

・（十一月）中寅日鎮魂祭事、
中宮鎮魂同日行之、皇后雖懐妊、猶行件祭、延長三年・天徳二年例也、又掌侍有障之時、以中宮掌侍為代官、

（・（十一月）中寅日鎮魂祭事、中宮鎮魂同日行之、皇后雖懐妊猶行、是延長三・天徳二年例也、又掌侍有障之時、以中宮内侍為代官、

このように『新撰年中行事』には『九条年中行事』と一致する記事が数多く引かれている。その多くは『九条年中行事』の引用であることを断っていないが、先行する同種の典籍である『九条年中行事』が、『新撰年中行事』の編纂素材として活用されたことは容易に想像できる。これに加えて家柄の点でも、藤原行成は九条流の儀式を継承する立場にあったから、彼が曾祖父師輔の『九条年中行事』を重んじたのは当然のことといわねばならない。

なお、『小野宮年中行事』にも『九条年中行事』の記事が抄出転用されていることは、所功氏によって指摘されているが[29]、上掲した四組の記事についても、これらとほぼ同文が『小野宮年中行事』のなかにも記載されており、『新撰年中行事』と『小野宮年中行事』のいずれもが『九条年中行事』の大きな影響を蒙っていることが確認できる。前述したように、『新撰年中行事』と『小野宮年中行事』には『清涼記』の影響も色濃く認められるから、『新撰年中行事』の記事と『小野宮年中行事』の記事とが一致する場合には、ひとまず『清涼記』や『九条年中行事』の引用ではないかと疑ってみることも必要であろう。

ところで所功氏は、『小野宮年中行事』の編纂にさいして藤原実資が参照した先行儀式書の一つとして『行成卿抄』をあげている[30]。その根拠は『小野宮年中行事』正月五日始叙位議に「年来之例、用五日大臣家饗、仍六日行之」とあるのが、『年中行事抄』所引の「行成卿抄」逸文に「年来之例、五日大臣家饗、仍六日行之」とあるのに対応することであるが、今回確認された『新撰年中行事』の正月五日叙位議事には「年来之例、四五日大臣家饗、仍六日行云々」と記されている。「云々」の語が付されていることは、この記事が他書の引用文であることをうかがわせるが、後述するように、正月四・五日に大臣家饗が行われていたのは『新撰年中行事』の編纂された時代ではないので、この記事はなんらかの先行書の引用であろうと思われる。したがって、この記事だけを

根拠にして、『小野宮年中行事』が『新撰年中行事』を参照したとみなすのは問題であろう。『新撰年中行事』と『小野宮年中行事』には共通して多数の諸司式が引かれており、それ以外にも類似点は少なくないから、両者の間になんらかのつながりを想定するのはごく自然である(31)。そして、『小野宮年中行事』の成立を長元二年（一〇二九）以降とすると、このときには藤原行成は薨去していたから、藤原実資が『新撰年中行事』を参照したとみるのが妥当かもしれない。しかし、小野宮家にはかつて「年中行事葉子二帖」が存在したが、長和四年（一〇一五）四月に藤原実資から藤原公任に貸し出されたまま、公任が同宿していた藤原教通家の火災によって焼失した（『小右記』長和四年四月十三日条）。現存する『小野宮年中行事』がなんらかの形でかつての「年中行事葉子」を継承しているとすると、そのなかには古い要素も残されていることになり、『新撰年中行事』との先後関係は微妙になってくる。

行成の父義孝は小野宮実資と「うつゝにもかたらひたまひし御なかにて」、その没後に実資の夢にも出てくるほどの親交があった（『大鏡』巻三、伊尹）。父と実資とのこうした関係からみて、行成が実資から種々の教示をえていたことは疑いなく(32)、たとえば長保元年（九九九）七月十四日には、行成が清涼殿の年中行事御障子を書くにあたって、依拠すべき写本の借用を実資に依頼している（『小右記』同日条）。したがって、行成の方が小野宮家の「年中行事葉子」を参照した可能性も少なくない。実際、『新撰年中行事』にみられる頭書や傍書などには、『小野宮年中行事』の記載によって補ったと思われるものがあり(33)、この補訂が行成によるものとすると、『新撰年中行事』編纂の大詰めに小野宮家の年中行事書によって補訂を加えたということになろう。

ただし、これらの頭書や傍書は、『新撰年中行事』成立後のある時期に後人が追記したものとみることもでき、『新撰年中行事』と『小野宮年中行事』がほぼ同時期に独自に編纂されたものである可能性も残されている。両書の関係については不明の点が多く、今後に残された大きな研究課題であるといえよう。

五　『新撰年中行事』の成立時期

最後に『新撰年中行事』の成立時期について考察しておきたい。前述のように所功氏は、『行成卿抄』の成立年代を長和六年（一〇一七）以降で、万寿二年（一〇二五）に近いころと推定する一方、一気に書き上げたものとは限らず、早くからまとめていた草稿に修訂を加えて最終的に仕上げたのが、万寿二年に近いころであったと結論づけた。所氏の第一の論拠は『年中行事抄』正月十六日節会が引く逸文に、「行成卿抄云、天暦九年論奏止之、安和詔依旧行之、長和又止、同六年以後復旧」と記されていることで、これによって本書の成立は長和六年以後に絞られるという。今回確認された『新撰年中行事』の伝本のなかには、これ以外にも、「長和」年間に関する記述をいくつか見出すことができる。

①天暦九年十二月論奏止着〔音〕楽、依御忌月也、安和度舊〔復脱カ〕、長和元年以後依件例、同六年又復舊之（正月元日宴会事頭書）

②天暦九年十二月十三日論奏停音楽、依御忌月也、又長和御時同停音楽、但無論奏、不當御忌月之時行如常（正月七日節会及叙位事細字割注）

③依天暦九年十二月論奏上〔止〕、同月廿五日宣旨定三月十三日行之、天皇晏駕之後復舊行、長和又以三月行之、六年以後又復舊（正月十七日射礼事）

④廿八日国忌事、東寺、贈皇太后、諱超子、長和帝母、……（正月二十八日国忌事）

⑤三日国忌、東寺、贈皇太后藤原氏、諱懐子、……長和年中除之、（四月三日国忌）

このうち①③は、元日節会や十七日射礼の次第や式日が長和六年に旧来のものに復されたことを述べたもので、所氏が指摘した十六日節会に関する「行成卿抄」逸文と同趣の記載といえる。また②にみえる「長和御時」、④にみえる「長和帝母」、⑤にみえる「長和年中」などという表現は、長和の年号が終わり三条天皇が崩御した寛仁元年（長和六年）四月以降にこそふさわしいもので、『新撰年中行事』の完成が長和六年以降であったことを示している。これに加えて、『新撰年中行事』の六月一日条には、

同日四条太皇太后忌日事、寛仁元―崩、不置国忌・山陵、

と記されていることが注目される。四条太皇太后と称された藤原遵子が崩じたのは寛仁元年六月一日のことであったから、この忌日を載せている『新撰年中行事』の最終的な脱稿はこれ以降と考えざるをえない。したがって、所功氏が掲げた第一の論拠はきわめて妥当なものといえるだろう。

所氏の第二の論拠は、『年中行事抄』正月五日叙位議事が引く逸文に「行成卿抄云、年来之例、五日大臣家饗、仍六日行之」とあることである（『撰集秘記』所引逸文には「年来之例、四五日大臣家饗、仍六日行云々」とあり、実はこちらの方が正しい）。所氏によると、長和六年（寛仁元年）以後で、正月六日に叙位議を行う状態を「年来之例」といいえたのは、万寿二年（一〇二五）ころしかなく、『行成卿抄』の成立年代は行成晩年の万寿二年に近いころと推定して大過ないという。しかし、ここで問題になるのは、寛仁元年から万寿二年にいたる時期の大臣家饗は正月二十日以降に行われるのが通例で、けっして正月四日や五日には行われていないことである[34]。正月四日や五日に大臣家饗を催し、六日に叙位議を行うのが常態であったのは、実は延喜年間から天暦年間にかけての十世紀前半のことで、『日本紀略』『貞信公記』『九条殿御記』などに多数の事例がみえている[35]。

また、正月六日に叙位議を行うことが十世紀前半まで遡ることは、『年中行事御障子文』に「（正月）五日始叙位議事、或用六日」とあり、『新撰年中行事』所引の「蔵人式」逸文に「六日叙位議」とあり、『年中行事抄』正月五日叙位議事に「天徳五年正月五日御記云、此日有叙位議、年来六日行之、而或及暁更、七日節会自闕、仍如

年中行事、以此日行之」とあることからわかるので、正月四日や五日に大臣家饗を催し、六日に叙位議を行うのを「年来之例」といいえたのは、延喜から天暦にいたる時代がもっともふさわしいと考えられる。そこで今回確認された『新撰年中行事』をみると、問題の記事は「年来之例、四五日大臣家饗、仍六日行之云々」と書かれており、「云々」の語を付すところからみて、この記事は先行書の引用文であろうと推定される。この部分が『新撰年中行事』の地の文ではなく、延喜・天暦ごろの実状を述べた先行書の引用にすぎないとすると、これを手がかりに『新撰年中行事』の成立年代を推定することはできず、所氏の第二の論拠には大きな問題があることになろう。

そこでやや視点をかえて、『小野宮年中行事』の記載と対比することにより、『新撰年中行事』本文の大枠が定められたのはいつかということを考えてみたい。『小野宮年中行事』の正月十五日兵部省手結事と同十七日内射事、三月十一日射礼事と同十二日賭弓事には、それぞれ次のような記事が掲げられており、それまで正月行事であった手結と射礼が、長和二年に三月行事に改められたことを述べている。

・(正月十五日)同日兵部省手結事、長和二年被改三月、依正月御国忌月、又復舊、

・(正月)十七日内射事

　……長和二年、射礼・賭射被改三月、依正月御国忌月、

・(三月)十一日射礼、

・(三月)十二日賭射、長和二年定、正月御国忌、仍被改行、

これに対して、『新撰年中行事』の正月十五日兵部省手番事には、「長和二年」に改定されたことを示す注記はなく、三月十二日条にも賭射や手番に関わる日次は掲出されていない。また『新撰年中行事』の正月十七日射礼事には、前述したように「長和又以三月行之、六年以後又復舊」という注記がみえるが、三月十一日条には射礼

に関する日次が入っていない。『小野宮年中行事』が長和二年における行事の変化を漏らさず記載しているのに対して、『新撰年中行事』の方にはいくつもの記述漏れが認められ、長和年間の行事の変化に対する認識に差のあることが感じられる。同様の事例が一条天皇の忌日に関する記述であり、『小野宮年中行事』は「（六月）廿二日円教寺御八講始、長和二年始修、廿五日終」と明記するが、『新撰年中行事』にはこの忌日に関する記載はみられない。行成が信任をえて側近に仕えた一条天皇の忌日を、『新撰年中行事』は載せていないのである。

『新撰年中行事』における長和年間の行事の記述にこのような不完全な点があり、書かれるべくして書かれていない行事があることを思うと、同書の基本的骨格はすでに長和以前の寛弘年間に出来上がっていたと考えざるをえないのではないか。長和年間における行事の変化は、その後の追記によって一部補充されてはいるが、それが徹底していないと思われるのである。『新撰年中行事』にみえる長和年間に関する記述は前掲した通りであるが、そのほとんどが頭書や細字割注の形で記されていることも、こうした推測を助けるものであろう。要するに、『新撰年中行事』の大枠は寛弘年間までに定められていたが、その後、寛仁元年か同二年ごろに、長和年間の変化が頭書や割注などの形で追記されていったと推測するわけである。

そのさい注目されるのは、『新撰年中行事』の別称として『拾遺年中行事』という書名が知られていることである。いうまでもなく拾遺は侍従の唐名であるが、藤原行成は長保三年十月に参議で侍従を兼任し、寛弘六年三月に権中納言で侍従を兼任し、寛仁四年十一月に権大納言で侍従を兼任した（『小右記』、『大鏡』裏書）。ただし、長く「侍従中納言」と称された行成は、寛仁三年十二月に大宰権帥を兼任してからは「帥中納言」と呼ばれるようになり、翌年の権大納言昇任後も「権大納言」「大納言」と称されることはあっても、「侍従大納言」と呼ばれることはあまりなかった(36)。その意味では、『新撰年中行事』が『拾遺年中行事』とも称されるのは、行成が侍従（拾遺）の官名で呼ばれていた寛仁三年までに、その編纂がほぼ終了していたからであると思われる。

前述のように所功氏は、『行成卿抄』の成立年代を長和六年以降で万寿二年に近いころと推定しているが、その論拠の一つには大きな問題があり、最終的な仕上げを万寿二年ごろまで引き下げる見解には従えない。今回確認された『新撰年中行事』の本文を検討し、『拾遺年中行事』という別称をも勘案すると、『新撰年中行事』の大枠は寛弘八年までに出来上がっており、その後、寛仁元年か二年ごろに最終的な追筆が行われたものと考えられるのである。

おわりに

京都御所東山御文庫に所蔵される二冊本『年中行事』が佚書とされていた『新撰年中行事』の完全な伝本であることを報告するとともに、明らかになったその本文を検討することで、『新撰年中行事』の内容と構成および成立年代などを論じてきた。長々と述べ来たったところを要約すると、次のようになろう。

(一)　東山御文庫に蔵される二冊本『年中行事』は、後西天皇が江戸時代前期に新写させた典籍の一つであるが、逸文などとの対応関係からみて、この書は藤原行成が撰述した『新撰年中行事』二巻の伝本であり、『拾遺年中行事』とも『行成卿抄』とも称されたものであることが確認できる。行成はこの二冊本『年中行事』以外にも、「除目小葉子」という別冊や「行成大納言年中行事」という別冊を編録していたが、後者の「行成大納言年中行事」は四月以降を残す残闕本が、やはり東山御文庫に新写本として伝えられている。

(二)　御障子文系の年中行事書である『九条年中行事』や『小野宮年中行事』と比較すると、『新撰年中行事』は収録行事の多さの点で群を抜いており、行成の祖父・祖母の忌日や九条流につながる藤原氏公卿の忌日を載せている点でも異色である。本書は諸司式や「蔵人式」などから幅広く年中行事事項を拾い出したもので、すでに廃止された行事でも削除せず掲出している場合が多いから、これらを検討することによって、国忌の廃置などに関する新知見をえることができる。

(三)『新撰年中行事』は『金谷園記』『玉燭宝典』をはじめとする種々の漢籍や、諸司式・「蔵人式」をはじめとするさまざまな国書を引用しており、そのなかには新出の逸文も多く含まれている。また、『清涼記』と『九条年中行事』の二書については、書名を明記しての引用は少ないながらも、書名を明記せずにその記事を転載した箇所が多く、『新撰年中行事』がこの二書を編纂素材として活用したことが想像される。『新撰年中行事』と『小野宮年中行事』の関係は今のところ不明で、両書の影響関係を解明するのは今後の課題である。

(四)『新撰年中行事』の成立年代は長和六年以降で万寿二年に近いころと推定されているが、『小野宮年中行事』の記載と対比すると、『新撰年中行事』には長和年間の行事の記述に不完全な点が認められ、最終的な補筆が徹底していないことをうかがわせる。したがって、『新撰年中行事』の大枠は長和以前の寛弘年間までに定められており、その後、寛仁元年か二年ごろに最終的な追筆が行われたものと考えられる。

佚書とされていた『新撰年中行事』の完全な伝本が残されていたこと自体、希有の僥倖といわねばならないが、『新撰年中行事』は収録する行事数の多さや国忌・忌日などの記載において、『九条年中行事』や『小野宮年中行事』とはやや異なる性格をもっており、新たな種類の年中行事書がその全貌を現したところに大きな意義がある。また、『新撰年中行事』が引用するさまざまな逸文のなかには、これまで知られていなかったものが多く含まれており、この点においても、史料の少ない古代史や上代文学の研究に資するところが大きいと考えられる。逸文の紹介と検討も含めて、『新撰年中行事』の全体像はさらなる精査によってしだいに明らかになるであろうが、本章ではとりあえず確認の第一報と基本的な内容紹介を行うにとどめ、残された課題の解明は今後の調査の進展にまちたいと思う。

註

（1）『権記』寛弘六年三月一日条。なお、『左経記』万寿五年二月二日条には、故大納言行成のもとにあった行成自筆の「九条殿御暦日記廿八巻」が関白藤原頼通に奉上されたことがみえる。

（2）黒板伸夫『藤原行成』（吉川弘文館、人物叢書、一九九四年）二六三～二六四頁。

（3）和田英松『本朝書籍目録考証』（明治書院、一九三六年）一七一頁。

（4）和田英松編・森克己校訂『国書逸文』（森克己、一九四〇年）。

（5）時野谷滋「年給制度の成立」（『律令封禄制度史の研究』吉川弘文館、一九七七年）、同「長兼蟬魚抄」（同上書所収）。

（6）所功「『撰集秘記』の基礎的研究」（『日本学士院紀要』三五―三、一九七八年。のち『京都御所東山御文庫本撰集秘記』国書刊行会、一九八六年に再録）。

（7）所功「「行成抄」逸文に関する覚書」（時野谷滋博士還暦記念論集刊行会編『制度史論集』一九八六年）。

（8）大島幸雄「行成抄」（『新訂増補国書逸文』国書刊行会、一九九五年）。

（9）京都御所東山御文庫の沿革とその蔵書については、辻善之助「東山御文庫について」（『日本宗教講座』第一五回配本、東方書院、一九三五年）、黒板勝美「東山御文庫及びその歴代宸翰について」（『虚心文集』六、吉川弘文館、一九四〇年）、小野則秋「東山御文庫と親王家の文庫」（『日本文庫史』教育図書、一九四二年）、平林盛得「後西天皇収書の周辺」（岩倉規夫・大久保利謙編『近代文書学への展開』柏書房、一九八二年）、田島公「禁裏文庫の変遷と東山御文庫の蔵書」（大山喬平教授退官記念会編『日本社会の史的構造』古代・中世、思文閣出版、一九九七年）などを参照。

（10）工藤壮平「東山御文庫の整理」（黒板博士記念会編『古文化の保存と研究』吉川弘文館、一九五三年）。

（11）逐次撮影されたマイクロフィルムのリストは、おおむね二年に一度の割合で、『書陵部紀要』の彙報に掲載されている。

（12）マイクロフィルム番号は二二四八番。一九七三年に撮影された年中行事類のリストは、『書陵部紀要』二八（一九七七年）彙報の八三頁に掲げられている。

（13）このうち一四四番四号の『年中行事』は、所功「「年中行事」の成立」（『平安朝儀式書成立史の研究』国書刊行会、一九八五年）に紹介されている。

(14) このうち一四四番一一号の『年中行事』は、所功「『江家年中行事』の成立」（『平安朝儀式書成立史の研究』前掲）に紹介されている。

(15) 橋本義彦・菊池紳一「尊経閣文庫所蔵『江次第』附『江次第鈔』解説」（尊経閣善本影印集成『江次第』三、八木書店、一九九七年）一四〜一五頁。

(16) 田島公註(9)論文、吉岡眞之「東山御文庫本『続日本紀』の周辺」（『続日本紀研究』三〇〇、一九九六年）。

(17) 田島公註(9)論文、山崎誠「禁裡御蔵書目録考證(四)　東山御文庫蔵『禁裡御蔵書目録』一」（国文学研究資料館文献資料部『調査研究報告』一七、一九九六年）。

(18) たとえば、『撰集秘記』九月一日新嘗会造酒事所引の「行成卿抄」逸文には、「宮内式」や「酒式」の頭書が付されているが、東山御文庫本の『新撰年中行事』にはこの頭書が記されていない。また、『新撰年中行事』十二月上〔卯脱〕日大神祭事には「若有三卯、用中卯、有二卯、初卯行之、過此之後、有司擇荷前日、立春前行之」という記述があるが、『撰集秘記』所引の「行成卿抄」逸文はこの記述を省いている。さらに、『撰集秘記』十二月晦日宮内省進御薬事所引の「行成卿抄」逸文には、「九年中行事等注中務省、是不止内薬之時儀歟」という頭書が記されているが、東山御文庫本『新撰年中行事』の頭書には「九条殿年中行事等」とだけ書かれている。最後の例は東山御文庫本『新撰年中行事』の親本に虫損部があったことを想定させるが、それ以外は『撰集秘記』が本来の記載を省略して引用した場合や、『撰集秘記』がのちに追記を加えた場合、『撰集秘記』が依拠した写本の追記を反映している場合など、さまざまな可能性が推定できる。

(19) 『書陵部紀要』二八（一九七七年）彙報の八三頁を参照。

(20) 中村一郎「国忌の廃置について」（『書陵部紀要』二、一九五二年）。

(21) 『新撰年中行事』七月七日国忌事にも、「西寺、奈良天皇、載仁和三年、今止」とみえるので、仁和三年の朝所打板には平城天皇の国忌も載せられていたことがわかる。

(22) 早良親王（崇道天皇）の国忌の日次については、その後、西本昌弘「早良親王薨去の周辺」（『日本歴史』六二九、二〇〇〇年）において検討を加え、『新撰年中行事』が明記するように、早良親王の薨日は（延暦四年）十月十七日であり、同日に国忌が行われていたとみてよいことを論じた。

(23) 藤原旅子と高志内親王の国忌を置いた年月は不明であるが、贈后が行われた弘仁十四年五月一日と同年六月六日以降に置かれたものと思われる（中村一郎註(20)論文一四頁）。一方、『弘仁式』が撰進されたのは弘仁十一年四月二十一日のことである

（鎌田元一「弘仁格式の撰進と施行について」『律令国家史の研究』塙書房、二〇〇八年）。
(24)　天武天皇の国忌の省除年代については、最近、二星祐哉氏が詳しく検討を加えた（二星「桓武朝における天智系皇統意識の成立」『ヒストリア』二一五、二〇〇九年）。二星氏によると、延暦十一年（七九二）以降、天武の国忌日であった九月九日に遊猟や行幸が行われていることから、天武国忌は延暦十年の国忌省除令によって停止された可能性が高いという。こうした指摘を踏まえると、中村一郎氏のいうように、天武国忌は延暦十年に省除されたとみるのが妥当であろう。したがって、『弘仁式』に天武天皇の国忌が規定されていた可能性は少ないと、現在は考えている。
(25)　『小記目録』巻二十、庶人卒に「正暦三年九月廿七日、故一条摂政北方恵子女王逝去事」とある。
(26)　『和名類聚抄』に引用される漢籍については、宮澤俊雅「倭名類聚抄諸本の出典について」（『北海道大学文学部紀要』四五―二、一九九七年）に詳しい考察がある。
(27)　「邦基卿記」は『新撰年中行事』の①三月一・二不必候官、②六月十日奏御体御卜事、③九月一・二日不可必官奏事、④十二月十日奏御卜事の四カ所に引用されているが、①③④と同様の記述は『九条年中行事』にみえており、②も「九条殿年中行事」の引用文中に記されたものである。したがって、『新撰年中行事』が引用する「邦基卿記」は、いずれも『九条年中行事』からの孫引きと考えられよう。
(28)　所功「『小野宮年中行事』の成立」（『平安朝儀式書成立史の研究』前掲）五七九～五八一頁。
(29)　所功註(28)論文五八三～五八八頁。
(30)　所功註(28)論文五九〇頁。
(31)　宮城栄昌氏は、『東宮年中行事』『新撰年中行事』『仙洞年中行事』などは『九条年中行事』や『小野宮年中行事』の影響をうけたものであると述べている（宮城『延喜式の研究』論述篇、大修館書店、一九五七年、四六頁）。
(32)　藤原行成が藤原実資に示教を求め、実資の説に依拠し、実資に内々の話をしているなどの例は、黒板伸夫註(2)著書三〇頁・二三四頁に言及されている。
(33)　『新撰年中行事』正月四日諸司申要劇事の頭書「一云、二・四・七月五日云々」、三月一日着朝座事の傍書「及十一日」、五月三日六衛府献昌蒲幷花等事の傍書「二日小正月事」、および頭書「左三・五日、右四・六日、近衛兵衛府手結事可注」、十月五日中務省申後宮冬衣服文事の傍書「妃・夫人・嬪・女御也」、十月二十一日競馬負方献物事の頭書「或注廿二日」などはいずれも、『小野宮年中行事』の記載を参照して付加されたものと推測される。

（34）『日本紀略』『御堂関白記』『左経記』『小記目録』などによると、寛仁元年正月二十七日に摂政（藤原道長）家大饗が、同二年正月二十三日に摂政内大臣（藤原頼通）家大饗が、同四年正月二十二日に関白内大臣（藤原頼通）家大饗が、治安二年には正月二十日に関白左大臣（藤原頼通）家大饗、二十三日に右大臣（藤原実資）家大饗、二十五日に内大臣（藤原教通）家大饗が、万寿二年正月二十日に関白左大臣（藤原頼通）家大饗がそれぞれ行われている。

（35）大臣大饗の式日については、倉林正次『饗宴の研究』儀礼編（桜楓社、一九六五年）四四九頁以下に一覧表が掲げられている。それによると、延喜年間から天暦年間まではおおむね正月四日に左大臣家大饗、五日に右大臣家大饗が行われているが、天慶六年に藤原忠平が殺生を避けるため御斎会の間に饗を設けて以来、従来の式日に変化が生じるようになった。そして、天徳元年に右大臣家大饗が正月十四日に催されたのち、同三年以降は左大臣家大饗を正月十一日前後に、右大臣家大饗を正月十二日前後に行うことが一般的となり、こうした傾向は貞元年間までつづいている。

（36）『河海抄』巻十一、梅枝が引く「掌中歴」に、「高名能書、嵯峨天皇、弘法大師、（中略）行成侍従大納言」とあるのが、その少ない例の一つである。

〔補記〕本章の記述は基本的に旧稿のままとしたが、『新撰年中行事』が引用する漢籍と国書のリストを増補した他、近年にいたる研究の進展などに言及する必要から、註(22)(24)(36)を追加した。

なお、東山御文庫二冊本『年中行事』（『新撰年中行事』）の全文は、西本昌弘編『新撰年中行事』（八木書店、二〇一〇年）に翻刻した。所功氏は、『新撰年中行事』の成立過程や『小野宮年中行事』との関係について、本章とは異なる立場を表明しているが（所功「『新撰年中行事』と『小野宮年中行事』」『宮廷儀式書成立史の再検討』国書刊行会、二〇〇一年）、これらに従うことができないことは、西本昌弘「解題」（『新撰年中行事』前掲）において述べた通りである。

また、「行成卿除目小葉子」については、その抄本と思われる写本を見出したので、その概要を紹介するとともに、全文を翻刻した（西本昌弘「広橋家旧蔵本『叙除拾要』について――藤原行成の除目書と思われる写本――」（田島公編『禁裏・公家文庫研究』第一輯、思文閣出版、二〇〇三年。本書第一部第四章）。

第二章　「蔵人式」と「蔵人所例」の再検討

——『新撰年中行事』所引の「蔵人式」新出逸文をめぐって——

はじめに

「蔵人式」は蔵人の職務と作法および蔵人が奉仕する儀式の次第などを定めたものであり、「寛平蔵人式」一巻と「天暦蔵人式」二巻のあったことが知られている。この両書はともに佚書であるため、諸書に引かれた「蔵人式」逸文を収集する努力が、和田英松氏らの先学によって行われてきた[1]。また逸文の収集と並行して、「蔵人式」の式文を抄出引用した書物のあることが指摘され、逸文をもとに「天暦蔵人式」の成立年代を割り出す試みなどがなされている。これまでの研究のなかから、特筆すべき業績を書き出してみると、次のようになる。

(一)『侍中群要』のなかで「式抄」「式」などと注記されている記事に、「蔵人式」と一致するものがあることを明らかにした吉村茂樹[2]・森田悌[3]両氏の研究。

(二)宮内庁書陵部に所蔵される『蔵人式』の写本を紹介し、これが「蔵人式」から年中行事の月日と行事名だけを書き抜いたものであることを指摘した今江廣道氏[4]の研究。

(三)『西宮記』巻十、侍中事に一つ書きで列挙されている記事は、「天暦蔵人式」から一括抜き書きしたものであることを論証した渡辺直彦氏[5]の研究。

(四)「蔵人式」逸文にみえる菊花節会・射場始などの式日から、「天暦蔵人式」の撰定年代を天暦四、五年から同九年までの数年間に限定した渡辺直彦[6]・清水潔[7]両氏の研究。

(五)『親信卿記』のなかに「式云」として、あるいは「式云」とは明記せずに、「蔵人式」の逸文が引かれていることを明らかにした山本信吉[8]・渡辺直彦[9]両氏の研究。

(六)『撰集秘記』が引用する諸書のうち、おおむね「九条年中行事」の前に引かれているのが「蔵人式」であることを指摘した所功氏[10]の研究。

以上に掲げた諸氏のすぐれた研究によって、「蔵人式」逸文の発掘が進むとともに、「蔵人式」の性格や成立年代がしだいに明らかになってきたといえる。

筆者はさきに京都御所東山御文庫に伝えられた古典籍のなかに、佚書と考えられてきた藤原行成の『新撰年中行事』の完全な写本が存在することを紹介した[11]が、この写本のなかには「蔵人式」の逸文が数多く引かれており、新出の「蔵人式」逸文（趣意文を含む）も三十条近く検出された。そのなかには従来の「蔵人式」に対する通説を一部修正する知見も含まれており、「蔵人式」の研究上に裨益するところが少なくないと思われる。そこで以下に、『新撰年中行事』に引かれる「蔵人式」関係の新出逸文を紹介し、新たな知見がもつ意味を考えてみたい。

一　「延喜蔵人式」と「天暦蔵人式」

『新撰年中行事』は「蔵人式」の逸文を五〇例近く引用しているが、そのなかにはまったくの新出逸文とともに、既出逸文の一部分を補正する参考逸文が多く含まれており、参考逸文も含めると新たに確認された逸文は三一条を数える。これらを逐一掲出して説明を加えるのは煩雑なので、新出逸文の全体は本章末尾に付載することとして、それらのなかから注目すべきものを選び出して、基礎的な検討を行ってみたい。まず第一に「延喜蔵人式」の逸文である（以下、本文中の史料番号は本章末尾に集成した逸文番号と同じ）。

⑭（三月三日）同日御燈事

延喜蔵人式云、三日御燈、起自一日至于今日、御潔斎及御精進、但今日内蔵寮奏奉供御燈之後、供奉魚味御膳、

天暦式云、三日御燈、起自一日至于此日、御浄食、但朔日先令宮主卜御燈奉否之由、若不被奉御燈、猶有御燈〔禊カ〕、猶有御浄食云々、巳刻、内蔵寮申奉御燈畢之由、即以奏、其後御膳用魚味、若雖御燈停止、同猶有御禊事、

㉒（六月）三日奏侍臣幷出納官等第文事

天暦蔵人式云、注云、加〔相〕加去月上日奏云々、但侍臣下内蔵寮、出納下穀倉院、小舎人等第文、蔵人直下穀倉院、又出納・小舎人等夏衣服文、同直下内蔵寮、色目同見所例也、

今案、色目見所例之注、不得其意、所例只注等第・日数幷其物数等、至于衣服色目不注、又延喜式亦如所例、殿上上等、百六十夜、四疋、中等百卌夜八十、二疋、出納日夜如上、但上等、調布十四端、中等、十端、小舎人上等、五丨、中等、四丨、下等、三丨、

⑭は三月三日の御燈に関する「延喜蔵人式」と「天暦式」（「天暦蔵人式」）の規定を並べて引用したもので、両者の記述を対比・検討することによって、新旧の「蔵人式」の相違を明らかにすることができる。すなわち「延喜蔵人式」によると、三月一日から三日まで天皇は潔斎と精進につとめ、三日に内蔵寮が御燈を（霊巌寺に）奉ったのちに、蔵人から御前に魚味が供せられた。これに対して「天暦蔵人式」は、三月一日から三日までの御浄食と御燈奉献後の魚味供進を定める一方で、三月朔日に宮主が御燈の奉否を卜い、不浄などの理由で御燈の奉献を停止する場合は、三日に御禊を行うことを規定する。延喜の段階においては、御燈は原則として奉献すべきものとされていたのに対して、天暦の段階においては、三月朔日に宮主が卜占した結果によって、奉献をとりやめることが明記されたのである。御燈における由の祓の初見は『吏部王記』延長八年九月三日条といわれているが[12]、「蔵人式」の式文にあらわれた御燈の儀式も、延喜から天暦までの間に大きな変容をとげたことが確認されよう。

なお、伝本『蔵人式』にも「(三月)三日　御燈」とみえており、『撰集秘記』九月三日御燈事が引く推定「蔵人式」逸文には、「三日御燈、御禊、一同三月」とみえている。

㉒は六月三日に月奏とともに侍臣・出納などの等第文を奏上することを記したもので、「今案」以前が「天暦蔵人式」の引用と考えられる。伝本『蔵人式』に「六月三日、奏侍臣幷出納等第文」とあり、『西宮記』巻十、侍中事に、

一、六月三日、奏侍臣幷出納等第文、相加去月上日奏之、但侍臣下内蔵寮、出納下穀倉院、
小舎人等第文、蔵人直下穀倉院、又出納・小舎人等夏衣服文、同直下内蔵寮、色目見所例也、

とある。『西宮記』の記事は逸文㉒とほとんど同文であり、これらが「天暦蔵人式」の引用であることが確認できる。「今案」以下は藤原行成の付加文かと推定されるが、「蔵人式」中の「色目同見所例也」という分注に疑問を呈したもので、「所例」には等第・日数と物数だけが記され、衣服の色目は注されていないという。そして「延喜式」もまた「所例」のごとくであったと指摘する。前掲した逸文⑭の「延喜蔵人式云、(中略)天暦式云」という引用法を参照すると、「天暦蔵人式」のあとに引かれたこの「延喜式」は「延喜蔵人式」をさすとみるべきであろう。つづいて引用される「殿上上等、百六十夜、四疋」以下の規定は、文脈的にみて「延喜蔵人式」か「所例」の引用文と推測されるが、おそらく「所例」の引用であろうと思われる。『侍中群要』巻六、月奏文には「三日以前奏聞、但十二月・六月、加等第書奏之、事旨見式幷所例、在六月巻」とあり、奏等第文のことは「蔵人式」と「所例」の六月巻に定められていたという。

さて、以上に掲げた二点の史料から、「天暦蔵人式」に対比されるものとして「延喜蔵人式」が存在していたことが確認できる。「延喜蔵人式」という名称はまったく初見のものであるから、あるいは「寛平蔵人式」を混同したものではないかともみられるが、「寛平蔵人式」の編纂された寛平二年と延喜年間とでは在位の天皇も異

なり、両者の間には昌泰の年号が入っているので、これらを混同することはまず考えられない。

　延喜年間にも「蔵人式」が編纂されたらしいということを念頭に置いて、改めて関連史料を見直してみると、『新撰年中行事』以外にも「延喜蔵人式」を引用している史料が存在する。それは『親信卿記』天禄三年七月七日条の乞巧奠に関する記載である。

　七日、儀式装束如蔵人式、天徳二年記云、祭具已訖、下孫庇御簾、同庇南第三間鋪錦毯代、（中略）

　記云、御手本幷御琴笛置御前、（中略）

　記云、机蔵人所云々、高机四脚、南北相別立之、（中略）

　延式云、内蔵進油三升、納殿出名香一合、内侍所進白粉二合、油坏用土器、

　この記事は「蔵人式」（おそらく「天暦蔵人式」）と「天徳二年記」を参考にして、天禄三年の乞巧奠の鋪設と次第を記したものであるが、ここに引かれる「延式」は記主平親信の立場や記事の内容からみて、「延喜蔵人式」であると考えられる。乞巧奠のさいに内蔵寮が土器に油（御燈明）を入れて供し、納殿が名香（百和香）を出したことは、『江家次第』巻八、七月七日乞巧奠事に「西北机居香爐一口、納殿百和香四両盛之、（中略）内蔵寮供御燈明、用土器」とあることからわかり、内侍所から白粉を召したことは、『西宮記』巻四、乞巧奠に「召神泉蓮・内侍所粉」とあることから判明する。『西宮記』乞巧奠条の末尾には「已上見蔵人式」という注記が付されており、『江家次第』の乞巧奠事にも「蔵人式」との異同が注載されている。したがって、両書にみえる乞巧奠の記事が「蔵人式」（「天暦蔵人式」）そのものか、「蔵人式」を強く意識したものであることは疑いなく、これらと類似した記載をもつ『親信卿記』所引の「延式」は、「延喜諸司式」ではなく「延喜蔵人式」をさすものとみてよいと思われる。

　これまでの研究によって、「蔵人式」には「寛平蔵人式」と「天暦蔵人式」の二種のあったことが明らかにさ

れているが、「延喜蔵人式」の存在が確認されたことによって、「蔵人式」は寛平・延喜・天暦の三度にわたって編纂された可能性が高くなった。このうち「寛平蔵人式」は、寛平二年に左大弁橘広相が宇多天皇の勅を奉じて撰進したもので、[13]『本朝書籍目録』に「蔵人式一巻、橘広相撰」とある。また、『侍中群要』巻一や『禁秘抄』巻上に「寛平小式」とみえるのは、いずれも「寛平蔵人式」をさすものと考えられている。[14]

一方、『北山抄』巻三、内宴事は、「少将取空盞、出自北幔西頭」という本文に対して、「蔵人旧式、酒正取空盞、或蔵人頭可取云々」という頭書を付している。通説ではこの「蔵人旧式」は「寛平蔵人式」をさすとみられているが、[15]「延喜蔵人式」の存在が明らかになり、「延喜蔵人式」と「天暦蔵人式」とを対比的に引用する逸文⑭のような例が出現してみると、「蔵人旧式」は「延喜蔵人式」をさすと考えた方がよいのではないか。「寛平蔵人式」は殿上蔵人の職務心得を具体的に示したものといわれるが、[16]内宴のさいの細かい儀礼を定めた「蔵人旧式」は、少なくとも逸文から知られる「寛平蔵人式」とはやや様相を異にしている。この一例のみで断定するのは難しいが、「蔵人旧式」は「寛平蔵人式」よりは「延喜蔵人式」の方に比定しうる可能性が高いと思われる。

ところで、「天暦蔵人式」という呼称は藤原為房の『貫首雑要略』（『貫首抄』）にみえるのみで、このほかには宮内庁書陵部所蔵の葉室家本『後二条師通記』寛治六年三月十九日条に「村上蔵人式」とあるのが唯一の関連史料であった。[17]しかし、『新撰年中行事』には三例の「天暦蔵人式」（うち一例は「天暦式」）が引用されており、この名称がそれほど孤立したものではないことが判明した。三例のうち二例は前掲した逸文⑭と㉒であるが、㉒の「天暦蔵人式」は『西宮記』巻十、侍中事にみえる一つ書きの記事と一致している。残る一例は㉗十月五日射場初事に、「天暦蔵人式云、此日菊花宴、七日初射場云々」とみえるもので、同様の趣旨の「蔵人式」逸文は『年中行事抄』や『政事要略』巻二十五に引かれているから、逸文㉗自体は新出のものではないが、この逸文が「天暦蔵人式」であることを明記する点が重要である。『西宮記』巻十、侍中事の一つ書きや『年中行事抄』『政事要略』の引く「蔵人式」逸文が「天暦蔵人式」であろうことは、菊花節会や射場始の式日を検討した渡辺直彦氏によってすでに指摘されているが、逸文㉒や逸文㉗の記載は渡辺氏の想定を裏付けるものといえよう。

『新撰年中行事』にはこのように三例の「天暦蔵人式」（「天暦式」）が引かれているが、このうち二例は「延喜蔵人式」（「延喜式」）とともに引かれたものであるから、「延喜蔵人式」と区別する場合にはとくに「天暦蔵人式」と呼ばれたが、それ以外の場合は多く「蔵人式」とのみ称されて引用されたとみることができる。

二　「蔵人式御短尺」と「村上御代短尺文」

『新撰年中行事』に引かれる「蔵人式」関係の新出逸文で、いま一つ注目されるのは「蔵人式御短尺」であり、同書の四月一日条に、

　進御扇事、近衛・兵衛、起今日上番、尽九月下番、
張御扇事、見承和例、蔵人式御短尺云、注刀瓜者、可載諸衛府云々、

とみえている。前述のように、たんに「蔵人式」とのみ称するのは「天暦蔵人式」のことと考えられるので、この「蔵人式御短尺」とは、「天暦蔵人式」の編纂過程で、村上天皇がその草案に付した意見書と推定される。東山御文庫に所蔵される『延喜式覆奏短尺草写』と類似の史料であり、「蔵人式」の編纂・改訂にさいしても、天皇からなんらかの指示が出されたことがうかがわれる。

この「蔵人式御短尺」はきわめて短文のため、その内容を正確に理解するのは難しいが、まず最初の「注刀瓜者」とは、「蔵人式」の四月一日条に刀瓜（瓜刀）のことを注記せよという意味であろう。延喜内匠寮式には、

　割瓜刀子廿枚、刃長五寸、毎年五月一日、七月一日両度、盛楊筥一合、進之、（下略）

とあり、瓜を割く刀子二〇枚が毎年五月一日と七月一日に内匠寮から進上された。一方、『西宮記』巻四の六月一日条には、

内匠寮進瓜刀廿柄、見承和例、式云、五月一日、七月一日進之、或本、内匠式両度進云々、

とあり、『新撰年中行事』の五月五日条にも、

（五月五日）同日内匠寮進瓜刀事、見延喜例、承和例、廿柄、六月一日進、式云、五月一日、七月一日進、

とあるので、「蔵人所承和例」では「内匠寮進瓜刀廿柄」の行事は六月一日にかけられていたが、「延喜例」においてはこれが五月五日の行事となっていたことがわかる。「蔵人所承和例」「延喜例」『延喜式』（内匠寮式）などによって日次の違いはあったが、瓜刀を進上する行事は五月一日、五月五日、六月一日、七月一日などにかけられていたのである。したがって、四月一日条に「注刀瓜者」と記す「蔵人式御短尺」は、この行事を四月一日のところにも掲出するように指示していると考えてよいであろう。

次に、「蔵人式御短尺」の「可載諸衛府云々」というのは、「張御扇」の前に掲げられた「進御扇」の行事名に「諸衛府」の語を加え載せよと命じているのであろう。『西宮記』巻三の四月一日のところには、

一、張御扇事、廿二柄、大二、中四、小十、見承和例也、

一、四府進檜扇、起自四月一日、尽九月、左右近、左右兵衛、付内侍所、

とあり、「進檜扇」の前に「四府」の語が付されている。四月一日の「進御扇」なる行事は、『年中行事御障子文』に「近衛・兵衛進御扇事」、『北山抄』巻一に「近衛・兵衛四府進御扇事」、『小野宮年中行事』に「近衛府・兵衛府進御扇事」などと記されており、いずれも「近衛・兵衛」などの「諸衛府」の名を冠した名称になっていた。とりわけ『西宮記』巻三、四月冒頭の記事は「蔵人式」と深く関わるものと推定されるので[18]、「天暦蔵人式」における行事名は「近衛・兵衛進檜扇」あるいは「近衛・兵衛四府進檜扇」であった可能性が高い。「天暦蔵人

式」は「蔵人式御短尺」の指摘に沿って、「諸衛府」の語を加え載せたと考えられるのである。

このように「蔵人式御短尺」は、「蔵人式」に掲出すべき行事項目とその名称を具体的に指示したものであり、その指示がすべて「天暦蔵人式」に反映されたかどうかはともかく、天暦度の「蔵人式」改訂作業にさいして、村上天皇が内容や表現にわたる細かい注文を出していたことが確認できるのである。これと関連して思い起こされるのが、『政事要略』巻二十五、年中行事十一月、初雪見参にみえる「村上御代短尺文」である。

蔵人式云、触事有勅計、分遣侍臣諸陣、令取見参、賜禄、或不賜、但大雪之時、殿上男女房及内侍所、但朔旦冬至時、諸陣及蔵人所、校書殿、内竪所等、主殿寮男女官、同預見参、遣侍臣取見参、此朱書、村上御代短尺文也云々、

分注末尾の「此朱書」云々を除く部分が「蔵人式」の逸文であり、これとほぼ同文が『西宮記』巻十、侍中事の一つ書きに記されている。両書の記事を対比すると、用いられる字句は同一ながら、その配列に若干の相違があり、『政事要略』所引文の方に錯乱があるといわれている。(19) ただし、一方は完成した蔵人式文、一方は草案への短尺文であるため、こうした相違が存在すると考えるべきであろう。この部分を朱書した『政事要略』の写本は見当たらないので、「此朱書」に相当する箇所は不明であるが、清水潔氏は「或不賜」以下の細字分注の部分がそれにあたるかと推定している。(20) いずれにしても、「蔵人式」の触事有勅計条についても、「朱書」によって指示された「村上御代」の「短尺文」の存在したことが確認できるのであり、この「短尺文」が前述した「蔵人式御短尺」と関係するものとして注目されるのである。

この「村上御代短尺文」について虎尾俊哉氏は、「短尺」と記して「御短尺」と記さず、「村上御代」と記して「村上天皇」とも記さないから、村上天皇宸翰の御短尺が存在したことにはならないと論じた。(21)「村上御代短尺文」を厳密に解釈すると、たしかに虎尾氏のいう通りであろうが、『新撰年中行事』に「蔵人式御短尺」の語が検出された以上、村上天皇が「蔵人式」に「御短尺」を加えたことは否定できず、『政事要略』所引の「村上御

代短尺文」もまた、村上天皇自身の御短尺である可能性は高いとみなければならない。「蔵人式御短尺」の存在が明らかになったことで、「天暦蔵人式」の改訂作業に村上天皇の意見が強く反映された可能性が浮上したが、このことを逆にいえば、「天暦蔵人式」の編纂主体はあくまでも天皇以外の人物であったということになろう。「天暦蔵人式」は村上天皇の宸作であったとする説もあるが(22)、「蔵人式御短尺」の存在はその可能性を否定するもので、『延喜式』の編纂時と同じく、「御短尺」によって「蔵人式」草案に意見を述べた天皇は、「天暦蔵人式」の監修者の立場にあったとみるべきである。

「蔵人式御短尺」の問題はまた、『延喜式覆奏短尺草写』の作者問題にも一石を投じるであろう。東山御文庫本『延喜式覆奏短尺草写』の包紙には「村上天皇宸翰」なる上書が記されているからである。虎尾氏はこの上書を後世の誤伝とし、その信憑性を否定したが、『新撰年中行事』中に「蔵人式御短尺」の語がみえ(23)、それが村上天皇の手になるものであるとすると、『延喜式』の「御短尺」の作者についても、通説の醍醐天皇説とは別に、村上天皇説を検討してみる価値はありそうである。

三　「蔵人所例」=「所例」と「承和例」「延喜例」

蔵人所に関係する法令もしくは施行細則としては、「蔵人式」のほかに「蔵人所例」が存在する。「蔵人所例」は「所例」とも呼ばれ、『政事要略』『撰集秘記』などが引く「蔵人式」逸文中にみえているが、『新撰年中行事』のなかにも「所例」がいくつか引かれており、その多くはやはり「蔵人式」の逸文中に引用されたものである。『新撰年中行事』の記事中から、「所例」の部分を中心に抜き出すと、次のようになる。

⑮（三月）晦日所司進夏御座等事

蔵人式云、掃部寮進夏御座并所畳、内蔵寮進殿上男女房畳、色目見所例、

⑲（四月）次未日御覧女騎料馬御事

蔵人式云、（中略）是日頒行唐鞍・祀物事等、色目見所例也、

㉒（六月）三日奏侍臣幷出納官等第文事

前掲（五五頁参照）

※（十月一日）同日主殿寮進御殿炭及殿上侍〔料脱カ〕炭事、始自今日、迄明年三月晦日、数見所例也、

㉛（十二月三日）同日奏等第文事

蔵人式云、一如六月、但所例云、殿上々等六疋〔疋〕、中等四疋、但加奏来年内宴装束許又〔新文〕、所例云、奏殿上四位以下六位以上装束析又〔文〕、後下宣旨、人別六人、宴停者、被下宣行不更行、

以上に掲げた五例の「所例」のうち、⑮⑲㉒の三例ははじめて検出されたものである。また前述のように、㉒後半にみえる「殿上上等、百六十夜」以下の記述が「所例」であるとすると、これも新出史料であり、「所例」から直接引用したものと考えられる。さらに、㉛が引用する二つの「所例」のうち前者は、『新撰年中行事』の引用文によってはじめて「所例」であることが確認されたもので、新出史料に近いものといえよう。古瀬奈津子氏によると、「蔵人式」が仁寿殿の装束を詳述しているのに対して、「所例」の方は準備一般や禄法について述べ、供奉の諸司・所々が調備する雑物の色目を定めていたというが、新たに検出された「所例」にも畳・唐鞍・祀物・禄物などの数量が具体的に記されていた。「所例」は蔵人が殿上の行事をとり行うさいの実務規定であり、「蔵人式」の規定を補う施行細則であったといえるだろう。

ところで、たんなる「蔵人所例」＝「所例」とは別に、「蔵人所承和例」や「蔵人所延喜例」なるものが史料上に現れる。「蔵人所承和例」は『西宮記』巻十、侍中事に引かれ、同書の巻二、三、四などでは「所承和例」と

も「承和例」とも称されている。(26)「承和例」は『新撰年中行事』のなかにもいくつかみえるが、いずれも『西宮記』に既出のものであり、「承和例」については『西宮記』の方が例数も豊富で記事も正確である。

一方の「蔵人所延喜例」は、『拾芥抄』巻中、所々の冒頭に次のようにみえている。(27)

所々　或本蔵人所延木例

内舎人所、載令、在中務省北門東掖、有年官熟食、件所故実尤多云々、

内竪所、在一本御書所東、内候在春興殿東、厨在大舎人寮南、以甲斐周防為衣服析、以大臣為別當、又有熟食年官、有奏時殿上及所々分、内侍召、作物所、畫所、神泉、馬曹司等、匡遠本、以大臣中将六位為別當、有頭執事、

（下略）

『拾芥抄』は各項目の標題のあとに出典史料名を明記する場合があるので、(28)「所々」という項目の下に「或本蔵人所延喜例」と注記するのは、この項目の記述が「蔵人所延喜例」にもとづくものであることを示している。所々の所在、職員構成、職務、年官・熟食・月奏の有無などを摘記した同様の記述は、『西宮記』巻八、所々事にもみえているが、所に関する基本的な情報を網羅したこの部分は、「蔵人所延喜例」から転載されたものと考えられるのである。『西宮記』の所々事と『拾芥抄』の所々の間には相違点もいくつか認められるが、それらは両書（あるいは両書の材料）が依拠した「蔵人所延喜例」の写本の差異によるのであろう。(29)

このほか、『政事要略』巻五十九、交替雑事（賻物）には、出納や小舎人の喪病料を定めた「延喜例蔵人所」が引かれているが、(30)『新撰年中行事』のなかにもいくつかの「延喜例」を検出することができる。

a（五月五日）同日内匠寮進瓜刀事、見延喜例、承和例廿柄、六月一日進、式云、五月一日、七月一日進、

b（七月）七日内蔵寮弁備節食事、延喜例云、殿上男女房及所々節食云々、

c（十一月）一日典薬寮進生地黄煎事、多少随生地黄数、延喜例、

d（十二月）十九日御仏名事

（中略）若導師有闕、或此間被補之、蔵人頭奉勅、進而告之、或給清書之日、便被召補之、延喜例也、

a～dの「延喜例」はいずれも蔵人と関わりの深い行事のなかに注記され、とくにaにおいては「延喜例」と「承和例」が並んで引かれているので、これらは「蔵人所延喜例」を意味するものとみてまず間違いあるまい。

虎尾俊哉氏は延喜以降の「例」の実例として、「延喜例」「御厨子所例」「進物所例」などに言及しているが、これをうけて菊池京子氏は、諸司式に先行して編纂された諸司例と同様、蔵人所の「延喜例」をはじめとする所々の「例」も、それぞれの庶務遂行の必要上まとめられた施行細則であったと論じた。(32)一方は「蔵人式」の編纂以前、他方は「蔵人式」の編纂以後にまとめられたものであるが、蔵人所の「承和例」と「延喜例」はともに、蔵人が諸司・所々をひきいて殿上の行事をとり行うさいの実務規定であったといえる。(31)

さて、そこで問題になるのは、たんなる「蔵人所例」＝「所例」と「承和例」「延喜例」との関係であろう。「所例」の逸文が「元慶例」を引用するところから、「所例」はそれ以後の成立であるといわれているが、(33)私は次にあげる史料から、「蔵人所例」＝「所例」と「蔵人所延喜例」＝「延喜例」とは同じものであったと考えている。すなわち、『北山抄』巻三、内宴事には、

一、装束、見蔵人式幷指図、康保三年、依太子参上、有改定事云々、与御記可勘合、

一、禄法、見延喜例、太子御禄、見康保御記、

とあり、内宴のさいの装束は「蔵人式」と「指図」にみえ、禄法は「延喜例」に定められているという。これに対応する記述が『北山抄』同条の裏書に書かれており、前田家巻子本によると次のようにある。

蔵人式

前一日、蔵人令所雑色非雑色、上仁寿殿御格子、母屋及廂皆懸御簾、即用彼殿所有、但南廂東面一間、南面五間上之、

掃部寮立六尺御屛風三帖母屋東戸前、東向、北辺二帖、南向、東廂南第一間南辺一帖、北向、第四間北辺一帖、南向、並漢書御屛

風、母屋。辺立五尺二帖、北向母屋幷東廂鋪満長筵、五尺御屏風前鋪錦端畳三枚、（中略）

所例

蔵人奉御靴、前一日、蔵人率雑色等、供奉仁寿殿装束、兼其夜雑色等宿直同殿、又当日早朝、未出御之前、相分益送男女方饗、出納一人率小舎人三四人、賷候紙筆墨硯等、紫宸殿艮角壇上応召、殿上人伝取、賜親王公卿及文人等、筆廿管、硯廿枚、楊筥五合、中折櫃十合、召内蔵寮、紙筆以所用、出納於階下取親王以下見参、内蔵寮運進禄細屯綿千屯、其禄法如左、元慶例云、至晩頭、出納与内蔵寮官人共班行禄物、若禄不足、後日召問寮、加行者、

皇太子　親王一品九十屯　二品八十屯　三品七十屯　四品六十屯

大臣九十屯　大納言七十屯　中納言六十屯　非参議三位参議五十屯　四位卅屯　五位廿屯　六位十屯、但殿上六位以上献詩者、加給十屯、諸司六位、只給文禄十屯、

事訖之後、蔵人率雑色等撤装束、

指図在年中塩梅

『北山抄』の裏書においては、このように「蔵人式」と「所例」が長文にわたって引用され、末尾には「指図」に関する言及もみられたが、これらを『北山抄』の本文の記載と対比すると、本文中に「禄法、見延喜例」と記された「延喜例」が、裏書の「所例」に相当することは明らかであろう。したがって、たんに「所例」と記された「蔵人所例」は「蔵人所延喜例」＝「延喜例」を意味するものと考えられる。この「蔵人所延喜例」は「延喜蔵人式」の制定と前後してまとめられたものと推定されるが、「天暦蔵人式」の編纂時にも実効力を失っておらず、このため式文中にしばしば参考史料として言及されたのであろう（34）。

ところで、前掲した『北山抄』巻三、内宴事には「一、装束、見蔵人式幷指図、康保三年、依太子参上、有改定事云々、与御記可勘合、」とあり、「蔵人式」所見の内宴のさいの装束が、康保三年に皇太子の参列により改定されたという。前田家大永鈔本『西宮記』巻二、内宴裏書の「村上天皇御記」によれば、康保三年二月二十一日の内宴のさいに、仁寿殿の南廂東第一柱に西向に皇太子の椅子を立てたとあるが、『北山抄』巻三、内宴事裏書の「蔵人式」にも、南廂東第

一柱南辺簀子に西面して平文椅子を立て皇太子の座となすとみえている。

以上の事実から、「天暦蔵人式」の内宴条は、康保三年に皇太子の参列を理由に改定され、その改定式文が『北山抄』の裏書に引用されていることが判明する。「天暦蔵人式」の編纂後にその式文が改定されたことは、これまでの研究では想定されていないが、具体的な改訂の事例が一つ出てきたことになろう。『江談抄』石清水臨時祭始事に引く「蔵人式」が安和年間のことに言及しているのは不審に思われているが、[35]「蔵人式」灌仏条の引用と推定される『親信卿記』天延二年四月八日条に、[36]「去安和三年御物忌也、而此座鋪之」「安和二年参入自仙華門」などという注記が付されているのと同様、「蔵人式」の式文中に天暦以後の実例を補っているとみなすべきであろう。その意味では、「蔵人式」の推定逸文中にみえる天暦以降の年紀も、後人の追記としてこれを否定するのではなく、後世のある時期の「蔵人式」の状態を示すものとして尊重すべきではなかろうか。

おわりに

『新撰年中行事』に引かれる「蔵人式」や「蔵人所例」の新出逸文を紹介し、既存の逸文や従来の研究とも対比しながら、これらの新知見がもつ意味を考えてきた。これまでの論述を要約すると、次のようになる。

㈠『新撰年中行事』には「蔵人式」の新出逸文（趣意文を含む）が三十余条引かれており、これら自身が「蔵人式」に関する知見を広げるものであるが、そのなかには「延喜蔵人式」の逸文が一条、「天暦蔵人式」の逸文が三条含まれており、「寛平蔵人式」と「天暦蔵人式」の間に「延喜蔵人式」の編纂されたことが確認された。

㈡『新撰年中行事』にみえる「蔵人式御短尺」は、「天暦蔵人式」の編纂過程で村上天皇がその草案に付した意見書と推定され、『政事要略』巻二十五が引く「村上御代短尺文」と同じものと考えられる。この「蔵人式　御短尺」の存在は、村上天皇が「天暦蔵人式」の編者ではなく、その監修者であったことを示すものである。

㈢　蔵人所に関係する法令としては「蔵人所例」＝「所例」や「蔵人所承和例」「蔵人所延喜例」などが知られるが、『北山抄』巻三、内宴の本文と裏書を対照的に検討すると、「所例」と「延喜例」とは同じものである可能性が高く、「延喜蔵人式」の制定と前後して、新たな「蔵人所例」のまとめられたことが想定される。

弘仁元年（八一〇）に設置された蔵人所は天皇家の家政機関の中枢で、天皇に近侍してその命を諸司に伝え、内廷諸司をひきいて殿上のことをとりしきった[37]。菊池京子氏は『西宮記』や『拾芥抄』にみえる所々の成立が九、十世紀の交に集中することと、この時期には五位蔵人の設置や「寛平蔵人式」の制定、滝口の新設など、宇多天皇による蔵人所拡充策が行われたことから、蔵人所が天皇の家政機関として殿上における重要な位置を占めるのは、寛平・延喜年間以降であると説いた[38]。

これに対して、玉井力氏は菊池説に賛意を表しながらも、「蔵人所承和例」の存在と内蔵寮官人の蔵人兼帯事例の分析から、蔵人所と内廷所々にとっての一つの変化は承和ごろにはじまり、寛平・延喜ごろにそれが一つの定式として成立したと論じた[39]。また、『西宮記』所引の「蔵人所承和例」を検討した古尾谷知浩氏は、承和の段階において蔵人所はすでに内蔵寮・主殿寮・内匠寮などの諸司や作物所・校書殿などの所々に召仰を行い、出納の上日を把握して等第料を支給していたと指摘する[40]。初期の蔵人所の機能については、史料的な制約もあって不明の点が多いが、「蔵人所承和例」の存在は、九世紀中葉に蔵人所と内廷諸司の結びつきが形成されていたことを示すものといえよう。

ただし、前掲したいくつかの逸文からも知られるように、「蔵人所例」は調達物の色目や禄法の数量などをまとめたものにすぎず、殿上行事の次第と装束、内廷諸司の役割分担などを詳述した「蔵人式」とは格段の相違があった。したがって、「蔵人所承和例」のみが存在した段階と、「蔵人式」と「蔵人所例」とが両存した寛平・延喜以降とでは、蔵人所による諸司の召仰は質的に異なると考えざるをえない。蔵人所が天皇の家政機関の中枢としての地位を法的に確立するのは、やはり寛平・延喜年間と考えるのが穏当である。

ところで、「寛平蔵人式」は『西宮記』巻十、侍中事に一括引用がみえるほかは逸文も少なく、「寛平小式」とも称されているところから、それほど大部の書物ではなく、殿上蔵人の職務心得と日中行事の大枠を示したものとみられるが(41)、「寛平蔵人式」の制定からほどなく、殿上行事の次第と内廷諸司の役割を明記した「延喜蔵人式」が編纂され、さらに「蔵人所延喜例」がまとめられたことは大きな意味をもつ。また、延喜の段階には出揃っていた内廷所々の重要な情報が、「所々例」ではなく「蔵人所延喜例」のなかに摘記されていたことは、蔵人所による内廷所々の統括が延喜段階には完成していたことを示している。蔵人所の機能の再編と強化は延喜年間に急速に進んだことが想定されよう。

「寛平蔵人式」がわずか一巻で、残された逸文も少ないことから、寛平期には儀式・行事における蔵人の役割がいまだ充分発達していなかったとみる向きもあり、太政官管轄下の諸司の式は『延喜式』で一応完成したが、「蔵人式」の方は諸司式より一歩遅れて、「天暦蔵人式」で一応完成したともいわれている(42)。しかし、『延喜式』は編纂後ただちには施行されず、康保四年（九六七）になってようやく施行された。それ以前に「延喜蔵人式」が編纂・施行されたことを思うと、延喜年間にはむしろ「蔵人式」の編纂の方が重視されたとみた方がよいのではないか。前述のように、延喜についで天暦の「蔵人式」が編纂されたのちも、村上天皇は「蔵人式」の補訂に意を用いたが、『延喜式』が施行されるのは村上天皇の崩後である。十世紀には諸司式の改訂よりも、「蔵人式」の制定と改訂の方が優先されたとみるべきであろう。

平安前期の『内裏式』『儀式』と平安中期の『西宮記』を儀式項目で比較した古瀬奈津子氏は、『西宮記』では小朝拝・御斎会内論義・灌仏・乞巧奠・弖供・御仏名・御修法など、清涼殿において蔵人が行事する天皇の私的行事が多く加えられたことに注目し、天皇と私的関係にある蔵人所などの政治機関が発展した結果、天皇の私的行事さえも政治的に意味をもつようになって、儀式書に載せられるようになったのであると説く。(43) こうして新たな意味を付与されるようになった天皇の私的行事を、蔵人所を中心とする内廷機構によって運営してゆくための指針として編纂されたのが「延喜蔵人式」であり、『内裏式』『儀式』から『西宮記』へと推移する儀式書の歴史にあって、『西宮記』につながるような儀礼をはじめて体系的に叙述したのがこの書であった。仁和元年（八八五）の『年中行事御障子文』がその後の年中行事書の基本となったように、「延喜蔵人式」は十世紀以降の儀式書に一つの規範を提示したといえるのではないだろうか。

註

（1）和田英松編・森克己校訂『国書逸文』（森克己、一九四〇年）。和田氏の収集逸文をさらに増補して、「蔵人式」逸文を集大成したのが、所功「蔵人式」（『新訂増補国書逸文』国書刊行会、一九九五年）である。
（2）吉村茂樹「蔵人式についての一考察」（『歴史地理』四六―三、一九二五年）。
（3）森田悌「蔵人式について」（『日本古代官司制度史研究序説』現代創造社、一九六七年）。
（4）今江廣道「宮内庁書陵部所蔵『蔵人式』について」（『古事類苑　月報』一〇、一九六八年）。
（5）渡辺直彦「『蔵人式』管見」（『日本歴史』三〇〇、一九七三年。のち「蔵人式と『西宮記』巻十」と改題して、『日本古代官位制度の基礎的研究』増訂版、吉川弘文館、一九七八年に再録）。
（6）渡辺直彦註（5）論文。
（7）清水潔「清涼記と新儀式と天暦蔵人式」（『皇学館論叢』九―二、一九七六年）。
（8）山本信吉「『親信卿記』の研究」（岩橋小弥太博士頌寿記念会編『日本史籍論集』上、吉川弘文館、一九六九年）。
（9）渡辺直彦「『親信卿記』と儀式」（『日本祭祀研究集成』一、名著出版、一九七八年。「蔵人方行事と『親信卿記』」と改題し

て、前掲の『日本古代官位制度の基礎的研究』増訂版に再録）。
(10) 所功a「『撰集秘記』の基礎的研究」（『日本学士院紀要』三五―三、一九七八年。のち『京都御所東山御文庫本撰集秘記』国書刊行会、一九八六年に再録）、所功b「『蔵人式』の復元」（『平安朝儀式書成立史の研究』国書刊行会、一九八五年）。
(11) 西本昌弘「東山御文庫所蔵の二冊本『年中行事』について―伝存していた藤原行成の『新撰年中行事』―」（『史学雑誌』一〇七―一二、一九九八年。本書第一部第一章）。
(12) 三橋正「由の祓について」（『平安時代の信仰と宗教儀礼』続群書類従完成会、二〇〇〇年）。
(13) 『侍中群要』巻一による。『西宮記』巻十、侍中事や『貫首雑要略』（『貫首抄』）が「寛平六年」の撰進とするのは誤記か誤写である。森田悌註(3)論文二一九頁参照。
(14) 岩橋小弥太「格式考」（『上代史籍の研究』二、吉川弘文館、一九五八年）、森田悌註(3)論文、所功註(10)b論文、同「寛平小式」（『新訂増補国書逸文』前掲）。
(15) 森田悌註(3)論文二二〇頁、所功註(10)b論文七五六頁、同註(1)論文七三七頁。
(16) 所功註(10)b論文七六〇頁。
(17) 和田英松「蔵人式」（『本朝書籍目録考証』明治書院、一九三六年）、渡辺直彦註(5)論文五四七頁。
(18) 『西宮記』巻三の四月冒頭部分には蔵人に深く関わる行事が列記され、その分注に「承和例」が二例引用されるなど、「已上見蔵人式」と注記される『西宮記』巻四の七月冒頭部分とよく似た様相を呈している。
(19) 渡辺直彦註(5)論文五四三頁。
(20) 清水潔註(7)論文五八頁。
(21) 虎尾俊哉「『延喜式覆奏短尺草』について」（『国立歴史民俗博物館研究報告』六、一九八五年）。
(22) 森田悌註(3)論文二二八頁。
(23) 虎尾俊哉『延喜式』（吉川弘文館、一九六四年）、同註(21)論文。
(24) 『撰集秘記』所引の「蔵人式」逸文は、分注の最初の部分を「但所去」と記すが、これは伝本『新撰年中行事』にみえる「但所例云」の方が正しく、この分注が「所例」の引用であることが判明する。
(25) 古瀬奈津子「蔵人式について」（『延喜式研究』二、一九八九年）三六頁。
(26) 古尾谷知浩「『蔵人所承和例』に関する覚書」（『史学論叢』一二、一九九三年）。

(27) 京都大学附属図書館所蔵清家文庫本『拾芥抄』、尊経閣文庫所蔵『拾芥抄』、大東急記念文庫所蔵『拾芥抄』などを参照した。
(28) 『拾芥抄』巻中第三の官位唐名部には「朝官当唐官略抄」と「百官唐名抄」の両本に依拠したとの注記があり、同第十では「諸司官人座次」の項目名の下に「允亮説云々」、「六位官次第」の項目名の下に「允亮抄云々」の注記があり、同第十八の廃朝部では「同差別事」の項目名下に「見西宮記」の注記がみえる。廃朝と廃務の区別を説いた「同差別事」の記事は現本『西宮記』にはみえないが、『年中行事秘抄』廃朝廃務差別事にも「西宮文云」としてほぼ同文が引かれており、『拾芥抄』の記事が「西宮記」からの引用文であったことがわかる。
(29) 『拾芥抄』の所々事では、内豎所の項に「匡遠本、以大臣中将六位為別当、有頭執事」、画所の項に「式乾、匡遠本」という注記がみえるが、「匡遠本」の記載とされた箇所は『西宮記』にみえる所々の記載と一致しており、『西宮記』の所々に関する記述が「匡遠本」と同系統の写本によっていることがわかる。「匡遠本」とは南北朝時代の小槻匡遠の所持本をさし、壬生官務家に伝わる写本を意味するものと思われる。
(30) 和田英松編・森克己校訂『国書逸文』（前掲）二三五頁。
(31) 虎尾俊哉「「例」の研究」（『古代典籍文書論考』吉川弘文館、一九八二年）。
(32) 菊池（所）京子「「所」の成立と展開」（『史窗』二六、一九六八年）。
(33) 古瀬奈津子註(25)論文三六頁。
(34) 『雲州消息』中本（『群書類従』巻百三十八）の宮内卿宛ての書状には「天暦御記欠巻已多、随申請可借給、為書写也、先日所召延喜例、御覧畢歟、古事記・官曹事類・本朝月令等候哉、如此之書以秘蔵為宗」とあり、宮内卿よりの返書には「天暦御記献之、於延喜例者、一見之後可返上侍」とあるが、ここにみえる「延喜例」は本文で述べた「蔵人所延喜例」＝「延喜例」と同じ書物をさすとみてよかろう。藤原明衡（九八九～一〇六六）晩年の十一世紀後半には、「延喜例」は「天暦御記」「官曹事類」「本朝月令」などとともに諸家に秘蔵され、一見することが困難な秘書になっていたことがうかがえる。
(35) 和田英松註(17)論文、森田悌註(3)論文など。
(36) 山本信吉註(8)論文三二九～三三二頁参照。
(37) 森田悌「蔵人所についての一考察」（『日本古代官司制度史研究序説』現代創造社、一九六七年）。
(38) 菊池（所）京子註(31)論文。
(39) 玉井力「九・十世紀の蔵人所に関する一考察」（『名古屋大学日本史論集』上巻、吉川弘文館、一九七五年）。

(40) 古尾谷知浩註(26)論文。なお、佐藤全敏「所々別当制の特質」(『史学雑誌』一〇六—四、一九九七年)によると、蔵人は日常的に所々に召仰を行ってはいるものの、それらの所々と蔵人との間に官制レベルでの上下関係はなく、蔵人または蔵人所が所々を統括していたとみるのは不適切であるという。
(41) 所功註(10)b論文、古瀬奈津子註(25)論文。
(42) 古瀬奈津子註(25)論文三二頁。
(43) 古瀬奈津子「平安時代の「儀式」と天皇」(『日本古代王権と儀式』吉川弘文館、一九九八年)。

付、「蔵人式」新出逸文集成

①(正月一日)同日式兵二省進補〔任脱〕帳事、録進外記、
蔵人式云、同日二省進主典已上補任帳、但式部加進一分已上秩満帳、注云々、年月日雖注件日、其実旧年十二月廿日、二省丞参所進之、蔵人取解文云々、
○延喜式部式によると、内外官主典已上の補任帳は毎年正月一日と七月一日に太政官に進められ、蔵人所へはその少し前の六月二十日と十二月二十日に進上された。『政事要略』巻二十八には「蔵人式云、十二月廿日、式兵両省進内外官主典已上補任帳、但式部省加進諸国一分已上秩満帳」とあるので、「蔵人式」はこの行事を十二月と六月の各二十日の条に掲出すると考えられているが、逸文①の出現により、「蔵人式」は正月一日条にもこの行事を掲出していたことが判明した。逸文①がいうように、蔵人所料の補任帳も文書記載上は正月一日付けで提出されたため、「蔵人式」は正月一日条にもこの行事を掲げ、その分注において「其実旧年十二月廿日、二省丞参所進之」と付記したのであろう。

②(正月三日)同日早朝奏去月殿上所々諸陣上日事、他月皆效此、蔵人式、
○『西宮記』巻十、侍中事に「一、毎月三日早朝、蔵人奏去月殿上及所々陣々上日」とある。

③(正月七日)同日白馬事
蔵人式、御南殿、爰白馬度紫宸殿、亦度清涼殿御前、仍垂東廂御簾云々、

④(正月八日)同日賜女王禄事、十一月新嘗會亦同、
蔵人式云、随弁官申、可令参入女王之由、召御〔仰〕右近兵衛々門等陣、

⑤　○『北山抄』巻一、給女王禄事に「随弁官触、蔵人可令入女王之由、仰右陣々、見蔵人式也、」とある。
（正月）七日以後、式兵両省進五位已上歴名帳事
　蔵人式云、式部省進五位已上歴名帳事、丞参所進之、

⑥（正月）九日始議外官除目事
蔵人式云、鋪公卿座、幷仰諸司賜酒饌、如叙位議、十日十一日又如之、
　○『年中行事抄』正月十一日外国除目事に「蔵人式云、自九日議」とある。

⑦（正月）十一日除目事
蔵人式云、清書畢、御南殿有除目、及于昏黒、不御南殿之時、或於御前有清書之間、蔵人候脂燭之、事畢還御、
　○『後二条師通記』永保三年十二月十五日条に「有除目事、（中略）候菅円座、見蔵人式」とある。

⑧（正月十四日）同日殿上論義事
蔵人式云、若当御物忌、於南殿有此儀、
　○『西宮記』巻一、内論議には「蔵人式云」として、内論議の詳細な儀式文が載せられている。また、『小右記』治安四年正月十五日条には「亦大威儀師座次、（中略）詳見蔵人式」とある。

⑨（正月十四日）同日夜男踏哥事
蔵人式云、前六七日、於御前、被撰定哥頭以下、其後中院、習礼二三度、前二日、中院試楽云〔々脱カ〕、雨儀、八省院ム堂云々、
　○『年中行事抄』正月十四日男踏歌事に「前二日、於中院試楽、当日於清涼殿東庭有此儀、御前事畢参宮々、訖帰参、有盃酌等、其後三月以前有後宴、事見蔵人式等」とある。『西宮記』巻二、踏歌事には「蔵人式」とは断らずに、逸文⑨と類似した儀式文が掲げられている。

⑩（正月）賜蘇甘栗事
蔵人式云、四日若有大臣大饗、遣蔵人一人於彼家賜之云々、随饗日有此事、或加給鮮雉、
　○『西宮記』巻十、侍中事に「一、大臣大饗時、蔵人奉仰令賷蘇甘栗等、向彼家賜之、或加鮮雉」とある。

⑪（二月）三日以前京官除目事、蔵人式云、一同外官除目、
　○伝本『蔵人式』に「（二月）三日以前、京官除目」とある。

⑫（二月）上申日春日祭

蔵人式云、前一日、近衛府使参入、就内侍所、令奏参向社頭由、若御前、云々、具見式

○伝本『蔵人式』に「(二月)上申日、春日祭」とある。

⑬

(三月)差定造茶使事

蔵人式云、用雑色非雑色等中、撰定上労者、

○伝本『蔵人式』に「三月一日、差定造茶使」とあり、『西宮記』巻十、侍中事に「一、三月一日、差定造茶使、所雑色以下上労者」とみえる。

⑭

(三月三日)同日御燈事

延喜蔵人式云、三日御燈、起自一日至于今日、御潔斎及御精進、但今日内蔵寮奏奉供御燈之後、供奉魚味御膳、

天暦式云、三日御燈、起自一日至于此日、御浄食、但朔日先令宮主卜御燈奉否之由、若不被奉御燈、猶有御燈〔禊カ〕、猶有御浄食云々、巳刻、内蔵寮申奉御燈畢之由、即以奏、其後御膳用魚味、若雖御燈停止、同猶有御禊事、

○関連史料は本文中に掲げた。

⑮

(三月)晦日所司進夏御座等事

蔵人式云、掃部寮進夏御座幷所畳、内蔵寮進殿上男女房畳、色目見所例、

○『西宮記』巻十、侍中事に「一、四月十月一日改換御装束事、去月晦、所司進御座及殿上幷所等畳」とあり、『撰集秘記』所引の『新撰年中行事』九月晦日条書入れにも「蔵人式、晦日所司進御座及殿上幷所用畳、一同三月」とみえる(この書入れは伝本『新撰年中行事』には存在しない)。

⑯

(四月)朔日朝供夏御装束事

蔵人式云、蔵人令所雑色等、相共拂拭御厨子所幷雑御物、掃司女孺参上、撤冬御帳帷壁代等、奉供夏御装束、又御所裏御衾幷涼御弓矢云々、

○『西宮記』巻十、侍中事に「一、四月十月一日改換御装束事」とある。

⑰

(四月三日)同日左右衛門府壊堋事

蔵人式云、仍可開永安門之由、召仰右近陣、

⑱

(四月)七日奏二省成選短冊事

蔵人式云、若不御南殿時、上卿参射場辺、今目録〔奏脱カ〕還去云々、

○『親信卿記』天禄三年四月十四日条に「去七日、依式可有擬階奏、而依延引、今日可奏矣」とある。

⑲（四月）次未日御覧女騎料馬御事

蔵人式云、若御物忌、蔵人頭奉仰、於便所點定、是日頒行唐鞍・祀物事等、色目見所例也、

蔵人式云、頒行祭日内侍以下唐鞍等云々、

⑳（四月）廿日以前奏郡司擬文事

蔵人式云、若不御南殿時、上卿参射場辺、令奏擬文還去、入件文筥蓋候、明後日、随彼省請給之、〔云々カ〕良久上卿重参令奏、點定擬文、御覧之後返給、

○『年中行事抄』四月廿日式部省奏詮擬郡司文に「蔵人式云、御南殿、無出御之時、上卿於弓場奏之」とある。

㉑（六月）一日二省進内外官補任帳事、丞各一人、参蔵人所進之、蔵人式云、六月廿日迄云々、

○七月一日のところに掲げるべきを誤って六月一日条に掲出したのであろう。伝本『蔵人式』に「七月一日、式兵両省進内外官補任帳」とあり、（補註1）『西宮記』巻四、七月条冒頭の「蔵人式」一括引用中に（補註2）「（七月一日）二省進補任帳外記・蔵人所」とみえる。

㉒（六月）三日奏侍臣幷出納官等第文事

天暦蔵人式云、注云、加〔相〕加去月上日奏云々、但侍臣下内蔵寮、出納下穀倉院、小舎人等第文、蔵人直下穀倉院、又出納・小舎人等夏衣服文、同直下内蔵寮、色目同見所例也、

今案、色目見所例之注、不得其意、所例只注等第・日数幷其物数等、至于衣服色目不注、又延喜式亦如所例、殿上上等百六十夜、四疋、中等百卌夜八十、二疋、出納日夜如上、但上等、調布十四端、中等、十端、小舎人上等、五ー、中等、四ー、下等、三ー、

○関連史料は本文中に掲げた。

㉓（六月十一日）同日神今食祭事

蔵人式云、早朝注殿上侍臣夾名、送神祇官令卜小忌合不、蔵人頭弁理御髪・供御湯人等、不載卜列、殿司未供忌火之前、不合御卜侍臣等退出、

○伝本『蔵人式』に「（六月）十一日、神今食」とあり、『親信卿記』天延元年六月十日条に「書殿上男女房名簿、遣神祇官令卜、口伝云、式当日早旦遣之、至于十一月者、前日遣之」とある。

㉔（六月十一日）同夜暁大殿祭事

蔵人式云、留守蔵人相副令奉仕之、

○『親信卿記』天延元年六月十一日条に「儀式如式、二度膳了後、撤神座、丑一刻、神祇官人等参本宮、奉仕御殿祭、留守

　　蔵人監臨」とある。

㉕（七月七日）同日散置拂拭御調度事
蔵人式云、御書御本又同之、又披涼仁寿殿御書御屛風等、蔵人所人等共涼之、
○『西宮記』巻四、七月条冒頭の「蔵人式」一括引用中に「（七月七日）涼御調度、蔵人所人等共涼之、召長筵、敷東孫庇、拂拭」とある。

㉖（十月）三日以前點定五節儛姫事
蔵人頭奉仰、召仰可献之公卿、或親王献之、但后妃・女御・尚侍可献之、別遣中使令仰示矣、殿上舞姫、召仰四位五位有女子之者、殿上舞姫二人、或無之、
蔵人式云、頭不仰、蔵人奉之、
○最初の二行分に「蔵人式」との注記はないが、『年中行事抄』十月三日点定五節儛姫事に「蔵人式云」「又云」として、これらとほぼ同じ儀式文が掲げられている。

㉗（十月五日）同日射場初事
天暦蔵人式云、此日菊花宴、七日初射場云々、
○関連史料は本文中に言及した。

㉘（十月）十日以前定五節行事、蔵人奏聞事
蔵人式云、奏聞後、預蔵人令出納一人・小舎人三人、同関件事、文入外記之覧〔筥〕、大臣付内侍也、
○『政事要略』巻二十五に「蔵人式云、十日以前蔵人頭定五節行事、蔵人奏聞、其後預蔵人令出納一人・小舎人三人、同関件事」とある。掲出した割注にはこのあと「近代、大臣便付弁」云々という文がつづくが、「文入外記之筥」の部分は前掲した逸文⑳の分注と類似しているので、「蔵人式」の引用である可能性が高いと思われる。

㉙（十月）廿日典薬進生地黄様事
蔵人式云、廿日以前云々、是奏聞、差定煎地黄使、用所一身者云々、

㉚（十一月中子日）同日夜五節舞姫調習事
蔵人式云、先遣小舎人、召大哥云々、垣下、当日早朝差之、
○『年中行事抄』十一月中丑日五節帳台試事に「蔵人式云、中子丑日、於舞殿調習舞姫」とある。

㉛（十二月三日）同日奏等第文事

蔵人式云、一如六月、但所例云、殿上々等六疋、中等四疋、但加奏来年内宴装束許〔新文〕又、所例云、奏殿上四位以下六位以上装束新〔文〕又、後下宣旨、人別六人〔疋〕、宴停者、被下宣行不更行、

○この「蔵人式」逸文は『撰集秘記』が引く『新撰年中行事』逸文中にみえ既知のものであるが、伝本『新撰年中行事』により二つの「所例」の引用されていることが判明したので、ここに掲出した。

補註

（1）今江廣道註（4）論文は伝本『蔵人式』にみえるこの記載を、「蔵人式」の記事とするには都合の悪いものであるというが、『新撰年中行事』や『西宮記』巻四の記述により、今江氏の指摘するような不都合は解消する。

（2）『西宮記』巻四の七月条冒頭には、一日の官政から七日の乞巧奠にいたる簡略な記事を掲げたのち、「已上見蔵人式」と注記されているので、これらが「蔵人式」からの一括引用記事であることが推測される。これらの一括記事は従来の逸文収集では見逃されていたものであるが、古瀬奈津子・山口英男「西宮記勘物データベース」（『西宮記研究』一、一九九一年）に拾われており、これによってその存在を知ることができた。

〔補記〕　旧稿発表後、「蔵人式」に関わる研究として、佐藤全敏「所々別当制の展開過程」（『東京大学日本史学研究室紀要』五、二〇〇一年）、同「古代天皇の食事と贄」（『平安時代の天皇と官僚制』東京大学出版会、二〇〇八年）、佐藤宗諄先生退官記念論文集刊行会編『『親信卿記』の研究』（思文閣出版、二〇〇五年）などが刊行された。また所功氏は、「蔵人式」の逸文集成（『新訂増補国書逸文』国書刊行会、一九九五年）に補訂を加え、『新撰年中行事』所引の「蔵人式」逸文などを増補している（所功「天暦「蔵人式」の逸文集成」『宮廷儀式書成立史の再検討』国書刊行会、二〇〇一年）。

なお、宮内庁書陵部所蔵の九条家本『神今食次第』の巻頭には、「六月　十一日神今食事」と題して、「蔵人式」の逸文が掲出されているので、全文を紹介しておきたい。

六月

十一日神今食事

蔵人式云、十一日神今食、早朝注殿上侍臣夾名、送神祇官令卜小忌合不、蔵人頭弁理御殿、供御浴人等、不載卜列、主殿司未供忌火之前、不合御卜侍臣ホ退出、戌刻、行幸中院、御調度加候御枕、内蔵寮進御幘、側革反、御冠也、蔵人傳取供之、事畢、寅刻、還宮、是夜有

御殿祭事、留守蔵人相副、令奉仕之、

本章で紹介した『新撰年中行事』所引の「蔵人式」逸文㉓は、この逸文の前半部分に相当するものである。神今食祭条に関しては、「蔵人式」の全文が確認されたことになる。

第三章　「官曹事類」「弘仁式」「貞観式」などの新出逸文

——『新撰年中行事』に引かれる新史料——

はじめに

筆者はさきに東山御文庫に所蔵される二冊本『年中行事』が、佚書とされていた藤原行成の『新撰年中行事』の伝本であることを指摘し、その概要を紹介した(1)。新たな年中行事書が姿を現したことに大きな意義があるが、『新撰年中行事』には「蔵人式」をはじめとする新出逸文が数多く引かれており、逸文収集のうえでも本書の果たす役割は小さくない。

本章では『新撰年中行事』にみえる新出逸文のうち、「官曹事類」および「弘仁式」「貞観式」「延喜中宮式」の逸文を紹介し、それらのもつ意味を概括的に論じてみたいと思う。

一　「官曹事類」の逸文

「官曹事類」三十巻は、文武元年から延暦十年までの行事記録のうち、『続日本紀』に収録されなかった史料を分類・編纂したもので、「続日本紀の雑例」ともいうべき書物である。早くに散逸して逸文を残すのみであるが、『本朝法家文書目録』に編目と序文が載せられており、それによると、延暦二十二年二月に菅野真道・秋篠安人らが撰進したものという。ただし、序文にみえる撰者の位置には延暦二十二年以降の要素が含まれており、その撰進年には疑問がもたれている。(2)

「官曹事類」の逸文収集は、佐藤誠実(3)・和田英松(4)・岩橋小弥太(5)・所功(6)らの諸氏によって行われており、『国書逸文』には逸文八条が収録されるが、その後に一条が新補されている。『新撰年中行事』には「官曹事類」の逸文が三条引かれており、このうち二条が新出のものである。以下にその二条を紹介する。

①正月諸国々庁吉祥悔過始事

官曹事類云、神護景雲二年四月十五日官符、永為恒例、

正月に諸国で行われた吉祥悔過始が、神護景雲二年四月十五日官符によって恒例と定められたことを記す。『続日本紀』によると、神護景雲元年正月己未（八日）から七日間、畿内七道諸国の国分金光明寺において吉祥天悔過の法が修された（同日条および同年八月癸巳条の神護景雲改元詔）。ただし、このときは臨時の行事として挙行されたのであり、毎年行うように定められたのは翌神護景雲二年四月のことなのであろう。

『続日本後紀』承和六年九月己亥条に「神護景雲二年以還、令諸国分寺、毎年起正月八日至于十四日、奉読最勝王経幷修吉祥悔過」とあり、『三宝絵』下、御斎会に「此会諸国自同日皆行、天帝御女高野姫天皇御代、自神護景雲二年起、見格」とあるのはいずれも、諸国における毎年の吉祥悔過が神護景雲二年からはじまることを述べたものであり、『類聚三代格』巻二、昌泰元年十二月九日太政官符に「毎年正月修吉祥悔過者、為祈年穀攘災難也、其御願之趣、格条已存」とみえる格条も、やはり神護景雲二年の格を意味するものとみられる。

吉田一彦氏は『三代実録』元慶元年八月二十二日条に、「出雲国言、神護景雲二年正月廿四日奉官符、画吉祥天像一鋪、安置国分寺、毎年正月、薫修其法」とあるのに注目し、諸国吉祥悔過が神護景雲二年にはじまるというのは、この神護景雲二年正月二十四日官符をもとになされた言説と考えられるとする。(7)しかし、新出の「官曹

事類」逸文からみて、諸国吉祥悔過が毎年の恒例行事であることを明確に宣したのは、神護景雲二年四月十五日官符であるとした方がよく、諸史料に「格」「格条」というのは、この官符をさすとみるべきであろう。

②四月朔日着朝座事

官曹事類云、和銅七年十一月一日制、告朔之日、五位以上陪従御前、宜入朝参、自余之徒、勿入参例、

和銅七年十一月一日の制で、告朔の日に御前に陪従する五位以上は朝参の例に入れ、その余は参例に入れないことが定められた。延喜式部式上に「凡告朔日、陪従五位以上、預朝参之例」とある規定の法源とみられる。儀制令文武官条に、

凡文武官初位以上、毎朔日朝、各注当司前月公文、五位以上、送著朝庭案上、即大納言進奏、

とあるのは、いわゆる告朔の規定であるが、「毎朔日朝」の部分を解釈して、古記は「毎朔日朝、謂朝参也」といい、義解は「謂、朝者朝会也、言尋常之日、唯就庁座、至於朔日、特於庭会也」と述べる。文武官初位以上は毎月朔日に朝庭に会集すなわち朝参する必要があった（朔日以外には朝庭に会さず庁座に就いた[8]）。このとき天皇に陪従する官人は朝庭に会しえなかったが、五位以上に限っては朝参したこととみなすというのが、和銅七年十一月一日の制の内容である[9]。陪従者の不利益を緩和する措置といえよう。

『続日本紀』慶雲四年五月己亥条には「兵部省始録五衛府五位以上朝参及上日、申送太政官」とあり、このときから兵部省が武官の朝参と上日を記録して太政官に申送した。式部省が文官の朝参・上日を記録するのはこれ以前から行われていたのであろう。このように朝参は上日とともに官人の考課の対象となっていたので、告朔の日に朝庭に会しえない陪従者の不利を解消するために、和銅七年十一月の制によって、五位以上に限り朝参を認めることとしたのである。

天武紀や養老儀制令にみえる毎月告朔の制は、平安初期までに四孟月告朔の制に変化したと考えられるが[10]、早

川庄八氏は四孟月告朔の起源を天武十二年十二月詔に求め、毎月告朔を定める大宝儀制令は空文であると論じた[11]。しかし、逸文②が引く和銅七年十一月一日の制は、その日の告朔の儀に関連して出されたものであろうから、和銅七年には四孟月ではない十一月一日に告朔が行われていたことが想定できる。四孟月告朔の定着は少なくとも奈良時代初期以降ということになろう。

二　「弘仁式」「貞観式」の逸文

「弘仁式」四十巻は藤原冬嗣・秋篠安人・藤原三守らが、大宝元年から弘仁十年までに制定された式を取捨選択して編纂したもので、弘仁十一年四月二十一日に撰進されたが、不備が多く修訂を加えて天長七年十月に改めて奏進された。その後、遺漏紕謬の改正作業ののち、承和七年四月二十二日に改正式が施行される[12]。

「貞観式」二〇巻は藤原氏宗・南淵年名・大江音人らによって、貞観十三年八月二十五日に撰進されたもので、「弘仁式」の誤謬遺漏やその後の変化などを別録し、前式と並行して「新旧両存」の形で施行したものである。具体的には「弘仁式」の変更箇所を「前式云」として引き、改正内容を「今案」として示している。

「弘仁式」と「貞観式」の逸文収集は、和田英松[13]・佐伯有義[14]・虎尾俊哉[15]・宮城栄昌[16]らの諸氏によって進められ、虎尾氏の編集になる『弘仁式貞観式逸文集成』によって集大成がはかられた[17]。『新撰年中行事』には「弘仁式」と「貞観式」の新出逸文が二十条ほど引かれているので、以下に順を追って掲出し、簡単な説明を加えておきたい。

①毎月弾正巡察京中事

貞格、隔月云々、而同式云、今案、雖格有隔月之制、然依彼符、毎月巡察、

弾正台による京中巡察について、「貞格」が隔月巡察とするのに対して、「同式」の「今案」は「格」に隔月巡察の制があるにもかかわらず、「彼符」により毎月巡察すべしとする。ここにみえる「貞格」とは、『類聚三代格』巻十六、貞観七年十一月四日官符に、「応不清掃道路溝恤幷壅水浸途之責（中略）亦弾正台隔月巡検京中事」とあるのをさす。この官符中には「又承前之例、弾正毎月巡検京中」という一節があるので、貞観七年以前に弾正の毎月巡検の制のあったことがわかるが、貞観七年十一月四日官符が引用するのは弘仁十年十一月五日格と天長九年十一月二十八日格の二つであり、前者は「弘仁之格」、後者は「天長之符」とも称されている。このうち弘仁十年十一月五日格は京職による巡検を述べたもので、『弘仁格抄』京職部に「応令在宮外諸司諸家掃清当路事」としてみえているが、天長九年十一月二十八日格は弾正巡検のことに触れている。したがって、「然依彼符、毎月巡察」の「彼符」とは天長九年十一月二十八日格をさすのであろう。

「貞観格」に隔月巡察を定めた官符が収録されているにもかかわらず、「貞観式」は天長九年の官符にしたがい、毎月巡察の制を採用したのである。延喜弾正台式にも「凡京中弼以下毎月巡察、勘弾非違」とあり、「貞観式」の制度は『延喜式』に継承されている。

②正月立春日主水司献立春水事

主水司式云、御生気御井神祭、中宮准此、右随御生気、択宮中若京内一井堪用者定、前冬土王、令牟義都首潩治即前式偏字
前式付水司、祭之、至於立春日昧旦、牟義都首汲水付司、擬供奉、一汲之後、廃而不用、

延喜主水司式の御生気御井神祭の条を引用し、二カ所に「前式」すなわち「弘仁式」の記載を傍書・頭書している。傍書の三字目は判読が難しいが、「偏」と読むべきであろうか。「令牟義都首潩治即祭之」の「即」が「前式」では「偏」であったと解するのである。「偏」では祭祀における牟義都首の独占色が強すぎるが、おそらく十世紀にはそれ以外の氏族も多く奉仕していたのであろう。「即」に改めることによって、現実に合わせて意味

を和らげたものと思われる。

頭書の方からは、「前式」の「水司に付す」が「司に付す」に訂正されたことがわかる。主水司式の式文中に「水司」とあるのはおかしく、「司に付す」とするのが正確であろう。本条は「弘仁式」で成立したが、『延喜式』で一、二の語句に修正が施されたことがわかる。

③正月十八日賭弓事

貞近衛式云、十八日射手官人近衛幷十人、必備将監、当日早旦、録夾名奏聞、取箭近衛八人、為二番、々別四人、不帯弓箭、

正月十八日賭弓のさいの近衛に関する規定で、「録夾名奏聞」までは『小野宮年中行事』に「貞観近衛式云」として引かれている。延喜左近衛府式には、

凡十八日賭弓、射手官人近衛幷十人、必備将監、当日早旦、録夾名奏聞、凡賭弓取箭近衛八人、分為二番、番別四人、不帯弓箭、

とあり、二条に分けられているが、「貞観式」では一条に包摂されていた可能性もある。いずれにしても、逸文③により、「番別四人、不帯弓箭」までが「貞観式」に遡ることが判明した。

④二月上丁釈奠事

大学式云、十一座、二度座、先聖文宣王、先師顔子、従祀九座、閔子騫、舟伯牛、仲弓、冉有、季路、宰軾、子貢、子游、子夏、又云、若上丁当国忌及祈年祭、改用中丁、

貞観今案、日蝕亦同、

延喜式云、其諒闇之年、雖従吉服、享停、

二月上丁釈奠の祀座とその日取りを定めたもの。「大学式云」と「又云」はのちに「貞観今案」を付すところから、両方とも弘仁式文とみられる。「大学式云」の方は新出逸文であり、「又云」の方は『類聚三代格』巻十、

貞観二年十二月八日官符に「又式、若上丁当国忌及祈年祭、改用中丁者」として、同文が引用されている。『小野宮年中行事』には、

a貞観大学式云、若当祈年祭及日蝕、用中丁、

b同式云、其諒闇年、雖従吉服、享停、

とあるが、aは弘仁式文と貞観今案とを混交した文で不正確であり(18)、『類聚三代格』と『新撰年中行事』の所引文の方をとるべきであろう。

一方のbは『新撰年中行事』では延喜式文とされており、相互に矛盾するが、『小野宮年中行事』の記載にはabともに問題があるとみた方がよい。『新撰年中行事』には明確に「延喜式云」として書かれているので、「其諒闇年、雖従吉服、享停」という規定は『延喜式』で定められたものと考えられる。なお、『新撰年中行事』では八月上丁釈奠事にも二月条とほぼ同様の逸文が引かれている。

⑤二月上丁釈奠事

貞式云、享日在園韓并春日・大原野等祭之前、及当祭日、停用三牲及兎、代之以魚、六衛府式又同之、

釈奠の享日が諸祭の前日や当日にあたる場合、供牲を魚に代えることを述べる。延喜大学寮式には、

凡享日、在園韓神并春日・大原野等祭之前、及與祭日相当、停用三牲及兎、代之以魚、其魚毎府令進五寸以上鯉鮒之類五十隻鮮潔者、

とあるが、少なくとも「代之以魚」までが貞観式文であったことがわかる。また、『三代実録』仁和元年十一月十日条に「式云、享日在諸祭之前、及與祭相当、停用三牲及兎、代以魚」とあるのは、貞観式文の抄出文であったことになる。

逸文⑤の最後にみえる「六衛府式」は「弘仁式」にのみ存在した「六衛府式」をさすとも考えられるが、三牲

を魚に代えることは貞観大学寮式で定められたことなので、この「六衛府式」も貞観の左右近衛府・兵衛府・衛門府の諸式をさすのであろう。延喜左近衛府式に「若亨在祈年・春日・大原野・園・韓神等祭之前、停供三牲、代之以鯉鮒、諸衛准此」とある規定が「貞観式」にまで遡ることが確認できる。

⑥二月上申日平岡祭
今加、小祀、上申日平岡祭、四座　冬十一月、官人一人率雑色人、供奉祭事、

⑦二月上丑日園幷韓神祭事
小祀、今加、弘仁无、上丑日園幷韓神祭事、一座園、三〔二カ〕座韓神、若有三丑者、用中丑、今案、春日祭後丑、

⑧二月上午日大宮売祭事
四座、今加、弘仁无、上午日大宮売祭事、坐造酒司、冬十一月云々、神主供事、

⑥〜⑧はいずれも神祭にまつわる規定で、⑥の「今加」、⑦の「小祀、今加」、⑧の「今加」「今案」などの部分が「貞観式」に関わる記載と考えられる。⑥の平岡祭については、延喜四時祭式上に、

平岡神四座祭、（中略）右春二月、冬十一月上申日祭之、官人一人率雑色人、供奉祭事、

とあるが、平岡神が公祭に与るようになったのは、貞観七年のことであり、『三代実録』同年十二月十七日条に「勅、河内国平岡神四前、准春日・大原野神、春秋二祭奉幣、永以為例」とみえる。平岡祭は弘仁四時祭式には載せられていなかったが、貞観七年勅をうけて、「貞観式」で神祇官の関わる公祭となったのであろう。

⑦の園幷韓神祭については、延喜四時祭式上（a・b）と延喜太政官式（c）に、

a凡（中略）園韓神・松尾・平野・春日・大原野等祭為小祀、

b園幷韓神三座神、園一座、韓神二座、（中略）右春二月、冬十一月丑日祭之、春用春日祭後丑、冬新嘗祭前丑、

c凡園幷韓神祭、二月春日祭後丑、十一月新嘗祭前丑、参議以上一人参、

などと規定されるが、逸文⑦に「小祀、今加」とあることから、園韓神がaの祭祀大中小条に加えられたのは「貞観式」からであることがわかる。また、⑦には「若有三丑者、用中丑、今案、春日祭後丑」ともあるので、弘仁四時祭式では「若有三丑者、用中丑」とあったのが、「貞観式」では「春日祭後丑」と改められ、これがbの延喜四時祭式に継承されたことになる（cの延喜太政官式も同様か）。

⑧の大宮売祭についても、延喜四時祭式上に、

大宮売神四座祭、坐造酒司、

（中略）春二月、冬十一月、上午日祭、即神主供奉、

とあるが、上述した⑥平岡祭の場合と同様、大宮売神祭は弘仁四時祭式には載せられていなかったが、「貞観式」で神祇官の公祭に加えられたのであろう。

さて、『北山抄』巻四、神事や『小野宮年中行事』神事条には、延喜四時祭式上の祭祀大中小条に類似した式文が四条に分割して引用されており、末尾に「已上前後神祇式」と注記されている。佐藤眞人氏[19]や高森明勅氏[20]は、このうちの第一条と第二条を「弘仁式」（「前式」）の条文、第三条と第四条を「貞観式」（「後式」）の追加式条と考え、賀茂祭が祭祀大中小条の中祀に、園韓神・平野・春日・大原野などの祭が小祀にそれぞれ取り入れられたのは、「貞観式」からであろうと想定した。

これに対して黒須利夫氏[21]は、『小野宮年中行事』神事条や雑穢条の記載は必ずしも正しい典拠を示していないこと、『年中行事秘抄』にみえる「貞観神祇式云、為中祀」などの割注は写本間で異同があるので、かなり後の書き込みとみられることなどから、佐藤・高森両氏の説を否定する。しかし、『年中行事秘抄』の最古の写本の一つである大東急記念文庫本には、次のようにこの割注が付されており、これが古い記載を伝えるものであることを示している。

大祀
踐祚大嘗祭、神祇式云、凡踐祚大嘗祭、為大祀、
中祀
祈年・月次・神嘗・毎年新嘗祭、神祇式云、祈年云々、為中祀、
賀茂祭、貞観神祇云、為中祀、有延喜式、
小祀
大忌・風神・鎮花・三枝・相嘗・鎮魂・鎮火・道饗、以上神祇式云々、大忌云々等祭、為小祀、
園韓神・平野・春日・大原野・梅宮・神今食祭・大神祭、

したがって、写本間に異同があるからといって、簡単にこの割注を否定するのは問題であろう。弘仁十年三月に「宜准中祀」とされた賀茂祭が「弘仁式」の中祀条に載せられず、「貞観式」でようやく中祀条に所載されたというのは、たしかに説明を要することではあるが、弘仁九年に改訂された唐風門号を載せず、それ以前の在来門号を載せる弘仁陰陽寮式のような例もある(22)。弘仁十年十二月時点の記載に統一しているはずの「弘仁式」にも、記事の不統一や遺漏は免れがたく、賀茂祭の件もこうした記事の漏れとみなすべきではなかろうか。

⑨三月七日薬師寺最勝王会事
貞玄式云、始十三日終云々、

薬師寺最勝王会のことは、延喜玄蕃寮式に「凡薬師寺最勝会、毎年三月七日始、十三日終、其講師経正月御斎会者便請之」とあるが、逸文⑨により、少なくとも「三月七日始、十三日終」の部分は、「貞観式」で定められたことがわかる。

⑩三月七日薬師寺最勝王会事

貞官式、王氏五位以上参此会者、見役外給往還上日、

同式部式云、五位以上若不参者、不得預新嘗会、六位以下奪季禄、其参不者、待太政官所下簿知之云々、

薬師寺最勝会の参列者と不参者に関する規定である。「貞官式」と「同式部式」に対応する式文は延喜の太政官式と式部式上にみえている。このうち「同式部式」の方は『小野宮年中行事』に「貞観太政官式云」としてほぼ同文が引かれているが、『延喜式』との対応関係からみても、「同式部式」は「貞観太政官式」ではありえない。『小野宮年中行事』のいう「貞観太政官式」は「貞観式部式」の誤りと考えるべきであろう[23]。

⑪三月十一日授戒事

玄蕃式云、凡授戒者、毎年三月十一日始行之、（中略）

同貞式云、授戒畢見（行）、具録僧数、使幷十師連署、上奏之、

延喜玄蕃寮式に「凡授戒者、毎年三月十一日始行之、（中略）受戒畢、具録僧数、使幷十師連署、進官上奏」とあり、「受戒畢」以下の部分が「貞観式」に遡ることがわかる。

⑫八月四日国忌

四日国忌、西大寺、高野天皇、貞観今案止、天長元年十月十日官符、依去九月廿七日太政官論奏省除、

　高野天皇、今案止、

⑬八月九日国忌

九日国忌、元興寺、田原天皇、諱志貴親王、（中略）

件国忌載弘仁式也、貞観式無所改、而不載延喜式、可尋、又載朝所打板、仁和三年、元慶八年十二月官符置贈皇太后藤原氏山陵、停田〔原脱〕天皇、而仁和三年打板猶有此国忌、可尋、令検国史、元慶八年六月十六日丙午、省除件国忌、

件田原天皇国忌、近代之例無廃務、検貞観式、不省除、

⑭十月十七日国忌事

十七日国忌事、大安寺、崇道天皇、今案止、天長元年十月十日官符、依去九月廿七日論奏止之、但同年十二月十四日官符、列十陵、預荷前也、

⑮十二月廿八日国忌事

同日国忌事、前式大安寺、今案改東寺、太皇太后云々、桓武天皇母后歟、

⑫〜⑮は国忌に関する記載である。⑫八月四日の高野天皇国忌と⑭十月十七日の崇道天皇国忌には「貞観今案止」「今案止」という注記が付されている。両国忌は「弘仁式」に載せられていたが、いずれも天長元年に省除されたため、「貞観式」においては「弘仁式」の規定を省く注記が加えられたのである。

⑬八月九日の田原天皇国忌は「弘仁式」に載せられ、「貞観式」でも改定はなかったが、元慶八年に省除されたため、『延喜式』には載せられなかった。ただし、この国忌は仁和三年の朝所打板に所載されていたため、『新撰年中行事』の著者は「可尋」と述べて不審を表明している。

⑮十二月二十八日の高野新笠国忌の斎場は、「前式」すなわち「弘仁式」では大安寺とされていたが、貞観「今案」では東寺に改められた。この記事はすでに『撰集秘記』所引の『新撰年中行事』逸文として既知のものであるが、虎尾俊哉氏や宮城栄昌氏の逸文収集では「式逸々」以来この逸文が漏れている。

このほか、a平城天皇の七月七日国忌とb天武天皇の九月九日国忌の条には、

a七月七日国忌事

同日国忌事、西寺、奈良天皇、載仁和三年、今止、

b九月九日国忌

九日国忌、天武天皇、件天皇朱鳥元年九月九日崩也、文武天皇大宝二年十二月勅曰、九月、十二日三日、先帝忌日也、諸司当此日、宜為廃務、今止、

とあり、「今止」という字句がみえている。⑫や⑭にみえる「貞観今案止」「今案止」という表現や、⑥⑦⑧にみえる「今加」という表現を勘案すると、「今止」とは「今案止」を略記したものともみられ、そうなると平城国忌と天武国忌は「貞観式」で削除されたことになる。ただし、「今止」をそのように解釈してよいかどうかは微妙であり、より確かな徴証がみつかるまでは、結論を保留せざるをえない。

前稿でも述べたように、『新撰年中行事』は早くに廃止された国忌のデータを載せており、このことによって、国忌の廃置に関する新知見をえることができる。(24) また、『新撰年中行事』に所載の国忌で古いものは、「弘仁式」か「貞観式」のいずれかに規定されていたものと考えられる。本書の出現により、「弘仁式」と「貞観式」の治部省式国忌条はかなりの程度復元することが可能になったといえよう。

⑯十月一日隠首等帳事

延民部式云、隠首括出者、畿内十月、外国十一月、主計寮載功過帳申省、々押署進官、得度除帳者、〔移脱〕主税寮、不申省、件文具今案之也、但移主計云々、

弘式云、隠首并〔括出脱カ〕者、十月一日、除帳等帳、二月一日、主計寮送省、判署付主税、貞今案具如延式、

隠首括出や得度除帳などに関する規定である。文字の省略が多く文意をとるのが難しいが、「弘仁式」では隠首括出は十月一日に、得度除帳などは二（十一の誤りか）月一日に、主計寮が民部省に送り、省が判署を加えたのち主税寮に付す、と定められていたようである。貞観「今案」による改訂の結果、延喜民部式とほぼ同文になったが、末尾の「移主税」は「貞観式」では「移主計」となっていたという。

「弘仁式」から「貞観式」『延喜式』への大きな変更点は、隠首括出を功過帳に載せて省に申告するようになった一方で、得度などの除帳は省に申告する必要がなくなったことである。隠首括出を記載した功過帳が国司の功過定の資料として重視される一方、得度除帳の扱いが軽くなったことを示していよう。

⑰十一月十日三省申位禄文事

弘式部式云、五位已上卒、聴給当年位禄、其十二月卒者、不給明年之禄、又云、位禄者、毎年十一月十一日申太政官、廿二日給之、預具暦名移弾正台、其四位五位自参而受、参議及散位年七十以上、不在此例、

延喜式云、升〔十〕日〔申脱〕太政官云々、若当日不参者、惣録暦名、移大蔵省、

最初の「弘仁式部式」は『小野宮年中行事』に既出の逸文であり、その次の「又云」以下が新出逸文である。位禄文書の太政官への申請期日と位禄受給のことを記す。延喜式部式上の記載と対比すると、「弘仁式」の「十一月十一日申太政官」が『延喜式』では「十一月十日申太政官」と変わり、当日不参者の歴名に関する規定が「弘仁式」になかったのが、『延喜式』で加えられたことになる。三省[25]が得考成選者数を太政官に申す日が、「弘仁式」の「二月十一日」から「貞観式」の「二月十日」に変わったことと軌を一にする変更といえる。

⑱十一月十五日位禄目録合造奏事

貞主税式云、凡五位已上位禄給諸国者、東海道駿河以東、々山道信乃以東、北陸道能登以北、山陰道伯耆以西、給運賃、自余諸国及在国司、不在此限、

五位以上位禄を諸国に給う場合の運賃支給の規定である。「貞主税式」は延喜主税式とまったく同文である。『年中行事秘抄』二月位禄定事[26]に「貞観式云、駿河以東、信濃以東、能登以北、伯耆以西、賜運賃」とみえるのは、同じ式文を抄録したものとみられる。

⑲十一月貢蘇事

前式作三番、東海十四国為一番、除志万、東山五ケ国、除飛驒、陸奥、出羽、北陸五ケ国、除佐渡、但加賀今加、仍無之、山陰六ケ国、除隠岐、丹波、惣十六ケ国為二番、山陽七ケ国、除長門、南海六ケ国・太宰合廿四ケ国為三番、件前式、今所不用也、然而為知旧跡所載也、

諸国から蘇を貢進する番次を定めたものである。延喜民部式下は諸国を第一番から第六番までに分けて、六年

ごとに蘇を貢上することを定めているが、「前式」（「弘仁式」）では諸国が第一番から第三番までに分けられていたことが判明した。おそらく三年ごとに蘇を貢進する制度だったのであろう。貢蘇の番次は「弘仁式」の三番が『延喜式』では倍の六番になったことになるが、基本的には「弘仁式」の三番がそれぞれ二分割されて六番になっており、このほか「弘仁式」では貢蘇番次に含まれていなかった丹波・長門と弘仁十四年に越前から分置された加賀が、『延喜式』では新たに番次に加えられている。諸国から蘇を貢進する制度は天平六年の尾張国正税帳、天平十年の但馬国と周防国の正税帳にみえており、奈良時代から存在することが確認されているが[27]、蘇を生産する国が増えたことなどから、『延喜式』では貢蘇の番次が倍の六番に改められたのではなかろうか。

⑳十二月晦日追儺事

同日追儺事、官式云、事見中務式文、見儀式、中務式云、其弓矢就木工寮受之云々、

今案、陰陽寮作進、

追儺のさいの規定である。「弘仁式」では桃弓・葦矢は木工寮で受けることとなっていたが、貞観の「今案」では陰陽寮が作進することに改められた。延喜中務省式には「以桃弓葦矢杖、陰陽寮作進之」とみえ、貞観「今案」の注記が継承されている。延喜陰陽寮式に「凡追儺料、桃弓杖・葦矢、令守辰丁造備」とあるのは、これに対応する規定といえよう。

三　「延喜中宮式」の逸文

『延喜式』は五十巻とも現在に伝えられているが、九条家本を唯一の祖本とする巻第十三の中宮職式は巻首部が破損しており、巻頭の二、三条に欠失部が存在する。この欠失部を復元する努力が行われているが[28]、『新撰年中

行事』には中宮職式も部分的に引用されており、これが欠失部を補う手がかりとなりうる。以下に延喜「中宮式」の逸文三条を掲げてみたい。

①正月一日平旦所司供屠蘇白散事

中宮式云、昧旦供之、訖御大極殿云々、

中宮職式第一条の内容を述べたもので、昧旦に屠蘇・白散を供したのち、中宮は大極殿に移御するとある。九条家本により伝本巻第十三の巻首部の記載を示すと、次のようになる。

屠蘇・白散・度障

内侍率典

引御輿候於南庭

一人、臣氏四位二人、五位二人、職大夫幷亮立左右御

舎人廿人候於内裏、左右近衛次将各一人

曹府生各一人、近衛卅人、陣於左右

（中略）

大極殿後殿、群官拝礼訖、便御豊楽院

日給侍者蔵人等節食、女孺已下折櫃食百

破損部が多く意味をとりにくいが、最初に屠蘇・白散のことがみえ、そののち御輿を引き南庭に候とか、舎人二十人が内裏に候などとあり、最後の方に大極殿後殿や群官の拝礼がみえるので、この一条は内裏常寧殿において供屠蘇・白散ののち、中宮は大極殿に移動して群官の拝礼を受け、さらに豊楽院で宴会を催すことを述べたものであることがわかる。『新撰年中行事』が引く中宮職式の逸文①は第一条の内容を要約したものとみることが

できよう。相曽貴志氏は中宮職式の第一条を二条分に復元する仮説を提示し[29]、虎尾俊哉氏もこれに賛成している[30]が、九条家本の巻首部の様態からみても、それは無理な想定で、逸文①の記載をみる限り、供御薬から大極殿および豊楽院移御までを一条に述べたものとみなすべきである。

②正月二日中宮受皇太子朝賀事

式云、常寧殿南庭云々、

中宮が常寧殿南庭に立つ皇太子から朝賀を受けることを述べる。同様の逸文は『年中行事抄』正月二日東宮朝覲事にも「中宮式云、中宮受皇太子朝賀事、常寧殿南庭」とみえている。九条家本『延喜式』のこの条は、

二日受皇太子朝賀

其日早朝、職官設皇太子版位於常寧殿□

面□南差退、設司賓位、又南退設司賛位、（下略）

と書かれており、破損のため二、三の文字が失われている。

虎尾俊哉氏は残画を手がかりにして、欠失部を「常寧殿上、西面、東南差退」と復元した[31]が、橋本義則氏は儀式次第の分析から、これを「常寧殿東、西面、次南差退」と推定し、「常寧殿東」の「東」は「南」であった可能性もあると指摘している[32]。その後、栗林茂氏は『大唐開元礼』の儀式次第を参照して、「常寧殿東」もしくは「常寧殿庭」であったろうと述べており[33]、虎尾氏も前説を撤回して「常寧殿東」が妥当としたが、橋本説の「次南差退」よりは自説の「東南差退」の方が正しいと論じている[34]。

『新撰年中行事』や『年中行事抄』にみえる中宮式逸文はこうした議論を解決に導くもので、欠失部はまず「常寧殿南庭」と復元することができよう。九条家本の「常寧殿」の次の字も残画から「南」と読めそうである。このあとの部分も残画などを勘案すると、「西面、東南差退」とした虎尾説が妥当であろう。したがって、問題

の欠失部分は、「常寧殿南庭、西面、東南差退」と復元するのが穏当ではなかろうか。

③正月二日中宮受群官朝賀事

式云、玄暉門外西廊、親王以下諸王五位於廊上云々、諸臣五位於廊下南面、云々、典儀曰、再拝、賛者承伝、群官再拝云々、称賀詞訖云々、群官再拝云々、群官称唯再拝、訖退出、但中務輔引次侍従以上着座云々、（下略）

中宮が群臣の朝賀を受けることを記したものである。九条家本では割注部分に若干の破損部があるが、『延喜式』の版本は傍点を付した「諸王」の「王」と「諸臣」の「諸」を意によって補い、虎尾氏は同じく「廊上」の「上」を残画によって補っている。今回検出された逸文③により、これらの復元案がいずれも正しかったことが知られる。

おわりに

以上、『新撰年中行事』にみえる「官曹事類」「弘仁式」「貞観式」「延喜中宮式」の新出逸文を紹介し、それらのもつ意味を簡単に述べてきた。より踏み込んだ考察はそれぞれの分野の研究に委ねるほかないが、手がかりの少なかった「官曹事類」や「延喜中宮式」の逸文が二、三検出され、「弘仁式」「貞観式」の新出逸文が少なからず確認された点は重要で、『新撰年中行事』のもつ価値をうかがい知ることができる。

『新撰年中行事』にはこれら以外にも多数の「弘仁式」「貞観式」逸文が引かれており、それらは新出のものではないが、既出逸文と対照することによって、式文のより正確な復元が可能となろう。『新撰年中行事』は『小野宮年中行事』と類似した本文をもつが、『小野宮年中行事』の式文引用には不正確なところが少なくないので、『小野宮年中行事』にのみ引かれる「弘仁式」と「貞観式」の逸文は、『新撰年中行事』所引の逸文によって補正することができる。『新撰年中行事』伝本の出現は「蔵人式」の場合と同じく、「弘仁式」「貞観式」の復元研究にも役立つことは疑いない。

註

（1）西本昌弘「東山御文庫所蔵の二冊本『年中行事』について—伝存していた藤原行成の『新撰年中行事』—」（『史学雑誌』一〇七—二、一九九八年。本書第一部第一章）。
（2）後藤昭雄「『官曹事類』成立年代についての疑問」（『続日本紀研究』二三七、一九八五年）。
（3）佐藤誠実「官曹事類考」（『佐藤誠実博士律令格式論集』汲古書院、一九九一年）。
（4）和田英松編・森克己校訂『国書逸文』（森克己、一九四〇年）。
（5）岩橋小弥太「官曹事類と天長格抄」（『上代史籍の研究』二、吉川弘文館、一九五八年）。
（6）所功「官曹事類（校異・拾遺・覚書）」（『国書逸文研究』一二、一九八三年）。
（7）吉田一彦「御斎会の研究」（『日本古代社会と仏教』吉川弘文館、一九九五年）。
（8）岸俊男「朝堂の初歩的考察」（『日本古代宮都の研究』岩波書店、一九八八年。初出は一九七五年）。
（9）告朔の日に天皇が大極殿に出御していたとすると、陪従者は内裏から大極殿への移動や大極殿上での奉仕により、朝庭に会しえなかったため、従来は朝参の例に入れられなかったことになる。一方、告朔時に天皇は大極殿に出御せず、内裏において告朔を受納していたとすると、陪従者は内裏内にいて、大極殿・朝堂区画に姿をあらわすことがなかったから、かつては朝参の例に数えられなかったことになる。前者の場合、告朔儀の主要会場たる大極殿上で職務を果たしているにもかかわらず、朝参を認められなかったというのは不自然であるから、後者のように考えるのが妥当であろう。「官曹事類」の逸文②は、告朔の日に天皇が大極殿に出御せず、内裏において奏上を受納していたことを示す有力な徴証であると思われる。
（10）古瀬奈津子「告朔についての一試論」（『日本古代王権と儀式』吉川弘文館、一九九八年。初出は一九八〇年）。
（11）新日本古典文学大系『続日本紀』一（岩波書店、一九八九年）補注二—五・一五四（主たる注解担当者は早川庄八氏）。
（12）鎌田元一「弘仁格式の撰進と施行について」（『古代国家の形成と展開』吉川弘文館、一九七六年）。
（13）和田英松『式逸』（続々群書類従六、国書刊行会、一九〇六年）。
（14）佐伯有義「弘仁式及貞観式に就て」（『国学院雑誌』二九—一〇・一一、一九二三年）。

(15)　虎尾俊哉「貞観式の体裁—附『式逸々』—」（『史学雑誌』六〇—一二、一九五一年）。
(16)　宮城栄昌「式逸々補遺」（『日本歴史』六三、一九五三年）、同「弘仁・貞観式逸」（『横浜国立大学人文紀要』第一類七、一九六二年）。
(17)　虎尾俊哉編『弘仁式貞観式逸文集成』（国書刊行会、一九九二年）。
(18)　虎尾俊哉註(15)論文四二頁参照。
(19)　佐藤眞人「平安時代宮廷の神仏分離」（二十二社研究会編『平安時代の神社と祭祀』国書刊行会、一九八六年）。
(20)　高森明勅「延喜四時祭式大中小祀条の成立」（『神道宗教』一三二、一九八八年）。
(21)　黒須利夫「前後神祇式について」（『延喜式研究』五、一九九一年）。
(22)　『撰集秘記』十二月大寒日立土牛童子像条と『年中行事秘抄』十二月大寒日夜半諸門立土牛童子像事条が引く「弘式」「弘仁陰陽式」逸文による。
(23)　佐伯有義註(14)論文は、『小野宮年中行事』のこの部分を貞観式部式の引用とみなしている。
(24)　西本昌弘註(1)論文。
(25)　三省申政の日取りが「弘仁官式」の「二月十一日」から「貞観官式」の「二月十日」に改められたことは、『本朝月令』四月七日奏成選短冊事が引く逸文に記されている。
(26)　本条は二月奏給諸司春夏及皇親時服文事条とされているが、葉室本『年中行事秘抄』の記載によって、二月位禄定事条と改める。
(27)　東野治之「乳製品を食べる古代人」（『木簡が語る古代の日本』岩波書店、一九八三年）。
(28)　延喜中宮職式の復元研究の最新成果は、神道大系『延喜式』上（虎尾俊哉校注、一九九一年）に示されている。
(29)　相曽貴志「延喜中宮職式朝賀条について」（『延喜式研究』一二、一九九六年）。
(30)　虎尾俊哉「延喜式校訂二題」（『神道古典研究所紀要』三、一九九七年）。
(31)　神道大系『延喜式』上（前掲）。
(32)　橋本義則「『延喜式』校訂考証一題」（『神道大系　月報』一〇四、一九九一年）。
(33)　栗林茂「皇后受賀儀礼の成立と展開」（『延喜式研究』八、一九九三年）。
(34)　虎尾俊哉註(30)論文。

〔補記〕　旧稿発表時には、奈良時代の告朔儀にさいして天皇は原則として大極殿に出御したという通説を受け容れていたため、「官曹事類」の新出逸文②をもとに、「この時代の告朔には天皇の出御が一般的であったことも確認できる」と述べた。しかしその後、奈良時代の天皇は告朔の日に大極殿に出御せず、内裏正殿で告朔文を受納していたと考えるにいたったので（西本昌弘「古代国家の政務と儀式」『日本古代の王宮と儀礼』塙書房、二〇〇八年）、本章の記述の一部を改め、註(9)を新たに付して、現在の立場を明らかにした。

また旧稿では、平岡祭と大宮売祭の規定が弘仁四時祭式に存在したと考えたが、この点については、旧稿発表直後に小倉慈司氏から口頭で批判を受けた。今回再度考え直した結果、私見には無理があると判断したので、両祭とも「貞観式」で神祇官の公祭に編入されたと記述を改めた。ご指摘いただいた小倉氏に感謝申し上げる。

本章では『新撰年中行事』にみえる新史料のうち、「弘仁式」「貞観式」などと明記して引用されるものを紹介したが、『新撰年中行事』全文の校訂と翻刻を進めるなかで、「弘仁式」の式文を「延喜式」と誤記して引用していると思われる例のあることが判明した。延喜太政官式山陵使条に関わる二つの逸文であり、詳しくは西本昌弘編『新撰年中行事』（八木書店、二〇一〇年）十二月条の校異80・86（一六八～一六九頁）を参照されたい。これら以外にも、「弘仁式」を「延喜式」として引く例がある可能性があり、今後の精査が必要であろう。

なお、虎尾俊哉編『延喜式』上・中（集英社、二〇〇〇年・〇七年）が刊行され、延喜中宮職式に関する最新の復原案が示された。中宮職式の冒頭部については、上巻の「条文番号・条文名一覧」および中巻の本文ともに、相曽貴志氏の仮説にしたがって二条分に復原されている。しかし、この復原には大きな問題があると思うので、再度疑義を述べておきたい。

相曽氏が当該箇所を二条分に復原する根拠は、次の三点である。

① 九条家本巻十三の冒頭には大きな損傷があり、第一紙には十七行分の記事が残されているが、巻十三の残る二十一紙の体裁は一紙二十四～二十六行、一行約二十一字前後なので、第一紙が同じ長さで、二十三行分の記事をもつとすると、第一紙には冒頭の六行分が欠損していることになる。そのうち一行目は内題、二行目は官司名であるから、本文の欠脱は四行約八十字に及ぶことになり、第一紙の現存する二行目以前が、これに先行する欠損部分の約八十字とともに元日御薬条を構成すると考える。以上は虎尾俊哉氏の復原案（神道大系本『延喜式』上の校註）を全面的に踏まえたものである。

② 中宮職式の現存する三行目以降には、「南庭」「大極殿後殿」「豊楽院」などの語がみえるが、供御薬儀は『西宮記』によれば清涼殿で行われるので、（清涼殿）南庭といった屋外や大極殿・豊楽院といった場所で行われた可能性は低く、三

行目以降は朝賀条と判断すべきである。

③　中宮職式では元日御薬と朝賀が一連の儀式として一条中に規定されていた可能性もあるが、延喜春宮坊式や『北山抄』『小野宮年中行事』などでは、供御薬儀と朝賀儀は別の条文になっており、他の儀式書等でこれらを一つの条文としている例はないので、中宮職式でもそれぞれ独立した条文であったと考える。

しかし、これらの根拠はいずれも不十分なものである。

(1)　九条家本『延喜式』の原本をみると、巻十三の残る二十一紙の紙幅は四六・五～四七・〇㌢、一紙の行数は二十二～二十六行であった（第二十二紙は本文末尾のため、奥題を含めて十九行）。第十三紙と第十七紙には双行注が多いので、双行注を一行と数えると、二十二行しか書かれていない。巻子本の第一紙は第二紙以降より幅が短く、行数も少ないのが一般的で、九条家本『延喜式』でも基本的にこの通例が認められるから（巻一・巻二・巻九・巻十・巻二十七・巻二十九・巻三十六・巻三十八・巻三十九）、巻十三の場合も、第一紙の行数は多くても二十二行と見積もるべきである。巻十三と同筆で、かつ同じく紙背が白紙であるのは巻十五・巻二十一・巻二十九の三巻であるが（鹿内浩胤「九条家本『延喜式』の書写年代」『日本古代典籍史料の研究』思文閣出版、二〇一一年）、このうち第一紙が完存する巻二十九では、第一紙の紙幅は四四・三㌢で、二十二行の記事を書き、第二紙～第五紙の紙幅は四六・四～四七・八㌢で、二十四～二十五行の記事を収める（第五紙は本文末尾のため二十二行、第六紙は一七・八㌢で奥題の一行のみを書く）。この巻二十九の様態を参考にすると、巻十三の第一紙も紙幅はやや短く、記事も二十二行を越えないと考えるべきであろう。第一紙の一行目は内題、二行目は官司名、三行目は条文名（事書）なので、現存する十七行にこの三行を加えると、残るのは二行にすぎない。本文の欠脱は多くても二行分とみるべきであり（このうち一行分の数文字は墨痕がわずかに残っている）、これに現存する二行目までを加えた三～四行分では、独立した元日御薬条を構成するのは困難である。

(2)　第一紙残存部の三行目以降に、中宮が元日朝賀と節会のため大極殿と豊楽院に向かうことが記されているとみる点については異論はない。しかしだからといって、これらが供御薬儀とは別の条に規定されていたとはいえない。相曽氏のいうように、二行目までと三行目までが別条であるとすると、この間に「朝賀事」という事書を書いた一行が入るはずであるが、九条家本巻十三にこの事書は存在しない。相曽氏は改行せずに書写したとか、書写時に脱漏したなどという可能性を述べるが、不自然な推測であるといわざるをえない。なお、相曽氏は『西宮記』によれば供御薬儀は清涼殿で行われていたというが、後述するように、『西宮記』には朝拝挙行時に小安殿で御薬を供すことが付記されている。そもそも、中宮職式の供御薬儀を解釈するさいに、天皇の供御薬儀の場所を論じるのはあまり意味がない。天皇が常居たる仁寿殿や清涼殿で供御薬儀を行ったように、皇太子には春宮で御薬が供された（延喜春宮坊式）。中宮も常居たる常寧殿で御薬を供されたのであろう。

(3)『西宮記』巻一、供御薬事の末尾には、「有朝拝時、於八省小安殿南渡殿西庭、所司嘗薬、自馬道南面供御酒等、或還宮供之」とあり、朝賀挙行時には八省院の小安殿において御酒等を供することが記されている。同様の記述は『小野宮年中行事』や『新撰年中行事』にもみえる。これらの儀式書では供御薬儀と朝賀儀とは別々の条文になっているが、供御薬儀のなかに朝賀行幸のことを付記する例があることは見逃せない。延喜中宮職式の第一条もこれと同様に、中宮が常寧殿で供御薬儀を行ったのちに、大極殿後殿（小安殿）へ行幸し、群官の拝礼を受けたあと、さらに豊楽院へ遷ることを述べたものであったと考えられる。

以上から、中宮職式冒頭を二条分に復原する相曽説の根拠はいずれも不十分であり、これに従うことはできない。この箇所が一条分であったことを端的に物語るのは『新撰年中行事』の記載である。『新撰年中行事』正月元日平旦、所司供屠蘇・白散事には、

依朝賀、行幸八省、式〔或〕小安殿供之、中宮式云、昧旦供之、訖御大極殿云々、東宮式云々、寮官率侍医供之、至于三日給禄云々、

とあり、「中宮式」逸文と「東宮式」逸文が引用されている。このうちの「中宮式」逸文は、昧旦に御薬を供したのち、中宮は大極殿に御することを述べる。もし相曽氏のいうように、中宮職式の冒頭が元日御薬条と朝賀条の二つに分かれていたとすると、『新撰年中行事』はここに「訖御大極殿云々」の記事を引用する必要はなく、「中宮式云、昧旦供之」とのみ述べればよいのである。新出の「中宮式」逸文に「昧旦供之、訖御大極殿云々」とあることは、この「中宮式」が供御薬から大極殿移御までを一条にまとめたものであったことを明確に示していよう。「中宮式」の次に引かれた「東宮式」が、延喜春宮坊式冒頭の一条を要約したものであることも、上記の想定を裏づけるものといえる。

要するに、相曽説の根拠は不十分であり、このような不確実な論拠によって、基本的な史料本文の条数を改変することは控えるべきであると思う。

九条家本『延喜式』の原本調査については、田島公氏にご斡旋いただき、東京国立博物館の田良島哲氏のご高配にあずかった。また、吉岡眞之氏からは種々のご教示を賜った。三氏のご好意に深甚の謝意を申し述べたい。

第四章　広橋家旧蔵本『叙除拾要』について

——藤原行成の除目書と思われる写本——

はじめに

『本朝書籍目録』には「新撰年中行事、二巻、行成卿撰」とあり、藤原行成に『新撰年中行事』（二巻）なる著作のあったことがわかる。この書は近年まで佚書と考えられ、『年中行事抄』などに「行成卿抄」「行成抄」として引かれる記事、『撰集秘記』に「拾年」と頭書して引用される記事などが、『新撰年中行事』（「行成卿抄」「拾遺年中行事」はその異名）の逸文として収集されてきた。ところが近年、京都御所東山御文庫に「年中行事」と外題して所蔵される古典籍のなかに、『新撰年中行事』の伝本と思われる写本の存在することが判明し、その概要を報告したことがある。[1]

この伝本『新撰年中行事』の記事と、従来収集されてきた「行成抄」逸文とを対照すると、逸文のほとんどは伝本中に確認することができるが、除目関係の逸文や灌仏関係などの逸文に対応するものが見あたらず、前者は『新撰年中行事』とは別の「行成卿除目小葉子」と称される書物、後者は「行成大納言抄」などと呼ばれる書物の逸文であることが推定される。幸い、後者の「行成大納言抄」に相当すると思われる写本の残闕本も、東山御文庫に伝存することが想定され、その概要についても簡単な紹介を行った。[2]

一方の「行成卿除目小葉子」についても、現在に伝えられている可能性が高く、以前から東山御文庫本を中心に各所蔵機関や各文庫の伝本を調査していたところ、国立歴史民俗博物館所蔵の広橋家旧蔵本のなかに、その伝本と思われる古写本を見出しえた。この写本は巻首部の何紙かを失った残闕本で、「行成卿除目小葉子」の抄本である可能性もあるものであるが、行成の除目書を復原する上で貴重な手がかりを提供するものである。そこで以下、除目関係の「行成抄」逸文との対照も含めて、新たに確認された古写本の概要を報告することにしたい。

一　除目関係「行成抄」逸文の再検討

藤原行成の除目書と思われる写本を紹介する前に、除目関係の「行成抄」逸文の収集状況とその問題点について述べておきたい。和田英松氏は『国書逸文』中に三十四条の「行成卿抄」「行成抄」の逸文を掲出している(3)。そのうちの⑤から㉒までの十八条が除目関係の「行成抄」逸文で、『魚魯愚鈔別録』と『除目申文抄』の二書を出典とするものである。これに対して、時野谷滋氏は年給制度の確立過程を考察するなかで、『長兼蟬魚抄』の引く「行成抄」逸文が重要な意味をもつことを指摘する一方で、『国書逸文』は『魚魯愚鈔別録』所載の「長兼蟬魚抄」から「行成抄」を採録し、『長兼蟬魚抄』そのものは見ていなかったらしいから、「行成抄」逸文は『長兼蟬魚抄』によって増補することが可能であると論じている(4)。

時野谷氏の指摘をうけて、所功氏は『長兼蟬魚抄』などを再調査し、『魚魯愚鈔別録』所引の「行成抄」逸文の大部分は『長兼蟬魚抄』や『魚書奉行抄』に引かれていること、この二書には『魚魯愚鈔別録』にみえない新出逸文も四条含まれていることを明らかにした(5)。その他の新出逸文も含めて、所氏は『国書逸文』の記載を増補して、二十四条ほどの「行成抄」逸文を集成している。ただし、このなかには同趣旨の逸文が何条か重複しているので、おおむね二十条前後の逸文が確認されたということができよう。

ただし、従来の除目関係「行成抄」逸文の収集には大きな問題点がある。それは時野谷氏の重要な指摘にもかかわらず、『長兼蟬魚抄』を精査して「行成抄」逸文を抜き出す作業が不十分なことである。「行成抄」逸文の多くはいまだに『魚魯愚鈔別録』からの引用文として示されているために、『長兼蟬魚抄』が直接引用する「行成抄」の記述と比べると若干の誤差が存在する。また同じ理由により、『長兼蟬魚抄』の内容分析が徹底していないために、「行成抄」ではない記事までも「行成抄」逸文として拾っている場合がある。逆に『長兼蟬魚抄』の記述をさらに精査すれば、従来見逃されていた「行成抄」の逸文を検出することができる。「行成抄」逸文のより確実な収集のためには、『長兼蟬魚抄』に立ち返った検討が不可欠であるといえよう。[6]

そこで以下、これまでに集められている「行成抄」逸文を列挙し、『長兼蟬魚抄』の引用文などと対照しながら、記事の問題点や字句の相違について検討してみたい。「行成抄」逸文のうち「除目小葉子」に関係するものとして所功氏が掲出しているのは、次の二十三条である。[7]

①青標書裏書幷行成卿除目小葉子、参議給目一人、似不給一分由、師平朝臣陳之。（広橋家本『江家次第』巻四裏書、『魚魯愚鈔別録』巻三下所引「江次第裏書」）

②行抄云、申任国中、以他人申任同国、謂之名替也。人替国不替、未給・臨時給・名替・重々名替・秩満名替、皆入此束、秋除目有當年給名替。（『魚魯愚鈔別録』巻一、名替）

③行抄云、内給・旧年名替〔各〕名付短冊。（同上、内給名替）

④行抄云、三宮御給・旧年名替付短冊、一品東宮或入此束。（同上、院宮名替）

⑤行抄云、院宮公卿申名国共可替之由、可入国替束。（同上、名国共替申文）

⑥行抄云、内給国替付短冊。（同上、内給国替）

⑦行抄云、三品御給国替付短冊。（同上、院宮国替）

⑧行抄云、任符返上申文可付別短冊。（同上、任符返上）

⑨行抄云、初申任者、不給任符、秩満重申任、謂之更任也。（同上、更任）

⑩行抄云、以任少掾之人申任大掾之申文、入更任束。（同上、転任可入更任束事）

⑪行抄云、旧吏新叙別功已上、各付短冊。（同上、受領。『除目申文抄』申受領）

⑫行抄云、次年叙爵次年歟、正月任外国介、或経一両年任之。（『魚魯愚鈔別録』近衛将監外国事）

⑬又云、正月兼外国掾是非毎年、多左任近江、右任播磨、俗云簡取云々。（同上、近衛将監外国事）

⑭行抄云、

内給掾二人、目三人、一分廿人。

（中略）

宰相目一人、進五節之時二合、息子如前。

尚侍近代二合、典侍・掌侍各一分一人。（同上、給数事）

⑮行抄云、初日択外国、次日、択内官云々。（同上裏書、給数事）

⑯行成抄云、侵帝王諱之申文、可撰捨之由、見旧抄。於摂政・関白名字者、可避之由、雖不見、同可撰除。帝外祖名同可避。（『除目申文抄』可捨申文事）

⑰行成抄云、蔵人方公用之輩申文、雖載其功由、書改于望名簿、可入臨時内給束。但至靫負尉者、難入臨時内給束。功体撰入之條、若有憚者、随召可進申文歟。（同上、臨時内給）

⑱行成抄云、上自神祇官、至鎮守府等、随其闕其望、皆悉可付短冊、無定様。（同上、申其官）

⑲行成抄云、申文等能々見誤之有無可撰定。初日択外国、次日択内官、自余為大束。有求之時可撰奉之。択申文之時、有付帝王御名之人者可返却之。内官随闕依例各付短冊、一官入七八人、不叶旧例者不入之。（『魚書

奉行抄』撰申文事。『長兼蟬魚抄』にも引用）
⑳行成卿抄云、除目之間、頭蔵人可弁知之。（同上、除目文書事。『長兼蟬魚抄』には不見）
㉑申外記
（中略）
申其官
已上短冊、行成抄注之。（同上、付短冊書目録申文。『長兼蟬魚抄』には不見）
㉒行成抄云、内給。
行成抄云、臨時内給。（同上、袖書）
㉓行抄云、其親王臨時申、其無品親王臨時申。（同上、袖書。『長兼蟬魚抄』『魚魯愚鈔別録』にも引用）

逸文の主たる出典は①が『江家次第』裏書、②〜⑮が『魚魯愚鈔別録』、⑯〜⑱が『除目申文抄』、⑲〜㉓が『魚書奉行抄』であるが、②〜⑮はいずれも『魚魯愚鈔別録』が引用する「長兼蟬魚抄」もしくは「長兼抄」のなかにみえるものであり、⑲と㉓は『長兼蟬魚抄』にも引かれているから、除目に関する「行成抄」逸文の大半は『長兼蟬魚抄』に所見するものということができる。

ここでまず問題となるのは、『除目申文抄』にのみ引用される⑯〜⑱の「行成抄」逸文の存在であろう。「行成抄」逸文のほとんどは『長兼蟬魚抄』に引用されているのであるから、⑯〜⑱の三条が『長兼蟬魚抄』に引かれていないことは不可解なのである。そこで、『長兼蟬魚抄』内覧奏聞了撰申文事をみると、⑲の「行成抄」逸文を引いたのち、次のような長兼の案文が記されている。

行抄云、申文ホ能々見誤之有無可撰定、初日擇外國、次日擇内官、自余為大束、有求之時、可擇奉之、擇申文之時、有付帝王御名之人者、可返却之、内官随闕、依例各付短尺、一官入七八人、不叶舊例者、不入之、

（中略）

案之、行成抄云、初日擇外國、次日擇内官云々、往古外國申文院宮公卿給名替國替ホ其類尤多、又所々別當幷預近衛将監府生番長ホ三局史生二寮史生蔵人所出納官掌等、或任諸國二三分、其類不可勝計、仍両日擇之歟、而中古以降其禄漸無實、仍外國申文近代不幾、内官申文尤多、上自神祇官、下至鎮守府ホ、随其闕其望皆悉可付短冊、無定様、（中略）近例、諸司諸衛成功者尤多、随功躰可思慮、経蔵人方公用之輩申文、雖載其功由、書改所望名簿、可入臨時内給束、但靭負尉者、雖入臨時内給束、功躰撰入之条、若有憚者、随召可進申文歟、（中略）舊例、侵帝王諱之申文、可撰捨之由、見舊抄ホ、於攝政関白名字者、可避之由雖不見、令案内可撰除、帝外祖名同可避之、

『長兼蟬魚抄』では⑲の「行抄」逸文を引いたのち、「資抄」「匡抄」などを引用し（最初の中略部分）、さらに長兼の案文を加えている。その案文は冒頭に「行成抄云、初日擇外國、次日擇内官云々」と「行成抄」を引いた上で、往古の申文と中古以降の申文を比較しながら論じたものである。すなわち、往古の外国申文は院宮公卿給の名替・国替などがもっとも多く、所々別当・預や近衛将監・府生・番長などで諸国二分三分に任ぜられるものも多数あったために、初日は外国を撰び、次日に内官を撰んでいたが、中古以降はその禄が無実となったために、外国申文はいくばくもない状態となり、内官申文がもっとも多くなったという。長兼は「行成抄」に初日は外国を撰ぶとあるのに対して、近年では外国申文がほとんどなく、初日から内官を撰んでいることの背景を説明しているのである。

この長兼の案文中に従来「行成抄」逸文とされてきた⑯⑰⑱と同じ記述がみえる。傍線を付した㋐㋑㋒の記事がそれである。⑱と同文の㋐は内官たる神祇官から鎮守府までを望む申文にはみな短冊を付すべきことを述べ、⑰と同文の㋑は近例では成功が増えたため、蔵人所公用の輩の申文には功体を注載することなどを記す。また、

⑯と同文の㋒は旧抄では帝王の諱を侵す申文は撰び捨てるとあるのみで、摂政関白の名字を避けることは記されていないが、帝の外祖名と同じくこれらも避けるべきであるという。㋒の一部に「行成抄」逸文の趣意文が引かれているとはいうものの、㋐㋑㋒はいずれも中古以降の申文の実際を述べた長兼の案文であり、「行成抄」の逸文とみなすことはできない。『除目申文抄』が『長兼蟬魚抄』を参照して記事を抜き出すさいに、「行成抄云」の語が文末までかかるものと誤解して、こうした杜撰な引用を行ったのであろう[8]。

第二に、『長兼蟬魚抄』以外の書物が出典とされる①⑳㉑㉒の逸文についても、改めて『長兼蟬魚抄』の記述を点検してみると、⑳以外はいずれも記載されていることが判明する。①は『長兼蟬魚抄』二合事に、

同《(匡抄)》抄云、參議年給、目一人、一分一人歟、四條記、親王納言以下如此、以知參議只目歟、青標書裏書并行成卿除目小葉子、參議注目一人、似不給一分由、師平朝臣陳之、予案之、猶可有一分、若無一分者、何以可二合哉、(下略)

とあるもので、「匡房抄」の引用中にみえるものである。「匡房抄」の議論を読むと、匡房は参議の内給は目一人と一分一人と考えているのに対して、中原師平が「行成卿除目小葉子」の「參議注目一人」という記載をとりあげて、参議に一分は給わないようであると述べている。前掲した「行成抄」の逸文⑭は内官の給数を列挙したもので、そのなかに「宰相目一人、進五節之時二合、息子如前。」という記述がみえる。「行成卿除目小葉子」に「參議注目一人」とあるというのは、逸文⑭のこの箇所をさすものであり、逸文①は逸文⑭中に含まれていることになる。逸文㉑は『長兼蟬魚抄』内官短冊に「申外記、(中略)以上短冊、行成抄所注也」とあり、逸文㉒は『長兼蟬魚抄』袖書に「行抄云、内給」「行抄云、臨時内給」などとみえている。

⑳は『魚書奉行抄』[9]を出典とするもので、『長兼蟬魚抄』にはみえずとされるが、『魚書奉行抄』の後半部に抄出引用される「蟬魚抄」の冒頭に、

除目文書事

行成卿抄云、除目間文、頭蔵人可弁知之、

とあるので、逸文⑳も本来は『長兼蟬魚抄』に引かれていたことが判明する。現存する『長兼蟬魚抄』の写本はいずれも巻頭の一部を失っているので、⑳の「行成抄」逸文を見出すことはできないが、本来は『長兼蟬魚抄』の巻頭部分に引かれていたものとみられる。『魚書奉行抄』の編者は『長兼蟬魚抄』の完本が存在した時代に、これらの記事を抄出したのであろう。要するに①⑳㉑㉒を含めて、従来から収集されている「行成抄」逸文はすべて『長兼蟬魚抄』に記載されていたのであり、一部の「行成抄」逸文が『長兼蟬魚抄』中にみえないとされた点は訂正されねばならない。

第三に、『長兼蟬魚抄』のなかには従来見逃されてきた「行成抄」逸文が一条ある。

侍従厨別當

侍従所大舎人

（中略）

近衛番長、任諸國二分、

兵衛府番長、同、

已上侍従厨別當以下任〔官〕□、載行成抄、

とあるのがそれである。⑭㉑とならぶ長文の逸文であり、伝本の「行成卿除目小葉子」を探索するさいの大きな手がかりを提供する記文といえる。

第四に、『長兼蟬魚抄』を精査し、さらに他の史料とも対照すると、『魚魯愚鈔別録』所引「行成抄」逸文の字句を一部補正することができる。まず逸文③は、『長兼蟬魚抄』内給名替では「行抄云、内給、舊年名替・國替、

各付短尺」とあり、「國替」の二字が付加されている。この二字は『魚書奉行抄』所引の「行抄」でも、後述する九条家本『中文短冊袖書目録抄』所引の「拾抄」でも同様に明記されているので、本来の記載であったことがわかる。次に逸文⑦は、『中文短冊袖書目録抄』では「同抄〔拾抄〕云、三宮御給国替、付短尺」と記されているので、「三品御給」は「三宮御給」の誤写と考えるべきであろう。「三宮御給」の語は逸文④にもみえている。さらに『長兼蟬魚抄』転任可入国替束事には、

匡抄云、自少申大、自権申正、入國替束、

同抄云、行成卿抄、可入更任束云々、（下略）

とあり、「匡房抄」が「行成卿抄」の記事を引用しているが、少掾から大掾などを申任する申文は更任の束に入れるとの趣旨は逸文⑩と合致するから、「匡房抄」のこの引用により、逸文⑩に「可」字を補うことができる。

第五に、『長兼蟬魚抄』所引の「行成抄」逸文のなかには引用の不正確なものも存在する。『魚魯愚鈔別録』に引かれる逸文②は『長兼蟬魚抄』名替にも同文がみえており、その全体が「行成抄」逸文のようにみえるが、宮内庁書陵部所蔵の九条家本『中文短冊袖書目録抄』には、

一、名替事

（中略）拾抄云、申任國任中、以他人申任同國、謂之名替也、人替之、之也、国不替　或抄云、未給・臨時給・名替・重々名替・秩満名替等、皆入此束、秋除目、可有當年給名替云々、

とあるので、「未給・臨時給」以下の部分は「拾抄」（「行成抄」）ではなく、「或抄」の引用と考えられる。『長兼蟬魚抄』は「或抄」の記事までを「行抄」の引用文中に含ませてしまっているのである。

九条家本『中文短冊袖書目録抄』一帖（函架番号九―五〇五九）は「蔵人頭正四位下行右中弁藤原」が「舊記を引勘し、抄物等を注出する所也」という本奥書と、正和五年（一三一六）三月に堀川前相公（源具守）本を書

写したとの朱筆奥書をもち、後半部に「本裏書之」として「保安五年春除目中文目録、治部卿入道蔵人頭時、」を書写している。九条家本自体の紙背文書は康永三年（一三四四）仮名暦なので、南北朝期の書写にかかるものである。管見では本書とほぼ同内容の写本に次のものがある（Ⓐとⓒには若干の増補がある）。

Ⓐ宮内庁書陵部所蔵柳原家本『除目秘抄』一冊（柳―三〇一）

Ⓑ国立歴史民俗博物館所蔵広橋家本『除目拾要抄』一冊（H―六三―四六四）

ⓒ同上所蔵広橋家本『除目撰定秘抄』一冊（H―六三―四六六）

Ⓐとⓒには多数の本奥書が記されているが、最初の本奥書が「徳治三年二月廿三日、見除目秘抄ホ之次、書出之」という吉田定房のものであることから、Ⓐは表紙や内題下に「吉田内府定房公抄」「吉田内府定房公御鈔」と明記している。しかし、Ⓐやⓒの本奥書のなかには、「此抄葉室中納言定嗣卿五位職事之時自抄也、以自筆本書写之」とする吉田隆長の書写奥書が存在するので、葉室定嗣の自抄とする見方もあったことがわかる。吉田隆長は吉田定房の同母弟であり、二人の母は葉室定嗣の女であったから、定嗣は定房・隆長の母方の祖父にあたる。本書が定房の作であるのなら、実弟の隆長がそのことを明記するはずであろう。隆長が祖父定嗣の自筆本を書写したというのは信憑性があり、本書の成立は少なくとも葉室定嗣が五位蔵人となった天福二年（一二三四）まで遡及する。

ただし、葉室定嗣は仁治二年（一二四一）に蔵人頭になったとき左中弁に転じているから、九条家本『中文短冊袖書目録抄』の本奥書にみえる「蔵人頭正四位下右中弁藤原」は定嗣以外の人物と考えざるをえない。十三世紀前半までに正四位下右中弁で蔵人頭に任じた藤原氏を探すと、大治五年（一一三〇）任の藤原顕頼、仁平三年（一一五三）任の藤原光頼、久寿三年（一一五六）任の藤原雅教、嘉禄二年（一二二六）任の藤原頼隆などが見出せる。一方、『中文短冊袖書目録抄』には「花左抄」が引用されているが、これは内容的にみて源有仁の『秋玉秘抄』のことと思われる。田島公氏の研究によると、源有仁の叙位・除目書は有仁の没後、鳥羽院に公納され、徳大寺実能が久安六年（一一五〇）ごろに書写を許されてから、徳大寺家を中心に秘蔵・相承されたというので[10]、これを引勘することのできる蔵人頭右中弁として、徳大寺家と関係の深かった藤原光頼が浮上する。後述するように、光頼の葉室家と徳大寺家とは密接な婚姻関係を結んでおり、光頼からみて徳大寺実能は父の妹の夫にあたる。また、葉室定嗣は光頼の曾孫である。『中文短冊袖書目録抄』の編者は藤原光頼かその曾孫の葉室定嗣である可能性が高いといえよう。

『中文短冊袖書目録抄』は「行成抄」を「拾抄」、「匡房抄」を「江抄」として引用し、『長兼蟬魚抄』と類似した内容をもっているが、全体にその記述はシンプルであり、『長兼蟬魚抄』の原形のような印象を与える[11]。『長兼蟬魚抄』の成立年代は鎌倉初期あるいは建永二年（一二〇七）前後とされるが[12]、長兼の没年が不明のため確実なことはいえない。いずれにしても、『中文短冊袖書目録抄』は『長兼蟬魚抄』と同時代かそれ以前に編纂された書物であり、その記述には信頼性があるといえよう。したがって、『長兼蟬魚抄』にみえる「行成抄」の引用ミスを、『中文短冊袖書目録抄』によって補正することは十分可能であると考える。

さて以上、これまでに収集されている「行成抄」逸文について検討してきたが、それらのうち『除目申文抄』が引用する⑲⑳㉑の三条は「行成抄」の逸文ではなく、『除目申文抄』の不正確な引用法により、『長兼蟬魚抄』の案文が紛れ込んだものである。また、『長兼蟬魚抄』が引用する②の逸文も後半部は「行成抄」ではなく、「或抄」の記事が竄入したものと判断される。したがって、従来収集されてきた逸文二十三条のうち三条が削除されることになるが、これまで見逃されていた逸文一条が『長兼蟬魚抄』のなかに見出せるので、差し引き二十一条の逸文が存在することになる。このうち①は⑭の部分引用であり、③⑦⑩などの逸文の字句は『長兼蟬魚抄』『中文短冊袖書目録抄』などの記載によって一部補正することができる。いずれにしても、全部で二十条前後の

「行成抄」逸文が再確認できたということになろう。そこで節を改めて、今回確認した広橋家本『叙除拾要』の概要を紹介し、「行成抄」逸文と対照することで、これが藤原行成の除目書の伝本であろうことを論じたい。

二　広橋家本『叙除拾要』と「行成卿除目小葉子」

国立歴史民俗博物館に所蔵される広橋家旧蔵記録典籍文書類のなかに『叙除拾要』という写本がある。[13]保元二年（一一五七）の書写にかかる巻子本一軸である。後補の青色表紙に白題簽を張り、題簽の左側には外題を、右下には巻末奥書の釈文を記す。外題は「敍位任官例書」と書いたのち「敍」のみを残して墨抹し、左傍に「除拾要」の三字を書き足して、「敍叙拾要」に改めている。「敍叙拾要」の外題の下には、奥書の内容を考証して「蔵人權右中辨藤原惟長筆 端闕」と書く。「端闕」とあるように、巻首の何紙かは失われている。現存するのは第一紙から第十紙までの計十紙で、料紙は斐楮交漉紙と考えられる。各紙の長さはおおむね五五・一センチから五五・九センチであり、最後の第十紙のみ五四・三センチとやや短い。紙高はいずれも二八・二センチであり、後補の軸受紙の長さは八・三センチである。紙面の横界線は天に二本、地に一本で、天から約二・九センチおよび約四・五センチのところに各一線、地から約一・九センチのところに一線を引く。一紙には二十一～二十三行の記事が書かれる。本文はおおむね墨書されるが、標目や勾点などは朱書されている。裏書や紙背文書は存在しない。

巻末に記載される奥書は次の通りである。

　幕下被命云、此書故忠宗卿職事之時

　　得之以比校了自抄出云々

以右大将公能本書之

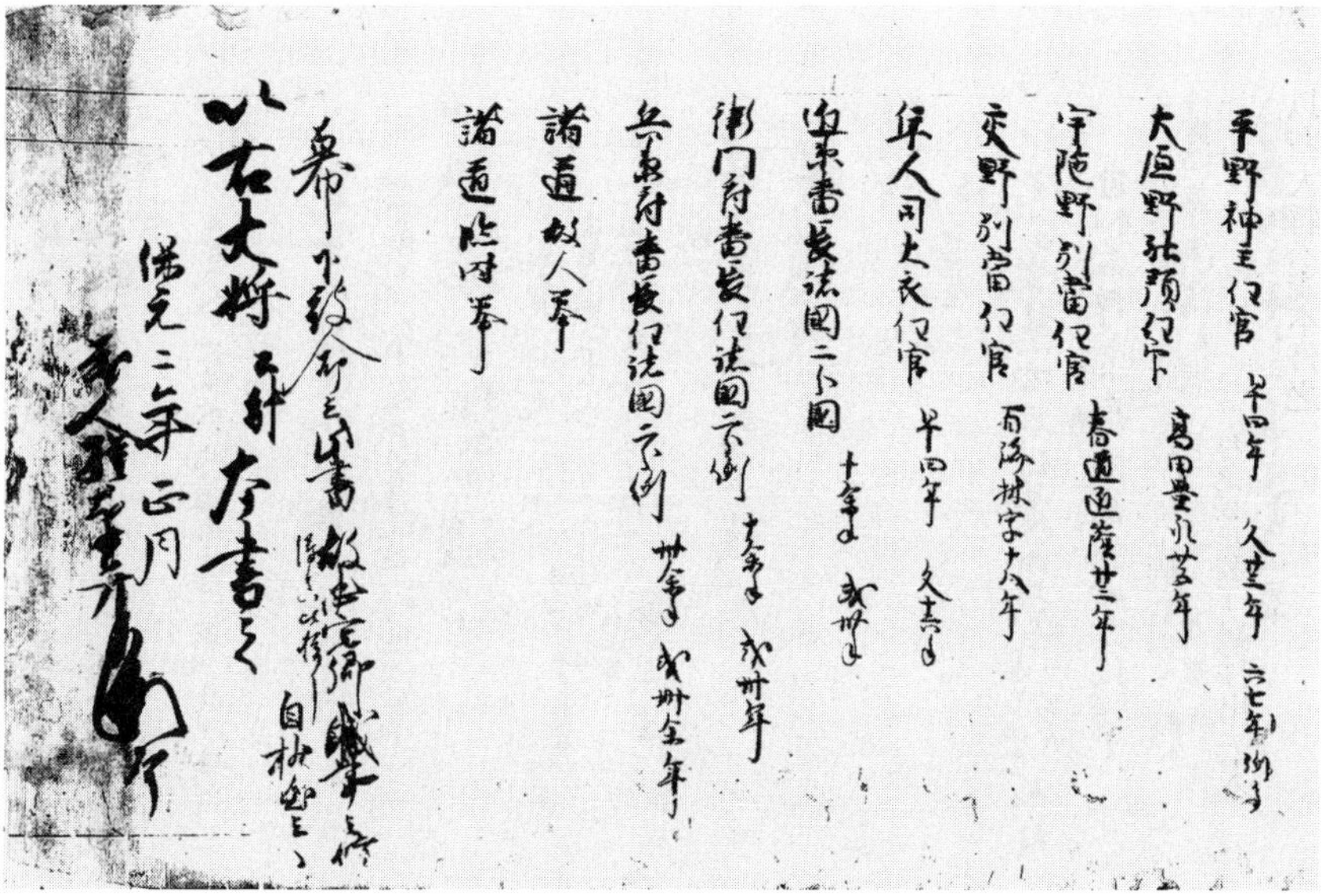

図１　広橋家本『叙除拾要』巻末（国立歴史民俗博物館所蔵）

保元二年正月

蔵人権右中弁（花押〔惟方〕）

奥書の墨跡はほぼ一様であるが、そのなかにあって、二行目の「得之以比校了」のみ小字で墨跡も薄いので、これのみ比校段階で補筆したのであろう。奥書の記載によると、この書は忠宗卿が職事のときに自ら抄出したもので、保元二年正月に蔵人権右中弁が右大将公能本をもって書写し、後日、忠宗卿の自筆本を得て比校したものということになる。

忠宗卿とは後宇治関白師実の孫で、左大臣家忠の子である藤原忠宗のことである。『公卿補任』などによると、忠宗は嘉祥二年（一一〇七）十二月、鳥羽天皇即位後に従五位上で蔵人となり、保安三年（一一二二）十二月に蔵人頭となった。大治五年（一一三〇）に正四位下で参議となり、長承二年（一一三三）に従三位権中納言で薨じた。忠宗の女は三条公行の室となっているが、公行の兄公教は叔父徳大寺実能の子として左大将を譲補されており（『尊卑分脈』）、実能とともに源有仁ときわめて親密な関係にあった[14]。藤原忠宗は

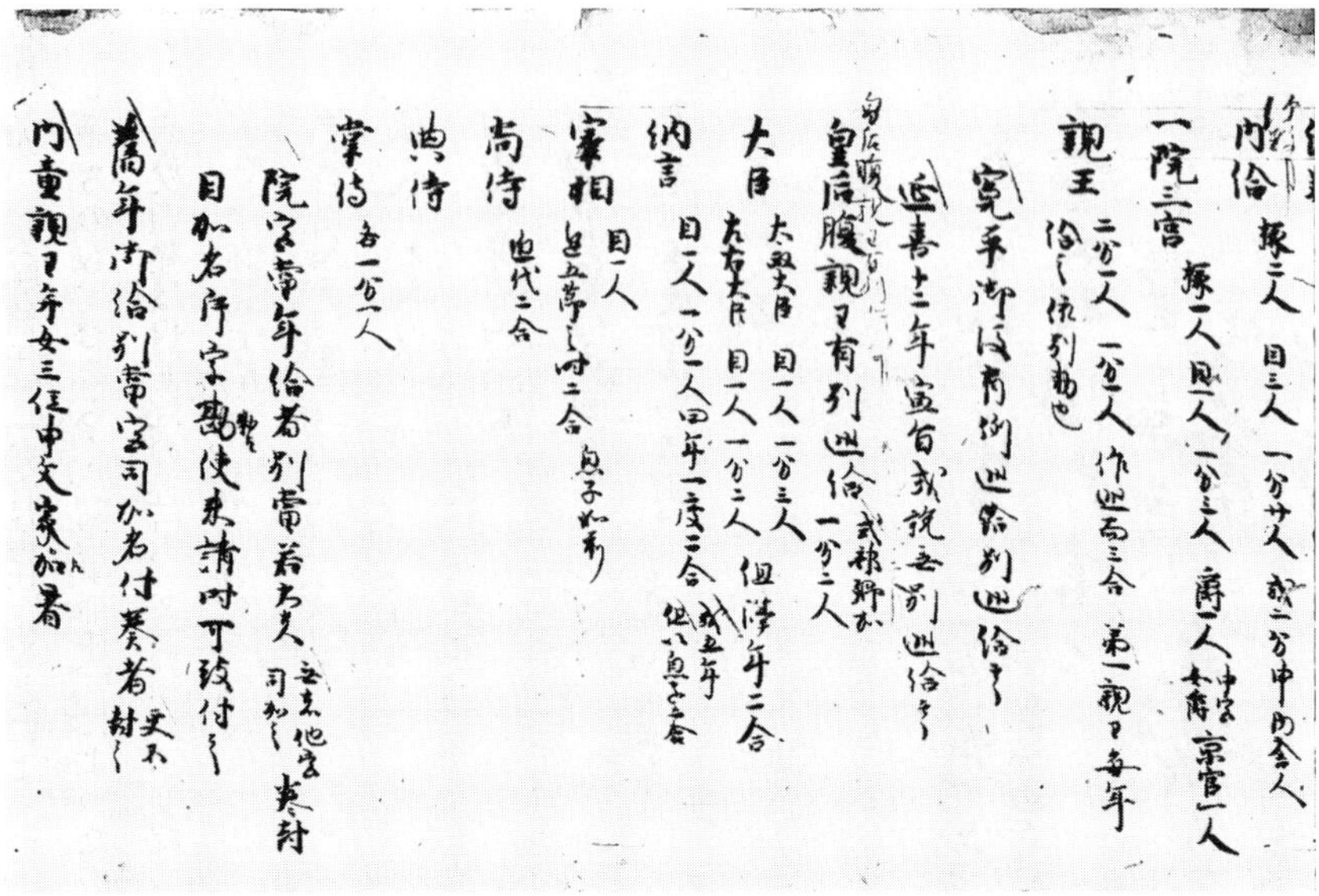

図２　広橋家本『叙除拾要』第５紙・第６紙（国立歴史民俗博物館所蔵）

女の義兄を通して、貴重な除目書に接する機会をえたのであろうか。

右大将公能は徳大寺公能のことで、左大臣実能の子、左大臣実定の父である。大治六年（一一三一）に正五位下で蔵人、保延三年（一一三七）に蔵人頭となり、保元元年（一一五六）九月に右大将に任ぜられている。歴博所蔵の田中教忠旧蔵本のなかに源有仁の『春玉秘抄』が全巻伝存していることを明らかにした田島公氏は、その長大な奥書の記載を紹介・分析しながら、徳大寺実能・公能・実定の三代が『春玉秘抄』の秘蔵・書写・改変に重要な役割を果たしたことを論じている(15)。この時期の徳大寺家には貴重な除目書が多数収蔵されていたのであり、広橋家本『叙除拾要』の親本も徳大寺公能の所蔵にかかるそうした除目書の一つであったことになる。

公能本を書写した蔵人権右中弁は藤原惟方である。惟方は民部卿顕頼の二男で、前述した光頼の弟にあたる。保元元年九月に権右中弁となり、同年閏九月に蔵人に補された。『職事補任』保元元年条では「惟長」

に作るが、『公卿補任』『弁官補任』などによって「惟方」とするのが正しい。『叙除拾要』の外題に「藤原惟長筆」とするのも、おそらく『職事補任』によったのであろう。藤原惟方は院の近臣として著名で、葉室家の祖とされる祖父顕隆は白河院の近臣、父顕頼は鳥羽院の近臣として勢威をふるった。惟方もはじめ鳥羽院の近臣として、のち二条院の近習者として勢力をのばしたが、平治の乱のあと、二条帝の親政を推進せんとして後白河上皇を圧迫したため、平清盛によって捕らえられ、長門国へ流された(16)。

惟方の葉室家と公能の徳大寺家とは婚姻関係によって結ばれていた。『尊卑分脈』によると、顕隆の九人の女子のうち一人は、徳大寺実能の室となって公能・頼長室らを生み、その公能に頼隆のいま一人の女子が藤原俊忠室となって生んだ女子が嫁している。葉室家と徳大寺家とは婚姻の結び直しを重ねており、近親結婚をくり返していたことがわかる(17)。葉室家の藤原光頼・惟方からみて、徳大寺公能は父の妹の子であり、同時に父の妹の婿でもあった。惟方が公能本を書写しているのは、こうした婚姻による近親関係を背景にもっているのであろう。

以上、広橋家旧蔵本『叙除拾要』の奥書にみられる記載を検討したが、蔵人権右中弁であった藤原惟方が右大将徳大寺公能本に依拠して書写し、のちに藤原忠宗の自抄本によって比校したものが本書であるということになる。奥書によると忠宗が「自ら抄出」したとあるので、忠宗による改変の手が加わっていることは想定されるが、「自ら抄出」する以前の元になる書物があったはずである。その元の書物こそが藤原行成の除目書であると思われる。そのように判断する理由は、『叙除拾要』中に「行成抄」の逸文と合致する記事が多数確認されるからである。そこでまず、前述した「行成抄」逸文中から比較的長文の逸文である⑭㉑㉔の三条を撰び、本書中の記載と対比してみたい。以下、上段に示したのが「行成抄」逸文、下段に示したのが『叙除拾要』の記載である。

⑭　給數事 行抄云、	⑭　給數、 『給數事』

内給、掾二人、目三人、一分廿人、
一院三宮、掾一人、目一人、一分三人、京官一人、
親王、二分一人、一分一人、
作順而二合、第一親王毎年給之、依別勅也、
寛平御後有例《別歟》巡給、別給云々、
延喜十二年宣旨、或説無例《別歟》巡給云々、
皇后親王有別巡給、
式部卿加一分二人、
大臣、
太政大臣、目一人、一分三人、
左右大臣、目一人、一分二人、但隔年二合三合、或成介、或毎年、
納言、目一人、一分一人、四年一度二合、或五年、但以息子二合、申京官助允、
宰相、目一人、進五節之時二合、息子如前、
尚侍、近代二合、典侍、掌侍、各一分一人、

㉑
中外記

内給、掾二人、目三人、一分廿人、或二分中内舎人、
一院三宮、掾一人、目一人、一分三人、爵一人、中宮女爵、京官一人、
親王、二分一人、一分一人、作巡而二合、第一親王毎年給之、依別勅也、
寛平御後有例巡給、別巡給云々、
延喜十二年宣旨、或説無別巡給云々、
『皇后腹親王有別巡給事、式部卿加一分二人事』
皇后腹親王有別巡給、式部卿加一分二人、
大臣、太政大臣、目一人、一分三人、左右大臣、目一人、一分二人、但隔年二合、
納言、目一人、一分一人、四年一度二合、或五年、但以息子二合、
宰相、目一人、進五節之時二合、息子如前、
尚侍、近代二合、
典侍、
掌侍、各一分一人、

㉑
中大夫外記史、

資抄云、申大夫外記、
　案之、五位申大外記短冊也、大夫字可有
　案歟、只申大外記と可書歟、但大徳〔応カ〕二年
　申文目六又如此、猶可有此短冊歟、
申史、
申式部丞、
申民部丞、
申左右衛門尉
申式部録、
申民部録、
申其官、
　已上短冊、行成抄所注也、
㉔
侍従厨別當、
侍従所大舎人、
　昌泰元年任伯耆目、
　延喜三年侍従所預任土左目、
内竪所別當、
大歌師、

申外記、

申史、
申民部丞、
申式部丞、
申左右衛門尉、
申式部録、
申民部録、
申某官、
㉔
侍従厨別當任官、早三四年、久七八年、
侍従所大舎人任官、早二年、久十一二年、
内竪所六位別當任官、早一二年、久四五年、
内侍召〔所カ〕内竪任官、十年以下、七八年以上、
大歌師任官、早二年、久六七年、

倭〔舞〕受師、
十生、
御書所預、
　永観二年御書所執事任伯耆掾、
同所執事、
装横、
一本御書所預、
　永観二年一本御書所装横任備中目、
書手校生等、
　天暦八年御書所校生任尾張目、
畫所預、
作物所預、
　延喜三年任阿波大目、作物所、
　天暦八年任阿波權大目、
　永観二年作物所漆工任但馬權大目、
御贄殿預、
酒殿預、
女官預、
内教坊預、

倭舞歟受歌師任官、早二年、久八年、
十生任官、早十年、久廿二年、
御書所預任官、早二年、久四年、
同所執事任官、早二年、久八年、
装横任官、早五年、久十一年、
一本御書所預任官、早八年、久十一年、
書手校生ホ任官、早十年、久廿一年、
畫所預任官、早三年、七年例多、
作物所預任官、早三年、久十年、五六年例多、
御贄殿預任官、早四年、久十二年、八年例多、
酒殿預任官、早六年、久九年、七八年例多、
女官預任官、秦春益十年、
内教預任官、早四年、久廿一年、十余年例多、

神泉預、
　延喜二年任上総少目、
　永観二年任越前権大目、
後院預、
同院蔵人、
穀倉院預、
　延喜二年任因幡権掾、
　同三年任阿波権掾、
同院蔵人、
勸學院知院事、
　昌泰元年勸學院別當任周防掾、
平野神主、
大原野社預、
宇陀野別當、
交野別當、
隼人司火衣、
近衛番長、任諸國二分、
兵衛府番長、同、

神泉預任官、早九年、久十五年、
後院預任官、小野清茂十一年、
同院蔵人任官、早三五年、久九十年、
穀倉院預任官、早四五年、久十七年、但京十二三年例多、
同院蔵人任官、廿三年、廿九年、
勧学院知院任官、早八年、久十八年、十余年例多、
平野神主任官、早四年、久廿三年、六七年例多、
大原野社預任官、高田豊永廿五年、
宇陀野別當任官、春道近蔭廿三年、
交野別當任官、百済林字〔宗カ〕十八年、
隼人司火衣任官、早四年、久十六年、
近衛番長諸國二分國〔例カ〕、十余年、或卅年、
衛門府番長任諸國二分例、十余年、或卅年、
兵衛府番長任諸國二分例、卅余年、或卌余年、

已上侍従厨別當以下任□〔官〕、載行成抄、　—

まず、⑭の「行成抄」逸文と『叙除拾要』の記事を対比すると、割書の部分も含めておおむね一致するが、一部に小異も認められる。たとえば、「行成抄」逸文の左右大臣の割書にみえる「三合、或成介、或毎年」と、納言の割書にみえる「申京官助允」の語は、『叙除拾要』には記されておらず、逆に『叙除拾要』の内給の割書にみえる「或二分申内舎人」と、一院三宮の割書にみえる「爵一人、中宮女爵、」の語は、「行成抄」逸文の方には記されていない。また、「行成抄」逸文では「皇后親王有別巡給」とあるが、『叙除拾要』では「皇后腹親王有別巡給」と書かれている。前述のように、『叙除拾要』は藤原忠宗が「自抄」したものであるから、本来の「行成抄」の記載を忠宗が節略したために、両者の記載が一致しないということも想定できるが、一方で、『長兼蟬魚抄』の「行成抄」引用法が不正確なために、『叙除拾要』の記載と一致しないということも考えられる。

時野谷滋氏によると、⑭と同一の体裁でほぼ同一の内容をもつ記事が、『西宮記』裏書・『綿書』・『魚書奉行抄』・柳原家本『砂巌』などに存在する[18]。このうち『西宮記』裏書では、一院三宮の項に「爵一人、中宮女爵、但内舎人以一分一人申任之」とみえ、「内舎人」云々の記述が内給から一院三宮の項に移ってはいるが、『叙除拾要』とほぼ同じ記載となっている。また、『魚書奉行抄』所引の「行抄」や尊経閣本『魚魯愚鈔別録』所引の「長兼抄」では、「皇后親王」云々の箇所が「皇后腹親王」となっており、『叙除拾要』と同じく正しい記述を伝える一方で、『魚書奉行抄』所引「行抄」では、一院三宮の割書に「京官一人」の記載がなく、逆に宰相の項では「一分一人云々」という記載が加わっている。このように、同じく「行成抄」逸文の記載でも、引用書によって小異があり、書写のさいの誤写によっても差異が生じた。こうしたことを勘案すれば、「行成抄」の逸文⑭と『叙除拾要』の記載とはほぼ対応すると判断してよいだろう。

なお、『西宮記』に裏書や勘物を加えたのは源経頼であるとされ、経頼の裏書や勘物を「青縹書裏書」「青縹書勘物」などと呼ぶ[19]。前述のように、「行成抄」の逸文①には「青標〔縹〕書裏書幷行成卿除目小葉子、参議注目一人」とあるが、参議の年給に「目一人」と注記するのは、ここで問題にしている⑭の逸文をさす。逸文⑭に対応する『叙除拾要』の記載は『西宮記』裏書ともよく合致するので、『叙除拾要』は『西宮記』裏書の伝本である可能性もある。しかし、竹内理三・時野谷滋両氏が指摘するように、『西宮記』裏書は行成の説を所々に引用しており、源経頼は行成に接近して親しくその説話を聞いた人であるから[20]、『西宮記』裏書すなわち「青縹書裏書」の記載は「行成抄」に源を発するものと考えて誤りなかろう。『叙除拾要』の記載がその他の「行成抄」逸文ともよく合致することは後述する通りである。

次に、㉑の「行成抄」逸文と『叙除拾要』の記載もほぼ合致するが、『叙除拾要』にみえる「中大夫外記史」の語が逸文㉑にはみえず、これに近い「中大夫外記」の語が逸文㉑では「資抄」すなわち「資仲抄」の記載として引用されている。そもそも「行成抄」逸文中に「資抄」の引用があることが不審であり、『長兼蟬魚抄』は「行成抄」そのものではなく、「資仲抄」から「行成抄」を孫引きしている可能性が高い。したがって、『長兼蟬魚抄』が引く「行成抄」の逸文㉑には不正確な点があると推定され、この点を勘案すれば、逸文㉑と『叙除拾要』が完全には対応しないことは問題にはなるまい。なお、「中大夫外記」の語が一致することから、『叙除拾要』を「資仲抄」の伝本と考えることも可能であるが、「資仲抄」の逸文と『叙除拾要』の記載との対応度は高くはない[21]。後述するように、「資仲抄」はある書物を引用したのちに、資仲の「今案」を付加している場合があるが、『叙除拾要』は「資仲抄」が引用するある書物と合致している。これは「資仲抄」が「行成抄」を引用した上で「今案」を付加しているためと考えればよいのであろう。

第三に、㉔の「行成抄」逸文と『叙除拾要』の記載を対比すると、前者には内侍所内竪と衛門府番長の任官例がみえず、逆に「昌泰元年任伯耆目」などの具体例が一字下げで付記されているが、後者には侍従厨別当任官に

「早三四年、久七八年」と注記するように、任官までの最短年限と最長年限が加えられている。両者にはかなりの相違があるようにもみえるが、㉔の末尾に「已上侍従厨別當以下任□〔官〕、載行成抄」とあるように、『長兼蟬魚抄』は侍従厨別当以下の任官のことが「行成抄」に所載されていると述べているのであり、「昌泰元年任伯耆目」などの具体的事例は「行成抄」以降の追記と考えられる。その意味では逸文㉔に示される「行成抄」と『叙除拾要』の記載とは合致しているとみられる。逸文㉔に内侍所内竪と衛門府番長の任官例がみえないのは、書写のさいの脱落などによるのであろう。

以上、『長兼蟬魚抄』に引かれる長文の「行成抄」逸文と『叙除拾要』の記載とを対比検討したが、『長兼蟬魚抄』の不正確な引用や書写のさいの誤記、あるいは『叙除拾要』書写のさいの節略などにより、両者の記載には小異の認められるところもあるが、これだけの長文引用にしては差異も小さく、両者はおおむね合致すると判断してよいと思われる。そこで、以下、⑭㉑㉔の三つ以外の「行成抄」逸文について、『叙除拾要』の記載との対応関係を検討してみたい。

表5は「行成抄」逸文と『叙除拾要』の記載を対照したものである。前節の考察により、「行成抄」の逸文と認められない⑯⑰⑱の各条や②の後半部は削除した。また、「行成抄」逸文は⑳を除きいずれも『長兼蟬魚抄』から抽出した。この表をみると、②③④⑥⑦⑨⑳や⑲の冒頭など対応する記事が見出せないものもあるが、前述した長文の逸文も含めて過半数を超える条文に対応記事を認めることができる。そのなかには、⑲の「有求之時可擇奉之」が『叙除拾要』では「随召奉之」と記され、⑳の「内官随闕、依例各付短尺、一官入七八人」が『叙除拾要』では「次日内官、一官闕入七八人、……」と書かれるように、『長兼蟬魚抄』が「行成抄」を引くさいに表現を改め、意訳的・要約的に引用している場合もあるが、おおむね両者の字句の一致度は高いといえるだろう。広橋家本『叙除拾要』が「行成卿除日小葉子」の伝本である可能性はきわめて高いと思われる。

表5　「行成抄」逸文と『叙除拾要』記事との対照表

	「行成抄」逸文	『叙除拾要』の記載
①	青標書裏書并行成卿除目小葉子、參議注目一人、	（本文参照。⑭の一部）
②	行抄云、申任國任中、以他人申任同國、謂之名替也、〔人替國不替、〕（名替）	
③	行抄云、内給舊年名替・國替、各付短尺、（内給名替）	
④	行抄云、三宮御給舊年名替、付短尺、一品東宮或入此中、（院宮名替）	一品東宮入此中、
⑤	行抄云、院宮公卿申名國共可替之由、可入國替束、（名國共替申文）	院宮公卿名國共可替之由者、可入國替束也、
⑥	行抄云、内給國替、付短尺、（内給国替）	
⑦	行抄云、三宮御給國替、付短尺、（院宮國替）	
⑧	行抄云、任符返上申文、可付別短尺、（任符返上）	任符返上申文、別可付短尺云々、〔右府命也、其文云、任符返上〕
⑨	行抄云、初申任者、不給任符、秩満重申任、謂之更任也、（更任）	
⑩	行抄云、以任少掾之人申任大掾之申文、入更任束、（転任可入更任束事）	以任少掾之人、申改大掾之申文、入更任之束云々、
⑪	行抄云、舊吏、新叙、別功、已上各付短冊、（受領）	舊史、新叙、〔給官之後辞退之輩、入舊吏束、〕別功、……已上付短尺、
⑫	行抄云、次年正月任外國介、或経一両年任之、（近衛将監叙位者）	近衛将監叙位者、〔次年正月任外國介、或経一両年任之、〕
⑬	行抄云、正月兼外國掾〔是非毎年、〕多左任近江、右任播磨、俗云簡取云々、（近衛将監一者）	近衛将監一者、〔正月兼外國掾、是非毎年事、多左任近江、右任播磨、俗箇取之、〕
⑭	（本文参照）	（本文参照）
⑮	行成抄云、初日擇外國、次日擇内官云々、（内覧奏聞了撰申文事）	初日撰外國、次日内官、
⑲	行抄云、申文等能々見誤之有無可撰定、（同上）	
	初日擇外國、次日擇内官、自余為大束、有求之時可擇奉之、（同上）	初日撰外國、次日内官、〔一官闕入七八人、不叶前例之人不入〕 自餘為大束、随召奉之、
	擇申文之時、有付帝王御名之人者、可返却之、（同上）	撰中文之時、有付帝王御名之者、可返却之、
	内官隨闕、依例各付短尺、一官入七八人、不叶舊例者不入之、（同上）	次日内官、〔一官闕入七八人、不叶前例之人不入〕
⑳	行成卿抄云、除目之間、頭蔵人可弁知之、（除目文書事）	
㉑	（本文参照）	（本文参照）
㉒	行抄云、内給、（袖書）	内給、臨時内給、……已上袖書、
	行抄云、臨時内給、（袖書）	内給、臨時内給、……已上袖書、
㉓	行抄云、其親王臨時申、其無品親王臨時申、（袖書）	其官親王臨時申、……其無品親王臨時申、已上袖書、
㉔	（本文参照）	（本文参照）

逸文⑲の冒頭や⑳は除目や中文に関する全般的規定であり、⑳は『長兼蟬魚抄』の冒頭に記されていたから、『叙除拾要』においてもこれらは巻首部の記載であったと思われる。現在の『叙除拾要』は巻首部が失われているために、⑲⑳の対応記事が確認できないのであろう。また、『魚書奉行抄』雖付短冊不載目録中文の記事は、

院宮内官未給、院宮未給、院宮名替、院宮國替、院宮更任、院宮二合、院宮當年給、院宮任符返上、

内給名替、内給國替、内給未給、内給更任、

公卿當年給、公卿未給、公卿名替、……公卿國替、公卿更任、公卿任符返上、公卿二合、

の順に配列されており、このうち院宮更任のところに逸文⑨が、内給名替のところに逸文③が、公卿名替のところに逸文②がそれぞれ引用されている。一方、『叙除拾要』では第一紙以降、

院宮内官未給、院宮未給、院宮名替、院宮國替、院宮更任、院宮當年給、院宮二合、

公卿當年給、公卿未給、公卿名替、公卿國替、公卿更任、公卿二合、

などの項目が並ぶが、院宮二合と公卿二合を除けば、いずれも項目名を列記するだけであり、詳しい記事を欠いている。『魚書奉行抄』などの引用法をみれば、本来の「行成抄」にはこの箇所に逸文②⑨などに対応する記事が存在したが、藤原忠宗が「自ら抄出」するにさいして省略したのではないだろうか。また、『叙除拾要』のこの箇所には内給に関する項目がみえないので、内給のことは失われた巻首部に存在したとも推測される。いずれにしても、現存する『叙除拾要』は巻首部に欠落があるために、本来は存在したであろう「行成抄」の記載の一部を確認することができない。「行成抄」逸文のいくつかが『叙除拾要』中に確認できないのは、そうした理由によるのであろう。

以上、「行成抄」逸文と『叙除拾要』の記載を対比・検討したが、広橋家本『叙除拾要』は長文の逸文⑭㉑㉔を含めて、「行成抄」逸文に対応する記事を多数含み、行成の除目書の伝本であると考えて支障ないと思われる。

『叙除拾要』には巻首の何紙かが失われており、これを書写した藤原忠宗が「自ら抄出」したために、省略的に書写された部分が存在したのであろう。このため、『叙除拾要』中に「行成抄」逸文のすべてを確認することはできないが、『叙除拾要』が行成の除目書を抄出した貴重な伝本であることは疑いないものと思われる。

三　「行成卿除目小葉子」の性格とその影響

『叙除拾要』が藤原行成の除目書の抄本であるする仮説を認めた上で、本書の性格と後世の除目書に与えた影響関係などをみておきたい。ただし、本章の主たる目的は『叙除拾要』の学界への紹介であるため、本書の詳しい内容分析は後考に委ね、さしあたり気のついた点を述べることにする。

平安時代の除目書で現存するものは、『西宮記』『北山抄』『江家次第』などの除目の条を除けば、田島公氏によって近年存在が確認された『春玉秘抄』[22]や『院御書』[23]を筆頭として、『綿文』（『綿書』[24]）や『江家次第』巻四裏書[25]などがあるのみで、いずれも院政期を遡るものではない。これに対して、『叙除拾要』が行成の除目書であるとすると、摂関期の除目書が出現したことになり、現存する最古の除目書としてきわめて重要な意味をもつであろう。前述のように、『長兼蟬魚抄』は「行成抄」に「初日擇外國、次日擇内官」とあることに注目し、往古は外国中文が多数あったために、初日は外国を撰び、次日に内官を撰んでいたが、中古以降は外官の禄が無実となったために、外国中文はいくばくもないようになり、初日から内官を撰ぶようになったと述べていたが、『叙除拾要』に記された除目の作法には、院政期とは異なる摂関期の官人制のあり方が反映されているはずである。

『叙除拾要』の成立年代については、「行成卿除目小葉子」という名称から、行成が参議に昇った長保三年（一〇〇一）以降と考えられるが、『魚魯愚鈔別録』巻一、御装束事に、「或人云、此葉子■（ママ）行成大納言所抄云々、此事有疑事、紕謬太多、恐非彼説、又引彼納言正暦記、若是経頼抄歟」とあるので、行成大納言が抄した除目の葉子があったことがわかり、これが「行成卿除目小葉子」と同じものと考えられるので、行成が大納言となった寛仁四年（一〇二〇）以降に『叙除拾要』が成立した可能性が高いと思われる。後述するように、『叙除拾要』は藤原実資のことを「右府」と書いているので、このことからも『叙除拾要』の成立年代は、実資が右大臣となった治安元年（一〇二一）以降に求められる。なお、『魚魯愚鈔別録』の記事からは、行成の除目葉子には誤謬の少なかったことがうかがわれるが、『長兼蟬魚抄』でも「匡房抄」と「行成抄」の主張が異なる場合、「行成抄」の説を採用している例が多い。行成の除目書は誤りの少ない書物として信頼されていたのであろう。

『叙除拾要』は先人の説をほとんど引用しないが[26]、例外的に右府の命のみが二回引かれている。

・院宮公卿二合申文者、入未給束、右府命云、別可付短尺、

・任符返上申文、別可付短尺云々、右府命也、任符返上、其文云、

『長兼蟬魚抄』任符返上或付別短冊或不然事に、「行抄云、任符返上申文、可付別短尺、資抄云、小野宮右府命云、任符返上申文、可付別短尺」とあるように、ここにみえる「右府命」は小野宮右大臣実資の命をさす。行成が実資の命を引いていることは、除目の作法について実資の説を重視したことを示していよう。行成と実資の関係については、近親関係にある割にはそれほど温かいものではないとされるが、行成は右大臣となった実資に有職故実の権威として敬意を払い、職務内容や儀式次第について実資に示教を求めていることも指摘されている[27]。行成は実資の除目の作法を重んじたために、その命を『叙除拾要』のなかに引用したのであろう。

このことは実資の養孫にあたる藤原資仲が行成の除目書をしばしば引用していることと無関係ではあるまい。内官短冊の書様について、資仲が「行成抄」の「申大夫外記（史）」の語を引いたのちに、自らの案文を加えていたことは前述したが、『長兼蟬魚抄』所引「資仲抄」逸文の「資抄云、公卿二分代内舎人申舊年者、入舊年束、

當年者、入當年束」、「資抄云、院宮二合、或入未給束云々」も、『叙除拾要』にほぼ同文の記事がみえている。

また佐藤全敏氏が指摘するように、(28)『魚魯愚鈔別録』巻一に、

資仲抄云、
殿上、依勞、任内官助允若外國掾、是非毎年事、
蔵人所、依勞、任内官三分、正月不任、二月任之、
同所出納、依勞、任外國目、或任外記史、是非毎年事、
御厨子所、依労、預任内官三分、衆依姓、任外国掾目、是非毎年事、
御書所預、依勞幷姓、任内官二三分、是非毎年事、
作物所、依勞幷姓、任内官二三分、是非毎年事、
畫所、同前、
一本御書所、同前、
瀧口、正月依勞幷姓、任内官二三分、或二月任之、
已上所々、蔵人頭奉仰、或仰出納、或仰本所、令勘其勞、奏之、
今案、所衆・瀧口仰出納令勘、其外仰本所令勘歟、
瀧口・所衆勞帳、兼可令勘儲、驚召令勘時、多致擁怠、

とあるのは、今案以下が「資仲抄」の記事で、それ以前は「資仲抄」に先行する記文を引用したものであるが、「殿上」以下「已上所々」云々までの記載は『叙除拾要』の記事とおおむね合致している（『叙除拾要』では御厨子所と一本御書所の記載が欠けている）。『叙除拾要』が行成の除目書を省略書写しているため、両者は完全には一致しないが、「資仲抄」が引用する記事は行成の除目書であると考えて誤りあるまい。『長兼蟬魚抄』所引の「匡

房抄」によると、治暦四年の秋除目で申文を撰んだ資仲卿は、父資平の忌月内であったにもかかわらず、行成に例ありと称して、吉服を着して参内したという。資仲が行成の作法に依拠している例である。資仲の除目書である「資仲（卿）抄」は行成の除目書などをそのまま引用し、その後の変化や近例を「今案」として付加したものであったと考えられる。行成の除目書は小野宮実資の説にも依拠した、誤りの少ない信頼するに足る除目書であったため、実資の養孫にあたる資仲にも重んぜられ、さかんに引用されたのではなかろうか。

このほか、『魚魯愚鈔別録』巻一にみえる「院御書」の次の記載も、『叙除拾要』の記載と長文にわたってほぼ一致しており、前述した「行成抄」逸文と合致する記事も多く含んでいる。ただし、末尾近くの「件中文、近代國替、隆俊入更任束、二条殿被難云々、」という記事は『叙除拾要』にはみられないので、「近代」の例を注記したこの部分は「院御書」独自の記載なのであろう。『院御書』の編者については、後三条院説[29]と白河院説[30]が並存するが、田中本『春玉秘抄』の本文・奥書を検討した田島公氏は、「本書」なる儀式書が白河院の著作であることが確実となったので、「院御書」は後三条院の編著である可能性が高まったと論じた。[31]田島氏はさらに最近、尊経閣文庫本『無題号記録』が『院御書』の伝本であることを明らかにしている。[32]

院御書

（中略）

短冊書様

院宮内官未給　院宮未給　院宮名替　院宮國替

院宮更任　院宮當年給　院宮二合

一品東宮入此中、

公卿當年給　公卿未給　公卿名替　公卿國替

公卿更任　　公卿二合、或入未給束、

男女親王入此中、

中大夫外記史　　中外記　　中史　　中民部丞

（中略）

已上、付短冊、

瀧口　　藏人所、已上、勞勘文之時、頭仰出納、令勘申、奏之　出納

其院臨時被申　　其宮臨時被申

其官親王臨時被申　　其大臣臨時申　　其納言藤原朝臣臨時申

内給　　臨時内給　　其无品親王臨時申

已上袖書、入御硯筥蓋、置御前、入闕官之筥、御硯筥ホ、同並置御座前、

院宮公卿二分之代内舎人舊年給代入舊年束云々、當年入當年束云々、

又申名國共可替之由、入國替束云々、若院宮幷公卿先年臨時申任諸國掾介、後年申改名若國之申文、可入名替若國替束云々、

件申文、近代國替、隆俊入更任束、二条殿被難云々、

以任少掾之人、申改大掾之申文、入更任束云々、

任符返上申文、別可付短冊云々、右府命也、其文云、任符返上、

初日撰外國、次日内官、一官闕入七八人、不叶先例之文不入、

自餘為大束、随召奉之、大略結別、有召之時奉之、不然早難求得云々、

さらに、東山御文庫本『叙位記　中外記』に引用される「院御書」の次の記載も、『叙除拾要』の記載とかなり類似している。『叙除拾要』の「諸司長官次官申加階」を「院御書」が「諸司長官申加階」とするほかは、いず

れも「院御書」が割注を増補しているもので、「外記・史」の割注に「或無奏料」、「式部・民部」の割注に「入筥、無奏料」、近衛将監の割注に「近代進府奏」などの語句を追記している。「院御書」が独自の記載をいくつか加えているとはいうものの、基本的には『叙除拾要』の記載を踏まえていることが明らかである。

短冊書様

辨少納言申加階、申文入外記硯筥、従五位上勞三年以上、正下五年以上、従四位三年以上、弁六年以上、従四位以上、

近衛中少将申加階、叙例同前、

諸道博士申加階、諸司長官申加階、已上、依外記勘文叙之、

一加階、依勘文叙之、五勞以上恪勤者云々、給國用位記不叙之云々、

治國、別功、入内、依勘文叙之、或三勞以上、恪勤者云々、

八省輔申加階、諸衛佐申加階、諸司勞、第一二者勞十四年以上、

外衛勞、以上、依勘文叙之、勞十二年以上、外記・史、以自解入硯筥云々、又有奏料云々、或無奏料、式部・民部、省奏入筥、無奏料、近衛将監、本府令奏自解、近代進府奏、

内記・大蔵、勞八年以上云々、検非違使依勘文叙之、非成業六年以上、文章生五年以上、轉任六年以上、

大臣家令、主人任大臣之後二三年以上叙之、

一世源氏、従四位上、當君三位、二世孫王、従四位下、以自解申依巡叙之、貞観孫王従五位下、昇殿超越、

王氏、一親王挙之、四世以上依巡挙之、源氏長者挙之、隔三年、弘仁御後、

藤氏、長者挙之、四門依巡挙之、橘氏、是定挙之、已上挙各巻封、入外記硯筥、但橘氏不封、或件挙状ホ、付奏者云々、

諸道博士、紀傳明経、雖凡姓叙内階、餘道依姓叙内外階也、凡姓者内外不定之時、先叙外、依愁入内云々、

なお、『叙玉秘抄』第一にも「院御書」と同様の記載がみえており、「院御書」を通して『叙除拾要』の記載が

『叙玉秘抄』にも受け継がれたことがわかる。

以上、『叙除拾要』の記載とほぼ同じ記事が、藤原資仲の『資仲卿前疑抄』、後三条院の『院御書』、源有仁原撰・徳大寺実定改編の『叙玉秘抄』などにみられることを述べた。藤原行成の除目書である「行成卿除目小葉子」は、摂関期から院政期にいたる叙位・除目書の多くに参照され、信頼すべき儀式書としてその本文中にとりこまれていったことが想定される。鎌倉時代の『長兼蟬魚抄』においても「行成抄」の所説が重視されていたように、「行成卿除目小葉子」は摂関期の除目作法の基本形を伝えるものとして、長く尊重されてきたということができよう。

おわりに

本章で述べてきたことを要約すると、次のようになる。

㈠　従来から収集されてきた除目関係の「行成抄」逸文は、主として『魚魯愚鈔別録』所引の「長兼抄」から抽出されたもので、『長兼蟬魚抄』から直接抜き出したものではないため、「行成抄」ではないと思われる記事を「行成抄」逸文として拾ったり、拾うべき「行成抄」逸文を見逃している場合が存在する。

㈡　国立歴史民俗博物館所蔵の広橋家旧蔵本『叙除拾要』は巻首部を欠く古写巻で、奥書によると保元二年（一一五七）正月に蔵人権右中弁の藤原惟方が右大将徳大寺公能本に依拠して書写し、のちに藤原忠宗本によって比校したもので、もともとは忠宗が職事のときに自抄したものという。この『叙除拾要』の記載を除目関係の「行成抄」逸文と対照すると、巻首部の欠失や藤原忠宗による抄出などのために一致しない部分もいくつかあるが、逸文に対応する記事を多数確認することができ、『叙除拾要』は「行成卿除目葉子」の抄本であると考えてよいものと思われる。

(三)「行成卿除目葉子」は行成が大納言となった寛仁四年(一〇二〇)以降の著作と考えられ、藤原実資の説を引いていることなどから、実資の養孫資仲によってもしばしば引用され、その後、「院御書」や『叙玉秘抄』の本文中にも取り入れられた。行成の除目書は摂関期の作法を伝えるものとして鎌倉時代にいたるまで長く尊重された。

以上の想定に大過がないとすると、広橋家旧蔵本『叙除拾要』は失われたと考えられてきた藤原行成の除目書の伝本として注目すべきであろう。『西宮記』や『北山抄』の除目条を除けば、摂関期の除目次第を伝える儀式書は現存しないから、本書の出現は除目に関する最古級の儀式書が確認されたことをも意味する。近年存在が確認されつつある院政期の叙位・除目書(『院御書』『春玉秘抄』『叙玉秘抄』など)との比較・検討によって、叙位や除目の変遷を跡づけることが今後の課題となろう。

また、失われたとみなされてきた藤原行成の年中行事書のうち、先に報告した『新撰年中行事』とその別冊『行成大納言年中行事』について、さらに「行成卿除目小葉子」が確認されたことになる。『行成大納言年中行事』の前半部が欠落していることや、「行成卿除目小葉子」が巻首部を欠く抄本と考えられることは残念であるが、これまで逸文でしか知られていなかった行成の年中行事書がひとまず顔を揃えたことは喜ばしいことである。欠脱部を埋める史料が存在する可能性もあり、新たな手がかりを求める努力は今後とも続けてゆきたい。

註

(1) 西本昌弘a「東山御文庫所蔵の二冊本『年中行事』について―伝存していた藤原行成の『新撰年中行事』―」(『史学雑誌』一〇七―二、一九九八年。本書第一部第一章)、同b「年中行事(新撰年中行事)」(『皇室の至宝　東山御文庫御物』四、毎日新聞社、二〇〇〇年)。

（2）西本昌弘註（1）a論文、同「年中行事」（『皇室の至宝　東山御文庫御物』四、前掲）。

（3）和田英松編・森克己校訂『国書逸文』（森克己、一九四〇年）。

（4）時野谷滋「年給制度の成立」（『律令封禄制度史の研究』吉川弘文館、一九七七年）、同「長兼蟬魚抄」（同上書所収）。

（5）所功a「「行成抄」逸文に関する覚書」（時野谷滋博士還暦記念論集刊行会編『制度史論集』同刊行会、一九八六年）、同b「『新撰年中行事』と『小野宮年中行事』」（『宮廷儀式書成立史の再検討』国書刊行会、二〇〇一年）二九八〜三〇〇頁。なお、「行成抄」逸文については、大島幸雄「行成抄」（『新訂増補国書逸文』国書刊行会、一九九五年）も参照。

（6）『長兼蟬魚抄』は未翻刻史料である。時野谷滋「長兼蟬魚抄」（前掲註（4）参照）によると、『除目抄』『除目申文抄』『中文内覧抄』などと外題して内閣文庫に所蔵される一冊本は、いずれも同一内容のもので、本来『長兼蟬魚抄』と呼ぶべきであろうとする。これに対して、細谷勘資「『長兼蟬魚抄』と『魚書奉行抄』」（『中世宮廷儀式書成立史の研究』勉誠出版、二〇〇七年）は、内閣文庫所蔵の①『除目抄』（架蔵番号一四五―二八〇）と『申文内覧奏聞事』（②古四―二二四、③一四五―三六五、④一四五―三六六）の四冊が『長兼蟬魚抄』であることを確認し、時野谷氏のいう『除目申文抄』は『長兼蟬魚抄』ではない可能性を指摘している。国立公文書館内閣文庫において実見した結果、私も細谷氏の指摘する四冊が『長兼蟬魚抄』であることを確認した。ただし、④には第二十四丁と第二十五丁の間に一丁の脱落があるほか、①には第八丁〜九丁、第三十八丁〜三十九丁、第四十八丁〜四十九丁、第五十三丁〜五十四丁、第五十九丁〜六十丁などの間に錯簡があり、記事の配列がかなり乱れている。内閣文庫本以外の『長兼蟬魚抄』の写本としては、国立歴史民俗博物館所蔵の田中本『長兼卿記　除目職事要記』一帖（H―七四三―二一二）、宮内庁書陵部所蔵の柳原家本『除目職事要』一冊（柳―五九一）、同じく葉室家本『除目職事要記』一冊（葉―一〇七七）などがあり、田中本は永仁六年（一二九八）三月に三条実躬が滋野井冬季本をもって書写した古写本である。本章における『長兼蟬魚抄』の引用はこの田中本によった。

（7）所功註（5）a論文は、『国書逸文』既収分十八条に拾遺逸文六条を加えた計二十四条を掲出するが、同註（5）b論文は、『国書逸文』の⑥と㉒とが同文であるところから、㉒を削除して計二十三条を掲げている。

（8）『除目申文抄』の成立年代については、鎌倉初期説（時野谷滋「除目申文抄」『国史大辞典』七、吉川弘文館、一九八六年）と室町後期説（岩橋小弥太「除目申文抄」『群書解題』六、一九六〇年）の両説があったが、湯浅吉美氏は天理図書館に南北朝・室町初期の古写本が存在することを報告し、鎌倉初期説の方に歩があることを論じた（湯浅「新出『除目申文抄』写本の紹介と考察―天理図書館蔵『正安二年具注暦』・『建治元年具注暦』調査報告―」『ビブリア』九七、一九九一年）。ただし、本文中で述べるような「行成抄」の杜撰な引用の仕方からみて、『除目申文抄』の成立年代は『長兼蟬魚抄』のそれをやや下るものと思われる。なお、歴博所蔵の広橋家旧蔵本『叙秘　蔵人要』一冊（H―六三―四八三）も『除目申文抄』の古写本であり、室町後期の広橋守光の筆と伝えられる。

（9）『魚書奉行抄』も未翻刻史料である。時野谷滋「魚書奉行抄」（『律令封禄制度史の研究』註（4）前掲）は、内閣文庫に一冊本が二部所蔵されていることを紹介し、その成立年代を順徳天皇朝の初めと推定している。細谷勘資註（6）論文は、九条道家を『魚書奉行抄』の編者に擬している。田島公氏が指摘するように（後掲註（10）a論文一九～二〇頁）、宮内庁書陵部所蔵の九条家本『魚書奉行鈔』（九―五〇五八）は鎌倉時代に遡る古写本であり、本章における『魚書奉行抄』の引用はこの九条家本に依拠した。

（10）田島公a「田中教忠旧蔵本『春玉秘抄』について―「奥書」の紹介と検討を中心に―」（『日本歴史』五四六、一九九三年）、同b「「花園説」の源流と相承の系譜―『春玉秘抄』の成立と伝来の過程を手懸かりとして―」（上横手雅敬監修『古代・中世の政治と文化』思文閣出版、一九九四年）。

（11）『魚魯愚鈔別録』巻一では、『長兼蟬魚抄』の引用にあたって次のような記事が掲げられている。

長兼蟬魚抄

除目文書并作法故実ホ大概見所続之、書其外事又綿書裏書・首書ホ注載之、申文短冊袖書以下、雖非執筆要、為後勘続之、

これは『長兼蟬魚抄』の編纂過程を要約的に記したものとみられ、現在は失われた『長兼蟬魚抄』の冒頭部分に記されていた序文的記載と考えられる。ここに「申文短冊袖書以下」を書き「続」いだとあるので、『長兼蟬魚抄』が『申文短冊袖書目録抄』のような書物を一つの材料としていたことが推測される。

（12）時野谷滋「長兼蟬魚抄」（前掲註（4）参照）、細谷勘資註（6）論文。

（13）『岩崎文庫和漢書目録』（東洋文庫、一九三二年）四四一頁。

（14）田島公註（10）b論文五五四、五五九～五六〇頁。

（15）田島公註（10）a論文、同b論文。

（16）梶原正昭「近臣と政治感覚―惟方―」（『国文学　解釈と教材の研究』二一―一一、一九七六年）、高崎由理「藤原惟方伝」（『立教大学日本文学』五九、一九八七年）。

（17）佐藤美知子「八条院高倉の論（二）―安居院家と御子左家と葉室家の関係―」（『大谷女子大学紀要』一一―二、一九七六年）。

(18) 時野谷滋「年給制度の成立」(前掲註(4)参照)二一二〜二一九頁。

(19) 竹内理三「口伝と教命—公卿学系譜(秘事口伝成立以前)—」(『律令制と貴族政権』第Ⅱ部、一九五八年。のち『竹内理三著作集』五、角川書店、一九九九年に再録)、清水潔「源経頼の学問と業績」(『類聚符宣抄の研究』国書刊行会、一九八二年)、所功「『西宮記』の成立」(『平安朝儀式書成立史の研究』国書刊行会、一九八五年)。

(20) 竹内理三註(19)論文五〇二頁(『著作集』五、一三七頁)、時野谷滋「年給制度の成立」(前掲註(4)参照)二一七〜二一八頁。なお、源経頼は藤原行成の女を妻に娶っている。

(21) 「資仲抄」の逸文については、大島幸雄「資仲抄」(『国書逸文研究』一〇、一九八三年)、所功「小野宮流「資仲抄」の逸文」(『宮廷儀式書成立史の再検討』註(19)前掲)などを参照。

(22) 田島公註(10)a論文、同b論文。

(23) 田島公a「尊経閣文庫本『無題号記録』と東山御文庫本『叙位記　中外記』所引「院御書」—『院御書』の基礎的研究1—」(『禁裏・公家文庫研究』一、二〇〇一年)、同b「尊経閣文庫所蔵『無題号記録』解説」(尊経閣善本影印集成『無題号記録　春玉秘抄』八木書店、二〇一一年)。

(24) 時野谷滋「綿書」(『律令封禄制度史の研究』註(4)前掲)、細谷勘資「『綿書』の成立年代と編者」(『国書逸文研究』一八、一九八六年)、田島公「『叙玉秘抄』について—写本とその編者を中心に—」(『書陵部紀要』四一、一九九〇年)、同註(10)b論文。田島公氏の研究により、『綿文』(『綿書』)は源俊房の口伝を中心に源師時が書き留めた儀式書であることが確定的になった。

(25) 所功「『江家次第』逸文拾遺(含　巻四裏書)」(『平安朝儀式書成立史の研究』註(19)前掲)。『江家次第』巻四裏書の伝本は、「除目鈔」の外題をもつ広橋家本『江家次第』巻四(下郷共済会所蔵)の裏書と、その裏書を書写した歴博所蔵の広橋家本『江家次第第四裏書』が知られているが、宮内庁書陵部所蔵の柳原家本『江家次第』巻四抜書(柳—一二六三)では、本文の上欄や行間などの余白に裏書が書き込まれている(宮内庁書陵部『展示目録　貴重史料の世界—家別け蔵書群から—』一九九八年を参照)。

(26) 「右府命」以外のものとしては、三局史生の内官二分への任命は「毎年のことに非ず」とすることが、(中原)致時と(多米)国平らの申し置くところとして引かれている。中原致時は外記として、多米国平は史として、『小右記』や『御堂関白記』などに頻出しており、藤原行成と同時代の人物であった。このほか、具体的な在官者として、女官預の秦春益、後院預の小野清茂、大原野社預の高田豊永、宇陁野別当の春道近蔭、交野別当の百済林字〔宗カ〕らの名もみえるが、現在のところ、これらの人物は『叙除拾要』以外の史料には確認できていない。

(27) 黒板伸夫「藤原行成の子息たち―後期摂関時代の政治と人脈を背景に―」（『平安王朝の宮廷社会』吉川弘文館、一九九五年）一三三頁、同『藤原行成』（吉川弘文館、一九九四年）二三四頁。

(28) 佐藤全敏「所々別当制の展開過程」（『東京大学日本史学研究室紀要』五、二〇〇一年）二一頁。

(29) 所功「院御書（校異・拾遺・覚書）」（『国書逸文研究』一、一九七八年）、田島公註(24)論文。

(30) 竹内理三「序文」（所功校注・解説『京都御所東山御文庫本撰集秘記』国書刊行会、一九八〇年）。

(31) 田島公註(10)b論文五四八頁。

(32) 田島公註(23)ab論文。

〔追記〕 藤原行成の除目書との関連ではじめて広橋家旧蔵本『叙除拾要』を検討したのは、二〇〇一年三月二十二日のことで、このときは東京大学史料編纂所において広橋家本の写真帳をもとに調査した。その後、二〇〇二年一月二十九日と三十日の両日、国立歴史民俗博物館において原本調査を行った。写真帳調査のさいには田島公氏に、原本調査のさいには吉岡眞之氏に、それぞれ便宜をはかっていただき、貴重なご教示を頂戴した。両氏のご厚意に衷心よりお礼申し上げる。

なお、旧稿発表時には『叙除拾要』の全文を翻刻して、巻末に付載したが、本章ではこれを省略した。『叙除拾要』の史料全文については、西本昌弘編『新撰年中行事』（八木書店、二〇一〇年）を参照されたい。

第五章　東山御文庫本『日中行事』について

はじめに

年中行事が毎年の恒例行事をさすのに対して、日中行事とは日課として繰り返される日々の行事を意味した。平安時代以来、貴族の日中行事や天皇の日中行事を記録することが行われた。藤原師輔の『九条殿遺誡』(『遺誡並日中行事』)には子孫が守るべき生活規範や心得が書き記されている。天皇の日中行事については、清涼殿の殿上間に祗候した蔵人がつける「殿上日記」や蔵人の職務を定めた「蔵人式」、あるいは『侍中群要』といった書物などからうかがうことができる。中世になると順徳天皇が『禁秘抄』、後醍醐天皇が『日中行事』を著し、天皇自身の手によって、内裏における一日の行事がまとめられた。これらの史料には、主殿司による早朝朝清、蔵人による上格子からはじまり、下格子・宿直にいたる毎日の定例行事が記述され、天皇と側近部局を中心とする日々の営みが克明に綴られた(1)。ただし、「殿上日記」や「蔵人式」は逸文でしか伝わらないため、古代の日中行事を記述したまとまった書としては『侍中群要』があるのみである。

さて、京都御所東山御文庫には後西・霊元両天皇が新写させた書籍を中心に、古代以降の古典籍・古文書が伝来しているが、同御文庫の一四四番の箱中には、『日中行事』一冊と『日中行事仮名』一冊とが収蔵されている(2)。このうち後者の『日中行事仮名』は後醍醐天皇の『日中行事』であるが、前者の『日中行事』は漢文体で表記された日中行事書であり、後醍醐天皇の『日中行事』とは異なるものである。私は二〇〇一年(平成十三)十一月と二〇〇六年十月に東山御文庫において両書を調査する機会をもち、その後、芳之内圭氏とともに内容についての検討を続けてきたが、『日中行事』一冊は摂関期に遡る未知の日中行事書であるという感触を得た。そこで本章では、東山御文庫本『日中行事』の概要を紹介し、その成立年代の問題を中心に、現段階における調査結果を報告することにしたい。

一　東山御文庫本『日中行事』の書誌

東山御文庫本『日中行事』と同内容をもつ写本が巷間に流布しているとは考えられないが、管見の限りでは、国立歴史民俗博物館所蔵の高松宮家伝来禁裏文庫本のなかに同内容の『日中行事』写本一冊が存在する。そこで以下、両文庫所蔵の二つの写本について書誌的な解説を加えておきたい。

1　東山御文庫本『日中行事』（勅封番号一四四―一六）

袋綴冊子装の一冊本で、本文料紙は楮紙。茶色表紙の中央上部に外題を「日中行事」と墨書する。外題の筆跡は後西天皇のものとされる。法量は縦二八・〇センチ、横二一・〇センチ。墨付は十丁で、うち八丁が「日中行事」、末尾二丁が「毎月事」を記す。字詰めは半丁八行で、一行十九〜二十一字程度。第六丁と第七丁の間に栞が挟み込まれている。奥書や蔵書印はないが、東山御文庫における後西天皇外題本の来歴からみて[3]、明暦年間（一六五五〜五八）前後に後西天皇が新写させた写本と考えられる。

本書は二〇〇一年（平成十三）十一月に宮内庁書陵部によってマイクロフィルム撮影されたのち、『書陵部紀要』第五四号（二〇〇三年三月刊行）彙報欄の「〔マイクロフィルム目録〕東山御文庫本」に書名が掲載され[4]、これによって公開告知がなされた。

2　高松宮本『日中行事』（整理番号H―六〇〇―七八六）

袋綴冊子装の一冊本で、本文料紙は楮紙。渋引表紙の中央上部に外題を「日中行事」と墨書する。法量は縦二九・二チセン、横二一・〇チセン。内容は東山御文庫本と同じで、墨付枚数や半丁の行数、一行の字詰めなども東山御文庫本とすべて一致する。外題および本文の筆跡は東山御文庫本と異なるが、本文の筆跡には東山御文庫本の筆跡に似せて書こうとする意識がうかがわれる。

高松宮本は大正天皇の第三皇子宣仁親王が創設した高松宮家に伝わる古書籍群であるが、もともとは同親王が祭祀を継承した有栖川宮家に伝来した蔵書群であった。有栖川宮は寛永二年（一六二五）に後陽成天皇皇子好仁親王によって創設され、はじめは高松宮を称したが、のちに有栖川宮と改称した。禁裏文庫の充実につとめた後西天皇がもともとは同宮家の当主であり、同天皇即位後はその皇子の幸仁親王が当主となったこと、霊元天皇皇子の職仁親王がのちに当主となったことなどから、後西・霊元両天皇と有栖川宮家との関係はきわめて密接で、両天皇の死後その蔵書が有栖川宮家に分与されたことが確認もしくは想定されている[5]。

したがって、後西天皇筆の外題をもつ東山御文庫本『日中行事』と同内容の『日中行事』写本が高松宮本のなかに存在する事実は、後西天皇の蔵書の一部かその複本が有栖川宮家に移された可能性を示唆している。いずれにしても、この『日中行事』写本は江戸時代前期に禁裏もしくはその周辺において書写され、禁裏文庫と有栖川宮文庫にのみ伝来した貴重な書物であるということができよう。

なお近年、田島公氏によって精力的に調査・紹介されている近世禁裏文庫の蔵書目録[6]のうち、万治四年（一六六一）の禁裏文庫焼失以前の蔵書目録である大東急記念文庫本『禁裡御蔵書目録』や西尾市岩瀬文庫所蔵柳原家本『官本目録』には、この『日中行事』の書名は記載されていない(7)。一方、宝永四年（一七〇七）における禁裏文庫の蔵書を反映している京都大学附属図書館架蔵菊亭文庫本『禁裏御記目録』には、年中行事の箱のなかに「日中行事」一冊と「同仮名」一冊がみえ、東山御文庫本『禁裏御蔵書目録』（勅封一七四―一一―一五）にも同様の記載がみえている(8)。したがって、東山御文庫に現存する『日中行事』と『日中行事仮名』は少なくとも宝永四年までには禁裏文庫に収蔵されていたことになる。

二　東山御文庫本『日中行事』の記載内容

東山御文庫本『日中行事』には漢文体で内裏における日中行事と月中行事が記述されている。月中行事とは内裏における毎月恒例の行事をいう。本書に所載される日中行事と月中行事の項目は次の通りである。

〔日中行事〕

卯剋主殿寮奉仕朝清事	辰剋殿上日給事
同剋上格子事	同剋四衛府供御贄事
同剋供御手水事	次石灰壇御拝事
次御念誦事	巳剋供朝餉事
午剋供昼御膳事	未剋封殿上簡事
申剋供夕御膳事	酉剋供御殿燈事
及暗燃火於炬屋事	戌剋内豎奏時事
同剋下格子事	戌二剋瀧口名謁事

亥二剋殿上名対面事　　同剋撤殿上台盤事
同剋問諸陣見参事　　同剋近衛陣夜行事
〔毎月事〕
一日内侍所御供事　　殿上放紙事
三日奏去月々奏事　　十八日観音供事
七瀬御祓幷代厄火災御祭事　　晦日御祓事
同日真言院御念誦事

古代における内裏内の日中行事を記載する書としては、「寛平蔵人式」、「天暦蔵人式」、『西宮記』巻十侍中事所引「日中行事文」の他、『侍中群要』、『年中行事御障子文』などがある。佐藤全敏氏は『西宮記』巻十侍中事所引「日行事如左」以下の記文を「延喜蔵人式」とみなし、「延喜蔵人式」にも日中行事が定められていたとするが[9]、「日行事如左」以下の記事は『侍中群要』所引の「寛平小式」や「小式」の逸文と合致する部分を含むので[10]、これは通説に従って「寛平蔵人式」（「寛平小式」）の引用文と考えるべきであろう。「延喜蔵人式」には日中行事が定められていなかったか、日中行事の部分の逸文が伝えられていないかのいずれかと判断する。

したがって、古代天皇の日中行事を記述する史料として、以下では「寛平蔵人式」、『西宮記』巻十所引「日中行事文」[11]、それに「天暦蔵人式」、『侍中群要』、『年中行事御障子文』などを取り上げたい。寛平と天暦の「蔵人式」および「日中行事文」にみえる日中行事の項目・時刻などを東山御文庫本『日中行事』のそれらと対照的に示した一覧表を作ると、表6のようになる。

これをみると、東山御文庫本『日中行事』の記載は、上格子を辰剋、下格子を戌剋とする点で、「日中行事文」や「天暦蔵人式」と一致するが、「寛平蔵人式」とは相違する。また、供朝餉を巳剋、殿上名対面を亥剋とする

表6　日中行事項目対照一覧表

	「寛平蔵人式」	「天暦蔵人式」	西宮記巻十所引「年中行事文」	東山御文庫本『日中行事』
卯	主殿頭已下掃清庭塀 上格子		主殿可進炭事	主殿寮奉仕朝清事
辰	供奉御盥 主水司供御粥	(一刻)上格子	(一刻)上格子事 可給殿上并所日事 (四刻)主水司供御盥并御粥事	殿上日給事 上格子事 四衛府供御贄事 供御手水事 (次石灰壇御拝事、次御念誦事)
巳	御読書 (四刻)内侍申賜鑰状		(一刻)奏日次御贄事 供朝干飯事・給侍臣食事 御読書事 (四刻)内侍申賜鑰状事	供朝餉事
午	(一刻)供御膳	(一刻)供朝膳	(一刻)供朝膳事	供昼御膳事
未				封殿上簡事
申	(二刻)供夕膳			供夕御膳事
酉	(一刻)内侍申進鑰之状 (日入時)殿司奉御燈	(一刻)供夕膳 (臨黄昏)殿司供燈楼	(一刻)供夕膳事 (一刻)内侍申進鑰状事 (一刻)内蔵寮供御人形事 (四刻許)御厨子所供御粥事 (日欲入時)殿司奉御燈事	(供夕膳) 供御殿燈事 (及暗)燃火於炬屋事
戌		(一刻)下格子	(一刻)下格子事	内竪奏時事 下格子事 (二刻)瀧口名謁事

亥	下格子		諸陣燈火事 （一刻）内豎奏宿簡事 （一刻）侍臣名対面事 （一刻）瀧口武士名対面事 （一刻）左近衛夜行官人初奏時事	（二刻）殿上名対面事 （同刻）撤殿上台盤事 （同刻）問諸陣見参事 （同刻）近衛陣夜行事
丑			（一刻）左近衛宿申事 （一刻）右近衛夜行官人初奏時事	

点なども、「日中行事文」と合致している。東山御文庫本が本文中に「酉剋供夕膳」と記す点も「日中行事文」や「天暦蔵人式」と一致するが、同時に「申剋供夕御膳事」という項目を掲げており、この点は「寛平蔵人式」に通じる古い要素を残しているとみることができよう。

一方、東山御文庫本は四衛府供御贄事を辰剋、滝口名謁事を戌二剋とするが、「日中行事文」では奏日次御贄を巳一刻、滝口武士名対面を亥一刻とするなど相違点もある。さらに、「寛平蔵人式」や「日中行事文」にみえる給侍臣食・御読書・内侍申賜鑰状・内侍申進鑰状などいくつかの項目が東山御文庫本にはなく、逆に東山御文庫本には辰剋の石灰壇御拝ののちに御念誦事がみえ、「天暦蔵人式」などが午刻の「供朝膳」と称しているのを、東山御文庫本は「供昼御膳」と記している。

以上のように、東山御文庫本『日中行事』の項目名や時刻は全体的には「日中行事文」や「天暦蔵人式」に近く、「寛平蔵人式」とは異なるが、「寛平蔵人式」に通じる古い要素も一部に残しており、いくつかの点において「天暦蔵人式」などとも相違する独自の記載をもつ。御念誦事・封殿上簡事・内豎奏時事など、東山御文庫本にしかみえない項目もあり、日中行事の書として貴重な情報を伝えているといえよう。

これに加えて、東山御文庫本『日中行事』の各記事には詳細なものが多く、「天暦蔵人式」などに項目名のみ掲げられている行事については、その中身まで具体的に知ることができる点が少なくない。この点では『侍中群要』所載の記文と通じるところがある。実際に、東山御文庫本『日中行事』の本文には『侍中群要』所載の記事と類似するものがある。たとえば、辰剋上格子事の記事を並べて示すと、次のようになる。

(A)『侍中群要』巻一、上格子事、「懐」

新蔵人出従殿上東戸、押南第二間御格子、先達蔵人入自鬼間、放二間乃格子、次第上之、撤燈楼、預主殿女孺件燈楼、近来説、置長橋下、旧説云、葛野童取天、置仁寿殿露台下、朝置天暮授女官云々、遅参者供罷燈楼、侍中役、上了後、第三五間乃釣金仁有綱ヲ反須、昼御座乃御茵ヲ引展天、大床子ニ有ル御剣を取天、御茵乃南ニ、柄を西シ天〔小〕、刃を南テニシ置之、次取御硯筥、御座乃下乃東頭乃南乎逼天置之、開蓋天可見之、見了如本覆之、次上少蔀、次取御座覆、殿上御倚子、小板敷乃西乃妻乃長押上ニ有棹ニ懸之、次令殿司女孺払拭御所幷御物等、但御物忌時、未上格子前、垂廂御簾、付御物忌、々々々早旦小舎人書天挿小壁、件御物忌付毘〔昆〕明池御障子南七箇間、朝餉三間、大盤所三間、幷鬼間、上多留御簾不付格子近〔遠カ〕下間ニハ、〔不付脱カ〕渡殿或時件四間小〔北カ〕御簾無〔垂カ〕云々、御装束所等也、付時蔵人以箸一随身、御物忌時、不取御座覆、不上小蔀、有説々、近代鎮上、

(B)東山御文庫本『日中行事』、上格子事

蔵人一人入自鬼間、放昼御座御格子沽木、他蔵人等出自殿上東戸、始自南第二間、次第北行上之、更帰上南間第一格子、次撤燈楼、給主殿女孺件燈楼、置於長橋下、次返第一三五間釣金小綱、次引返昼御座上御茵、次取大床子上御厨子上所置之御剣、而置御座上御茵南西柄、南刃、次取御硯筥、而置御座下東辺寄南置之、但先可開見、其後如本掩置之、次上殿上々小蔀、次取御倚子覆、而懸小板敷西長押上小棹出納取之、次令主殿女孺払拭御物幷板敷等但油守者、不昇長押上、但御物忌時者、先下御簾、付御物忌件御物忌出納書之、早旦挿於殿上小壁、不上小蔀、不取御座覆、不立殿上小大盤若大臣宿侍時、立之、朝餉幷台盤所上格子者、掃部女官上之、撤燈楼、置馬形障子後、

傍線部は順序も含めて一致している箇所、点線部は順序は異なるが一致している記載である。両者の記述は細部にいたるまでよく似ているといえる。この他、東山御文庫本『日中行事』の掲出した部分は、『侍中群要』巻一、上格子事に引かれる「式抄」ともかなり類似している。東山御文庫本『日中行事』は『侍中群要』が引用する日中行事書に通じる点のあることが注目される。『侍中群要』の正確な成立年代は不明で、引用される最新の年紀としては「延久三年」（一〇七一）があるが、後朱雀朝（一〇三六〜四五）までに編纂はひとまず終わっていたと考えられている(12)。したがって、東山御文庫本『日中行事』も摂関期前後の日中行事を伝える書である可能性がある。

三　東山御文庫本『日中行事』の成立年代（その一）

それでは東山御文庫本『日中行事』の成立年代はいつごろと推定できるのか。確定的なことをいうのは難しいが、手がかりとなる徴証を検討しながら、現段階における私案を提示してみたい。

まず、本書の石灰壇御拝事の条に「但有㆑穢時有㆓御拝㆒由、見㆓二代御記㆒」とあり、「二代御記」が引用されている。したがって、本書は村上天皇が没した康保四年（九六七）以降に成立したと押さえることができる。

次に、本書の卯剋主殿寮奉仕朝清事の条には、「官人以下」が僚下を率いて南殿庭・清涼殿東庭などを払い清めることが定められているが、そのあとに「上古、頭以下供奉、近代者、官人一人率㆓僚下六人㆒」との注記が付されている。「上古」には主殿頭以下が供奉したが、「近代」では「官人一人」が僚下六人を率いることに変化したというのである。一方、『侍中群要』巻一所引の「寛平小式」には「主殿頭以下擁㆑篲払㆓清庭墀㆒」とみえ、主殿頭以下が庭墀の払清にあたることが記されている。東山御文庫本『日中行事』は「寛平小式」の制度を「上古」と表現していることになり、本書が寛平以後かなりの年月が経過してからの成立であることを示している。[13]

第三に、本書の同剋（辰剋）供御手水事の条には、主水司官人四人が御手水台を舁き、女官に付すなど、女官の供奉が定められている。一方、『禁秘抄』恒例毎日次第の供御手水条では「抑御手水近代内侍内々供レ之、昔女官之所レ献也」とあり、「昔」は女官が御手水を献じていたという。東山御文庫本『日中行事』にみえる女官の供奉は、鎌倉時代よりみて「昔」のものであることがわかる。[14]

第四に、本書の戌剋内竪奏時事の条には「先奏時内竪聞二陰陽寮鐘声一、於二無名門外一称二姓名・時刻一、入レ自二件門一」とあり、奏時内竪が陰陽寮の鐘の声を聞いて時刻を奏することが記されている。延喜陰陽寮式に「漏刻鐘」を撞く料の松木が規定されているように、陰陽寮の鐘の声とは「漏刻鐘」の声を意味する。一方、『禁秘抄』恒例毎日次第の奏時事条では「上古、随二陰陽寮漏刻一奏レ之、近代、指計蔵人仰レ之」とみえ、陰陽寮の漏刻によって時を奏していたのを「上古」のことをする。東山御文庫本『日中行事』にみえる奏時制度はやはり鎌倉時代からみて「上古」の制度であったことになる。

第五に、本書の同剋（亥剋）近衛陣夜行事の条には、左近将曹以下一人が吉上一人を率いて奉仕することが規定されているが、『禁秘抄』恒例毎日次第の近衛夜行条には「此事、近代大略如レ无、時々奉仕之」とあり、鎌倉時代には毎日次第としては有名無実の行事と化していた。したがって、近衛陣夜行事を普通に記述している東山御文庫本『日中行事』は、鎌倉時代以前のものと考えざるをえない。

以上を要するに、東山御文庫本『日中行事』は「二代御記」を引用するところから、村上天皇が没した康保四年（九六七）以降の成立と考えられ、行事内容の分析からは、「寛平蔵人式」よりはかなり後世のもので、鎌倉時代の『禁秘抄』よりは古い制度を伝えていると結論づけることができる。

四　東山御文庫本『日中行事』の成立年代（その二）

東山御文庫本『日中行事』の成立年代をさらに絞り込むために、「毎月事」に記述される十八日観音供事と晦日真言院御念誦事を取り上げたい。

東山御文庫本『日中行事』の「毎月事」には、

十八日観音供事
東寺長者一人、参二於仁寿殿一、於下所レ被レ安二置於塗籠中一之観音像前上、修二供養法一、行事蔵人送二名香一、若当二神事一之時、於二真言院一修之、
（中略）
同日（晦日）真言院御念誦事
東寺長者修之、

とあり、毎月十八日の仁寿殿観音供と毎月晦日の真言院御念誦のことが記載されていた。前者は毎月十八日に東寺長者一人が内裏の仁寿殿に参上し、塗籠中[15]に安置された観音像の前で供養法を修する行事で、そのさい行事蔵人が名香を送付すること、神事が行われる日には真言院において挙行されることなどが付記されている。また、後者は毎月晦日の三箇日に東寺長者が真言院で御念誦を修する行事である。

毎月十八日仁寿殿観音供の成立と変遷については、長谷宝秀氏[16]と土田恵子氏[17]による詳細な研究があり、土田氏は毎月晦日御念誦の変遷にも言及しているので、それらに依拠しながら以下に要点をまとめてみたい[18]。

十八日仁寿殿観音供と晦日御念誦の起源については確説がない。長谷宝秀氏はこの両行事が空海によって弘仁

十四年（八二三）に始行されたという。空海による始修を認めるかどうかは、本章の主題とは直接関係しないので、こうした見方があることを指摘するにとどめたい。

仁寿殿観音供が十世紀初頭には行われていたことは、『東要記』下に、

同（延喜）十六年七月廿七日宣旨、召二権大僧都観賢一云、於二仁寿殿一可レ供二養観音像一、又毎月十八日同可レ奉レ供者、件観音十一面菩薩、脇士梵天・帝釈、

とあり、延喜十六年（九一六）七月に、東寺一長者の観賢が仁寿殿において観音像の供養を行い、毎月十八日に観音供を行うことを命じられていることからわかる。『延喜天暦御記抄』[19]には「十八日観音供事」という項目が立てられ、延喜十八年正月から康保四年（九六七）三月にいたる施行例と、応和二年（九六二）十一月から康保三年四月にいたる不実施例が記述されている。『西宮記』巻十三にも毎月十八日の仁寿殿での「御念誦」が記されるので、十八日観音供は延喜以降確実にその実施が確認でき、十世紀の後半にかけて定例行事化されていることが明らかである。

この間の天徳四年九月には内裏が焼亡し、仁寿殿と観音像も焼失したが、応和二年六月には復興されて寛空により開眼供養が行われた（『延喜天暦御記抄』）。その後、長暦三年（一〇三九）六月や翌四年九月に内裏が焼亡したさいにも、仁寿殿観音像が焼失したようで、同四年十月には「仁寿殿御仏」再興のために仁海が注進状を提出している（『醍醐寺文書』四）。土谷恵氏によると、この前後に成立した『灌頂御願記』のなかで仁海は、東寺長者が勤仕する修法として「毎月晦日御念誦」と「毎月十八日仁寿殿観音供」をあげており、仁海は空海以来の宮中御修法の再構成をめざしたと評価できるという。

一方の晦日御念誦については、十世紀前半の勤仕例を確認することはできないが、『小右記』永延二年（九八八）二月二十七日条に、

大僧都元杲率二四口伴僧一、於二真言院一奉二仕御念誦一、如二御修法一云々、限二三ケ日一修之、大月廿八日始、小月廿七日始、年紀多隔、久不レ被レ行、今日［　　　］□〔雑カ〕物以二内蔵寮請奏一、下二宣旨於大炊寮一、

とある。晦日御念誦は久しく行われていなかったが、この年二月に元杲によって復興されたというのである。その後、治安二年（一〇二二）五月の済信の奏上（『東寺要集』所収）に「……毎月晦御念誦、二季孔雀経御修法等、既為二恒例一、御願敢以無レ怠」とあるので、十一世紀前半にも晦日御念誦は恒例化していたことがわかる。以上を要するに、毎月十八日仁寿殿観音供と毎月晦日御念誦とは十世紀前半までには始修されており、内裏焼亡などに伴う何度かの中断をはさんで、十世紀末以降、十一世紀前半まで恒例行事としてさかんに行われていたことが確認できる。

ところが十一世紀後半になると、両者の行事に変化が起きた。京都大学附属図書館所蔵平松本『仁寿殿観音供記』[20]によると、長久三年（一〇四二）十二月八日に内裏が焼亡し（頭書に示された出典は「長者補任」）、翌四年七月十八日の観音供は仏像焼亡のため「未修」であったという（「一条殿御記」）。その後、延久四年（一〇七二）三月十日には、法眼長勢を（造）仁寿殿観音像に任じ（「一条殿御記」）、七月十三日に仁寿殿御仏の開眼供養が行われた（「為房記」）。

さらに『東寺長者補任』[21]は、東寺長者の権大僧都定賢が永長元年（一〇九六）正月十八日に御殿二間において観音供を行ったことを記したのち、「経範記」を引用して次のように述べている。去る承暦四年（一〇八〇）の皇居焼失後、観音供が中絶すること十六年、門徒の嘆きは大きかったので、去年より方々に訴え申し、今ようやく御殿において挙行することができた。蔵人少納言成宗が伝宣していうように、この観音供は仁寿殿で行うのが先例であった。しかし弘法大師がこの御願を始行したときには、天皇は仁寿殿を御殿としていたが、近来は清涼殿を御殿としているので、清涼殿の二間で観音供を行うのが便利であるとの勅許を得て挙行するのである、と。

同様の記述は『元亨釈書』資治表七、永長元年条にもみえ、『中右記』同日条にも関連記事がみえる。『元亨釈書』によると、仁寿殿未成のため清涼殿で観音供を修した、俗に二間供といい、今に絶えずとある。

前述したように、仁寿殿観音供は長暦四年（一〇四〇）に仁海によって復興されたが、長久三年（一〇四二）の内裏焼亡時に仏像が焼失し、延久四年（一〇七二）に仏像は再興されるも、承暦四年（一〇八〇）には仁寿殿が焼失し、その後十六年間、仁寿殿観音供が中絶するなど、観音供は満足に行われない時期が続いた。こうして永長元年に、経範の努力により観音供は復興されたが、仁寿殿が未再建であったため、観音供は清涼殿の二間において再興されることとなったのである。二間とは清涼殿の東庇で、昼御座の北、夜御殿の東隣にあった。この後、観音供は一時的に仁寿殿で催されることはあっても、基本的には清涼殿の二間で「仁寿殿観音像」の供養が行われることとなったのである[22]。

『年中行事御障子文』（『年中行事』）の末尾には月中行事と日中行事が付載されているが、月中行事のところには「毎十八日二間観音供事」と記されている。また「晦日御念誦」は記載されていない。現存する『年中行事御障子文』には長和年間（一〇一二〜一七）か寛仁初年（一〇一七）ごろの行事が付加されているといわれるが[23]、「二間観音供」が記されている事実から、月中行事の箇所には永長元年（一〇九六）以降の事実が書かれていることになる。『年中行事御障子文』の月中行事に「晦日御念誦」が記されていないのは、院政期にはこの行事が行われなくなっていたことを物語るのであろう。

以上、毎月十八日仁寿殿観音供と晦日真言院御念誦の変遷について考えてきた。仁寿殿観音供は十世紀前半から十一世紀前半までは中絶をはさみながらも順調に行われていたが、永長元年（一〇九六）正月を機に、清涼殿の二間で挙行されるようになり、実態としては二間観音供となった。また、晦日御念誦も院政期には行われなくなっていたようである。したがって、この二つの行事を掲載する東山御文庫本『日中行事』は、永長元年以前の内容をもつとみられる。永長元年に二間観音供が始行される以前も、仁海が仁寿殿観音像を再興した長暦四年（一〇四〇）前後以降は、内裏焼亡に伴う観音像焼失や仁寿殿焼失などの理由で、仁寿殿観音供が満足に行われていなかったことを考えると、仁寿殿観音供を記載する東山御文庫本『日中行事』は十一世紀中葉、とりわけ長暦四年（一〇四〇）以前に遡る書物であるとみることができよう。

五　東山御文庫本『日中行事』と「禁省日中行事」

東山御文庫本『日中行事』が十一世紀前半に遡る日中行事書であるとすると、この本の正式な書名を伝える史料は残されていないのであろうか。そこで注目されるのが、『本朝書籍目録』にみえる「禁省日中行事　一巻」という記載である。和田英松氏はこの書について、

> 禁中に於ける毎日の行事をかきたるものなり。この書今伝はらず。
> 看聞日記に、永亨三年八月一日、禁裏へ累代之御手本権跡日中行事一巻付松枝献之、則被下御返、千秋万歳之儀、祝着無極、
> とあるもの、この書ならんか。権跡とあれば、権大納言行成の筆蹟にて、後一条天皇以前の頃なるべし。されど、行成筆の日中行事は、禁省の二字を冠せざるによれば、これとは別のものにして、或は行成の曾祖父九条師輔の九条殿遺誡なるべき事は、同書に、遺誡並日中行事と記したるにて知るを得べく、この書と同じきものにあらざる事明なり。

と論じている(24)。和田氏は『看聞日記』に「権跡日中行事」一巻がみえることを指摘しながら、「権跡日中行事」は藤原師輔の『遺誡並日中行事』を行成が筆写したもので、『本朝書籍目録』所載の「禁省日中行事」とは別の

書であると説いたわけである。しかし、和田氏は『皇室御撰之研究』においては、『本朝書籍目録』にみえる「禁省日中行事」は『看聞日記』にみえる「権跡日中行事」一巻と同書であろうと述べており、(25)私はこちらの結論の方に共感を覚える。

「権跡日中行事」とは藤原行成の筆跡で書かれた「日中行事」のことで、この書が行成の作であることを必ずしも意味しない。しかし、摂関期に行成が筆写した日中行事書が存在したことはたしかであり、その書が『本朝書籍目録』にみえる「禁省日中行事」に相当する可能性は高いといえるであろう。

東山御文庫本『日中行事』一冊はこの「禁省日中行事　一巻」に相当するものではないかと考えられる。前述したように、毎月十八日仁寿殿観音供や晦日御念誦の変遷からみて、東山御文庫本『日中行事』は永長元年（一〇九六）以前の内容をもち、二つの行事が比較的順調に行われていた十一世紀前半のものである可能性が高い。こうした行事内容の点からみても、東山御文庫本『日中行事』は藤原行成筆写本が伝来したと思われる「禁省日中行事」の伝本としてふさわしいものである。

また、藤原行成には『新撰年中行事』二冊の著作があり（『本朝書籍目録』）、その伝本と思われる東山御文庫の二冊本『年中行事』のなかには、「蔵人式」の逸文が多数引用されていた。(26)宮廷の年中行事について著述した人物が日中行事に関する記述をも残したことは、藤原師輔の『九条年中行事』と『遺誡幷日中行事』、後醍醐天皇の『建武年中行事』と『日中行事』を想起すればわかる。長徳元年（九九五）から長保三年（一〇〇一）まで長く蔵人頭をつとめ、「蔵人式」にも通じていた藤原行成が、蔵人の深く関与する日中行事の書を著すことは考えられることである。『看聞日記』にみえる「権跡日中行事」は行成筆の『日中行事』を意味するもので、必ずしも行成作の『日中行事』が存在したことを示すものではないが、行成自作自筆の『日中行事』が伝存していた可能性も小さくはないのである。

東山御文庫本に伝存する年中行事類の写本は一四四番の箱に収められているが、この一四四番の箱中には失われたと考えられていた藤原行成の『新撰年中行事』完本二冊と『行成大納言年中行事』残闕本一冊が伝えられていた。(27)これらと同じ箱のなかに収蔵されていた東山御文庫本『日中行事』一冊が行成自身の著作であったとみることは、必ずしも根拠のない想定ではないと思うのである。

おわりに

本章では東山御文庫本『日中行事』がこれまで知られていなかった摂関期の日中行事書であろうことを述べた。その要点をまとめると、以下のようになる。

(一)　東山御文庫本『日中行事』一冊は江戸時代前期に後西天皇が書写させたもので、同内容の写本が国立歴史民俗博物館所蔵の高松宮本のなかに存在する。高松宮本『日中行事』は後西天皇と有栖川宮家との深い関係を背景に、同天皇か霊元天皇の意思によって禁裏から同宮家に移された書籍の一つと考えられる。

(二)　東山御文庫本『日中行事』はその記載内容が『西宮記』所引の「日中行事文」や「天暦蔵人式」に近く、『侍中群要』所載の記事とも一致する点が多いことから、十一世紀前半の摂関期における日中行事を伝える書物であろうと思われる。

(三)　東山御文庫本『日中行事』は、「二代御記」を引用する点、『禁秘抄』より古様の行事を伝える点より、十世紀後半以降、十三世紀初頭以前の成立と押さえられるが、十一世紀後半にはほとんど開催されなくなる十八日仁寿殿観音供や晦日御念誦を記載するところから、やはり十一世紀前半に成立したものと推定される。

(四)　『本朝書籍目録』にみえる「禁省日中行事　一巻」は和田英松氏がかつて指摘したように、『看聞日記』が引く「権跡日中行事」一巻と同書と思われ、藤原行成自作の『日中行事』が自筆本で伝来していたものと推定できる。そして東山御文庫本『日中行事』こそ、この「禁省日中行事」の伝本である可能性が高いものと考える。

古代天皇の日々の暮らしを伝える史料としては、寛平・天暦の「蔵人式」や『西宮記』所引の「日中行事文」、『侍中群要』などがあるが、「蔵人式」と「日中行事文」は逸文が残るのみであり、『侍中群要』も種々の史料を引用集成したものである。まとまった書物として伝存するのは順徳天皇の『禁秘抄』と後醍醐天皇の『日中行事』であるが、中世に成立した書物であるため、古代天皇の日中行事を復原するためには大きな制約が存在していた。

本章で紹介した東山御文庫本『日中行事』が摂関期に遡る日中行事書であるとすると、『侍中群要』とほぼ同時代のまとまった日中行事書が出現したことになる。本書には石灰壇御拝事と並んで御念誦事がみえるのをはじめ、他の日中行事書ではうかがえない行事がいくつか記されている。また、各記事には詳細なものが多く、古代の天皇をとりまく日々の営みが具体的に知られる点でも貴重である。より詳しい内容の分析と本文の翻刻については、共同して調査にあたった芳之内圭氏の報告をまつこととして、本章では東山御文庫本『日中行事』の概要を紹介し、成立年代の私案を提示するにとどめたいと思う。

註

（1）所功「日中行事」（『歴史百科』六、新人物往来社、一九七九年）、山中裕「日中行事」（『国史大辞典』第一一巻、吉川弘文館、一九九〇年）。なお、日中行事を構成する各行事の概要については、和田英松著・所功校訂『新訂建武年中行事註解』（講談社、一九八九年）を参照した。

（2）小倉慈司「東山御文庫本マイクロフィルム内容目録（稿）（二）」（田島公編『禁裏・公家文庫研究』第二輯、思文閣出版、二〇〇六年）参照。『日中行事』の勅封番号は一四四―一六、『日中行事仮名』の勅封番号は一四四―一七。目録には両書とも『日中行事』の書名で登載されているが、本章では両書を区別するために、外題にしたがって後者の『日中行事』を『日中行事仮名』と仮称することにする。

（3）後西天皇の書写事業をはじめとする東山御文庫本の成立過程については、平林盛得「後西天皇収書の周辺」（岩倉則夫・大久保利謙編『近代文書学への展望』柏書房、一九八二年）、田島公「禁裏文庫の変遷と東山御文庫本の蔵書―古代・中世の古典籍・古記録研究のために―」（大山喬平教授退官記念会編『日本社会の史的構造』古代・中世、思文閣出版、一九九七年）などに詳しい。

（4）『書陵部紀要』五四（二〇〇三年）一〇二頁。マイクロフィルム番号は五四五三。

（5）詫間直樹氏は、『有栖川宮日記』の記載から、霊元天皇没後の享保十七年（一七三二）十月から十一月にかけて、同天皇所持本の多くが有栖川宮家へ移されたことを明らかにし（詫間「高松宮旧蔵『伏見殿文庫記録目録』について」田島公編『禁裏・公家文庫研究』二、思文閣出版、二〇〇六年）、小倉真紀子氏は、高松宮本『記録目録』の分析から、享保元年（一七一六）から元文二年（一七三七）までの間に『続日本紀』『文徳実録』などの書籍が、霊元天皇ゆかりの品として有栖川宮に移されたことを論証した（小倉真紀子「近世禁裏における六国史の書写とその伝来」田島公編『禁裏・公家文庫研究』三、思文閣出版、二〇〇九年）。後西天皇の蔵書が有栖川宮家に移されたことを明確に示す史料は未確認であるが、小倉慈司氏は高松宮本のなかに後西天皇の蔵書印「明暦」と幸仁親王の蔵書印を共に捺した書籍が存在する事実から、同天皇の没後にその蔵書の一部が有栖川宮幸仁親王に譲渡された可能性を指摘している（小倉慈司「「高松宮家伝来禁裏本」の来歴とその資料価値―歴史資料を中心に―」吉岡眞之・仁藤敦史編『和歌と貴族の世界』塙書房、二〇〇七年）。

（6）田島公「近世禁裏文庫の変遷と蔵書目録」（『皇室の至宝　東山御文庫御物』五、毎日新聞社、二〇〇〇年。のち加筆補訂して、『禁裏・公家文庫研究』一、思文閣出版、二〇〇三年に再録）。

（7）大東急記念文庫本『禁裡御蔵書目録』は大東急記念文庫善本叢刊第一一『書目集』一（汲古書院、一九七七年）として影印本が刊行されており、岩瀬文庫所蔵柳原家本『官本目録』は田島公「西尾市岩瀬文庫所蔵『官本目録』」（『禁裏・宮家・公家文庫収蔵古典籍のデジタル化による目録学的研究』前掲）に翻刻文が掲載されている。

（8）菊亭文庫本『禁裏御記目録』は原本調査によって記述を確認し、東山御文庫本『禁裡御蔵書目録』は山崎誠「禁裡御蔵書目録考證稿（四）東山御文庫蔵『禁裡御蔵書目録』一」（『国文学研究資料館調査研究報告』一七、一九九六年）掲載の翻刻文によった。

(9) 佐藤全敏「古代天皇の食事と贄」(『平安時代の天皇と官僚制』東京大学出版会、二〇〇八年) 三三二～三三四頁、三六四頁注(4)。

(10) 『新訂増補国書逸文』(国書刊行会、一九九五年) 一七七頁、一八九～一九〇頁、七〇一頁などを参照。

(11) 『西宮記』巻十所引「日中行事文」の成立年代は、佐藤全敏氏によって延喜～天暦年間とされており (佐藤註(9)論文三三～三四頁)、私もこの考え方に従いたい。

(12) 目崎徳衛「解説」(『侍中群要』吉川弘文館、一九八五年) 二三五～二三九頁。

(13) この点については、芳之内圭氏も口頭報告で同様の指摘を行っている。

(14) 同右。

(15) 『大鏡』巻五、太政大臣道長上に、花山院が五月の闇夜に「ものはなれたるところ」に一人で行けるかどうかを試すため、「道隆は豊楽院、道兼は仁寿殿の塗籠、道長は大極殿へいけ」と命じたことがみえる。仁寿殿の塗籠は従来『大鏡』以外の書にはみえないとされていたが (『大内裏図考証』第十三)、東山御文庫本『日中行事』にはこのように仁寿殿の塗籠がみえ、『大鏡』の記載が孤立したものではないことが証された。

(16) 長谷宝秀「二間観音供考」(『密宗学報』二三〇・二三一、一九三三年)。

(17) 土田恵子「小野僧正仁海像の再検討—摂関期の宮中真言院と醍醐寺を中心に—」(青木和夫先生還暦記念会編『日本古代の政治と文化』吉川弘文館、一九八七年)。

(18) 仁寿殿観音供の変遷については、『公事根源』『公事根源愚考』『禁秘御鈔階梯』『古事類苑』の他、甲田利雄『年中行事御障子文註解』(続群書類従完成会、一九七六年) などが、関係史料をあげて簡単な概観を行っている。

(19) 所功『三代御記逸文集成』(国書刊行会、一九八二年)。

(20) 請求記号は平松第六門ニ—二。京都大学電子図書館の貴重資料画像によって確認した。

(21) 『続々群書類従』第二所収。

(22) 『中右記』康和四年 (一一〇二) 十月十八日条には、仁寿殿において恒例観音供が行われたとあるので、一時的に仁寿殿観音供が復興されたこともあったかと思われるが、『台記』康治元年 (一一四二) 正月十八日条には、寛助僧正が仁寿殿観音供養は「事煩有り」と称し、これを真言院に渡して挙行したと記されている。寛助は永久元年 (一一一三) に東寺一長者になっているので（『東寺長者補任』）、この前後に観音供が真言院に移されたのであろう。『大内裏図考証』第十三や『禁秘御鈔階梯』が引く「台記」では、寛助が観音供を真言院に移したのは「寛仁三（年）」のこととされているが、寛仁三年（一〇一九）には寛助はまだ生まれていない。「寛仁三（年）」は「天仁三（年）」（一一一〇）の誤りであろう。いずれにしても、十一世紀前半には観音供が仁寿殿で行われることはほとんどなくなっていたと考えられる。なお、『民経記』貞永元年（一二三二）三月十六日条に「今日仁寿殿観音像造立之後、於二間可有供養云々」とあるように、清涼殿二間において供養された観音像も「仁寿殿観音像」と呼ばれた。鎌倉時代の記録にみえる「仁寿殿観音供」は二間において仁寿殿観音像を供養する行事をさすのであろう。

(23) 所功「『年中行事』の成立」（『平安朝儀式書成立史の研究』国書刊行会、一九八五年）。

(24) 和田英松『本朝書籍目録考証』（明治書院、一九三六年）一七三頁。

(25) 和田英松『皇室御撰之研究』別冊（明治書院、一九三三年）二一七～二一八頁。

(26) 西本昌弘a「東山御文庫本所蔵の二冊本『年中行事』について—伝存していた藤原行成の『新撰年中行事』—」（『史学雑誌』一〇七—二、一九九八年。本書第一部第一章）、同b「「蔵人式」と「蔵人所例」の再検討—『新撰年中行事』所引の「蔵人式」新出逸文をめぐって—」（『史林』八一—三、一九九八年。本書第一部第二章）。

(27) 西本昌弘註(26)a論文。

〔付記〕東山御文庫本『日中行事』の調査（二〇〇一年十一月八日、二〇〇六年十月三十一日）にさいしては、宮内庁侍従職から許可をいただき、同職の水村正光氏と大村卓司氏のお世話になった。国立歴史民俗博物館所蔵の高松宮本『日中行事』の調査時（二〇〇六年十二月八日）には、同館の吉岡眞之氏のお世話になった。末尾ながら記して謝意を申し述べたい。また、高松宮本と禁裏文庫本の関係については、小倉慈司氏からご教示を頂戴した。厚くお礼申し上げる次第である。

〔補記〕東山御文庫本『日中行事』の全文は、芳之内圭氏によって翻刻された（芳之内「東山御文庫本『日中行事』にみえる平安時代宮中時刻制度の考察—「内豎奏時事」・「近衛陣夜行事」の検討を中心に—〔含翻刻〕」（『史学雑誌』一一七—八、二〇〇八年）。全文の紹介を契機に、東山御文庫本『日中行事』の内容分析も進み、佐藤全敏氏は古代における天皇の食事の問題について、本史料を用いて新知見を補っている（佐藤全敏註(9)論文）。また、芳之内氏は本史料の「内豎奏時事」や「近衛陣夜行事」を検討して、内裏における時刻奏上制度の詳細を明らかにし（芳之内前掲論文）、志村佳名子氏は本史料の「殿上日給事」や「封殿上簡事」に考察を加え、殿上における日給制度の実態を解明した（志村「平安時代日給制度の基礎的考察―東山御文庫本『日中行事』を手がかりとして―」『日本歴史』七三九、二〇〇九年）。東山御文庫本『日中行事』の成立年代を考える一つの手がかりとした毎月十八日仁寿殿観音供の変遷については、旧稿発表直後に、斎木涼子「仁寿殿観音供と二間御本尊―天皇の私的仏事の変遷―」（『史林』九一―二、二〇〇八年）が刊行された。あわせて参照されたい。

なお、佐藤全敏氏は註(9)論文の附記において、朝膳を午刻とする『西宮記』巻十侍中事所引「日行事如左」以下の記文を「延喜蔵人式」とみなす理由について再論している。佐藤氏の論拠は次の二点である。

①『寛平御遺誡』によると、天皇の朝膳の時刻は巳刻であった。

②『禁秘抄』上、恒例毎日次第に引かれた「寛平蔵人式」の趣意文をみても、巳刻に朝膳があったと読める。

この二つから、宇多朝には朝膳が巳刻であったことが確実であるが、問題の「日行事如左」以下の記文は朝膳を午刻としているから、同記文は「寛平蔵人式」ではないと結論づけている。

佐藤氏のあげる論拠のうち、①はその通りであるが、②には疑問がある。すなわち、『禁秘抄』には、

寛平小式、巳時召二侍読一、次御膳也、遺誡、朝膳巳時也、只清涼殿記、未時可レ召レ之、只如レ此事、可レ在二御意一、

とあり、「寛平小式」では巳時に侍読を召し、次に御膳なりと定められていたという。侍読を召しての学習が短時間で終わったとは思えないから、「寛平小式」が「次に御膳なり」というのは、巳時の次の時刻すなわち「午時」に朝膳があったということを含意しているのであろう。「寛平蔵人式」の趣意文から巳刻に朝膳があったと判断する佐藤説には問題があると思う。『禁秘抄』が述べているように、侍読を召す時刻というのは「御意在るべし」、つまり時々の天皇の意向次第であったから、皇太子敦仁親王への誡告書たる『寛平御遺誡』では、とくに侍読召集の時刻を明記せず、新帝の裁量にまかせたのであろう。その関係から、朝膳の時刻は巳刻とされるにいたったものと考えられる。「寛平蔵人式」と『寛平御遺誡』との性格の違いを考慮すると、両者において朝膳の時刻が異なっているのは、とくに問題とするにはあたらない。

『西宮記』巻十侍中事においては、ⓑ「日行事如左」以下の記文は、「寛平蔵人式」に関わるⓐとⓒの記文の間にはさまれる形で引用されている〔二〕。

ⓐ蔵人式云寛平六年、左大弁橘広相奉レ勅作也、　凡蔵人之為レ体也、……斯乃朕之大過也、

ⓑ日行事如レ左、付二出蔵人及所司行事一、今案、一日行事、具見二第一日中行事之抄一、

卯剋、主殿頭已下率二僚下一、擁レ箒掃二清庭墀一、……
右日給時前参入、供二奉御盥御膳一、
ⓒ一、禁二制装束乱猥一事、……
一、番人可レ慎二宿直一事、
寛平二年十一月廿八日

『侍中群要』巻一の冒頭には、「一、蔵人式云、寛平二年」と題して、『西宮記』にみえるⓐとⓒの記文を連続して掲げており、ⓐとⓒが「寛平蔵人式」を引き写したものであることが判明する。したがって、ⓐとⓒの間にはさまれたⓑの「日行事所左」以下の記文も、「寛平蔵人式」の引用であるとみるのが自然であろう。旧稿で指摘したように、「日行事如左」以下の記事は、『侍中群要』所引の「寛平小式」や「小式」の逸文と合致する部分を含むので、やはり通説に従って、「日行事如左」以下の記文は「寛平蔵人式」(「寛平小式」)の引用文と考えるべきである。

第二部　古代の儀式書・年中行事書と新史料

第一章　九条家本『神今食次第』所引の「内裏式」逸文について

――神今食祭の意義と皇后助祭の内実――

はじめに

神今食は毎年六月十一日と十二月十一日の月次祭の夜、天皇が神今食院（中和院）の神嘉殿に行幸して、神殿内の神座上に神を迎え、神饌親供を行う儀礼である。少なくとも八世紀初頭には恒例行事となっていたと思われ、『儀式』『西宮記』『北山抄』『江家次第』などに詳しい儀式次第が載せられている。なかでも『江次第抄』第七、神今食条に引かれる「内裏式」逸文は、最古のまとまった儀式文であり、神殿内における天皇の神饌親供の次第を詳述しているところから、神今食祭儀の性格を考えるさいには、もっとも重要な史料として注目されてきた。

この「内裏式」神今食祭式の全文が出現した。それが以下に紹介する九条家本『神今食次第』所引の「内裏式」逸文である。本章では「内裏式」新出逸文の全体を紹介するとともに、これまでの研究史を辿りながら、新たな手がかりを掘り起こして、神今食祭の意義を考え直してみたい。あわせて神今食・新嘗祭における皇后の助祭の内実についても、新史料を踏まえて再検討することとする。

一　「内裏式」新出逸文の紹介

宮内庁書陵部所蔵の九条家本『神今食次第』一帖（函号九―一五一一）は鎌倉時代書写の粘葉装本である。本書には神今食事（神今食祭式）に関する「蔵人式」「内裏式」「清涼御記」「西記」などの完全な逸文が順次書き上げられている。このうち「清涼御記」逸文については前稿で紹介したので(1)、本書の書誌的事項とともに、詳しくは前稿を参照されたい。本章では、九条家本『神今食次第』に引用される「内裏式」新出逸文について、全文の紹介を行うとともに、この逸文から判明する新事実を指摘したい。

「内裏式」逸文は本書の第一丁ウラから第六丁ウラまでの約五丁分にわたって引かれているが、そのうち中間部分の約二丁分は『江次第抄』に「内裏式云」として引用されており、すでに周知の逸文である。この既知の部分をⒷとして区分し、それ以前の部分をⒶ、それ以降の部分をⒸとして区別する。以下に「内裏式」新出逸文の全体を翻刻したのち、Ⓐ・Ⓑ・Ⓒの順に検討を加えてゆきたい（翻刻にあたっては、底本の字詰めと行割りを尊重し、改丁箇所には「　」の記号を付した。また、適宜Ⓐ～Ⓒ、①～⑥などの文字と傍線を書き加えた）。

内裏式云」

六月神今食祭式、十二月同、

Ⓐ其日平旦、①主殿寮供御湯於承香殿
東房、訖暫小忌内侍以下参仁壽殿、②
奏云、宮内省尓御卜相尓退止奏、
勅曰、余之、内侍以下稱唯退、③天皇御
紫宸殿、内侍等還参、内侍・蔵人自東方参入、八姫等
自西方、奏云、御卜尓平相止奏、八姫別」
奏云、采女等主水平尓御卜尓相止

奏、退時別奏、勅曰、余之、内侍以下稱唯退、
④天皇幸斎院、例外加左右将曹各一人、近衛各八人、留守本宮、又駕輿丁八人、還宮時若雨雪時命輦、皆以下〔卜〕合者為之、若於尋常□〔殿〕不更差加、弘仁六年十一月、為奉皇后、御前更加左右将監・府生・番長各一人、近衛各九人、駕丁八人、皆用卜合者、近衛開門、主殿寮先設御湯
於寝側、天皇就之、⑤中務丞入安版位
於前庭、⑥大舎人叫門、闈司就版位、奏云、
御疊參止官姓名等謂親王以下參議以上、叫門
故尓申、勅曰、万都里礼、闈司傳宣云、姓名
等參入之、B近仗陣階下、御疊至階
下左右、少将已上各一人、共升監鋪
御疊、訖退出閇門、縫殿寮供寝
具、天皇御之、亥一刻、主水・采女就
内侍申時至也、寝内女官引出、縫
殿供御衣、女御已上轉供、若無者、内侍・蔵人亦得、天皇御
前坐、内侍・蔵人供御几、女嬬鋪短
疊於御前、有司先安便所、主水供手水、宮
主居後記過失、供了主水・宮主皆
引退出、八姫八男捧御膳升殿列坐、

宮主復從之、最前姫捧神食薦、
鋪短疊之右上、次姫轉御食薦於前、
姫鋪左上、手轉安御食於御食薦上、
最姫獨留、餘皆引出、姫開御膳覆
葉、供御箸、復取葉盤於筐捧之、
天皇親分少許飯御盛之、姫受安
神食薦上、如此惣五度、餘味准之、
（但十一月新嘗會、十度、）又葉子六葉盤、（但十一月新嘗會、十二月葉
盤）、姫喚後取采女、令供清酒、姫轉
安御食薦上、奉柏於天皇、擧酒盛
之、天皇受即灑神食上、更柏盛之、
如此二度、（但十一月新嘗會覆、〔四度〕）度別後取易瓶
供之、訖奉御箸、柏手稱唯、執之着〔羞〕
食如常、喚後取令供御酒四坏、（但十二〔二〕
月新嘗會八坏、）坏別柏手稱唯、訖先撤御
膳、次撤神供、（便以食薦裹之、）七姫八男官
參入、手轉撤御膳、二八男姫引出如
入儀、（曉膳同、）撤訖、（女孺安短疊於前所、）C天皇喚
藏人、稱唯、進捧御几出、天皇就寢更

衣、有司鋪女官疊於寝内、比炊供晩膳、有
司却之、但十二月縫殿寮賜衾、晩膳畢、八姫奏云、采
女等主水夕暁乃御膳平尓供奉都止
奏、勅曰、好、美其無過之詞、天皇就外座更衣、
於湯殿設之、大舎人叫門、闈司奏云、御
疊退止官姓名叫門故尓申、勅曰、
勅曰〔衍〕、及〔好カ〕、余儀如前、還本宮、供解斎
御手水、御紫宸殿、大舎人叫門、闈司
奏云、御殿保可比乃事申賜止宮内省
官姓名叫門故尓申、勅曰令申、闈
司傳宣、宮内省進就版、奏云、御殿
保可比供奉牟止神祇官姓名候止申、
勅曰、喚之、宮内省稱唯退喚、神祇官
稱唯、率御〔巫カ〕座參入、祭如常、自陰明
門退出、即大齊等參入、案據舊例、神祇官人・御巫
等祭殿畢、出西門、更入自東閤、於南庭賜之、
大同年中於内藏寮賜之、始自弘仁八年於宜
陽殿南賜之、參議已上一人專當、使中務丞
唱名賜之、訖當日華門倶西面、拜舞退出、但御〔衍〕
御巫等料送内侍司令賜之、新嘗
會・神今食六月十二月晦等亦同、小斎等
更進宮内省解斎如常、

Ａは「内裏式」神今食祭条の冒頭部分で、天皇の斎院出御、大舎人の叫門、闈司奏までのことを記す。これまで知られていなかった新出逸文である。注目すべき記載を以下に紹介したい。

まず、①には「其日平旦、主殿寮供二御湯於承香殿東房一」とあり、当日早朝、主殿寮が御湯を承香殿東房に供することを述べる。承香殿は仁寿殿の北に位置する後殿である。『儀式』巻一、神今食儀に「当日平旦、主殿寮供二浴湯一」、「清涼御記」逸文に「当日早朝、主殿寮供二御浴一」とあり、当日早朝の供御湯のことは従来から知られていたが、これが承香殿東房に供されたことが判明した。延喜践祚大嘗祭式には「主殿寮供二奉御湯一三度、一度大斎湯、於二常宮一供之、二度小斎湯、並於二廻立殿一供之」とあり、大嘗祭のさいには一度の大斎湯は常宮において供された。神今食のときも同様で、最初の御湯は常宮である仁寿殿の後殿で供されたのである。

②は祭祀に供奉する小忌の内侍以下が仁寿殿に参上し、御卜のため宮内省に赴くことを奏上すること、③は紫宸殿に出御した天皇に、内侍以下が御卜から帰還したことを報告することを、それぞれ述べる。天皇の常居が仁寿殿であった時代の規定であることを物語る。『儀式』巻一、神今食儀によれば、月次祭が終わると、神祇官の副・祐が宮主と長上卜部を率いて宮内省に向かい、小斎に供奉すべき六位以下・内侍以下・八社男・八社女・典膳以下の御卜を行ったという。このように内侍以下が御卜のため宮内省に赴くことは知られていたが、天皇が仁寿殿と紫宸殿で内侍以下の御卜参上と帰参の報告を受けることは、②③の記載によってはじめて判明した。

④の本文「天皇幸二斎院一」には、次のような詳しい分注が付されている。

例外加二左右将曹各一人、近衛各八人一、留二守本宮一、又駕輿丁八人、還レ宮時若雨雪時命レ輦、皆以二下〔卜〕合者一為レ之、若於二尋常□〔殿〕一不二更差加一、弘仁六年十一月、為二奉皇后一、御前更加二左右将監・府生・番長各一人、近衛各九人、駕丁八人一、皆用二卜合者一、

神今食の天皇行幸にあたって、本宮（仁寿殿）の留守のために、左右近衛将曹各一人、近衛各八人を任命する

こと、斎院行幸のさいの駕輿丁は八人で、還宮時に雨雪が降れば輦に替えること、以上の供奉人はすべて卜合者を任命すること、弘仁六年十一月の新嘗祭では、皇后行啓のために左右将監・府生・番長各一人、近衛各九人、駕輿丁八人を任命したことなどが書かれている。平安初期の新嘗祭に皇后の行啓があったことを明記する注目すべき史料である。『儀式』巻一、神今食儀に「乗輿御㆓神今食院㆒駕輿丁八人、用㆓卜食者㆒也」とみえ、延喜宮内省式には、神今食のさいに天皇に供奉する小斎として「左右近衛府官人各五人、近衛各卅人」、「駕輿丁各八人」、中宮に供奉する小斎として「左右近衛府官人各二人、近衛各十人、駕輿丁各八人」が定められている。延喜中宮職式には、神今食のさいに左右近衛次将各一人が将監・将曹各一人、近衛二〇人を率いて左右に分陪するとある。天皇・皇后の駕輿丁が各八人であったことは各史料とも一致するが、中宮に陪従する近衛官人の構成と近衛の人数は、「内裏式」新出逸文と延喜式文とでは若干の相違があり、時代により変遷があったことをうかがわせる(2)。

⑤は開門後に中務丞が版位を置くことを述べ、⑥は大舎人の叫門、闈司奏、天皇の勅答などを記す。これと関連するのは、『北山抄』巻二、神今食事の「近衛開門、大舎人叫門、闈司奏、内裏式、有㆓勅答㆒、今无㆑之、中務丞可㆑置㆑版、而近代不㆓必置㆑之」という記載である。「内裏式」では闈司奏に対して勅答があり、開門以後に中務丞が版を置く規定であったが、「近代」では勅答はなく、中務置版の作法もなくなったという。⑤と⑥には闈司奏への勅答と中務の置版のことが書かれているので、『北山抄』が指摘する「内裏式」の記載が、「内裏式」新出逸文によって確認できたことになる。

Bは近衛の引陣、御畳・寝具の搬入、御衣の供進、天皇の出座、神殿内への神膳・御膳の搬入、神饌親供儀礼、神膳・御膳の撤去などを記述し、とりわけ斎院神殿内における祭祀の詳細を伝えている。Bの部分はすでに周知の記事ではあるが、続々群書類従本『江次第抄』の翻刻には誤写や誤植に起因するとみられる誤りが存在するため、「内裏式」新出逸文の記載によって補正できる場合がある。両者の間で異なる記事のいくつかを対比的に示すと、次のようになる（『江次第抄』所引文をⒼ、「内裏式」新出逸文の記載をⒹと略称する）。

Ⓖ1「近伏陣二階下一、御畳階下」
Ⓓ1「近仗陣二階下一、御畳至二階下一」

Ⓖ2「女御已上傅供」
Ⓓ2「女御已上轉供」

Ⓖ3「所司先案二使所一」
Ⓓ3「有司先安二便所一」

Ⓖ4「姫受安二神今食薦一」
Ⓓ4「姫受安二神今食薦上一」

Ⓖ5「使以二食薦一裹レ之」
Ⓓ5「便以二食薦一裹レ之」

Ⓖ1の「近伏」は明らかに「近仗」の誤植である。蓬左文庫本『江次第抄』も「近仗」と作る。Ⓖ1の「御畳階下」は従来から議論のある記述で、Ⓓ1によって「至」字が脱落していたことが判明した。Ⓖ2の「傅供」をⒹ2は「轉供」と作る。蓬左文庫本『江次第抄』も「轉供」である。Ⓖ3では文意が通じないが、Ⓓ3によってはじめて、有司が予め短畳を便所に置くことを述べたものであることがわかる。Ⓓ4は「上」字を加えただけであるが、天皇が取り分けた御飯を神食薦上に置くという所作なので、「上」字のあった方が文意は通じやすい。Ⓖ5とⒹ5は「使」と「便」の相違であるが、御膳・神供を撤する次第なので、「便」の方が妥当であろう。

櫻井勝之進氏はⒼ1とそれに続く記事を「近仗陣二階下一、御畳、階下左右少将已上各一人、共升監二鋪御畳一」と読み、「御畳」の二字は衍字かと推測した[3]。岡田荘司氏も同様に読み、『江次第抄』所引「新儀式」逸文に「近仗陣二階下一、小忌五位已上与二掃部寮官人一執二御畳一、至二階左右一、少将已上共升監二鋪御畳一」とあることなどから、「内裏式」逸文の「御畳」とある前には、掃部寮官人が関わる記述が入っていたのが、伝写の過程で失われ、脱文となったのであろうと論じた[4]。しかし、「内裏式」新出逸文によると、問題の箇所はⒹ1のように「御畳至階下左右」と記されており、「至」字の存在することがわかった。この部分は「近仗階下に陣す。御畳階下左右に至る。少将已上各一人、共に升りて御畳を監鋪す」と判読でき、衍字や脱文を想定する必要はなくなったのである。「内裏式」は主として天皇が関わる礼式を定めた書物であるから、神嘉殿の階下まで御畳を運んだ掃部寮などの官人の動きは省略したのであろう。

Cは「内裏式」神今食祭条の終盤部分で、これまで知られていなかった新出逸文である。神今食の夕膳供進が終わると、天皇は寝に移って更衣し、女官の畳が鋪かれる。この畳は暁膳を炊供するころに撤去される。暁膳が終わると、八姫が夕暁膳の終了を奏上し、天皇は「好し」と答える。天皇は外座に移って更衣する。大舎人の叫門、闈司奏ののち、天皇は本宮へ還り、宮内省官人ついで神祇官官人から御殿祭のことが申上される。神祇官官人が陰明門から退出し、大斎官人が参上する。小斎官人らは宮内省に向かい、解斎のことを行う。末尾近くには、「案二拠旧例一」ではじまる分注が付され、神祇官官人・御巫らが祭殿ののち、退出・再参入して禄を賜る儀礼の変遷が書かれている。この分注は後述するように、『内裏式』十一月新嘗会式冒頭の分注と類似するもので、『内裏式』と『内裏儀式』の先後関係を考えるさいに新たな手がかりを提供するものである。

二　「内裏式」新出逸文と『内裏儀式』

『江次第抄』所引の「内裏式」神今食祭式は、弘仁十二年撰進の『内裏式』の逸文ではなく、『内裏儀式』神今食祭式の逸文であり、新嘗会式をも兼ねるものであると論じたことがある[5]。今回確認された「内裏式」新出逸文は『江次第抄』所引の逸文を含み込むもので、「内裏式」神今食祭式の完全な逸文が出現したと考えられるから、これもやはり『内裏儀式』の逸文であるとみなしてよいだろう。それでは、「内裏式」神今食祭式の全文は『内裏儀式』の成立論に対して何を語るのだろうか。注目すべき記載を以下に紹介したい。

第一に、「内裏式」新出逸文中には、年代に関する記載がみえる。まず、「天皇幸二斎院一」という本文に付された分注に「弘仁六年十一月、為二奉皇后一、御前更加二左右将監・府生・番長各一人一」云々と記されている。次に、末尾近くの「即大斎等参入」という本文に付された分注に「案二拠旧例一」として、「大同年中」の例、「始レ自二弘仁八年二」例などが掲げられている。『内裏儀式』の成立は弘仁九年（八一八）以前と考えられるが、[6] これらの年代はいずれもそれ以前であり、この見解と矛盾しない。ただし、年代に関する記載はともに分注に書かれたものなので、『内裏儀式』の本文自体は大同・弘仁年間以前に固まっていた可能性がある。

第二に、末尾近くの分注に「始レ自二弘仁八年一於二宜陽殿南一賜レ之、参議已上一人専当、使下二中務丞一唱レ名賜上レ之、訖当二日華門一倶西面、拝舞退出」とあり、「拝舞」の儀礼が記されている。かつて私は、『内裏儀式』において「両段再拝、拍手」とあるところが、『内裏式』では「再拝、舞踏」「拝舞」などと表現されていることに注目し、これは弘仁九年に百官舞踏の肄礼（習礼）が開始されたことをうけて、弘仁十二年撰進の『内裏式』では、従来の「両段再拝、拍手」に代わり、「再拝、舞踏」「拝舞」という新儀礼が採用されたことを示すと論じた。[7] しかし、「内裏式」新出逸文は、弘仁八年以降、宜陽殿の南で行われた賜禄儀では、禄を賜った神祇官人は日華門に西面して拝舞したとする。弘仁八年の神今食か新嘗祭の賜禄儀では、すでに「拝舞」の作法が導入されていた可能性が出てきた。

そこで、弘仁九年に新儀礼が導入されたと述べたさいに、その根拠の一つとした『類聚国史』巻七十一、弘仁九年正月乙酉朔条と己亥（十五日）条を改めて読み直してみたい。

> 九年春正月乙酉朔、皇帝御二大極殿一受二朝賀一、宴二侍臣於前殿一賜レ被、己亥、勅、比年賀正之臣、不レ諳二礼容一、俛仰之間、或致二違失一、威儀有レ闕、積慣無レ改、宜下令二所司一、毎レ至二季冬月一、預加二教習一、俾中容止可レ観、進退可上度、但参議并三位已上、不レ在二此限一、

弘仁九年の元日朝賀後の正月十五日に、賀正式にのぞむ群臣が礼容を心得ず、長年の習慣を改めないため、儀礼に不都合が生じたとして、毎年季冬（十二月）に予め教習を加えることが命じられた。弘仁九年の正月に賀正礼のさいの違失が問題視されているということは、その前年には新たな儀礼が順次導入されはじめていたことを

示唆している。賜禄のさいに喜びを表現する「拝舞」などの新儀礼は、弘仁八年中にすでに定められていたと考えた方がよいであろう。

第三に、「内裏式」新出逸文中には、次のような殿門名が書かれている。

㋐承香殿東房　㋑仁寿殿　㋒紫宸殿　㋓陰明門
㋔宣陽殿　㋕日華門　㋖西門　㋗東閤

平安宮の殿門名は弘仁九年に唐風に改号され、それぞれ新たな題額が掲げられた（『日本紀略』弘仁九年四月庚辰条）。㋐〜㋕は唐風の殿門名である。したがって、『内裏儀式』の成立を弘仁九年以前とすると、これらの殿門名の記載は弘仁九年以降に書き改められたものと考えざるをえない。実際、伝本『内裏儀式』でも少納言尋常奏式には、「紫宸殿」「延政門」などの唐風殿門名が記されている。これについては前稿で論じたように、弘仁十二年撰進の『内裏式』で新定されなかった式文の多くについては、弘仁年間以降も『内裏儀式』の式文が長く行用されたので、利用のさいの便宜のために、本来の記載であった在来殿門名を唐風の新呼称に書き換えるようなことが行われたものと想定される(8)。したがって、㋐〜㋕のような唐風殿門名の存在も、『内裏儀式』が弘仁九年以前に成立していたという見方と矛盾するものではない。本来の「内裏式」には唐風に改定される以前の在来殿門名が記載されていたと推測するのである。

そのように考えて大過ないとすると、㋐〜㋕の殿門に関する記載の多くは、それぞれの殿門名の初見記事としても注目することができる。㋐承香殿については、『大内裏図考証』が「東寺所伝大内図曰、承香殿、弘仁已後所㆑建」と述べるため、凝華舎や飛香舎と同様、弘仁年間以後に造営されたものとみる意見もあるが(9)、これは当たらない。『口遊』や『掌中歴』は「紫震〔宸〕・仁寿・承香殿」以下の内裏・後宮殿舎名を列記したのち、「今案、飛香・凝華二舎、不㆑載㆓弘仁九年勘文㆒、爰知㆓後代所㆑造也、其年未㆑詳」などと書く。承香殿が弘仁九年に唐風に改号された殿名であることは疑いなく、その前身殿舎はそれ以前から存在していた可能性が高い。「内裏式」新出逸文に「承香殿東房」がみえることは、弘仁九年以前から承香殿の前身建物が存在していたことを証するものである。

㋐承香殿と同様、㋑仁寿殿、㋒紫宸殿、㋓陰明門、㋔宜陽殿、㋕日華門のいずれもが『口遊』『掌中歴』などに所載されており、「弘仁九年勘文」に唐風殿門名が記載されていた殿門であったことが確認できる。これらの殿門の前身建物も弘仁九年以前から存在し、神今食祭の儀式のさいに利用されていたことになる。

さて、神今食祭の主要な儀場となったのは神嘉殿であるが、「内裏式」新出逸文に神嘉殿という殿舎名は登場しない。「内裏式」逸文中には「天皇幸二斎院一」とあり、天皇の「斎院」行幸が明記されるので、神今食院（中和院）のことを斎院と称していることがわかる。『西宮記』巻四、神今食所引の弘仁十四年十二月二十八日宣旨でも「戌一點、御二斎院一」とみえ、やはり「斎院」の語が使われている。神嘉殿の国史における初見は『類聚国史』(10)天長七年十一月辛卯条であるが、『内裏式』十一月新嘗会式の冒頭に「其日遅明、皇帝廻レ自二神嘉殿一」とあるので、弘仁十二年に神嘉殿が存在していたことは疑いない。「内裏式」新出逸文は、天皇が「斎院」に幸し、近衛が「開門」し、主殿寮が「寝側」に御湯を供し、近衛が階下に陣を引き、「寝内」に女官が待機し、「寝」で天皇が更衣することなど、神嘉殿と同様の殿舎構造が明示されている。のちに神嘉殿と称されることになる斎院の正殿は、弘仁九年以前から存在していたとみてよいであろう。

なお、「内裏式」新出逸文の末尾近くに付された分注Ⓐは、『内裏式』新嘗会式冒頭の本文「其日遅明、皇帝廻レ自二神嘉殿一、祭二御殿一訖」に付された分注Ⓑと類似している。両者を対比的に示すと、次のようになる（両者の間で相違する文字に傍点を付し、一方にしかない記述に傍線を引いた）。

Ⓐ案二拠旧例一、神祇官人・御巫等祭レ殿、畢出二西門一、更参二入自二東閤一、於二南庭一賜レ之、大同年中、於二内蔵寮一

賜レ之、始レ自二弘仁八年一、於二宣陽殿南一賜レ之、参議已上一人専当、使下二中務丞一唱レ名賜上レ之、訖当二日華門一倶西面、拝舞退出、但御巫等料送二内侍司一令レ賜レ之、新嘗会神今食・六月十二月晦等亦同、

Ⓑ按二拠旧例一、神祇官及御巫等祭レ殿、畢更参二入自二宣陽門一、於二南庭一賜レ禄、大同年中、於二内蔵寮一賜レ之、始レ自二弘仁八年一、於二宣陽殿東南一、参議以上一人専当、令下二中務丞一唱レ名賜上レ之、訖当二日華門一倶西面、拝舞退出、自二承和年中一、於二神祇官一賜レ之、但御巫料送二内侍一、

Ⓐと Ⓑを比較すると、次の三点に大きな相違がある。第一に、Ⓐが「畢出二西門一、更参二入自二東閤一」とするところを、Ⓑは「畢更参二入自二宣陽門一」と書いている。Ⓐにみえる退出門をⒷは書かず、Ⓐが「東閤」とする再参入門をⒷは「宣陽門」としているのである。西門とは陰明門の、東閤とは宣陽門のそれぞれ旧名なのであろう(11)。「内裏式」新出逸文中のⒶは、『内裏式』新嘗会式中のⒷよりも古式の門号を載せていることになる。第二に、Ⓑにみえる「自二承和年中一、於二神祇官一賜レ之」という記事がⒶにはみえない。Ⓑの「承和年中」云々という記事は、『内裏式』成立以後の追記であることが明らかで、九条家本B『内裏式』ではこの十一字は分注のさらなる分注として朱筆で書かれ、追記であることが強調されている(12)。Ⓐにこの記載がみえないことは、Ⓐの方により古い様態が残されていることを示していよう。第三に、Ⓑの末尾は「但御巫料送二内侍一」で終わっているが、Ⓐではこのあとさらに「司一令レ賜レ之、新嘗会神今食・六月十二月晦等亦同」という十九字が記されている。御巫料の支給方法は、新嘗祭の神今食、六月・十二月晦日の大祓などのさいにも、六月・十二月の神今食の場合と同様であったことを述べたものである。BよりもAの方により丁寧な記述が残されているといえよう。

以上、「内裏式」新出逸文中にみえる年代などの記載を検討してきた。第一に年代については、分注のところに「弘仁六年十一月」、「大同年中」、「始レ自二弘仁八年一」などの例が記されており、分注には弘仁八年ごろまで補訂の手が加えられていたことが判明する。第二に儀礼については、弘仁八年ごろに禄を賜ったさいの「拝舞」

が行われていたことが確認でき、拝舞の儀礼はすでに弘仁八年中に成立していた可能性が出てきた。第三に殿門名については、「内裏式」新出逸文中に承香殿・仁寿殿などの唐風殿門名が記されているが、これらは弘仁九年に唐風殿門号が採用されたのちに、本来の記載であった在来殿門名を書き改めたものと考えられる。要するに、「内裏式」新出逸文は一部に弘仁九年以降に書き改められたとみられる部分を有するが、基本的には弘仁九年以前の内容をもつもので、これを『内裏儀式』の逸文とみなす考え方は現在でも有効であると思う。

かつて私は、『類聚符宣抄』第六、弘仁六年正月二十三日宣旨に、外記にも「御所儀例」を記録させ、「内裏儀式」の違失を防ぐことを命じたとあることを重視して、『内裏儀式』の編纂は弘仁六年をあまり下らない時期に開始され、弘仁九年以前にひとまず完了していたものと推測した(13)。しかし、『内裏儀式』の式文中に隠された古層の儀礼について検討を進めてゆくうちに、『内裏儀式』のもととなる儀式文の多くは延暦年間前後には大枠が固められていたのではないかと考えるようになった。その根拠は以下の通りである。

第一に、『内裏儀式』元日会式冒頭の分注に「旧例、中納言已上升殿、延暦年中、三位及四位参議始得㆓升殿㆒」、「旧例、賜㆓中納言已上㆒、延暦年中、始賜㆓三位已上㆒」とあり、升殿や被几を許される範囲が注記されているが、「旧例」と「延暦年中」の例が対比的に示されているのは、少なくとも延暦年中からほどなくして儀礼の成文化がはじまっていたことを示唆する。第二に、『続日本紀』延暦七年正月甲子条には皇太子安殿親王の加元服儀の記事がみえるが、皇太傅と納言が奉仕したこと、皇太子に勅して中宮に参向させたこと、群臣に宴して禄を賜ったことなどは、「内裏儀式」逸文にみえる皇太子加元服式の次第と細部にわたって合致している。皇太子で加元服儀をとり行ったのは、安殿以前では首親王（聖武）まで遡り、安殿以降では正良親王（仁明）まで下る。したがって、「内裏儀式」皇太子加元服式は延暦七年の安殿親王加元服の儀式文と密接に関わって成立したと考えられる。第三に、「内裏儀式」告朔式の逸文が『釈日本紀』秘訓六の裏書にみえるが、そこには「司々の司人ら、……恐み恐みも申し賜はくと奏す。勅答なし」とあり、奏上と勅答のことに触れているので、天皇出御の告朔儀であったことがうかがえる。私見では天皇出御の告朔儀が最初に行われたのは延暦十九年四月のことである。(14)「内裏儀式」告朔式は延暦十九年に天皇出御の告朔儀が成立したことをうけて成文化された可能性が高い。

これらを総合的に勘案すると、『内裏儀式』のもととなる儀式文は少なくとも延暦年間には作りはじめられていたのではないか。その後、「内裏儀式」の違失防止の動きをうけて、弘仁六年以降、式文の整備が進められた。そして、儀礼の唐風化が行われた弘仁九年まで、分注を中心に補訂が続けられたのであろう。その意味では、『内裏儀式』は『内裏式』に先行する儀式書として、唐風儀礼が採用される弘仁九年の直前まで成長を続けたものとみられる。そして、『内裏式』に新定されなかった式文については、『内裏式』制定後も『内裏儀式』の式文が生き続け、殿門名の書き換えなどの補訂が行われたと考えられるのである。

三　神今食祭の寝具と天皇

神今食は毎年六月十一日と十二月十一日の月次祭の夜、神今食院（中和院）の神嘉殿に行幸した天皇が、神殿内に神を迎え神饌親供を行う儀礼である。その祭祀構造は新嘗祭や大嘗祭の卯日神事と同じであるが、新嘗祭・大嘗祭では新穀が用いられるのに対して、神今食では旧穀が使用される点や、供献される葉盤（平手）の数が、神今食のさいは新嘗祭・大嘗祭の半分である点などが異なる。

神今食祭儀の核心たる神饌親供の次第は秘儀とされたようで、これを記述した史料は限られている。そのなかにあって、『江次第抄』所引の「内裏式」と「新儀式」（「清涼御記」）の逸文は神饌親供を詳しく描写した数少ない史料で、成立年代の古さからみても、神今食の本義を伝えるものとして重要である。とくに、「内裏式」逸文中にみえる「縫殿寮供二寝具一、天皇御レ之」という一節は、神殿内における天皇の所作をあらわすものとして、多くの先学によって注目されてきた。「内裏式」新出逸文中にもこの一節は明記されており、「内裏式」神今食祭式の全体像が判明したことで、新たな手がかりを探ることが可能となった。そこで以下に、神今食の本義をめぐるこれまでの議論を跡付けた上で、この一節のもつ意味を考え直してみたい。

折口信夫は、大嘗祭の悠紀・主基両殿中の御寝所には褥・衾・枕が備えられたが、これは日の皇子となる者が資格完成のために引き籠もって深い物忌をする場所であり、神代紀ではニニギが天降るときにはこの衾（真床覆衾）を被っていたとする。物忌の期間中、外の日を避けるために被るものが真床覆衾であり、これを取り除いたときに天皇霊を身につけた完全な天子となるのである、と論じた(15)。折口説はその後の研究に大きな影響を与えた。松前健氏は「天皇御レ之」の「御」を「めす」と読み、復活・再誕のために天皇は寝具（御衾・褥）に安臥したと述べ(16)、洞富雄氏は真床覆衾の儀で、新帝は先帝の亡骸と同衾したと説く(17)。

岡田精司氏は、大嘗宮内には天皇と中宮の寝具（衾・褥）が設けられていたとした上で、『江次第抄』所引「新儀式」逸文の「寝具」に注して「天皇御レ之」とあることから、天皇は実際にこの寝具に臥すものであったとし、ここに二具並ぶ寝具は聖婚儀礼のためのものであると推測した。さらにその源流を農耕儀礼に伴う性的儀礼に求め、六世紀ごろの新嘗祭における采女と天皇の聖婚をへて、天皇・中宮の寝具並置に至ったものと考えた(18)。

山尾幸久氏は、神今食のさいに天皇と皇后とは神嘉殿でともに神事を行っており、大嘗の神事でも天皇は単衣を着し枕をし衾を覆って神座の八重帖に臥したと解釈した上で、新嘗神事における大王と采女的女性との一夜婚が、男王と女性最高司祭者との聖婚をへて、天皇と皇后との聖婚儀礼へと転換していったと想定した(19)。

一方、黒崎輝人氏は、「新儀式」逸文の「天皇御レ之」は天皇が神殿に出御した意味にも解しうるので、これをもって真床覆衾儀礼の実修の根拠とすることはできないと論じ(20)、岡田荘司氏も、「内裏式」逸文の「天皇御レ之」

は、前後の儀式次第からみて、中和院神嘉殿に着御したことを表現したものと解すべきで、この「天皇御レ之」という記載をもって、天皇が寝具にくるまる所作を導き出すのは困難であると説いた(21)。

森田悌氏は、「内裏式」逸文の「縫殿寮供二寝具一、天皇御レ之」はひと続きの文章なので、「天皇御レ之」の「之」は前文の「寝具」を受けているとしか解せないとする。「御」は「おさむ」と読み、おさめる・ととのえるという意味をもつから、縫殿寮が提供した寝具を天皇が供神のため御《おさ》めるという文意であると論じる(22)。

岡田荘司氏はその後、「内裏式」逸文の失われた前段には神嘉殿入御の記述があったと推測されるので、「天皇御レ之」を神嘉殿に入御の意とみた旧稿での解釈を撤回し、神嘉殿西隔の御休所にいる天皇が、縫殿寮が寝具を供えるときに、神殿まで出御し立ち会ったとみるのが穏当であると論じた(23)。天皇が寝具供進の場に臨御することで、神を最高の賓客としてもてなす家の主人としての立場を表明しているとみるのである。

さて、以上の研究史を要約するに、『江次第抄』所引「内裏式」逸文の記載「縫殿寮供二寝具一、天皇御レ之」の解釈をめぐって、神今食のさいに寝殿内に設けられた寝座上に天皇が臥すとみるのか、臥さないとみるのかで見解が分かれており、臥すとみる説では、ⓐ寝座上で天皇が真床覆衾にくるまる所作を行うとする説（折口・松前・洞説）と、ⓑ寝座上で天皇が聖婚儀礼を行うとする説（岡田精司・山尾説）に分かれ、寝座上に臥さないとみる説では、「天皇御レ之」とは、ⓒ天皇が神嘉殿に着御したことを表現したものとみる説（岡田荘司旧説）、ⓓ天皇が寝具を供御のため御《おさ》めるとの文意にとる説（森田説）、ⓔ天皇が神嘉殿の西隔より神殿まで出御して、寝具を供える儀式に立ち会ったものとする説（岡田荘司新説）に分かれているといえよう。

研究史を回顧したさいに、問題の核心に迫る指摘は次の三点であると、私は考える。㊀「内裏式」逸文の「天皇御レ之」は天皇が祭服に着替える以前の次第であるから、秘儀の要素をもつものではない(24)。㊁「内裏式」逸文の「縫殿寮供二寝具一、天皇御レ之」はひと続きの文章であり、かつ、この文章が「新儀式」の「供二寝具一」に注記されていることを考えると、「御レ之」の「之」は寝具をさすとみるのが妥当である。[25] ㈢寝座は神を迎えるための神座であり、寝具はあくまでも「神の御衣」である。[26] これらの指摘を勘案すると、「天皇御レ之」は神饌親供に先立ち、天皇が寝具になんらかの所作を加えることを意味すると考えざるをえない。あくまでも神今食祭儀の準備過程の一つであり、これのみから祭儀の本質を読み取ることは妥当ではないといえよう。

それでは「寝具」とは何であろうか。「内裏式」逸文が「縫殿寮供二寝具一、天皇御レ之」とする箇所を、『西宮記』は「外記巻式云、近衛将入鋪レ畳云々、縫司奉二神御衣一、内侍供レ之」と書いており、「寝具」を「神御衣」と表現している。また、賀茂保隆所伝『年中行事』新嘗祭事には「供寝具、件御衾入二韓櫃一、候二於北戸外一、臨レ時蓋取出、開二置於神座上一」とあり、『江家次第』巻七、神今食条頭書では「御寝具御衾・御櫛・御扇・御履等也、内侍参置レ之」とみえるので、神今食の「寝具」とは「御衾」と同義であったことがわかる。さらに、九条家本『神今食次第』が引く「永承二年十二月例」には、

一、神御装束事、
神御衾二條、入二辛櫃一合一、当日夕、可レ候二中院一、

と記されている。以上を要するに、「寝具」とは「神御衣」「御衾」「神御装束」とも表現される衾二条のことで、縫殿寮（縫司）はこれを韓櫃（辛櫃）に入れて供進した。十世紀後半以降には、この「御衾」を内侍が神座上に安置していたのである。

そこで、改めて『江次第抄』所引「新儀式」逸文の「内侍率二縫司等一、供二寝具内裏式云、縫殿寮供二寝具一、天皇御レ之者、而今唯内侍与二蔵人・縫殿司一供レ之、於神座上一」という記載を注視してみよう。「内裏式」では「縫殿寮供二寝具一、天皇御レ之」とあったが、「新儀式」の時代には内侍が蔵人・縫殿司とともに寝具を神座上に供するようになっていたという。掃部寮官人や親王・納言・参議らが運び込み、近衛少将以上が神殿内に監鋪した御畳・坂枕などは「神座」にあたり、この上に「寝

具」（御衾）を供することが問題とされているのである。森田悌氏がいうように、「天皇御レ之」は寝具を供することに関係する文章と理解すべきであろう。森田氏は縫殿寮が提供した寝具を天皇が御《おさ》めると解したが、『詩経』に賓客や友人に酒食を進める意で「御」が用いられているので[27]、「御」は「進」と同意で、賓客に衣食を供進することを意味すると考える。縫殿寮が辛櫃に入れて準備した「寝具」（御衾）を、天皇みずから手に取って神座上に供進した、これを「縫殿寮供二寝具一、天皇御レ之」と表現したのであろう。

岡田荘司氏は、神を賓客としてもてなす側の主人として、最高の敬意を表すために、天皇は神殿に出御したのであるというが、神殿に出御するだけではなく、天皇みずから寝具（御衾）を供進することで、神の来臨をより強く祈念する姿勢を示したとみることができよう。「内裏式」逸文の「天皇御レ之」が以上のように理解できるとすると、この記載を根拠にして、天皇が寝具にくるまったと解釈することは困難になったといえよう。ただし、神今食のさいに天皇が神座上に神の寝具を整えたことに注目すると、神と采女などとの聖婚儀礼が想定されていた可能性はあるのではないか。

注目すべきは、『古事記』上巻にみえる海宮遊幸神話の内容である。海宮に遊幸してきた火遠理命（山佐知毘古）をみた海神は、彼を宮内に引き入れ、美智皮（海驢《あしか》皮）の畳八重を敷いた上にさらに絁畳八重を敷き、その上に火遠理命を坐せて、百取机代物を具えて御饗を供した。そしてその女豊玉姫と婚さしめたという。八重畳上に遠来の神を迎えて、さまざまな食物で饗応し、その後、主人の女と結婚させるというストーリーは、神今食の神饌親供儀礼と照応するところがある。『日本書紀』神代下、第十段の海宮遊幸神話では、海神が八重畳を設けて彦火火出見尊を迎え入れること、百机の饌を設けて主人の礼を尽くすこと、その女豊玉姫と結婚させることなど、神話の各モチーフは本文や一書の各話に分散しながらも具備している。一書第四では、海神が三つの床を設けて迎え入れたところ、天孫は辺の床では両足を拭い、中の床では両手を拠《お》し、内の床では真床覆衾の上に寛ぎ坐したとあるが、これは神今食のさいに三行敷きの畳によって神座を設えることと符合している。記紀にみえる海宮遊幸神話と神今食祭（大嘗祭）との関連性については、かねてより指摘されているところである。松前健氏は、彦火火出見尊が竹の籠に乗って海神宮に降り立ち、神聖な八重畳の上の真床覆衾上で寛坐したという話は、大嘗宮の神座（八重畳など）の上に御衾を敷き、繒服・麁服を目籠（竹のひげこ）に入れて神座のほとりに置くことと関係し、大嘗祭で安曇氏が神饌を供するのは、同氏の祖神たる海神が百取机代物を供えることの話と関係があろうと論じている（28）。次田真幸氏も松前氏と同様の理由から、記紀の海幸山幸神話は海人の宰領としての安曇氏の伝承に多く依拠し、とくに宮廷の大嘗祭儀を反映していると説く（29）。川上順子氏は八重畳・百取机代物・御饗・婚などの要素から、この神話の基礎に大嘗祭があることがわかると述べ（30）、岡田精司氏も新嘗・神今食の祭儀神話とされる海神宮訪問神話には、神座としての「八重畳」と「御饗」と「婚《まぐわ》い」の三つがセットとして描写されていると指摘している（31）。

以上のように、神嘉殿内の神殿に八重畳や坂枕を設置し、その上に衾などを敷設したのち、斎服に身を包んで出御した天皇が、神を寝座上に迎えてさまざまな食薦を供進する儀礼は、記紀の海宮遊幸神話のモチーフと酷似しており、神今食は天皇が遠来の神を神座上の八重畳に迎えて神饌を親供する儀礼であるといえる。海宮遊幸神話に聖婚のモチーフがみられる以上、神今食にも聖婚の要素を認めるべきであろう。

そのさいに注目されるのは、神今食の食薦供進のとき、神殿内に天皇と最姫（陪膳姫・陪膳采女）一人のみが留まっている事実である。「内裏式」逸文に「最姫独留、余皆引出」、『江次第抄』所引の「新儀式」逸文に「陪膳姫独留二御前一」とある。この最姫（陪膳采女）は神薦と御膳の陪膳をするために、一人神殿内に留まるのであるが、この最姫が本来は神座上の神と聖婚する役割を負っていたと考えられるのではないか。岡田精司氏は記紀にみえる采女の伝承から、新嘗の日に国造の近親であり巫女的性格を帯びた采女が諸国の国魂の象徴である御酒・御饌を供進し、天皇と同衾する儀礼が行われていたことを想定した(32)。

海宮遊幸神話での火遠理命と豊玉姫との結婚のことは前述したが、『古事記』上巻には、大山津見神がその女神阿多都比売（木花之佐久夜毘売）と姉の石長比売に百取机代物を持たしめて、邇邇芸能命に差し出したところ、邇邇芸能命は木花之佐久夜毘売を留めて一夜婚を行ったとある（『日本書紀』神代上、第九段、一書第二にも同様の話がみえる）。遠来の神に対して、百取机代物を具え御饗を供し、主人の女が陪膳をつとめるという話は、神と主人の女との聖婚に帰結する定型的な筋書きをもっていたといえよう。以上から、神座上に天皇が臥して采女や皇后と聖婚儀礼を行ったとする従来の神今食祭祀論に与することはできないが、陪膳采女と神との聖婚を想定することは可能であると考える。神今食とは天皇が遠来の神を神座上に迎えて、国魂を体現する采女の介添えを受けながら、神に酒食を供進し、最後に神と采女との聖婚を行わせる儀礼であったと思われる。

『日本紀略』天長七年（八三〇）十一月辛卯条には「天皇御㆓神嘉殿㆒、以申㆓如在㆒」とある（『類聚国史』も同文）。「如在を申す」とは、『論語』八佾の「祭㆑如㆑在、祭㆑神如㆓神在㆒」をうけた表現で、神が目の前に在るがごとくに恭敬の誠を尽くして祭ることを意味する。神殿内の神座上に寝具を備え、そこに神が在るがごとくに酒食を供し、采女との聖婚を行わせる。遠来の賓客に対する最高の接待が、百取机の饗食と主人の女との婚姻であったことから、神今食・新嘗祭でも供膳と聖婚が行われたのであろうが、祭祀を主宰する天皇には厳しい斎戒生活をへて、神が眼前に在るがごとくに礼敬を尽くすことが求められたのであった。神今食・新嘗祭は年に三回、天皇が神を迎えて最高の接待を尽くすことで、国土の安穏と治世の繁栄を祈る行事であったということができよう。

四　神今食・新嘗祭と皇后の助祭

「内裏式」新出逸文には、新嘗祭への皇后の関与をうかがわせる記事が書かれていた。すなわち、逸文冒頭に近い本文「天皇幸二斎院一」の分注に、「弘仁六年十一月、為二奉皇后一、御前更加二左右将監・府生・番長各一人、近衛各九人、駕丁八人一、皆用二卜合者一」とあり、弘仁六年（八一五）十一月の新嘗祭に際して、皇后橘嘉智子が斎院に行啓したことが確認できるのである。『日本後紀』に記事は採録されていないが、十一月中卯日の己卯（十三日）に新嘗祭が行われ、天皇と皇后はともに陣を整えて斎院に向かったのであろう。

橘嘉智子は弘仁六年七月壬午（十三日）に嵯峨天皇の皇后となった（『日本後紀』）。同年八月七日には皇后宮の供御器の作手（木器一人、土器五人）を内膳司に属さしめ、時服を支給することとし（『類聚三代格』巻六）、十月甲辰（七日）には皇后宮職舎人は一五〇人を白丁から補し、以外は入色から補すこととした（『日本後紀』）。十月十三日には皇后宮の御服を染縫する今良八人（男一人、女七人）と染手二人を縫殿寮に直さしめ、時服に与ることとした（『類聚三代格』巻六）。弘仁六年七月の橘嘉智子立后の直後から、供御食器の作手や御服の染縫人の出向勤務を定め、舎人の任用方式を改めるなど、皇后宮職の体制がにわかに整備されていったことがわかる。

「内裏式」新出逸文にみえる弘仁六年十一月の新嘗祭は、嘉智子立后後最初の天皇親祭にあたる。毎年六月・十二月の神今食のさいに、天皇とともに皇后が神嘉殿に行啓することは、延喜中宮職式に、

凡六月神今食、……戌刻、主殿引二御輿一入レ従二右腋庭門一、候二常寧殿西一、左右兵衛尉各一人率二府志生各一人、兵衛廿人、陣二列陰明門一、左右近衛次将各一人率二将監・将曹各一人、近衛廿人一、左右分陪、御輿出レ自二陰明門一、女孺已上陪二従陣中一、……御輿御二神嘉殿一、職司率二小斎舎人等一、候二幕下一、……神事畢、御輿廻レ宮、明日辰時、小斎官人向二宮内省一、解斎訖帰二本司一、十二月准レ此、

と規定されている。新嘗祭における皇后行啓についてはこれを疑問視する意見もあるが[33]、榎村寛之氏が指摘するように、延喜左近衛府式が十一月新嘗会のさいの供奉について「但有二中宮陣一之時、加二請十二領一」と述べ、中

宮に供奉する小忌官人および近衛の青摺布衫十二領を追加することを定めているので、中宮がいるときは、神嘉殿において祭祀に参加していたとみられる(34)。岡村幸子氏も、延喜大膳式上が新嘗祭の「皇后宮小斎人卌二人」の中に「駕輿丁巳上十六人」を含めていることから、新嘗祭でも中宮の神嘉殿までの出御に駕輿丁が供奉していたことは間違いないと説く(35)。

「内裏式」新出逸文によると、弘仁六年十一月の皇后への陪従者は左右近衛将監・府生・番長各一人、近衛各九人、駕丁八人で、近衛府だけで左右各十二人を数えるが、これは延喜左近衛府式に新嘗祭に中宮の陣あるときは十二領を加請するとあるのと一致する。少なくとも弘仁六年以降、新嘗祭のときに皇后が神嘉殿に行啓していたことは疑いないといえよう。ただし、「内裏式」新出逸文では本文中に皇后の行啓を明記せず、分注のところで弘仁六年の皇后行啓に言及している。本来の式文は天皇の斎院行幸のみを定めたものであったが、弘仁六年にはじめて皇后の行啓が行われたため、式文の分注にこれを引用したと理解すべきであろう。

皇后の斎院行啓に関連して注目されるのは、次に掲げる『日本紀略』弘仁十一年二月甲戌条である(36)。

詔曰、云々、其朕大小諸神事、及季冬奉二幣諸陵一、則用二帛衣一、元正受レ朝則用二袞冕十二章一、朔日受レ朝、同聴レ政、受二蕃国使表幣一、及大小諸会、則用二黄櫨染衣一、皇后以二帛衣一、為二助祭之服一、以二褘衣一、為二元正受朝之服一、以二鈿釵礼衣一、為二大小諸会之服一、……

この日の詔によって、天皇の神事服が帛衣、元正受朝の服が袞冕十二章、朔日受朝・同聴政と受蕃国使表幣および大小諸会の服が黄櫨染衣と定められ、同時に皇后の助祭の服が帛衣、元正受朝の服が褘衣、大小諸会の服が鈿釵礼衣と定められた。帛衣とは白練衣のことで、日本では白を貴色として天皇服に用いたという（喪葬令集解服錫紵条令釈）。褘衣とは皇后の上服で、深青色の衣に赤質五色の翬雉の形象十二を画飾したもの、鈿釵礼衣とは螺鈿の花かんざしを髪に飾り、服は雑色を用いるものである(37)。

ここにみえる服制には唐令の規定と類似するものが多い。『唐令拾遺』衣服令には、乗輿服として祀天神地祇・元日受朝などに服する袞冕、朔日受朝に服する弁服など十二等が記載され、皇后服についても、受冊・助祭・朝会など諸大事に服する褘衣、親蚕に服する鞠衣、宴見賓客に服する鈿釵礼衣など三等が定められている。政務・儀式ごとに服制が細かく規定される唐制に比べて、弘仁十一年に制定された日本の服制は単純であり、しかも天皇の祭祀服、皇后の助祭服をともに帛衣とする点は唐令と異なる。しかし、天皇服の袞冕、皇后服の褘衣・鈿釵礼衣などは唐制と共通し、元日受朝・朔日受朝・助祭などの政務名も同じである。弘仁十一年二月に天皇・皇后・皇太子の服制が唐制を参照して整備されたことがわかる。

日本の養老衣服令では天皇・皇后の服制は規定されず、皇太子以下の服制が定められた。これは大宝令でも同様であったと思われる。大宝令制定時には政務・儀式への天皇の関与の仕方が明確には定まっておらず、服制との対応関係も不明確であったため、衣服令に明文化することを避けたのであろう。皇后の場合も同様で、皇后が天皇親祭に参加したり、朝賀や朝会に参列したりすることは想定されていなかった可能性が高い。

大津透氏によると、律令制定時に想定された天皇の正装は神を祭る白の帛衣であり、律令法にはとても規定できなかったが、天皇制の中国文化受容による変化の一例として、平安時代初期に中国的礼服が制度化されるにいたったという(38)。天平四年（七三二）の元日朝賀で聖武天皇が「始服二冕服一」とあるのは、冕冠十二章を服して朝賀を受けたものとみるべきなので(39)、天皇礼服の唐風化は八世紀前半にははじまっていたと思われるが、天平勝宝四年（七五二）の大仏開眼会に、女帝であるためとはいえ孝謙天皇が帛衣に冕冠をかむり、聖武太上天皇と光明皇太后がともに帛衣に礼冠で参列しているのはアンバランスな光景で、大津氏のいうように八世紀の過渡的な様相を示している(40)。

皇后が天皇とともに政務・儀式に参列しているのが確認できるのは、天武朝の孤立した事例(41)を除けば、延暦七年（七八八）正月甲子条の皇太子安殿親王の加元服儀に「天皇・皇后並御二前殿一」とあるのが古い例で、前述のように、同様の儀礼が『内裏儀式』に定められている。また、『内裏儀式』の朝賀式は大極殿上の高座東幔の後に皇后御座を設けることを規定し、『内裏式』と『儀式』は朝賀式・元日会式・八日賜女王禄式に皇后の出御を規定している。桓武朝以降、皇太子加元服儀のような天皇家の成人儀礼には皇后が出席するようになり、嵯峨朝の弘仁年間には朝賀・元日会・賜女王禄儀にも皇后の参列が定められるようになった。平安時代になって皇后の政務・儀式への参列が明確化され、これにともない服制も制定されていったことが想定できる。

「内裏式」新出逸文の分注に弘仁六年十一月の皇后の新嘗祭行啓が記されているのは、その意味でも重要である。皇后が天皇親祭に関与したことが確認できる明確な初例も弘仁六年のこの記事であるといえよう。大宝令制定から一世紀余りを経た弘仁年間、皇后の新嘗祭への行啓が開始されたことをうけて、皇后の助祭服が定められたのである。八世紀前半に朝賀における天皇の正装は衮冕十二章であると規定されたが、それ以外は曖昧なままに残されていた天皇・皇后の政務参加およびそのさいの服制について、桓武朝から嵯峨朝にかけて一定の制度整備が進んだため、弘仁十一年二月に天皇・皇后などの服制が明文化されたのであろう。弘仁十一年二月詔は天皇・皇后服制における唐令継受の完成を示すものとして高く評価することができる。

私はかつて旬政・官奏の成立について、八世紀初頭の日本には天皇が朔望日に大極殿に出御して聴政するという慣例がなく、日常的に内裏正殿に公卿を招いて政務を議すという慣行もなかったため、唐令の朝参規定を天皇不出御の告朔規定に改変したが、弘仁十一年前後に至り、旬政を創始して、朔望日に皇太子以下を内裏に参集させ、大臣以下の政務報告を受ける制度が開始されたと論じた[42]。三上喜孝氏は、唐令・日本令と『延喜式』の規定を相互に比較・検討しながら、日本の律令制が大宝律令・養老律令によって完成をみたのではなく、その後も段階的に唐制が受容され、「弘仁式」や『延喜式』の規定に定着したことを論じている[43]。

以上を要するに、大宝衣服令に天皇・皇后の服制が定められなかったのは、八世紀初頭の日本では天皇・皇后の関与する政務・儀礼の範囲が不明確で、そのさいの服制も未確定であったが、九世紀初頭までに日本の実情をも勘案した唐制の受容が進み、皇后の祭祀への参加も定められたことをうけて、弘仁十一年に天皇・皇后の服制が制定されたと考えられるのである。皇后は古くから天皇と並んで朝賀や節会に参列し、祭祀にも参加していたと考えられがちであるが、こうした見方は確実な史料によって裏付けられたものではなく、皇后助祭の慣例は平安時代になってから明文化されたものである可能性が高い。

さて、それでは弘仁六年以降、帛衣を着した皇后は神今食や新嘗祭において、どのような助祭を行っていたのであろうか。新嘗祭や大嘗祭にさいして神殿内で聖婚儀礼が行われたとみる説では、六世紀ごろの天皇と采女との聖婚を継承して、令制下に天皇と皇后の聖婚儀礼が行われたとみるが、天皇と采女または皇后との聖婚儀礼説が成立困難であることは前述した通りである。

聖婚説を否定した上で、皇后の神今食・新嘗祭での役割を検討しているのは、森田悌氏と岡村幸子氏である。森田氏は「内裏式」逸文の「寝内女官引出、縫殿供二御衣一女御已上傅供、若無者、内侍・蔵人亦得」という記述に着目し、御衣を伝供した「女御已上」は内侍以下の女官ではなく天皇の妻であるから、もっともふさわしいのは中宮であり、神嘉殿に出御した中宮の役割は、天皇の側近で介添役にあたることであったと述べている[44]。しかし、皇后と女御以上とでは同じく天皇のキサキといっても、大きな身分上の懸隔が存在し、女御以上が奉仕すべき役割を皇后が果たすとは思えない。『内裏式』正月八日賜女王禄式に「其御座以西二許丈、設二皇后御座一……御座以東設二女御以上座一」（『儀式』もほぼ同文）とあり、皇后と女御以上の座位が厳然と区別されていることも参考となろう。

岡村氏の見解は次のようである。延喜主殿寮式にみえる中宮の沐槽・浴槽規定や同中宮職式にみえる神嘉殿への行啓規定などから、中宮が神今食のさいに神嘉殿まで出御したことは間違いないが、『延喜式』には新嘗祭・

神今食における中宮の祭服は定められていないので、中宮は神殿内には入らず、別室で待機していたと考える。また、延喜掃部寮式にみえる新嘗祭と神今食に用意された中宮の畳は、天皇分と比較しても余りに不完全であり、これでは中宮は神饌供進を行いえない。天平初期には皇后も天皇と同じように神饌を供進していたが、弘仁十一年に皇后の助祭服が定められたことが契機となって、一転して皇后が助祭の立場となったと想定する。(45)

皇后助祭の内実について岡村氏は、森田氏と同趣の別室待機論を唱え、かつては皇后も神饌供進を行っていたという仮説を提示した。しかし、その論拠としてあげる『類聚三代格』巻一、天平三年六月二十四日勅の解釈には疑問がある。天平三年勅は、阿波国の戸座が男帝、備前国の戸座が女帝、備中国の戸座が皇后宮に供奉したことを述べる。戸座は内膳司の竈神に仕える童男をさすが、岡村氏は皇后に供奉する戸座がみえることから、天平期には皇后も神今食の神饌を炊くための浄火を祀っていたと論じた。しかし、天平三年勅は同年正月乙亥の「神祇官奏、庭火御竈四時祭祀、永為二常例一」（『続日本紀』）という措置をうけたもので、天皇の日常の食事を炊ぐ庭火竈の祭祀が常例となった、すなわち毎月朔日の行事となったために、戸座に時服と月料を支給することを定めたものである。延喜四時祭式下に「毎月朔日忌火・庭火祭、中宮・東宮庭火准レ此、但忌火不レ祭」とあるように、庭火竈は中宮・東宮でも祭られ、このため両宮にも戸座が付属したが、神今食のさいに祭られる忌火竈は天皇に固有のものであった。(46) したがって、天平三年勅に皇后の戸座がみえるからといって、皇后が神今食の浄火を扱う忌火竈を祭っていたとはいえないのである。天平期に皇后が天皇と並んで神今食の祭祀を主宰していたとみることはできない。

それでは、弘仁十一年二月詔にみえる皇后の助祭とは何を意味するのか。神今食・新嘗祭に際して、皇后が斎院に行啓したことは前述の通りである。延喜主殿寮式には新嘗会供奉料として中宮用の沐槽・浴槽などが列挙されているので、中宮も神嘉殿で沐浴したとみる意見もある。(47) しかし前述したように、神今食のさいの天皇への最初の御湯は仁寿殿後殿の承香殿で供されたので、皇后への御湯も常寧殿かその周辺で供されたのであろう。神嘉殿内の湯殿は天皇のためだけに設けられていたと考えるべきである。

沐浴のあと皇后は助祭の服である帛衣を着て、斎院へ行啓したものとみられる。斎院における皇后の動きを追う上で見逃せないのは皇后料の被・帖・坂枕などの存在である。延喜縫殿寮式には六月神今食御服として「帛単衣二領」「被二條」「褥二條」などが、同月神今食中宮料として「被二條」「褥一條」などがそれぞれ規定されている。前述のように、「被」（御衾）は「神御衣」「神御装束」などとも称された「寝具」のことで、「内裏式」逸文では天皇みずからこれを神座上に供進した。この「被」が中宮にも二条用意されていることは注目される。一方、延喜掃部寮式には、六月神今食の鋪設として、以下のような帖・坂枕などが定められている。

〔御料〕　1黄帛端短帖一枚（方四尺）、2白布端帖二枚（長一丈二尺五寸）、3白布端帖二枚（長九尺）、4白布端帖二枚（長九尺）、5白布端帖一枚（長八尺）、6白布端帖四枚（長六尺）、7折薦帖八枚（長八尺）、8折薦帖八枚、9白布端坂枕一枚（長三尺）、10褥席二枚（以下略）

〔中宮料〕　11白布端帖四枚（長八尺）、12折薦帖一枚、13白布端坂枕一枚、14褥席二枚（以下略）

岡田精司氏は大嘗宮に天皇の寝具と並べて中宮の寝具が設けられていたことを想定した。(48)岡田荘司氏は岡田精司氏の聖婚説には疑問を呈しながらも、神今食では中宮も寝具を供えて祭儀に参加したとみる。(49)これに対して森田悌氏は、中宮用の帖などは中宮の後宮殿舎内に鋪設され、そこで供神の行事が行われたと説いた。(50)岡村幸子氏は、神今食のさいの中宮用の帖はあまりに不完全であり、これでは中宮は神饌供進を行いえないと論じている。(51)

神今食・新嘗祭における神座の鋪設については、牟禮仁氏の詳細な研究がある。(52)それによると、掃部寮式にみえる天皇用の白布端帖一一枚のうち、三行敷きの神座に用いるのは3と4の九尺帖計四枚のみで、6の六尺帖四枚は御座用、2の長帖二枚は神座の南北に敷くもの、5の八尺帖一枚は神座と御座の上に懸け敷くものであった。また、8の折薦帖八枚は御膳に用いる帖で、神座用の帖ではないと考えられている。したがって、神殿内に三行敷きで鋪設される神座用の帖は天皇分として3 4の白布端帖計四枚（長九尺）と7の折薦帖一枚（長八尺）があるのみで、これは中宮用の11白布端帖四枚（長八尺）、12折薦帖一枚と同数である。坂枕も天皇・中宮分それぞれ一枚が定められているので、畳の長さは別にして、両者の間に大きな相違は認められない。中宮用の神座が不完全であるとはいえず、中宮も神座を鋪設することは可能であったといえる。

延喜掃部寮式に「折薦帖一枚長八尺、広四尺、厚五寸、料、調折薦六枚、黒山席一枚半」とあるように、折薦帖は薦六枚、席一枚半で丁重に編まれた一枚の帖であり、十一世紀以降には八重畳と称された(53)。この折薦帖（八重畳）の上に坂枕を置き、「寝具」（神御衣・御衾）を供するので、折薦帖が神今食の祭祀では重要な意味をもつ。注目すべきは、皇后の折薦帖が一枚、坂枕が一枚、それに被（御衾）が二条、いずれも天皇と同数準備されている事実であろう。神座を鋪設し、その上に寝具を安置するという点では、皇后は天皇と同じ役割を果たしうるのである。皇后の御畳はやはり神殿内に運び込まれて、神座がしつらえられ、その上に寝具（御衾）が供されたのではないか。皇后は助祭用の帛衣を服するのみで、祭服（斎服）に着替えることをしない。神饌親供を行うのはあくまでも祭服を着た天皇なのであるが、神殿内には皇后用の神座と寝具も準備されていたのである。天皇が神今食の供饌を行うさいに、皇后も同席して神に拝礼を捧げたと考えるのが自然であろう。

日本古代における皇后の助祭を考えるさいに参照すべきは、唐代の皇帝親祭における皇太子や皇后の亜献の実例である。金子修一氏によると、唐代の祭祀には天地・宗廟を中心とする大祀、やや格の下がる中祀、その他小祀があり、中祀以上の主な祭祀は皇帝親祭を建前としていた。祭祀の中心に祭神に酒を三度捧げる初献・亜献・終献の三献の礼があり、皇帝親祭の時には皇帝の初献についで、通常は摂官（臨時任命）の大尉が亜献を務める。しかし、貞観十七年（六四三）十一月に太宗が南郊に天を祀ったさいには、皇太子李治（高宗）が亜献を務め、泰壇に至り蒼昊に虔拝を行った。これは半年前に立太子したばかりの李治の地位を固めるために行われたものであった。また景龍三年（七〇九）十一月の郊祀では中宗の韋皇后が亜献を務めた。則天武后や韋后は自己の権威を確立する過程で祭祀を積極的に利用したのであると、金子氏は論じている。(54) 日本における大祀は践祚大嘗祭、中祀は祈年祭・新嘗祭などであるから、唐代の武后や韋后の前例を斟酌して、天皇親祭への皇后の助祭を導入したとすれば、皇后は新嘗祭などの親祭に参列し、天皇についで神に拝礼を行うなどの助祭を行ったとみるのが穏当ではなかろうか。

嵯峨朝における後宮制度の整備も、皇后の助祭に関連して注目される。玉井力氏は、通称に近い女御は光仁・桓武朝に成立したが、嵯峨朝に従来の女御を女御と更衣に二分し、女御は親王の母、更衣は賜姓源氏の母とするランク付けが行われたと指摘した。また、嵯峨朝の後宮制度改革は皇位継承問題と深く関わるもので、仁明を擁する皇后橘嘉智子を頂点に、妃・夫人・女御・更衣などの序列を定めることで、所生子の皇位継承の序列化をはかったものであると論じた。(55) これに対して瀧浪貞子氏は、桓武朝に存在した上下身分の「事実上のキサキ」を、その身分関係を反映する形で、嵯峨朝においてはじめて女御と更衣として位置づけたとした上で、弘仁六年七月に橘嘉智子が立后し、同年十月に女御・更衣の制度化が行われたことから、嵯峨朝に後宮の全般的改革が行われたことを強調した。また、薬子の変の教訓をうけて、皇位継承の安定化をめざす嵯峨は、所生皇子をもつキサキを皇后に立てることで、次々代の皇位継承者を事実上決定したとも論じている。(56)

玉井・瀧浪両氏の見解にはいくつかの相違点もあるが、女御・更衣の制度的成立が嵯峨朝であること、女御・更衣制の成立は皇后を頂点とする後宮制度改革の一環であること、そうした改革は皇位継承の安定化のために行われたことなどは、共通した理解になっているといえよう。これらの事実は皇后助祭の意義を考える上でも重要である。令制では規定することができなかった皇后の助祭が、弘仁六年十一月の新嘗祭時の皇后橘嘉智子の神嘉殿行啓ではじめて実現した。これをうけて、弘仁十一年二月詔で皇后の助祭服を帛衣とすることが明文化された。

皇后橘嘉智子が立后後最初の新嘗祭に行啓し、弘仁年間に皇后の助祭服が制定されたのは、嵯峨朝における後宮制度の改革、つまり皇后および皇后所生子の権威強化と不可分の関係にある。唐における皇后亜献の実例がそうであったように、皇后の助祭は皇后の権威を高めるために行われたもので、最終的には皇后所生の皇太子の地位を固める目的があったものと考えられる。

弘仁六年の新嘗祭に皇后が行啓したことを語る「内裏式」新出逸文は、天皇親祭に皇后が助祭を務めたことを明確に示す貴重な史料である。『延喜式』にみえる神今食・新嘗祭への皇后の行啓、皇后用の被・帖・坂枕などの規定は、弘仁年間以降の実態を背景にもつものといえる。律令制定時には明文化できなかった天皇・皇后の服制を定め、そのなかに皇后の助祭服を規定したのは、唐風の政務・儀式を整備した嵯峨朝ならではの施策であるが、弘仁六年七月に立后した橘嘉智子の権威を高め、その所生子たる正良親王（仁明）の皇位継承権を固めるという政治的目的をも合わせもっていたということができよう。

おわりに

九条家本『神今食次第』所引の「内裏式」新出逸文を紹介しながら、『内裏儀式』の成立年代、神今食・新嘗祭における寝具の意味、皇后助祭の内実などを検討してきた。最後に本章の要旨をまとめておきたい。

㈠　九条家本『神今食次第』には「内裏式」神今食祭式の逸文が完全な形で引用されていた。この新出逸文は『江次第抄』所引の「内裏式」逸文を含み込むもので、「内裏式」神今食祭式には、斎院神殿内での夕膳親供の次第を中心に、それ以前には、天皇が斎院に行幸し、闈司が御畳奏を行うまでの次第、それ以降には、暁膳親供から本宮への還御、解斎までの次第が、それぞれ記述されていたことが判明した。

(二)「内裏式」新出逸文中には承香殿・仁寿殿などの唐風門号が書かれるとともに、「弘仁六年」「大同年中」などの年代と「拝舞」という儀礼が記されていた。唐風門号は弘仁九年以降に書き改められたものとみられる。「拝舞」は弘仁八年中に制定されていた可能性が高く、そうすると、「内裏式」新出逸文は基本的に弘仁九年以前の内容をもつものといえる。末尾近くに記された分注が『内裏式』新嘗会式の分注と比べて古様であることからも、「内裏式」神今食祭式を『内裏儀式』の逸文とみなす考え方は現在でも有効であると思う。

(三)「内裏式」逸文中の「縫殿寮供二寝具一、天皇御レ之」という一節は、新嘗祭や大嘗祭の本義に関わる記述として注目され、祭祀の中で天皇が寝具にくるまるとみる真床覆衾論や、天皇と采女・皇后との聖婚儀礼説が唱えられてきた。しかし、寝具とは神御衣とも称された御衾のことで、のちには内侍が神座上に安置することになる御衾を、天皇みずからが供進したことを「天皇御レ之」と表現したものと考えられる。神今食の神話的投影とされる記紀の海宮遊幸神話は、遠来の神を八重畳上に迎えて饗応し、主人の女と結婚させるという主題をもつので、神今食祭においても神と陪膳采女との聖婚儀礼が想定されていたことが推測できる。神今食・新嘗祭は神がそこに在るがごとく恭敬を尽くす行事で、天皇は年に三回、神を迎えて最高の接待を尽くし、国土の安穏を祈ったのである。

(四)神今食や新嘗祭の祭祀に皇后が関与したかどうかについては議論があるが、「内裏式」新出逸文は弘仁六年十一月の新嘗祭にさいして嵯峨皇后橘嘉智子が斎院に行啓したことを明記する。弘仁十一年二月に帛衣を皇后の助祭服とすることが規定され、『延喜式』には神今食のさいに中宮用の被(衾)・帖(畳)・坂枕などを準備することが定められているので、神今食や新嘗祭において皇后はみずからの神座と寝具を用意し、天皇が神饌を親供する祭祀の場に同席して、拝礼を行うなどの助祭を行ったものとみられる。嵯峨天皇は唐代の武后や韋后の前例を参照して皇后の助祭を明文化するとともに、皇后の下位に女御・更衣を創設して、キサキの序列化を進めた。これらの制度改革はいずれも次期皇位継承者との関わりで皇后の権威を強化する役割を果たしたのである。

神今食祭の意義については、真床覆衾論や聖婚儀礼説の問題点が指摘されて以来、神を招き共食することで天皇が神の霊異を身に享ける祭儀であり、神と天皇との聖餐儀礼というに尽きるとの見方が有力になっているが、神今食と海宮遊幸神話との類似性を考慮すると、聖婚儀礼である点を過小評価することはできない。遠来の神を神座に迎えて海山里の生産物を捧げるとともに、国魂を体現する采女を天皇の女として神に差し出し、恭敬の意をもって接待を尽くす。そこからは神の怒りや祟りを鎮めるため、天皇が国土の産物を総動員して、神にひたすら奉仕するという姿勢を読みとることができるのである(57)。

聖婚儀礼説の影響もあって、神今食や新嘗祭では古くから天皇と皇后が並んで親祭を行っていたが、平安時代初期までに皇后は助祭の地位に甘んじるようになったという認識が根強い(58)。しかし、七・八世紀に女帝ではなく皇后が祭祀を主宰していたという徴証は意外に乏しい(59)。本章では皇后の祭祀への関与が、助祭という形で弘仁年間にはじめて明文化されたことを論じた。山本一也氏によると、平安時代初期には、それまで優位にあった内親王のキサキを越えて、氏族出身のキサキが立后することで、皇后所生子を皇嗣とする制度が開始されたという(60)。皇后制度の大きな転換期にあたって、嵯峨天皇は皇后橘嘉智子の権威を高め、その所生子の皇位継承権を確実にする目的で、皇后が祭祀に関与する制度を創始したと考えられるのである。

ただし、淳和天皇の皇后正子内親王以来、醍醐の皇后藤原穏子まで皇后（中宮）は立てられなかったから、天皇親祭に対する皇后助祭の制度が定着したとは思えない。村上朝前後には皇后が所生子のないうちに複数置かれるなど、皇后の女御化が起こり、皇嗣の母としての皇后制は大きく変質した(61)。『江次第抄』所引の「新儀式」逸文が神今食への皇后参列について沈黙しているのは、村上朝には皇后の助祭が行われていなかったことを示唆する。神今食・新嘗祭への皇后の参列を定める『延喜式』の規定は、すぐれて嵯峨・淳和朝的な制度であり、弘仁・天長年間に特有の皇后の祭祀参加を伝える史料であるといえるだろう。

弘仁・天長年間から天暦年間に至る皇后助祭の変遷や、女帝の時代における天皇親祭の内実など、掘り下げて論じるべき問題は多いが、それらはいずれも今後の課題としたい。

註

（1）西本昌弘「九条家本『神今食次第』にみえる「清涼御記」逸文―「清涼記」の成立年代と「新儀式」との異同―」（田島公編『禁裏・公家文庫研究』三、思文閣出版、二〇〇九年。本書第二部第二章）。

（2）嘉祥三年（八五〇）四月に皇太夫人藤原順子が東五条院へ移御したさいには、左右近衛少将・将監・番長各一人、近衛各九人が分陣しており、『新儀式』巻五、皇后移徙事は、御輿が某亭に入る場合、左右近衛中（イ少）将・将監・番長各一人が派遣されると規定している（中町美香子「平安時代の后宮・皇太子の啓陣」『ヒストリア』二〇四、二〇〇七年を参照）。これらにみえる近衛府の啓陣は神今食のさいに中宮に陪従する啓陣と類似する。

（3）櫻井勝之進「神今食の「寝具」」（『皇学館大学神道文化研究所所報』三八、一九九〇年）三頁。

（4）岡田莊司「『内裏式』逸文「神今食」条について」（『大嘗の祭り』学生社、一九九〇年）一二三～一二五頁。

（5）西本昌弘「『内裏式』逸文の批判的検討―二つの「内裏式」逸文をめぐって―」（『日本古代儀礼成立史の研究』塙書房、一九九七年）。本論文では、諸書に引かれる「内裏式」逸文のなかには、弘仁十二年撰進の『内裏式』ではなく、『内裏儀式』の逸文と考えられるものがあることを指摘した。本章においても、伝本をさす場合は『内裏儀式』『内裏式』と記し、逸文を示す場合は「内裏儀式」逸文、「内裏式」逸文と書くが、「内裏式」逸文と書いた場合、『内裏式』ではなく『内裏儀式』の逸文である可能性を含ませていることに注意されたい。

（6）西本昌弘「古礼からみた『内裏儀式』の成立」（『日本古代儀礼成立史の研究』前掲）。

（7）西本昌弘註（6）論文一三〇～一三七頁。

（8）西本昌弘註（6）論文一三九～一四〇頁。

（9）瀧浪貞子「女御・中宮・女院」（『論集 平安文学』三、勉誠社、一九九五年）一四頁。

(10) 丸山茂「平安時代の神嘉殿について―神事伝統の継承からみる常設神殿の一成立過程―」（『日本建築学会論文報告集』三三六、一九八三年）。
(11) 『口遊』宮城門には「陰明門、謂之宮西面内門名」、「宣陽門、謂之宮東面内門名」とある。
(12) 所功「『内裏式』の成立」（『平安朝儀式書成立史の研究』国書刊行会、一九八五年）五二頁、西本昌弘「尊経閣文庫所蔵『内裏式』解説」（尊経閣善本影印集成『内裏式』八木書店、二〇一〇年）。
(13) 西本昌弘「儀式記文と外記日記」（『日本古代儀礼成立史の研究』前掲）一九三頁。
(14) 西本昌弘「日本古代の政務と儀式」（『日本古代の王宮と儀礼』塙書房、二〇〇八年）二六四～二六五頁。
(15) 折口信夫「大嘗祭の本義」（『折口信夫全集』第三巻、中央公論社、一九五五年）一九二～一九六頁。
(16) 松前健a「古代王権と記紀神話」（『日本神話と古代生活』有精堂、一九七〇年）二二三～二二七頁、同b「大嘗・新嘗祭と真床追衾」（『国学院雑誌』九一―七、一九九〇年）五一二頁。
(17) 洞富雄『天皇不親政の起源』（校倉書房、一九七九年）一〇八～一一六頁。
(18) 岡田精司「大王就任儀礼の原形とその展開」（『古代祭祀の史的研究』塙書房、一九九二年）四二～四六頁。
(19) 山尾幸久「ヤマト政権の男王位の継承」（『日本古代王権形成史論』岩波書店、一九八三年）。
(20) 黒崎輝人「大嘗祭試論―「親供儀礼」における神と王―」（『日本思想史研究』一一、一九七九年）。
(21) 岡田荘司「〝真床覆衾〟論と寝座の意味」（『大嘗の祭り』学生社、一九九〇年）。なお、榎村寛之「岡田荘司氏の大嘗祭論について」（『律令天皇制祭祀の研究』塙書房、一九九六年）六二～六四頁は、岡田荘司説を批判する立場から、「内裏式」逸文の「天皇御レ之」は本来は「縫殿寮供二寝具一」の「寝具」の割注だったのではないかと推測したが、この部分は「内裏式」新出逸文でも「縫殿寮供二寝具一、天皇御レ之」と明記されていた。榎村氏の推測は成立しないであろう。
(22) 森田悌「大嘗祭・神今食の本義」（『論争　日本古代史』河出書房新社、一九九一年）。
(23) 岡田荘司註(4)論文。なお、「内裏式」新出逸文の前半部分には「天皇幸二斎院一」とあり、天皇が斎院に行幸することが記されていた。岡田荘司氏が想定した通りであり、岡田荘司旧説は成立困難になった。
(24) 森田悌註(22)論文二九一頁。
(25) 森田悌註(22)論文二九〇～二九一頁、松前健註(16)b論文五一二頁。
(26) 岡田荘司註(21)論文一〇四頁、同註(4)論文一三〇頁。

(27)『詩経』小雅、六月に「飲二御諸友一」とあり、伝は「御、進也」と述べる。同、小雅、吉日には「以御二賓客一、且以酌レ醴」とあり、正義は「御者、給與充用之辞、故知御二賓客一者、給二賓客之御一也」と解釈を加えている。
(28) 松前健「大嘗祭と南九州的要素」(『日本神話の形成』塙書房、一九七〇年)。
(29) 次田真幸「海幸山幸神話の形成と阿曇連」(『日本神話の構成と成立』明治書院、一九八五年)。
(30) 川上順子「豊玉毘売神話の一考察」(『日本文学』二二―八、一九七三年)。
(31) 岡田精司「大王の夢と神牀」(『古代祭祀の史的研究』塙書房、一九九二年) 四一一頁。
(32) 岡田精司「大化前代の服属儀礼と新嘗」(『古代王権の祭祀と神話』塙書房、一九七〇年) 三一～三五頁。
(33) 山尾幸久註(19)論文一六三頁、小松馨「神宮祭祀と天皇祭祀」(『国学院雑誌』九一―七、一九九〇年) 三〇七頁、岡田荘司註(21)論文一一〇～一一一頁。
(34) 榎村寛之註(21)論文六六～六七頁。
(35) 岡村幸子「天皇親祭祭祀と皇后」(『ヒストリア』一五七、一九九七年) 三八頁。
(36) 本条の記載については、『小野宮年中行事』所引の貞観臨時格などによって、「奉幣」を「表幣」に、「□衣」を「褘衣」にそれぞれ補正した。大津透『古代の天皇制』(岩波書店、一九九九年) 二六八頁を参照。
(37) 原田淑人『唐代の服飾』(東洋文庫、一九七〇年) 五二～五四頁。
(38) 大津透「天皇の服と律令・礼の継受」(『古代の天皇制』岩波書店、一九九九年) 一四三～一四八頁。
(39) 増田美子『古代服飾の研究』(源流社、一九九五年) 一九五～一九六頁、米田雄介「礼服御冠残欠について」(『正倉院宝物の歴史と保存』吉川弘文館、一九九八年) 三二一～三三三頁、六一頁、西本昌弘「日本古代礼制研究の現状と課題」(『日本古代儀礼成立史の研究』前掲) 一二頁。
(40) 大津透「天皇制唐風化の画期」(『古代の天皇制』前掲) 一八七～一八八頁。
(41)『日本書紀』天武十年二月甲子条に、天皇・皇后がともに大極殿に御して、律令・法式の改定を詔したとある。持統称制前紀が「皇后従レ始迄レ今、佐二天皇一定二天下一、毎於侍執之際、輙言及二政事一、多所二毗補一」と記すように、皇后鸕野皇女は天武を政事面でも補佐した。宮内庁書陵部編『皇室制度史料』后妃一(吉川弘文館、一九八七年) は「后妃の聴政」の節を設けて、皇后が政務に関与した史料を集めているが、持統の例を除けば、女帝や皇太后が政事に関わったものか、天皇崩後の緊急措置に限られ、鸕野皇女の政務補佐はきわめて特殊な例といえる。

(42) 西本昌弘註(14)論文二七二頁。
(43) 三上喜孝「唐令から延喜式へ―唐令継受の諸相―」(大津透編『日唐律令比較研究の新段階』山川出版社、二〇〇八年)。
(44) 森田悌註(22)論文二九七〜二九八頁。
(45) 岡村幸子註(35)論文三八〜四三頁。
(46) 小川徹「戸座の貢進について」(和歌森太郎先生還暦記念『古代・中世の社会と民俗文化』弘文堂、一九七六年)、中村英重「戸座をめぐる諸問題」(下出積與編『日本古代史論輯』桜楓社、一九八八年)。
(47) 岡田精司「即位儀・大嘗祭をめぐる問題点」(『古代祭祀の史的研究』塙書房、一九九二年)一〇三頁は廻立殿での沐浴、土田可奈「祭祀における皇后の役割とその変化」(『現代社会文化研究』二五、二〇〇二年)二五頁は神嘉殿内での沐浴を想定する。岡本幸子註(35)論文三八頁は中宮の湯殿は神嘉殿内に設けられたが、中宮が実際に沐浴したかどうかは疑わしいとする。
(48) 岡田精司註(18)論文四五頁。
(49) 岡田荘司註(21)論文一一三頁。
(50) 森田悌註(22)論文二九七頁。
(51) 岡村幸子註(35)論文三八〜三九頁。
(52) 牟禮仁a「大嘗殿「神座」変移考」(『皇學館大学神道研究所紀要』一四、一九九八年)、同b「神今食・新嘗「神座」変移考」(『皇學館論叢』三一―二、一九九八年)。この両論文は改題・補訂の上、『大嘗・遷宮と聖なるもの』(皇學館大学出版部、一九九九年)に再録。なお、牟禮氏の最近の見解については、本章末尾の〔補記〕を参照。
(53) 牟禮仁註(52)b論文。
(54) 金子修一「唐太宗―睿宗の郊廟親祭について」(唐代史研究会編『中国の都市と農村』汲古書院、一九九二年)、同『古代中国と皇帝祭祀』(汲古書院、二〇〇一年)八〜一〇頁、二〇〜二一頁、一七四〜一八三頁、二二四〜二三〇頁。なお、井上京子「唐衣服令にみえる皇后の助祭について」(『明治大学大学院紀要』二二(一)法学篇、一九八五年)によると、唐以降では北郊の方丘祭祀つまり地祇をまつる祭祀には皇后も亜献として関わることができたが、唐の景龍三年十一月、中宗の南郊祭祀にさいして、皇后は助祭すべきであるという上奏があり、礼官を巻き込んだ議論の末、韋后の南郊助祭が行われたという。
(55) 玉井力「女御・更衣制度の成立」(『名古屋大学文学部研究論集』五六、史学一九、一九七二年)。
(56) 瀧浪貞子註(9)論文。

(57) 神今食の予備行事たる御体御卜において、天皇に対する神の祟りが卜われ、その対処法が提示されたことは（斎藤英喜「御体御卜という謎」『アマテラスの深みへ』新曜社、一九九六年、井上亘「御体御卜考」武光誠編『古代日本の政治と宗教』同成社、二〇〇五年）、神今食祭の本質を考える上で重要であろう。

(58) 岡田精司註(18)論文、岡村幸子註(35)論文、土田可奈註(47)論文など。

(59) 梅村恵子「天皇家における皇后の位置」（『女と男の時空』二、藤原書店、一九九六年）は、中国の皇后と比較して、日本の皇后は皇室の祭祀・儀礼に不可欠の存在とは認識されていなかったと述べ、八世紀以前の皇后についても、通説のような強大な権能を保持していたかどうかは疑問であるとしている。

(60) 山本一也「日本古代の皇后とキサキの序列—皇位継承に関連して—」（『日本史研究』四七〇、二〇〇一年）。

(61) 山本一也註(60)論文五四〜五五頁。

〔補記〕旧稿発表後、牟禮仁氏より「大嘗殿・神嘉殿の神座・御座基本形再考」（『皇学館大学神道研究所紀要』二〇、二〇〇四年）をお送りいただいた。この論考は、林一馬氏が「大嘗宮正殿と神嘉殿の神座・御座再考」（『伊勢神宮・大嘗宮建築史論』中央公論美術出版、二〇〇一年）において牟禮説に加えた批判を受けとめ、牟禮氏の前説を見直したものである。林氏の研究により、神嘉殿の平面規模は従来の想定よりも大きくなる可能性が高くなり、神嘉殿神殿内における神座・御座の鋪設法についても再検討を行う必要が出てきた。林氏は神座・御座の当初の形式は南北軸であるとしたが、牟禮氏は前説を一部修正しながらも、神座・御座の方向を東西軸とみる点については前稿の結論を維持した。神座・御座の鋪設法は本章の結論とも関わる重要な問題であるが、ここでは近年の議論を紹介するにとどめたい。林・牟禮両氏の研究を見落としていた点を両氏にお詫びするとともに、ご教示いただいた牟禮氏に厚くお礼申し上げる次第である。

なお、小倉慈司・山口輝臣『天皇の歴史09　天皇と宗教』（講談社、二〇一一年）が刊行され、古代大嘗祭の意義をめぐる研究が、その時々の政治的・社会的状況と密接に関わる形で展開していることが明らかにされた。

第二章　九条家本『神今食次第』にみえる「清涼御記」逸文

——「清涼記」の成立年代と「新儀式」との異同——

はじめに

神今食は毎年六月十一日および十二月十一日の月次祭の夜、天皇が中院（中和院）の神嘉殿に行幸して、神と酒食をともにする神事儀礼である。六国史における神今食の初見記事は『続日本紀』延暦九年（七九〇）六月戊申（十三日）条で、神祇官曹司において神今食のことを行ったとある。延暦八年十二月の皇太夫人高野新笠の崩御、延暦九年閏三月の皇后藤原乙牟漏の崩御などにともなう諒闇中であるという理由から、内裏を避けて、外の施設で挙行したとも記されている。平城京二条大路南側溝から「神今木」木簡が出土し、『本朝月令』所引の「高橋氏文」が引く延暦十一年三月十九日太政官符には、霊亀二年（七一六）十二月の神今食の日に奉膳安曇刀と典膳高橋乎具須比が供奉の列次をめぐって相論したとあることから、少なくとも八世紀初頭には神今食が恒例行事となっていたと考えられる(1)。

平安時代における神今食の儀式次第は『儀式』『西宮記』『北山抄』などからうかがうことができるが、『江次第抄』第七、六月中和院神今食条に引用される長文の「内裏式」逸文および「新儀式」逸文が、神嘉殿神殿内における天皇の所作を詳述しているところから、神今食の儀式次第を復原するさいには、この二つの逸文を基本的史料として分析・検討が進められてきた。ただし、室町時代の公卿一条兼良の著作である『江次第抄』が、すでに逸書であったと思われる「内裏式」や「新儀式」のまとまった逸文を引用していることは不審であり、所功氏は一条家に相伝されていた大嘗会次第書から孫引きしたのかもしれないと指摘していた。(2)

この疑問を解決するための手がかりが出現した。それが本章で紹介する九条家本『神今食次第』所載の逸文である。本書には神今食に関する「蔵人式」「内裏式」「清涼御記」「西記」などの逸文がそれぞれ完全な形で引用されており、九条家の書庫に鎌倉時代の書写にかかる神今食の部類記的な史料が伝えられていたことが判明した。本章ではこのなかから「清涼御記」逸文を取り上げ、その逸文全体を紹介するとともに、これまでの研究を踏まえて、「清涼記」の編纂過程とその成立年代、「清涼記」と「新儀式」の異同問題などについて考えてみたいと思う。

一　九条家本『神今食次第』所引「清涼御記」の紹介

宮内庁書陵部所蔵の九条家旧蔵本のなかに『神今食次第』という写本がある（函号九—一五一一）。鎌倉時代の書写にかかる粘葉装本一帖である。後補の素表紙左側に九条道房の筆跡で「神今食六月十二月複（一カ）十二月中院行幸」と外題を墨書する。本表紙の左上にも同様の外題を墨書する。法量は縦一六・五センチ、横一四・三センチ。字詰めは半丁七行、一行十二〜十五字程度。本文料紙は斐紙で、墨付六十丁。明確な奥書は存在しない。まま虫損・破損がみられ、本来は錯簡があったようであるが、書陵部修補係によって修補されている。

本書には神今食事（神今食祭式）に関する「蔵人式」「内裏式」「清涼御記」「西記」などの逸文が順次書き上げられ、そのあとにも「或書」「進物所例」などの記文が引かれている。後半部の記文には延久年間の例が多く引かれており、本書の成立年代は後三条天皇の時代かと推測される。「蔵人式」「内裏式」「清涼御記」の逸文はいずれも一括引用の形態をとっていることから、それぞれの一条分が全文引用されているものと思われる。

本章では紙数の都合上、九条家本『神今食次第』に引用される「清涼御記」逸文について、全文の紹介を行うとともに、内容上の問題点について検討してみたい。「清涼御記」逸文は本書の第六丁ウラから第十六丁ウラまでの約十丁半にわたって引用されているが、そのうち中間部分の約六丁分は『江次第抄』に「新儀式」として引かれる記事とほぼ一致する。この『江次第抄』所引「新儀式」と一致する部分をⒷとして区分し、それ以前の部分をⒶ、それ以降の部分をⒸと区別して、以下、順次検討を加えてゆきたい。

なお、本章末尾に九条家本『神今食次第』所引「清涼御記」逸文を一括して翻刻したので、適宜参照されたい。

Ⓐの部分

Ⓐは本書の第六丁ウラから第八丁オモテまでの部分にあたる。「清涼御記」神今食条の冒頭で、これまでに知られていなかった新出逸文である。当日早朝、主殿寮が御浴を供し、内侍・女蔵人が宮内省に到り、供奉女官の御卜を行わせることからはじまり、内膳司の兆人簡を内侍に付して奏上すること、官外記が王卿以下を卜定させること、夜に入って殿司が忌火に供し替えること、戌刻に天皇が南殿に御し、腰輿で中院に幸すること、神嘉殿に到着すると、御輿は殿西隔の御寝に御すことなどが記述されている。神今食にあたって、天皇が神嘉殿の御寝（寝所）に入るまでの次第を書いているとみてよい。

このⒶの部分の「清涼御記」逸文を一覧すると、注目すべきことが三点指摘できる。第一点は、「清涼御記」の式文中に「内裏式」や「西記」の記載が引かれていることである。たとえば、「清涼御記」逸文冒頭部の記載は次の通りである。

清涼御記云、當日早朝、主殿寮供

御浴、内侍・女蔵人到宮内省、令卜可供奉之女官、内裏式、有〔天皇カ〕有御南殿、内侍・蔵人等相轡進、向宮内省令卜之、而今所行若斯、至于内侍今不卜、若當子日、十日卜奏之、西記云、近代以女官送交名、（下略）

分注によって示された「内裏式」や「西記」の記載を参照して、この部分の次第を復原するとこうである。すなわち、「内裏式」では天皇が南殿に御して、内侍・蔵人らから御卜が無事終了したとの報告を受けることになっていたが、「清涼御記」では南殿での奏上儀が行われなくなり、また内侍には御卜が免除されるようになった。さらに「西記」によると、近代では女官に卜定者の交名を送らせるのみであるという。分注に示された「内裏式」と「西記」の記載は「清涼御記」本文の記載を補うもので、本文と密接不可分の関係にあるものといってよい。従来から知られている「清涼記」逸文にも「内裏式」の記載を注記するものは多かったが、新たに「西記」の記載を注記する「清涼御記」逸文が検出されたのである。

これに加えて、今回確認された「清涼御記」逸文では、本文より一字下げで「西記」の記事を長文にわたって引用する場合が多くみられる。表7は上段に『神今食次第』所引「清涼御記」の記載(A)の部分)を、下段に現行本『西宮記』巻四、神今食の記事を、それぞれ対照的に表示したものである。「清涼御記」逸文のなかに一字下げで引用される「西記」記事は、表7上段の⑫と⑭である。このような「西記云」の引用は後述する(B)(C)の部分にもみられるので、「清涼御記」の一般的な記載形式を示すものとみられる。

ただし、表7に⑬として掲げた、

或人云、件御輿倚於壇下、令下御云々、後朱雀院御時中院行幸、行經・々季等卿、為近衛司之間、倚御輿於壇上下之由、有相論云々、雖然、付經季卿説、倚壇下、令下給了、是小乃宮殿家説歟、

表7　九条家本『神今食次第』所引「清涼御記」と現行本『西宮記』巻四、神今食との記述対照表

『神今食次第』所引「清涼御記」(A)の部分	『西宮記』巻四、神今食
清涼御記云、	
①當日早朝、主殿寮供御浴、内侍・女蔵人到宮内省、令卜可供奉之女官、	1早旦、主殿供御浴、内侍・女蔵人到宮内省、令卜可供奉女官、
②〈内裏式、有有〔天皇カ〕御南殿、内侍・蔵人等相攣進、向宮内省令卜之、而今所行若斯、至于内侍今不卜、若當子日、十日卜奏之、〉	
③〈西記云、近代以女官送交名、〉	3〈近代、以女官送夾名、見上也、〉
④御卜畢、内膳司兆人簡、付内侍奏、〈内侍不候、或付蔵人、〉覧了、返給、官外記令卜王卿以下、入夜、殿司供替忌火、〈不合御卜之人、未及供炷此忌火退出、〉	4御卜了、内膳兆人簡、付内侍、々々不候者、付蔵人、御覧了、返給、官外記令卜王卿以下、入夜、殿司供替忌火、〈不合御卜人々、未及炷忌火退出、〉
⑤戌刻、天皇御南殿、	5戌時、天皇
⑥〈着帛御衣、〉腰輿幸中院、	6〈帛御服、腰輿、〉
⑦〈内侍司・印櫃幷鈴御辛櫃在御如常、但大刀不候、西記云、同前、〉	7〈供奉御物・男女、如尋常時、大刀不候、〉
⑧小忌王卿供奉、諸衛〈帯弓箭、、〉不稱警蹕、	8〈小忌王卿・諸衛扈従、衛府帯弓箭、〉
	9幸神嘉殿、
⑩〈西記云、入中和門之間、大忌王卿出立幄北、面〔西〕上北面、衛府帯弓箭、大忌人自中隔着、或自内着了、〉	10〈入中和門之間、大忌王卿、出立幄北、西上北面、衛府帯弓箭、大忌人自中隔着幄、或自内着、〉
⑪到神嘉殿下、御輿入殿西隔御寝、	
⑫西記云、御輿倚於殿中間、〈小忌公卿列西庭、所司敷筵道、〉	12御輿倚殿中間、〈小忌公卿列西庭、所司敷筵道、〉
⑬〈或人云、件御輿倚於壇下、令下御云々、後朱雀院御時、中院行幸、行經・々季等卿、為近衛司之間、倚御輿於壇上下之由、有相論云々、雖然、付經季卿説、倚壇下、令下給了、是小乃宮殿家説欤、〉	

⑭主上入自西戸、御西隔殿内、〈張承塵、立床也、〉女官入自北戸、
　候西隔戸前、殿上人候殿西北壇上、〈向北、或説云、内蔵寮儲饗、〉
御厨子所候北舎、小忌人ゝ着西舎、〈親王南面、納言西面、〈□〔前〕
置式筥、〉參議東面、弁少納言對、〈弁西面、少納言東面、〉侍従
在下、參議經侍従末、着東庇□〔西カ〕面、北敷外記・史・内記・中
務・内舎人等座、南□〔横カ〕切敷召使等座、中間侍従厨家別當陪、
東端造酒陪、侍従厨設饗東舎、神祇官・内膳・宮内・采女・氏ゝ
供奉候、西廊南面置御輿、左近候東廊、北面、右近候西廊、北面、
神嘉殿西方、立小忌幄、〉

[14]主上入自西戸、御西隔殿内、〈張承塵、立床也、〉女官入自北戸、
　候西隔北戸前、殿上人候殿西北砌上、
御厨子所候北舎、小忌人人着西舎、〈親王南面、納言西面、〈前
置式筥、〉參議東面、弁少納言對、〈弁西面、〉　侍従
在下、參議經侍従末、着東庇西面北上、敷外記・史・内記・中
務・内舎人等座、南横切敷召使等座、中間侍従厨別當陪、
東端造酒陪、侍従厨設饗東舎、神祇官・内膳・宮内・采女・氏々
供奉人候、西廊南面置御輿、左近候東廊、北面、右近候西廊、北面、
神嘉殿西方、立小忌幄也、〉

注　①原則として大書される本文をまず示し、細字双行注は一字下げで表示した。
②細字双行注は〈 〉内に表記した。
③対比の必要上、適宜改行したり、行間を空けたところがある。また各文頭に①[1]などの数字を追加した。

という分注は、御輿を神嘉殿の壇上に倚せるか、壇下に倚せるかの議論を書いたものであるが、文中に「後朱雀院御時」とあり、藤原行経・藤原経季らの名前がみえるので、十一世紀前半のことを述べたものである。この部分のみは、『神今食次第』の編纂時に追記されたものとみなければならない。⑫⑬を含めて、「清涼御記」の本文中に一字下げで引用される「西記云」以下の記事は延久年間の追記である可能性もあるが、「西記云」の記事のあとに後世の事実が書かれているのは⑬のみである。⑬のみが後世の追記であり、「西記云」はいずれも「清涼御記」の引用文であると判断したい。

第二に注目されるのは、(A)の部分の「清涼御記」本文と『西宮記』記事との類似性である。前述のように、「清涼御記」のなかには分注や一字下げ注記の形で「西記云」が多数引用されており、表7に示したように、その「西記云」は現行本『西宮記』巻四、神今食条の記載と対応するものが多い（③と[3]、⑩と[10]、⑫と[12]、⑭と[14]）。しかし、それだけではなく、「清涼御記」の本文そのものも『西宮記』の記事と酷似しているのである。

たとえば、①の「當日早朝、主殿寮供御浴、内侍・女蔵人到宮内省、令卜可供奉之女官」は、[1]の「早旦、主殿供御浴、内侍・女蔵人到宮内省、令卜可供奉女官」と同趣であり、④の「御卜畢、内膳司兆人簡、付内侍奏、(内侍不候、或付蔵人、)覧了、返給、官外記令卜王卿以下、入夜、殿司供替忌火、(不合御卜之人、未及供灶此忌火退出、)」も、[4]の「御卜了、内膳兆人簡、付内侍、々々不候者、付蔵人、御覧了、返給、官外記令卜王卿以下、入夜、殿司供替忌火、(不合御卜人々、未及灶忌火退出、)」とほぼ同文であるといえる。要するに、(A)の部分の「清涼御記」は、その本文および引用部分ともに、『西宮記』の記事ときわめて類似しており、『西宮記』と密接に関わって儀式文が作成されていたことが想定できるのである。

以上を要するに、「清涼御記」の(A)の部分は、本文が『西宮記』の記述と類似するのみならず、分注や一字下げの形で「西記」の記載を引用していることから、『西宮記』の記載ときわめて相似した内容を有していたと考えられる。「清涼御記」は『内裏式』のみならず、『西宮記』の大きな影響下に編纂されたことがうかがえるのである。

(B)の部分

(B)は本書の第八丁ウラから第十四丁オモテまでの部分にあたり、中院での天皇親祭の詳細を伝える。神嘉殿の寝側での御浴、大舎人の叫門、近衛の引陣、神嘉殿内への御畳・寝具の搬入、神座・御座の設置、神殿内への神膳・御膳の搬入、天皇と神との共食儀礼、膳の撤去などを記載する。これらの記事は『江次第抄』に引かれる「新儀式」の記載とほぼ一致する。本書所収の「清涼御記」を『江次第抄』は「新儀式」と称して引用していることになろう。ただし、(B)の部分のうち、

大舎人叫門、闈司就版位奏云々、無勅答、(内裏式、有勅答、今無、)

の箇所は『江次第抄』には引かれておらず、新出逸文である。

また、(B)の部分でも、「清涼御記」の本文を書いたのち、一字下げで「西記云」の記事が三カ所引かれているが、これも本来の「清涼御記」に含まれていた記事であると考えられる。『江次第抄』では、(B)の部分の最初の記事「主殿寮先儲御浴於寝側、縫殿司献天羽衣、……」を「新儀式云」として引いたのち、「西宮抄云、主殿供御湯殿」として、「御槽在西庇」以下の記事を載せているが、この引用法は「清涼御記」の引用法を継承するものとみられよう。

なお、(B)の部分に関しては、「清涼御記」の本文と「西記」の記載とを比べても、両者はそれほど似ていない。最初に引用される「西記」は主殿寮による供御浴次第を詳述するが、「清涼御記」の記述はきわめて簡単である。三つ目に引用される「西記」は諸司による神座や神膳の設置を詳しく述べるが、神殿内における祭祀の実際については言及がない。一方の「清涼御記」には神殿内における天皇の所作が詳しく記されており、「西記」からはうかがえない祭祀の実態が浮かび上がる。(B)の部分に関しては、「清涼御記」は独自の記載を有しているということができよう。

(B)の部分の記載は『江次第抄』所引「新儀式」とほぼ同文で、すでに周知のものではあるが、続々群書類従本『江次第抄』の引用には誤写や誤植に起因すると思われる誤りが認められるため、本書所収の「清涼御記」の記載によって正しい記載が復原できる場合がある。『江次第抄』所引「新儀式」と本書所収「清涼御記」の相違する記述を対照的に示すと表8のようになる（『江次第抄』所引文をⒼ、九条家本『神今食次第』所引文をⓀと略称する）。その多くは微細な相違点であるが、なかには史料解釈上に大きな影響を及ぼす相違点も存在する。そのいくつかについて言及しておきたい（数字は表8の通し番号）。

2Ⓖ「至階左」

表8　『江次第抄』所引「新儀式」と九条家本『神今食次第』所引「清涼御記」の相違箇所一覧

No.	頁段	行	『江次第抄』神今食	九条家本『神今食次第』
1	714上	5	縫司献天羽衣	縫**殿**司献天羽衣
2	714下	3	至階左	至階左**右**
3	715上	19	内蔵寮供幘、著**御**了	内蔵寮供幘、著了
4		19	**立**蔵人傳供	**夕**蔵人傳供
5	715下	1	著神**座**以東**御**座	着神以東座
6		1	神座**以**八重畳三行	神座八重畳三行
7		2	**時**便而	便而
8		2	安**御几於**神座辺	安神座辺
9		4	主水供御手水者	主水**司**供御手水者
10		4	與今儀異之**歟**	**而**与今儀**頗**異之
11		4	其始之儀	其始**来**之儀
12		4	執竹杖	執**行**竹杖
13		4	**相尚**過失	**若有**過失
14		5	向北**別**座	向北**列**座
15		5	八姫之中二人	**其儀**、八姫之中二人
16		6	取置船南辺	**々**〔姫〕取置船南辺
17		8	三**沃**為限	三**溪**為限
18		11	自同戸**辺**出	自同戸**退**出
19		11	取先**所捧**匣等	取先匣等
20		13	向南列候	向南列候**之**
21		13	**内裏式曰**寂姫	寂**前之**姫**也**
22		13	捧神食薦、鋪**短**疊	捧神**今**食薦、鋪疊
23		14	傅御**食**薦	傅御**今**薦
24		14	取鋪同疊之上	**々**〔姫〕取鋪同疊之上
25	715下	14	件薦正當御前鋪之	（分注）
26		15	姫等**次**御食手傅	姫等**以**御食手傅
27		15	先置**八**葉盤	先置**以**葉盤
28		16	**次**御飯**逼**	御飯**匣**
29		16	置御飯**在**	置御飯**左**
30		16	次菓子在御肴**在**	次菓子在御肴**左**
31		18	**手**傅供之	**未**傅供之
32		19	其開蓋、置	其開蓋、**重**置
33	716上	1	又開羹坏、**指固**置之	又開羹坏、**蓋柏**□**重**置之
34		1	次以御箸、御飯	次以御箸、**置**御飯
35		2	取御箸	**々々**〔天皇〕取御箸
36		2	**如**此惣五度	**以**此惣五度
37		2	御盛之数**唯二**度	御盛之数**三**度
38		3	他同	他同**之**
39		7	取柏	取**物**柏
40		8	灑神食上**者**	灑神食上**箸**
41		8	姫柏	姫**取**柏
42		8	**洒**神食上	**灑**神食上
43		9	供之、**畢**	供之、**了**
44		11	**座**〔度イ〕別拍手	**度**別拍手
45		11	御飯**畢**	御飯**了**
46		12	姫等**拍手**始	姫等**傅**始
47		12	最後之供物、**徹暁**	**自**寂後之供物、**撤膳**
48		12	如初儀**説**	如初儀

注
①「頁段」欄と「行」欄は続々群書類従本『江次第抄』の頁数と上段か下段か、および行数を示す。
②細字双行は二行で一行と数えた。
③両者の相違箇所を太字で示した。

Ⓚ「至階左右」

Ⓖの「階左」をⓀは「階左右」と記す。蓬左文庫本『江次第抄』も「階左右」と作る。活字本が「右」字を脱落させていることになる。

4Ⓖ「立蔵人傅供」

Ⓚ「夕蔵人傅供」

Ⓖの「立」をⓀは「夕」と記している。「亦」の異体字「夕」をⒼは「立」と誤読したことになる。

8Ⓖ「安御几於神座辺」

Ⓚ「安神座辺」

Ⓖにみえる「御几於」がⓀにはみえない。直前に引かれる「内裏式」逸文には「天皇御前座、内侍・蔵人供御几」とあるので、Ⓖはこれを受けて「御几於」の語を補った可能性がある。

13Ⓖ「相尚過失」

Ⓚ「若有過失」

Ⓖでは意味不明であるが、Ⓚによってはじめて文意が通じる。Ⓖはくずし字の判読から「若」を「相」、「有」を「尚」に読み誤ったとみるべきであろう。

21Ⓖ「次陪膳姫、内裏式曰寂姫、」

Ⓚ「次陪膳姫、寂前之姫也、」

Ⓖの分注では「内裏式」の引用となっているが、Ⓚの分注は「陪膳姫」が「寂前之姫」を意味することを述べている。「清涼御記」のこの部分に対応する「内裏式」逸文は「寂前姫捧神食薦、鋪短畳之右上」であるから、「内裏式」に「寂姫」とあるとするⒼの記述は誤りである。

28Ⓖ「次御飯逼」

Ⓚ「御飯匣」

Ⓖにある「次」がⓀにはなく、Ⓖの「逼」がⓀでは「匣」になっている。「逼」には「せまる」「近づく」「侵す」などの意味があるが、「飯逼」と熟した場合、どれをとっても文意は通じない。Ⓚの「飯匣」が正しく、「匣」のくずし字を「逼」と誤読したのであろう。

33Ⓖ「又開羹坏、指固置之」

Ⓚ「又開羹坏蓋柏、□(同カ)重置之」

Ⓖの「指固」がⓀでは「蓋柏□(同カ)重」となっている。Ⓖの「指固」は「指し固め」とでも読むことはできるが、文意が通じにくい。Ⓚの「蓋柏」は柏の葉で作られた葉盤(枚手)の蓋をさす[3]。「□(同カ)重置之」の部分は蓬左文庫本『江次第抄』では「同重置之」と作るから、これに従うべきであろう。Ⓚの記載に従えば、「また羹坏の蓋柏を開け、同じくこれを重ね置く」と訓読することが可能となる。

39Ⓖ「取柏」

Ⓚ「取物柏」

Ⓖの「柏」がⓀでは「物柏」と記されている。柏は葉盤(枚手)として御酒や御膳を盛る容器とされたので、容器としての柏と区別するため、柏の葉として用いる柏を「物柏」と称したのであろうか。

42Ⓖ「洒神食上」

Ⓚ「灑神食上」

Ⓖの「洒」は誤りで、Ⓚの「灑」が正しい。「清涼御記」の同じ行の少し前の分注に「灑神食上」とあるのと同文である。

46Ⓖ「姫等拍手始」

Ⓚ「姫等傅始」

Ⓖの「拍手」をⓀは「傅」に作る。神殿内で天皇以外の采女が拍手するとは考えにくいので、「傅」が正しいとみるべきであろう。蓬左文庫本では「姫等手始」とある。「傅」一字を「拍手」二字に誤読したか、蓬左文庫本のような「手」一字を意改して「拍手」としたかどちらかでろう。

47Ⓖ「最後之供物、徹暁」

Ⓚ「自寂後之供物、撤膳」

ここは神今食の夕膳に関する記述なので、Ⓖのように「徹暁」では文意が通じない。Ⓚの「撤膳」が正しく、最後の供物より膳を片づける意味に解すべきである。蓬左文庫本『江次第抄』は「撤晴」と作っている。

Ⓒの部分

Ⓒは本書の第十四丁ウラから第十六丁ウラまでの部分にあたる。「清涼御記」神今食条の末尾で、これまでは知られていなかった新出逸文である。神今食の夕膳が終了し、御膳を撤去したのち、天皇は御手水を行い、寝所へ還御する。この間、内侍は縫殿司などを率いて、神殿の寝具を撤去するが、暁儀のために改めて寝具を供し、采女が時を奏したのち、夕儀と同様に暁儀が行われる。儀式終了後、采女は南戸の辺りに進み、「采女・主水、夕・暁の御膳平に供奉つ」と言上する。天皇は「好」と勅答し、（寝所へ）還御して御衣を改める。次に本宮へ還御のため天皇は輦に乗り中和門を出る。この間、左近衛次将が名を問い、大忌の王・王卿以下が称名する。このあとに一字下げで「西記云」が注記されるが、「西記」は大忌王卿らの配置を詳述するのみで、還御に向けての天皇の動きを「清涼御記」ほど逐一追跡して記述することはしていない。

　このあと「清涼御記」は、天皇が南殿に御して、御輿から下り、小忌王卿らの称名があることを記し、還御以前に神祇官が御殿祭（大殿祭）を行うこと、明旦に所司が解斎の御盥・御粥を供したのち、不合御卜の侍臣が参入することを述べる。さらに、天皇が中院に出御しない場合、小忌親王以下が神祇官あるいは中院において行事するとし、そのさいの注意事項を書いて、儀式文を終えている。

　(C)の部分に引かれる「西記」は現行本『西宮記』の記述とほぼ合致する。その記載は中和門における大忌王卿らの名謁と南殿における小忌王卿らの名謁を述べたもので、両所における名謁は「清涼御記」にも載せられているとはいえ、「清涼御記」と『西宮記』との間に一致する表現はほとんどない。また、現行本『西宮記』には神祇官による大殿祭、主殿寮による御手水、主水司による供御粥のことが記されているが、「清涼御記」の本文とは異質の記載であり、両者の間に影響関係は認められない。

二　「清涼記」の成立年代

『本朝書籍目録』に、

　清涼記五巻、天暦御撰、雅材奉勅書、若小一條左大臣奉勅撰、

とある。天暦すなわち村上天皇の御撰で、藤原雅材が勅を奉じて書した、もしくは小一条左大臣藤原師尹が勅を奉じて撰したと伝えられる。藤原雅材は蔵人藤原経臣の子で、天徳四年（九六〇）五月五日に蔵人としてみえ（『祈雨日記』所引「村上天皇御記」）、応和元年（九六一）七月七日には文章得業生兼播磨掾雅材が蔵人に還任されている（『西宮記』巻十四、諸宣旨裏書）。その後、応和二年正月二十二日と同三年六月二十六日にも蔵人であったことが確認できる（『西宮記』巻十、弁官事裏書、同巻六、雷鳴陣勘物）。九六〇年代前半に村上天皇に近侍した人

物であるといえよう。

小一条左大臣藤原師尹は藤原忠平の五男で、安和の変後の安和二年（九六九）三月に左大臣となり、同年十月十五日に没した。日記に「小左記」（「小一条記」）がある。村上天皇が寵愛した宣耀殿女御芳子の父であり、所功氏によると、天慶七年（九四四）に貞信公忠平の教命を承って、内論議の出居を務め、一条家本『寛平御記』の筆写者としても知られ、宮廷行事の故実に精通した人物であったという(4)。

「清涼記」の編纂過程をうかがせる記事は、『権記』「法性寺殿記」『江次第抄』などにもみえている。まず、『権記』寛弘八年（一〇一一）九月十五日条には、大嘗会御禊のさいの供奉人歴名に関連して、

代々記文幷図、有蔵人・々々代等、又村上御□被撰五巻之中、載

御禊事云、（下略）

とある。翌十六日条にも、歴名下給のことについて、「外記日記」「承平記文」「清涼抄」などを引きながら論じているから、十五日条にみえた「村上御□被撰五巻」というのは「清涼抄」をさすことがわかる。ここからも「清涼抄」が「五巻」で、村上朝に編纂された書物であることが確認できる。

次に、「法性寺殿記」天永二年（一一一一）三月一日条には、

藤中納言宗忠卿来、（中略）納言談話之次云、清涼記者、天暦聖主令作始給之書也、以小一條大将済時遣小一條大臣許、彼大臣感之加注文云々、仍披露於世間之清涼記二部云々、

とある。「清涼記」は天暦聖主すなわち村上天皇が作りはじめた書物で、小一条大将藤原済時をその父小一条大臣藤原師尹のもとに遣わし、この書を披見させたところ、師尹はこの書に感じ入って注文を加えたという。また、世間に流布する「清涼記」には二部あるというが、これは村上御撰本とこれに注を加えた藤原師尹本の二種が存在したことをいうのであろう。

さらに、『江次第抄』第一、発題には、

天暦撰新儀式一巻、用当世之礼、又村上天皇自製清涼記十巻、其意同新儀式、

とある。ここでは「新儀式一巻」と「清涼記十巻」が併記され、「清涼記」は村上天皇の自製であり、「新儀式」と同意であったという。

和田英松氏は以上の関係史料を検討しながら、「清涼記」の性格について次のように論じている。[5]

㈠「清涼記」は清涼殿記の略称で、常の御座所である清涼殿で宸筆を染めたがゆえに、このように称された。

㈡「清涼記」の巻数はもとは五巻で、のちに十巻とした。

㈢『本朝書籍目録』にみえる師尹が勅を奉じて撰んだというのは、師尹が注文を加えたことを誤り伝えたものである。

このうち㈠については、その可否を論じることが難しい。ただ、「清涼記」逸文中にしばしば引用される「内裏式」との関係でいえば、『内裏式』が「内裏」(天皇)の式であったのと同様、清涼殿の主である天皇の儀式書という意味で、「清涼記」と命名されたと推測することは可能であろう。

㈡については、岩橋小弥太氏が指摘するように[6]、はるかに後世の書物である『江次第抄』に「清涼記十巻」とあるのに拘泥する必要はなく、「清涼記」は五巻であったとみてよいであろう。

㈢については、所功氏の異論がある。所氏は『権記』および「法性寺殿記」の表現から、村上天皇が全文自身で完成したのではなく、自作の草稿を側近の誰かに整文させたか、趣旨を口述して側近に筆録させたのかもしれないと述べ、藤原雅材は宸筆の草本を清書した程度ではなく、実務上の整文者か執筆者であろうと推定した。[7]「清涼記」が村上天皇の御撰であることは疑いないが、蔵人藤原雅材や左大臣藤原師尹の関与をどこまで想定するかが問題となる。

そこで注目すべきが、彰考館文庫本『本朝書籍目録』にみえる次の記載である。(8)

清涼抄五巻、小一条左大臣奉勅撰、不及清書遇晏駕、

「清涼抄五巻」は小一条左大臣（藤原師尹）が勅を奉じて撰したもので、清書以前に天皇が崩御したとあり、藤原師尹による奉勅撰書が強調されている。村上天皇が崩御するのは康保四年（九六七）五月、藤原師尹が薨去するのは安和二年（九六九）十月のことである。脱稿から清書まで長期を要したとは考えられないので、御撰本「清涼抄」の編纂と清書は村上朝末年を中心に想定すべきであろう。

久保木秀夫氏によると、彰考館文庫本『本朝書籍目録』は流布本の『本朝書籍目録』とは異なる書物で、流布本にはみられない書目や注記を豊富に有する注目すべき史料であるという。(9)前掲したように「清涼抄」についても、流布本の『本朝書籍目録』とは異なる貴重なデータが載せられていた。彰考館文庫本『本朝書籍目録』の記載は、これまで不明であった事実に光を与えるものである。

流布本『本朝書籍目録』、彰考館文庫本『本朝書籍目録』、『法性寺殿記』などの記載を総合的に勘案すると、「清涼記」の編纂過程は次のように推定復原することができよう。

まず、村上天皇が編纂をはじめた。御撰本が出来上がると、蔵人藤原雅材がこれを清書した。雅材の蔵人在任が確認できるのは、前述のように天徳四年（九六〇）から応和三年（九六三）までであったから、御撰本「清涼記」の撰述・清書は応和年間前後と考えられる。その後、村上天皇は御撰本を左大臣藤原師尹のもとに送り、注を加えて完成させることを命じた。師尹は加注本の編修を進めたが、清書以前の康保四年（九六七）に天皇が崩御した。師尹は安和二年（九六九）に薨去するので、「清涼記」加注本の完成は安和元年か同二年ごろと考えられる。

以上のように考えて大過ないとすると、「清涼記」の編纂は村上天皇の九六〇年代に進められたことになるが、

これは現在の通説的見解とは大きく異なるものである。

「清涼記」の成立年代については、これを天慶九年（九四六）から天暦四・五年（九五〇・九五一）の間とみる清水潔氏説が通説の位置を占めている。清水氏は、射場始の式日を「蔵人式」逸文が「十月七日」とするのに対して、「清涼記」逸文が「十月五日」としていることに注目し、以下のように論じた(10)。

ⓐ『年中行事秘抄』『江家次第』によると、「蔵人式」が射場始の式日を十月七日とするのは、十月五日に残菊宴が行われるようになったからである。

ⓑ残菊宴は天暦四年（九五〇）に十月五日と定められ、翌天暦五年より十月五日を式日として康保四年（九六七）まで行われてきたが、安和元年（九六八）八月に至り、旧に復して九月九日の節会となった（『政事要略』巻二十四、天暦四年九月二十六日詔）。

ⓒしたがって、射場始の式日を十月七日とする「蔵人式」は天暦四・五年から安和元年までに成立した。

ⓓ「清涼記」が村上天皇の御撰であることは間違いないので、射場始の式日を十月五日と記す「清涼記」は、村上が即位した天慶九年（九四六）から天暦四・五年の間に成立した。

しかし、十月五日の残菊宴が九月九日の節会に復し、十月五日が射場始の式日となる安和元年八月二十二日は、村上天皇崩御の康保四年五月からわずか一年三カ月後のことであった。前述のように、彰考館文庫本『本朝書籍目録』の記載を参照すると、藤原師尹が村上御撰の「清涼記」に注を加えて清書したのは村上崩後の安和元年か同二年のことと考えられる。したがって、清書段階に射場始の式日を「十月五日」に書き改めることは十分ありうることであろう。

所功氏は清水氏説に従いながらも、天暦四年に村上天皇は二十五歳、藤原師尹は三十一歳であったから、「清涼記」加注本の成立は師尹が右大臣となった安和元年ごろではないかと推測している(11)。所氏は加注本の成立のみを通説の年代より下げて考えたが、「清涼記」御撰本が成立して十数年以上もたってから加注本の編纂が命じられたとは考えにくい。御撰本を清書した藤原雅材の蔵人在任期間をも勘案すると、「清涼記」御撰本自体も村上朝末年の応和年間前後に成立したとみる方が穏当であると思う。

以上を要するに、「清涼記」の村上御撰本は応和年間（九六一〜九六四）前後、藤原師尹の加注本は安和元年（九六八）か同二年ごろに成立したものと考えられる。

三　「清涼記」と「新儀式」の異同

「清涼記」と類似した内容をもつ儀式書に「新儀式」がある。「新儀式」は『本朝書籍目録』に「新儀式六巻」とみえ、臨時儀式を記した巻四と巻五の伝本が現存する。

佐藤誠実氏は、㋐『政事要略』巻二十二、八月七日牽甲斐勅旨御馬事に「清涼記」を引いて「新儀式歟」と注し、㋑『北山抄』巻三、内宴事の「清涼抄云」に「新儀式」と傍書し、㋒伝本『新儀式』天皇元服条の勧学院藤氏児童事の文を『北山抄』巻四、御元服儀は「清涼抄」として引き、㋓大江匡房の「大嘗会記」に「延喜式幷小一條大将抄、小野宮右大臣抄、清涼新儀式等、與近代所行大以相違」とあることなどは、「清涼記」と「新儀式」が異名同書である疑いを抱かせる事実であるが、『本朝書籍目録』に「清涼記五巻」と「新儀式六巻」が別掲され、『江次第抄』巻一、発題に「天暦撰新儀式一巻、用当世之礼、又村上天皇自製清涼記十巻、其意同新儀式」とあることから、この二書はそれぞれ別の書であろうと結論した(12)。

これに対して岩橋小弥太氏は、『本朝書籍目録』は信憑しがたき書であり、『江次第抄』もはるか後世の書であるから、それらの記載に拘泥する必要はないとして、「清涼記」と「新儀式」は同書の異名と考えるべきであるとした。

岩橋氏によると、『西宮記』と『政事要略』は「清涼記」を多く引用しているが、「新儀式」を引用せず（佐藤誠実氏が指摘する前述㋐『政事要略』巻二十二の「新儀式歟」は惟宗允亮の自注かどうか疑問）、『北山抄』にも「清涼記」の引用ははなはだ多いが、「新儀式」は数件しか引いていないという。[13]「清涼記」と「新儀式」とが別々の書物で、いずれも村上朝の編纂にかかるとすると、こうしたアンバランスな引用状況は不審であるということなのであろう。

佐藤誠実氏は前述㋑のように、『北山抄』巻三、内宴事の「清涼抄云」に「新儀式」という傍書があることを指摘したが、岩橋氏によると、『北山抄』にはこれ以外にも「清涼記」と「新儀式」を併記する記載が次のように存在する。

ⅰ巻一、正月十四日踏歌事の分注に「付後宴、可抄出清涼抄・新儀式・二朝御記・清慎公・九条記・吏部王・殿上記等」とある。

ⅱ巻一、正月十七日観射事の分注に「豊楽院儀、在清涼抄・新儀式・九條・吏部王日記等」とある。

ⅲ巻五、譲位事の分注に「即位間雑事、見新儀式・清涼抄」とある。

これらのように、「新儀式」と「清涼抄」とを並べ挙げてあるのは、同書異名説をとる場合に都合が悪いが、ⅲには「一本云、分注後人加筆」という頭注があるから、これも不都合ではなくなると岩橋氏は述べている。[14]ただし、分注は後人の加筆とする頭注はⅲのみに付されたもので、それもあくまで「一本」の記載であるから、ⅰⅱⅲにみえる「清涼抄・新儀式」をすべて後人の加筆として片づけるのは困難である。

したがって、岩橋氏の説明は十分に納得できるものではない。『北山抄』において「清涼抄」と「新儀式」が併記されている理由は、別の観点から解明されるべきなのである。この場合にまず必要な作業といえるのが、活字本（新訂増補故実叢書）の記載からいったん離れて、古写本の記載を洗い直してみることである。そこで以下に、尊経閣文庫所蔵の前田家巻子本と永正本の記載を参照してみよう。(15)

まず(i)については、前田家巻子本には「付後宴可抄出清涼抄・親王儀式・二朝御記・清慎公・九条私記・吏部・殿上記等」とあり、永正本でも同文である。したがって、活字本の「新儀式」は「親王儀式」の誤りであることがわかる。「親王儀式」とは『本朝書籍目録』に「親王儀式二巻、延光卿撰」とみえるものである。(16)

次に(ii)について、前田家巻子本では「豊楽院儀、在清涼抄・親王儀式・九条・吏部王日記等」とあり、永正本でも同様である。やはり活字本の「新儀式」は「親王儀式」の誤りであった。

さらに(iii)については、巻子本巻五（甲）では「新儀式」の左側に「清涼抄」と傍書しており、巻子本巻五（乙）では「新儀式」の右側に「清涼抄」と傍書している。永正本でも同様に右傍書である。したがって、活字本のように「即位間雑事、見新儀式・清涼抄」と翻刻するのは不正確で、「即位間雑事、見新儀式《清涼抄》」などと翻刻するのが正しい。

なお、『北山抄』巻三、内宴事の「清涼抄《新儀式》云」であるが、巻子本巻三（乙）では「清涼抄」とあるのみで、「新儀式」という右傍書が存在せず、巻子本巻三（甲）では「新儀式《清涼抄云私本》云」、巻子本巻三（丙）では「清涼抄《新儀式》云」と書いている。ここではややヴァリエーションがあるが、「清涼抄」とのみ記す巻子本巻三（乙）の記載が本来のものと考えられる。

以上を要するに、『北山抄』において、「清涼抄」と「新儀式」が並んであらわれるのは、「清涼抄」の傍書として「新儀式」が注記される場合か、「新儀式」の傍書として「清涼抄」が注記される場合に限られ、(i)(ii)の場合には、古写本の「親王儀式」という記載を「新儀式」と誤記・誤植していたことが確認できた。「清涼抄《新儀式》云」とあるのは、本来は「清涼抄」とのみ記されていたのを、後人が「清涼抄」の傍らに「新儀式」という文字を注記したことを示しており、これは佐藤誠実氏が指摘するように、「清涼抄」と「新儀式」が異名同書であることを示す徴証ということができる。

佐藤誠実・岩橋小弥太両氏の議論を追いながら、「清涼記」と「新儀式」は同書とみるべきか、あるいは別書とみるべきかについて考えてきた。通説によると、「清涼記」「新儀式」同書説の成立を妨げる障害は次の二点である。

Ⅰ『本朝書籍目録』は「清涼記五巻」と「新儀式六巻」とを別掲している。

Ⅱ「新儀式」は伝本の記載から応和三年以降の成立と考えられるが、「清涼記」は天慶九年から天暦四・五年までの間に撰述されたものである。

このうちⅠについては、『本朝書籍目録』の史料的性格を考える必要があろう。この目録は鎌倉時代までに存在した書物を列挙したものであるが、先行する目録類に記載される書名をも集成したと考えられるから、[17]「清涼記」と「新儀式」を別掲しているからといって、両書が別書であったことを意味するとは限らない。そうなると、「五巻」と「六巻」という巻数の相違のみが問題として残るが、これも「新儀式」の「六巻」が「五巻」の誤写である可能性は皆無ではない。和田英松氏は「新儀式」の巻六には践祚・即位・大嘗などの大儀が記されていたかと推測したが、[18]岩橋小弥太氏は「新儀式」の伝存しない巻一から巻三までを年中恒例と推定し、伝存する巻四が臨時上、同じく巻五が臨時下であるから、巻五までで完結していると考えている。[19]『儀式』の編目配列からみても、立后・立太子などのあとに践祚・即位などが規定されているとは思えないから、私は岩橋氏のいう「新儀式」五巻説に共感を覚える。

そこで注目すべきは、彰考館文庫本『本朝書籍目録』にみえる「新儀式五巻」という記載である。この目録でも「新儀式五巻」と「清涼記五巻」とは別々に掲出されているが、「五巻」という巻数が一致している点は見逃せない。「清涼記」と「新儀式」はいずれも「五巻」であったと明記されている事実は、同書説に一つの傍証を加えることになろう。

次に、「清涼記」「新儀式」同書説への障害となる(Ⅱ)の問題はすでに解決ずみである。前述したように、「清涼記」の成立年代を天慶九年から天暦四・五年までの間とする清水潔氏説には問題があり、村上御撰本「清涼記」の成立は応和年間前後、藤原師尹加注本「清涼記」の成立は安和元年か同二年ごろと考えられる。したがって、応和三年以降の成立とされる「新儀式」と「清涼記」の成立年代は、応和三年以降、安和元年・同二年以前という点で重なるのである。

前述したように、本章で紹介した新出の「清涼御記」逸文神今食条のうち(B)の部分は、『江次第抄』では「新儀式云」として引用された記事であった。このことも「清涼御記」と「新儀式」とが同書であることを物語る事実である。

以上から、「清涼記」「新儀式」同書説への障害は消滅したといえ、むしろ両書は同書であるとみた方が好都合であるといえる。村上天皇が編纂に着手し、蔵人藤原雅材に清書させた「清涼記」は、勅を奉じた藤原師尹がさらに注を加えたもので、村上没後の安和元年・同二年ごろに完成した。この「清涼記」は五巻からなり、のちには「新儀式」とも称されたものとみられる。

おわりに

以上、九条家本『神今食次第』所引の「清涼御記」を紹介しながら、「清涼記」の成立年代、「清涼記」と「新儀式」の異同問題などについて考察を加えてきた。述べ来ったところを要約すると、次のようになる。

㈠　宮内庁書陵部所蔵の九条家本『神今食次第』は鎌倉時代書写の粘葉装本で、このなかに「蔵人式」「内裏式」「西記」などの神今食祭条逸文と並んで、「清涼御記」神今食条逸文が完全な形で引用されていた。この「清涼御記」逸文は『江次第抄』所引の「新儀式」逸文を含み込むもので、「清涼御記」の神今食祭条の本文は、(A)天皇が中院に移幸するまで、(B)中院神殿での親祭、(C)祭祀終了後の解斎などの次第から成り立っていたことが判明した。

㈡　「清涼御記」新出逸文中には「内裏式」や「西記」の記載が注記され、「清涼御記」本文の内容にも「西宮記」の影響が認められる。『江次第抄』所引「新儀式」の記述には誤記・誤植などが多く見られ、「清涼御記」新出逸文の記載により補正できるところが少なくない。これによって、神今食祭における親祭の詳細については、より正確な復原が可能となるであろう。

㈢　「清涼記」の成立時期は、十月五日射場始の式日の変遷などから、天慶九年（九四六）より天暦四・五年（九五〇・九五一）までの間とされてきたが、清書を命ぜられた源雅材の官歴、加注本の編修を行った藤原師尹の官歴、彰考館本『本朝書籍目録』の記載などからみて、「清涼記」村上天皇御撰本は応和年間（九六一～九六四）前後に清書され、加注本は安和元年（九六八）か同二年ごろに成立したものと考えられる。

㈣　「清涼記」と「新儀式」は別書であるとするのが通説であるが、その根拠となる『北山抄』巻一、巻三、巻五などの記載は「清涼抄」と「新儀式」を併記したものではなく、「清涼抄」の傍注として「新儀式」の書名を追記したものであり、むしろ「清涼抄」がのちに「新儀式」とも称されたことを示す。また㈢で述べたように、「清涼記」の成立年代が安和元年・二年ごろまで下がったこと、彰考館本『本朝書籍目録』では「清涼記」「新儀式」とも「五巻」とされていることなどから、「清涼記」「新儀式」異名同書説への障害は取り除かれたといってよいと思われる。

一条兼良の『江次第抄』が「内裏式」や「新儀式」のまとまった逸文を引用しているのは不審であったが、本章で紹介した九条家本『神今食次第』のような部類記的な史料から引き写したものと考えれば、疑問は氷解する。一条家の文庫に九条家本と同様の写本が存在した可能性も少なくない。

九条家本『神今食次第』所引の「清涼御記」逸文は、神今食祭条の全文を伝える点で貴重であるが、「清涼記」本文のこれまで知られていなかった様態をうかがわせる点でも見逃せないものである。本章の想定が認められるとすると、「清涼記」は「西記」を引用し、「西宮記」の大きな影響下にあったことになるが[20]、この事実は『西宮記』の成立問題にも大きな一石を投じるものであろう。

『西宮記』の原撰本は、源高明が大納言として活躍した天徳・応和年間（九五七〜九六四）に成立したともいわれ[21]、あるいは安和二年（九六九）の安和の変で大宰帥に左遷後、帰京して薨去する天元五年（九八二）まで補訂を続けたともいわれる[22]。安和二年（九六九）までに成立していたと推測される「清涼記」に「西記」が引用されている事実は、少なくとも村上天皇や藤原師尹の周辺では、この時点で『西宮記』が有力な儀式書として参照できたことを示している。

「清涼御記」に「西記」を引用したのは藤原師尹の加注本の段階である可能性が高いが、本文中への影響関係も含めて、「西記」と「清涼御記」の相互関係を見極めるためには、神今食条以外の逸文についても精査することが今後の課題となるであろう。

註

（1）西本昌弘「八世紀の神今食と御体御卜」（『日本古代の王宮と儀礼』塙書房、二〇〇八年。初出は一九九六年）。

（2）所功「「大嘗会」儀式文の成立」（『平安朝儀式書成立史の研究』国書刊行会、一九八五年）四五九〜四六〇頁。

（3）『江記』天仁元年（一一〇八）十一月二十一日条に見える鳥羽天皇の大嘗会記事には、「一々解開蓋畢、件蓋柏者、置御食薦北下、八重帖上」とあり、「蓋柏」という語が記されている。
(4) 所功「『清涼記』の復原」（『平安朝儀式書成立史の研究』前掲）七九三頁。
(5) 和田英松『皇室御撰の研究』（明治書院、一九三三年）三二～三五頁、同『本朝書籍目録考証』（明治書院、一九三六年）一一九～一二〇頁。
(6) 岩橋小弥太「儀式考」（『増補　上代史籍の研究』下、吉川弘文館、一九七三年）二一二頁、二一六頁。
(7) 所功註(4)論文七九二頁。
(8) 彰考館文庫本『本朝書籍目録』の記載は、国文学研究資料館所蔵の写真帳（J五〇）によって確認した。
(9) 久保木秀夫「彰考館文庫蔵「本朝書籍目録」部分翻刻並びに考察」（『国文学研究資料館紀要』三二、文学研究篇、二〇〇六年。のち『中古中世散佚歌集研究』青簡舎、二〇〇九年に再録）。
(10) 清水潔「清涼記と新儀式と天暦蔵人式」（『皇学館論叢』九―二、一九七六年）。
(11) 所功註(4)論文七九三頁。
(12) 佐藤誠実「類聚国史考」（『律令格式論集』汲古書院、一九九一年）三〇六頁。
(13) 岩橋小弥太註(6)論文二一七頁。
(14) 岩橋小弥太註(6)論文二一七～二一八頁。
(15) 尊経閣善本影印集成『北山抄』一～三（八木書店、一九九五～九六年）。
(16) 和田英松『本朝書籍目録考証』（前掲註(5)参照）三〇二頁、清水潔「親王儀式」（『新訂増補国書逸文』国書刊行会、一九九五年）七一六頁。
(17) 和田英松『本朝書籍目録考証』（前掲註(5)参照）一二～一四頁。
(18) 和田英松『本朝書籍目録考証』（前掲註(5)参照）二九四頁。
(19) 岩橋小弥太註(6)論文二一一～二一三頁。
(20) 小松馨「『清涼記』と『西宮記』の節折条について」（『大倉山論集』二四、一九八八年）は、『西宮記』と『江家次第』所引「清涼記」逸文の節折条がほぼ同文であることに注目し、『西宮記』は「清涼記」を参照して儀式文を作成したと結論づけた。しかし本文で述べたように、「清涼記」の成立年代に関する清水潔説が崩れるとすると、清水説を前提にした小松氏の立論には再考の余地が出てくる。

（21）所功「『西宮記』の成立」（『平安朝儀式書成立史の研究』前掲）。

（22）所功「神道大系『西宮記』の解題」「『西宮記』原撰本の探究」（『宮廷儀式書成立史の再検討』国書刊行会、二〇〇一年）、栗木睦「『官奏事』の基礎的研究」（『古代文化』五三―一、二〇〇一年）。

〔補記〕旧稿では、『神今食次第』所引の「西記」には原撰本『西宮記』の記事が引用される場合があることを指摘したが、その後、この指摘は過大評価であったと考え直したので、本章では『西宮記』原撰本に関する記述を削除した。『神今食次第』所引の「西記」については、本書第二部第三章を参照されたい。

九条家本『神今食次第』所引「清涼御記」逸文翻刻

凡　例

一、本書の底本は宮内庁書陵部所蔵の九条家本『神今食次第』（九―一五一一）であり、そのなかの「清涼御記」逸文のみを翻刻した。
一、翻刻にあたっては、底本の体裁をできるだけ尊重した。
一、文中に読点・並列点を適宜加えた。
一、抹消文字はその左傍に抹消符（〻）を付した。
一、校訂注は、底本の誤字などについては〔　〕、参考・説明のためのものは（　）で示した。
一、略字・俗字・異体字などは正字に改めたが、一部底本の字体をそのまま採用したものもある。
一、底本の紙替りは、各丁オモテ・ウラの終わりに」を付して示し、各丁オモテ・ウラ最初の行頭上に(6ウ)(7オ)などと示した。

(6ウ)清涼御記云、當日早朝、主殿寮供
御浴、内侍・女蔵人到宮内省、令卜
可供奉之女官、内裏式、有有〔天皇カ〕御南殿、内侍・蔵人等相攣進、
向宮内省令卜之、而今所行若斯、至于内侍今不卜、若當子日、十日卜奏之、西記云、近代以
女官送交名、御卜畢、内膳司兆人簡、付内」
(7オ)侍奏、内侍不候、或付蔵人、覧了返給、官外記
令卜王卿以下、入夜、殿司供替忌火、
不合御卜之人、供炷此忌火退出、未及戌刻、天皇御南殿、

着帛御衣、腰輿幸中院、内侍司印櫃幷鈴御辛櫃在御如常、
但大刀不候、西記云、同前、小忌王卿供奉、諸衛帯弓箭、、不稱警蹕、西記云、入中和門之間、大忌王卿出立幄北、面上〔西〕北面、衛府帯弓箭、大忌人自中隔着、或自内着了、到神嘉殿下、御」

(7ウ)
輿入殿西隔御寝、

西記云、御輿倚於殿中間、小忌公卿列西庭、所司敷筵道、或人云、件御輿倚於壇下、令下御云々、後朱雀院御時、中院行幸、行經・々季等卿、為近衛司之間、倚御輿於壇上下之由、有相論云々、雖然、付經季卿説、倚壇下、令下給了、是小乃宮殿家説欤、主上入自西戸、御

(8オ)
西隔殿内、張承塵、立床也、女官入自北戸、

候西隔戸前、殿上人候殿西北」

壇上、向北、或説云、内蔵寮儲饗、御厨子所候北舎、

小忌人々着西舎、親王南面、納言西面、□〔前〕置式筥、参議東面、弁少
納言對、弁西面、少納言東面、侍従在下、参議經
侍従末、着東庇□〔西カ〕面、北敷外記・史・内記・
中務・内舎人等座、南□〔横カ〕切敷召使等座、
中間侍従厨家別當陪、東端造酒陪、
侍従厨設饗東舎、神祇官・内膳・宮内・
采女・氏々供奉候、西廊南面置御輿、
左近候東廊、北面、右近候西廊、
北面、神嘉殿西方、立小忌幄、」

(8ウ)
主殿寮先儲御浴於寝側、縫殿司

獻天羽衣、（供御浴之侍臣一人、傳取獻之、）着御就之、
御浴訖、還寝所、
西記云、御槽在西庇、主殿寮候壁外、自樋入御湯、樋口居斗、侍臣傳故實者供奉、入御湯、以覆置御槽、七个度攪合御湯、先縫殿司獻天羽衣、候御湯人傳獻主上、
（9オ）御浴供奉人着當色懸裾、不脱襪、主上登自御浴之後、供奉之人乍着當色、奉仕供神御装束、（供奉人、或着袍供奉、）内蔵寮奉御幘、（以絹為之、）
主上着祭服、入御神殿、
大舎人叫門、闈司就版位奏云々、無勅答、（内裏式、有勅答、今無、）
（9ウ）西記云、亥刻開門、（闈司着座、大舎人叫門、闈司奏、勅、奉入礼、闈司傳、近代無勅答云々、）
近仗陣階下、小忌五位已上与掃部寮官人、執御疊、至階左右、近衛少将已上、共升監鋪御疊、訖退出、閇門、

内侍攣縫司等、供寝具内裏式云、縫殿寮供寝具、天皇御之者、而今唯内侍与蔵人・縫殿司供之、於神座上、退出、

（10ｵ）

亥一刻、采女就内侍、申時至也、縫司

供御衣履等、内蔵寮供幘、着了、主水供御手水、亦蔵人傳供、行事不見式、

西記云、小忌供神座、采女申時、王卿出卿出自西掖門、掃部寮積神座具、親王執筥、納言（衍）・參議舁枕、已下供疊、近衛将脱調度、褰殿幌、掃官人傳供之、外記式云、近衛将入鋪疊云々、縫司奉神御衣、内侍供之、采女申時、縫司供御衣履、内蔵供幘、主上自中戸入、御中殿云々、采女供

神膳、宮主立前、列立如式、氏々小忌王卿歸

本座、近衛閇門、天皇洗了、還御寝所、内侍攣縫司等、撤寝具、暁又采女奏時、同夕儀、了還寝内、

（10ｳ）

開中戸、入御東、入御之後閇戸、經神座北

邊、着神以東座、神座、以重疊三行、南北妻、在中央、其東在御座疊、其東有短疊、但向東着御、内裏式云、天皇御前座、内侍・蔵人供御几、女孺鋪短疊於御前者、便而今供寝具之次、安神座邊、〔進〕又短疊鋪神座之次鋪之、于時

（11ｵ）

八姫八男列追、采女氏稱、先供御手

水、内裏式云、主水司供御手水者、而与今儀頗異之、其始來之儀、八姫・宮主相從執行竹杖參上、候同戸北側、若有過失、采女以杖指示、次供御手水、具在次文、自殿庇東

南戸參入、向北列座於中隔東戸、其儀、八姫之中二人、
相分共舁海老鰭舩、置御前短疊
之上、一姫留候之、一姫歸、取刷筥授
留姫、〻取置舩南邊、次授巾筥、
（11ウ）取之如先、開其蓋置畢、次取
水部所持多之良加、授姫退、
候戸外、御手水供畢、主水連水御坐退下、
三湲為限、姫取巾獻天皇、〻〻拭手
了、候戸外之姫、伺御盥畢參入、取
多之良却〔加〕、返給水部、又歸參、次第
取巾刷等、遞退出、又進与留姫共
（12オ）舁舩、自同戸退出、返授、主水連取先
匣等候之、迫戸外東壁祇候、便六姫幷髙
橋・安曇氏等、捧神今食、更北行、向
南列候之、猶在戸外、不見内裏式、已上次陪膳姫
㝡前之姫也、捧神今食薦、鋪疊之右上、
次姫傳御今薦於陪膳姫、〻取鋪同
疊之上、件薦、正當御前鋪之、姫等以御食手傳、
（12ウ）置御食薦之上、先置以〔八〕葉盤於御食薦上之外方、御飯匣御

前而供之、次御肴鮮干合八種置御飯左、次菓子在御肴左、御飯已下拚盛窪手、置小高坏、又居御羹器等於高坏、立同薦上、
薦不足者、立短疊上、安曇・高橋兩氏列座、八姫
未〔手〕傳供之、御羹之外二種、後取到東南戸傳取、授宬姫、姫等
更北向列候、陪膳姫獨留御前、姫先
開窪手盖、置御食薦左方、其開盖、重置御羹坏
北、又開羹坏盖
（13オ）
柏、□〔同カ〕重置之、次以御箸、置御飯拚
御肴菓子等之上畢、斯事、多不載内裏式、姫
先取枚手、奉天皇、〻〻取御箸、御盛
授姫、以此惣五度、他物同之、以其箸、御盛之数三度、他同之、姫給
置御食薦上、姫亦以枚手、奉天皇、〻〻
合盛八種肴於一枚、授姫、〻給之、加
盛御汁物供之、蚫・海藻等汁也、次御菓子
（13ウ）
六葉盤、列置如此、宬姫目後取采
女、令供清酒、内裏式云、喚後取采女、而今唯目之、此殿所行
事、敢不高聲、仍亦有目儀、後取姫自東南戸外、
傳取瓶子來候、後取之即宬姫取
物柏、盛御酒、奉天皇、内裏式云、奉柏於天皇、擧酒盛
之、天皇受即灑神食上箸〔者〕、而近代所行、姫取柏、自盛之後、奉天皇也、天皇

受之、灑神食上、以其柏、便置神
（14オ）食上、如斯二度、〻別易瓶供之、了陪膳
姫取先所置之御箸、更加御箸於御飯
上、天皇柏手・稱唯執之、箸食如常、次
寂姫日後取、供御酒四度、以坏、居高坏、度
別柏手・稱唯、御飯了、姫等傳始、自
寂後之供物、撤膳、如初儀、畢陪膳
姫即奏、裹神食薦退出、次二姫參
（14ウ）入、供御手水、如初儀、天皇洗了、二八男女、相引退
還、即還御寢所、次内侍攣縫殿
司等、撤寢具、暁更供寢具、采女
奏時、謂日〔丑カ〕刻也、御前座供神席、同夕儀、
事了還入、采女進南戸邊申云、阿佐女、
采女・主水夕暁乃御膳平尓供奉都止
申、勅曰、好、稱唯、還御、内侍攣縫司、撤寢具、
（15オ）次更御衣、大舍人叫門、闈司傳奏云、
謹置退止官姓名叫門故尓申、今無勅答、
還御本宮、乘輦出中和門之間、左
近次将問矣、大忌王・王卿以下侍從

以上各稱名、
西記云、王卿已下撤神座、大忌王
（15ウ）
卿幕、在中和門南掖、北隔為王卿座、王東面、卿」
卿〔衍〕西面、南隔為弁・少納言座、其南為
厨家饗所、中和門北掖為近衛府幕、
左西右東、夾路右兵衛、在官大忌東
廊、近衛遞神楽、神祇官祭大殿、
還御、御輿出中和門之間、左次将間〔問〕云、
誰曽、大忌王卿立幕前、名謁、
御南殿、天皇下輦之後、南面立、次将
問云、誰、加侍ル、小忌卿名謁、
今夜諸
司大宿、
又御南殿、下御輿之後、亦問之、小忌王
卿稱名、退出、今夜乗輿未還御之」
（16オ）
間、神祇官轝御巫等、供御殿祭、明旦
所司供解斎御盥・御粥等、其後不合
御卜侍臣參入、此日若不御中院、小忌
親王以下、就神祇官行事、或於中院
行、又遣内侍・蔵人等、又神祇官供奉
御殿祭、幷事了、采女參殿上奏、御
膳平尓供奉之由、如中院儀、但無行」
（16ウ）
幸之時、殿上侍臣・女蔵人等、不合卜、明
旦、所司解斎御盥・粥等如常

第三章　九条家本『神今食次第』所引の「西記」と「二代御記」

——行幸時の鈴印携行とも関わる新史料——

はじめに

宮内庁書陵部所蔵の九条家本『神今食次第』は、神今食（神今食祭）に関する記事を集成した一種の部類記である。「蔵人式」を筆頭に、「内裏式」「清涼御記」「西記」などの逸文を順次書き上げ、「西記」のあとには「醍醐天皇御記」「村上天皇御記」「吏部王記」などの逸文を列挙している。これら以外にも「或書」「天禄四年六月十一日匠作惟正私記」「正暦年中例」「進物所例」「御厨子所例」などの記文が引かれ、末尾の方には、延久元年十一月、同二年十一月、同四年六月十一日などの実施例が書かれている。延久年間かその前後に神今食関係記事を諸書から抜き書きしたのが本書であると考えられる。

本書が引用する新出逸文のうち、「内裏式」と「清涼御記」については、前章で紹介したので、[1]本章では「西記」逸文とそのあとに引かれる「醍醐天皇御記」「村上天皇御記」「吏部王記」などの逸文について、全文の紹介を行うとともに、これらの逸文から判明する新たな事実について検討することにしたい。

なお本章末尾には、九条家本『神今食次第』所引の「西記」逸文と「醍醐天皇御記」「村上天皇御記」「吏部王記」などの逸文を一括翻刻した。

一　「西記」逸文の紹介

九条家本『神今食次第』は「清涼御記」の次に「西記」逸文を引用する。「西記」逸文は『西宮記』のなかから神今食に関する記事を書き抜いたもので、大きく分けると、次の三つの部分からなっている。

Ⓐ十一日神今食、於神祇官行例
Ⓑ中院儀
Ⓒ中院行幸儀

このうちまずⒶは、神祇官において神今食を行う次第を掲げたもので、その書き出しは次のようである。

十一日神今食、於神祇官行例、（卜合親王以下小忌、）

現行本『西宮記』巻四（恒例六月）の神今食条の冒頭にも、一部字句の異なる部分はあるが、ほぼ同様の記述がみえる。ただし、現行本の書き出しは、

一、神今食、（於神祇官、依例卜食親王以下小忌、）

であるので、一見したたけでは、神今食のさいに神祇官において親王以下の小忌を卜食するという原則を述べたもののようにみえる。ただし、以下に記された神今食の次第は、上卿以下がまず「南舎」に着き、供神物弁備ののち、「北舎」に移動して神今食を行うもので、この「南舎」「北舎」は神祇官西院（斎院）の南舎（南屋）・北舎（北屋）をさすものと思われるから、(2)いわゆる神祇官儀を書いているのである。その点、『神今食次第』所引「西記」のⒶには「十一日神今食、於神祇官行例」とあるので、これが神祇官儀であることが明確にわかる。

『西宮記』の古写本である前田家巻子本、前田家大永本、壬生本などはいずれも「於神祇官、依例」と作るが、

『神今食次第』所引「西記」の記載からみて、現行本の「於神祇官、依例」は「於神祇官行例」の誤写である可能性が高いといえよう。かりに現行本の記載が誤写ではないとしても、『神今食次第』所引「西記」の「於神祇官行例」という記載が、この記事の内容を的確に表現したものであることは間違いない。

『西宮記』が神今食条の冒頭にまず神祇官儀を載せているのは、十世紀中葉には神今食が神祇官で行われることが多かったことを示唆している。『続日本紀』延暦九年（七九〇）六月戊申条に、

於神祇官曹司、行神今食之事、先是、頻属国哀、諒闇未終、故避内裏而、作於外設焉、

とあるように、諒闇などのさいには、神今食は内裏を避けて、神祇官曹司において挙行されるのが通例であった。『西宮記』の勘物によると、神今食が神祇官で行われたことが確認できるのは、弘仁九年六月、仁寿三年六月、元慶六年六月、延喜十五年十二月、同十八年六月、同十九年六月、同二十二年十二月、延長六年六月、天慶元年十二月、同六年六月・十二月、同七年十二月、同八年十二月などであった。延喜の末年以降、神今食が神祇官で挙行される例がしだいに増えていっていることがわかる。

次に、『神今食次第』所引「西記」のⒷの部分には、

中院儀、子細注加清涼記了、抑有方忌之時、早還御、或又有方忌之時、不御、

天暦元年十二月、無行幸、納言以下着中院行之、

とあり、中院儀の「子細」は「清涼記」に「注加」したという。前章で述べたように、『神今食次第』において「西記」の直前に一括引用されている「清涼御記」のなかには、一字下げ注記の形で「西記」が多数引用されている。いまそれらを集成して列挙すると、以下のようになる。

Ⅰ西記云、御輿倚於殿中間、小忌公卿列西庭、所司敷筵道、或人云、件御輿倚於壇下、令下御云々、後朱雀院御時中院行幸、行經・々々季等卿、為近衛司之間、倚御輿於壇上下之由、有相論云々、雖然、付經季卿説、倚壇下、令下給了、是小乃宮殿家説歟、主上入自西戸、御西隔殿内、張承塵、立床也、女官入自北戸、候西隔戸前、殿上人候殿西北壇上、向北、或説云、内蔵寮儲饗、

御厨子所候北舍、小忌人々着西舍、（親王南面、納言西面、□置式筥、參議東面、弁少納言對、弁西面、少納言東面、侍従在下、參議經侍従末、着東庇□面、北敷外記・史・内記・中務・内舍人等座、南□切敷召使等座、中間侍従厨家別當陪、東端造酒陪、侍従厨設饗東舍、神祇官・内膳・宮内・采女・氏々供奉候、西廊南面置御輿、左近候東廊北面、右近候西廊北面、神嘉殿西方立小忌幄、）

(Ⅱ)西記云、御槽在西庇、主殿寮候壁外、自樋入御湯、樋口居斗、侍臣傳故實者供奉、入御湯、以覆置御槽、七个度攪合御湯、先縫殿司獻天羽衣、候御湯人傳獻主上、御浴供奉人着當色懸襷、不脱襪、主上登自御浴之後、供奉之人乍着當色、奉仕供神御装束、（供奉人、着袍供奉、）或内蔵寮奉御幘、（以絹為之、）主上着祭服、入御神殿、

(Ⅲ)西記云、亥刻開門、（闈司着座、大舍人叫門、闈司奏、勅、奉入礼、闈司傳、近代無勅答云々、）

(Ⅳ)西記云、小忌供神座、（采女申時、王卿出卿出自西掖門、掃部寮積神座具、親王執筥、納言・參議舁枕、已下供疊、近衛将脱調度、褰殿幌、掃官人傳供之、外記式云、近衛将入鋪疊云々、縫司奉神御衣、内侍供之、采女申時、縫司供御衣履、内藏供幘、主上自中戸入、御中殿云々、）采女供神膳、（宮主立前、氏々列立如式、）小忌王卿歸本座、（近衛開門、天皇洗了、還御寢所、内侍率縫司等、撤寢具、曉又采女奏時、同夕儀、了還寢内、）

(Ⅴ)西記云、王卿已下撤神座、大忌王卿幕、在中和門南掖、（北隔為王卿座、王東面、卿卿西面、南隔為弁・少納言座、其南為厨家饗所、中和門北掖為近衛府幕、左西右東、夾路右兵衛、在官大忌東廊、近衛遷神楽、神祇官祭大殿、）還御、（御輿出中和門之間、左次将問云、誰曽、大忌王卿立幕前、名謁、）御南殿、（天皇下輦之後、南面立、次将問云、誰、加侍留、小忌卿名謁、今夜諸司大宿、）

また、(Ⅰ)の前に記される「清涼御記」の分注中にも、次のように「西記」が二つ引かれている。

・腰輿幸中院、（内侍司印櫃并鈴御辛櫃在御如常、但大刀不候、西記云、同前、）
・不稱警蹕、（西記云、入中和門之間、大忌王卿出立幄北、面上北面、衛府帯弓箭、大忌人自中隔着、或自内着了、）

これらは天皇が中和院の神嘉殿に行幸し、神今食の神供を行い、南殿に還御するまでの次第を、小忌王卿・女官・供奉官人らの動きとともに書き上げたもので、神今食の「中院儀」というにふさわしい儀式文である。一部の字句に相違点もあるが、これらとほぼ同様の記事は、現行本の『西宮記』巻四（恒例六月）にも存在し、現行本では(Ⅰ)以前の次第として、当日早旦の小忌卜定のことから、主殿の御浴供献のことまでが記述されている。九条家本『神今食次第』が引く[B]の場合、「清涼御記」中に「西記」を「注加」した関係から、その後の「西記」のところでは記事が省略されているのであろう。『神今食次第』の編者がみた『西宮記』には、現行本と同じく

小忌卜定以下の記事も含めて、「中院儀」の全体が書かれていたものと考えられる。

最後に、[C]の「中院行幸儀」は、神今食のさいに天皇が腰輿に乗って、南殿から中院に向かい、儀式終了後に南殿に還御するまでを、行幸の作法に焦点を絞って述べたもので、現行本『西宮記』では巻八（臨時乙）の行幸条に「中院」云々としてほぼ同文が記載されている。ただし、現行本では「小忌王卿列庭東邊、倚御輿」のあとに記す「左立右方、右立左方、公卿・中将離列添御輿」の十七字が、『神今食次第』所引の[C]にはみえず、現行本が「西上、倚御輿於中院殿南階」とするところを、[C]は「西上、北面、停御輿於中殿南階」と書いている。後者については、壬生本や前田家大永本も「中殿南階」に作るので、『神今食次第』所引文の正しさを確認することができる。これらの小さな相違点については、いずれが正しいのかを今後慎重に検討すべきであろう。

以上、九条家本『神今食次第』所引の「西記」についてみてきた。「西記」の記載は、[A]十一日神今食、於神祇官行例、[B]中院儀、[C]中院行幸儀の三つに分かれるが、このうちAとBは現行本『西宮記』の巻四（恒例六月）、[C]は同じく巻八（臨時乙）に収められている。『神今食次第』の編者は『西宮記』の恒例部と臨時部から、それぞれ神今食に関する儀式文を抜き書きしたということになろう。[A][B][C]の記事は現行本『西宮記』とほぼ同文であるが、[A]の冒頭部が「於神祇官行例」と記されていることは、この記事が神祇官儀であることを明示するものである。[A][B][C]にみられる現行本との細かい相違点については、どちらが本来の記載を伝えるものなのか、今後慎重に検討を重ねてゆく必要があろう。

二　「醍醐天皇御記」「村上天皇御記」などの新出逸文

九条家本『神今食次第』は「西記」逸文のあとに、「此日記、同十一月卯日行幸、可見合也」と書き、さらに

「弘仁十四年十二月二十八日宣旨」と「延喜例」を引用する。このあと、一行分の空白を置いたのち、「延喜十一年十二月御記云」などとして、神今食に関する延喜元年から康保三年にいたる実施例を書き上げている。列挙されるのは「醍醐天皇御記」「村上天皇御記」「吏部王記」などの逸文で、合わせて九件の実施例が判明する。この

表9　『西宮記』神今食条勘物対照表

	現行本『西宮記』		九条家本『神今食次第』所引逸文	
	勘　物　名	字数	勘　物　名	字数
1			②延喜例	54
2			⑤延喜元年12月御記	49
3	(頭書)応和元年６月			
4	(頭書)応和２年６月	26	⑧応和２年６月11日御記	39
5	延喜18年６月11日・12日			
6	延長４年12月11日			
7	延長７年12月11日			
8	近衛式			
9	宮内式			
10	蔵人式			
11	天暦８年12月11日御記	42	⑨天暦８年12月11日御記	67
12	略説			
13	延喜15年12月20日			
14	延喜15年６月11日	38	⑥延喜15年６月11日御記	93
15	弘仁７年６月22日宣旨			
16	弘仁10年11月20日宣旨			
17	新式			
18	弘仁９年６月14日			
19	貞観９年５月29日			
20	貞観18年６月10日			
21	天慶６年６月11日			
22	天慶８年６月11日			
23	天慶８年12月11日			
24	天慶７年12月11日			
25	天慶７年６月11日			
26	天慶６年12月11日			
27	延喜19年６月26日			
28	延喜19年９月11日			
29	元慶６年６月11日			
30	吏部延長４年11月15日記			
31	天暦３年７月23日			
32	延喜19年６月26日			
33	吏部記延長６年11月20日			
34	延喜22年12月11日			
35	弘仁14年12月28日宣旨	88	①弘仁14年12月28日宣旨	93
36	天徳４年12月11日			
37	天慶元年６月14日	144	⑩天慶元年６月14日吏部王記	153
38	康和元年12月11日			

	現行本『西宮記』		九条家本『神今食次第』所引逸文	
	勘　物　名	字数	勘　物　名	字数
39	康保3年12月御記	47	⑪康保3年12月御記	279
40	延喜13年6月11日	94	④延喜13年御記	278
41	延喜15年6月11日			
42	延喜10年12月11日			
43	延喜11年12月11日	39	③延喜11年12月御記	243
44	延喜3年6月10日御記			
45	承平3年12月10日			
46	延喜21年7月9日			
47	天慶4年12月11日			
48	延長6年6月11日			
49	延長6年11月			
50	天慶元年12月16日・13日			
51	(巻6、裏書)応和4年6月11日	24	⑦康保元年6月11日御記	57

注　丸付数字は九条家本『神今次第』における引用順を示す。

九件に「弘仁十四年十二月二十八日宣旨」と「延喜例」を加えた十一件は、現行本『西宮記』巻四、神今食条に記された勘物のなかにも多く確認することができる。

　年月日の一致に注目して、この十一件の記事と『西宮記』巻四、神今食条の勘物とを対照的に示すと、表9のようになる。『西宮記』巻四、神今食条には頭書も含めると、四十八件の勘物が引かれており、その多くは「醍醐天皇御記」「村上天皇御記」「吏部王記」である。一方、『神今食次第』が「西記」のあとに引用する十一件の実施例などのうち、『西宮記』巻四の勘物と年月日が一致するものは八例、一致しないものは三例を数える。『西宮記』巻四の勘物と一致しない三例のうち一例は、『西宮記』巻八、行幸条の裏書に一致するものがあるので、『西宮記』の神今食関係記事に引かれていないのは、次に掲げる②の「延喜例」と⑤の「延喜元年十二月御記」の二例のみということになる（以下、史料番号は表9の番号に対応する）。

②延喜例云、十一日神今食、行幸中院、蔵人奉御笏・御薬、陪従如例、内蔵寮弁備酒饌、給殿上侍臣及雑色以下、但供奉女蔵人・内侍等、以酒肴、

⑤延喜元年十二月御記云、乗輿至月華門之間、申云、少納言未参、不得運鈴、即□〔停〕輿、仰以左近少将言行（藤原）、假為少納言、令取鈴之、

このうち、②の「延喜例」は「蔵人所延喜例」をさし[3]、神今食の中院行幸時に蔵人が御笏と御薬を奉持して陪従すること、内蔵寮が酒饌を弁備して、侍臣や雑色以下に給うことを規定する。⑤の「延喜元年十二月御記」は、延喜元年（九〇一）十二月の神今食では、乗輿が月華門にいたったさいに、少納言の不参により、鈴を運んでいないことが判明したため、しばらく御輿を停めた上で、左近少将藤原言行を仮に少納言となし、鈴を取りに行かせたことを記す。『北山抄』巻二、神今食事に「停御輿令取鈴例」として、「延喜元年十二月、乗輿至月華門之間、申云、少納言未參、不得運鈴印、暫停輿、仰以左少将言行、假為少納言、令取」とほぼ同文がみえているので、この事実はすでに既知のものであるが、この記事が「醍醐天皇御記」の引用であることが判明した。また、⑤が「鈴」と記すところを、『北山抄』は「鈴印」と書いているので、「鈴」（鈴御唐櫃）とは「鈴印」（鈴印御唐櫃）の略称であることがわかるのである。

このように、『神今食次第』所引「西記」のあとには、②と⑤を除いて、『西宮記』神今食条の勘物と類似した実施記事が掲げられているので、これら十一件の記事までが「西記」の引用であるとみることも可能であろう。『神今食次第』が参照した『西宮記』写本は、現行本『西宮記』と比べて数は少ないが詳細な勘物を引用するものであったと考えることもできるのである。しかし、表9をみると明らかなように、『神今食次第』が引用する十一件の記事は、現行本『西宮記』にみえる勘物数と比べて格段に少ない。また詳しくは後述するように、年月日のみ一致する勘物でも、文字数が大きく異なるものがあり、内容的にもまったく同文というものは少ない。『神今食次第』が引く十一件の記事は、『西宮記』の勘物を参照して収集した可能性はあると思われるが、『西宮記』の勘物をそのまま写したものとは考えられないのである。

そこで以下、年月日の一致する『西宮記』の勘物と『神今食次第』所引の記事のうち、注目すべきものを対照しながら、両者の関係について検討を加えてみたい（『西宮記』の勘物をS、『神今食次第』所引の記事をKと略した。

それぞれの番号は表9の番号に対応する)。

S4　応和二年六月

雖物忌、於南殿遙拝大神宮、又神祇官参入、殿祭云々、

K⑧　応和二年六月十一日御記

暁更、神祇官人・御巫等参入、供殿祭、雖當物忌、依事不獲止、令参入之、

『西宮記』の勘物はまず、天皇は物忌であったが、南殿において大神宮を遥拝したことを記し、ついで神今食のさいの殿祭（大殿祭）について、「又神祇官参入、殿祭云々」と簡単に述べる。一方、『神今食次第』所引の「御記」は、暁更に神祇官人・御巫らが参入したこと、物忌に当たるが、「事止むを獲ざるに依り」参入させたことなどを、やや詳しく書いている。『西宮記』の勘物の後半部は、『神今食次第』所引「御記」の記載を要約したものであるということができよう。

S11　天暦八年十二月十一日御記

神今食祭云々、参議正明《（源）》朝臣一人行幸《〔祭〕》事、又以弁代官、令供奉云々、諒闇、

K⑨　天暦八年十二月十一日御記

天暦八年十二月十一日御記云、外記春道有方、令蔵人安親《（藤原）》申云、可供小忌親王・公卿申障、不可參着云々、令仰有方、以參議正明《（源）》朝臣一人令行、又弁官以代官供奉云々、

『西宮記』の勘物は、参議源正明が一人で神今食祭を行事し、弁官代が供奉したことを述べる。一方、『神今食次第』所引の「御記」によると、外記春道有方が蔵人藤原安親を介して、小忌の親王と公卿が障りを申して参着できないと報告したため、村上天皇は有方に命じて、参議源正明一人に神今食祭を催行させ、弁官は代官に供奉させたとある。『西宮記』が要点だけを記載しているのに対して、『神今食次第』は外記や蔵人からの報告と、そ

れをうけた天皇の指示を具体的に記述していることがわかる。『北山抄』巻二、神今食事にも「参議一人例、……、天暦八年十二月」とみえる事例であるが、『神今食次第』は「参議一人例」となるにいたった背景にまで踏み込んで記載していることになろう。

S14　延喜十五年六月十一日

大忌親王・公卿不参、仍遂空、但少納言・弁及外記・史等着座云々、

S41　延喜十五年六月十一日

御中院、大忌親王・公卿等不候云々、又内侍等皆有障、殿上命婦二人、供奉内侍代、年来未有例、然而以無内侍、不可闕供祭事、故准他時例、令奉仕之、

K⑥　延喜十五年六月十一日御記

此夜、行神今食事如常、但大忌親王・公卿不候、年來未有此事、又内侍等皆有障不候、殿上命婦三嶋鎮子・藤原豊子等供奉、内侍職掌年來又未有例、然以無内侍、不可闕供祭故、准他時内侍代例、仰令奉仕、

『西宮記』の二つの勘物は、大忌の親王と公卿が不参であったこと、内侍が障りを申したため、殿上命婦二人が内侍代として供奉したことを述べる。一方、『神今食次第』所引の「御記」は、『西宮記』が引く二つ目の勘物（S41）とほぼ同内容であるが、『神今食次第』の方には「殿上命婦」として「三嶋鎮子・藤原豊子等」の実名があげられている点が注目される。

令制では五位以上の有位の女性を内命婦、五位以上の官人の妻を外命婦と呼んだ（職員令中務省条義解）。内外の区別は天平年間までは明確であるが、時代が下ると命婦某とのみ称されるようになる[4]。十世紀ごろ、後宮の女司制度は大きく改変され、内侍司を中心に女房と女官の区別が成立した。女房には典侍・掌侍・命婦・蔵人・得選、女官には女孺・刀自などがあり、女房は上層侍女集団を形成することになる[5]。内侍司の典侍の官位相当は従

四位、掌侍のそれは従五位であったから、五位以上を帯する命婦は典侍・掌侍に次ぐ地位をもち、命婦のなかから掌侍や権掌侍が選ばれる場合が多かった(6)。したがって、内侍（典侍・掌侍）が不候の場合、命婦が内侍代として供奉することがしばしば行われた。

『西宮記』巻六、新嘗会裏書には「延長元年十一月十五日乙卯、於神祇官行新嘗祭事、……又掌侍等皆有障不参、以命婦為内侍代、令供奉之」とあり、延長元年（九二三）の新嘗祭では、掌侍不参のため、命婦が内侍代として祭祀に供奉した。また、『西宮記』巻一、女叙位裏書には「同（応和）四年正月十日、使左近中将重光朝臣、賜斎院内親王位記、令命婦昭子頒女叙位々記、今日内侍不候、仍以代官令給之」とあり、応和四年（九六四）の女叙位でも、内侍が不候であったため、命婦昭子女王が代官として奉仕している。延喜十五年六月の神今食のさいに、内侍がみな不候であったため、「殿上命婦」に供奉させたのは、他の行事における内侍代の例に準じたものであるが、延長元年における新嘗祭、応和四年における女叙位のさいの命婦の供奉は、そうした他行事を類推する手がかりとなるであろう。「殿上命婦」は聞き慣れない用語であるが、殿上に伺候することが決まった女房は、殿上日給簡のうちの女房簡に付けられたから(7)、殿上に伺候する命婦を「殿上命婦」というのであろう。

殿上命婦の三嶋鎮子と藤原豊子は管見の限り史料上に初見の人物である。藤原豊子と同名の人物として、藤原道綱の女がいる。藤原彰子に仕え、後一条天皇の乳母となった女性で、寛仁二年（一〇一八）正月には典侍となった（東山御文庫本『女官加階叙位等勘例』(8)）。ただし、延喜十五年の藤原豊子はこの人物とは同名別人と考えられる。三嶋鎮子は三嶋宿禰の氏人であろう。神護景雲三年（七六九）二月、摂津国嶋上郡の人で正六位上の三嶋県主広調らに宿禰の姓が賜与された（『続日本紀』）。延暦二年（七八三）二月には、桓武天皇の後宮関係者に叙位が行われたが、そのなかに無位から従五位下を授与された三嶋宿禰広宅がいる（『続日本紀』）。広宅は桓武朝の宮人であり(9)、その後、正五位下から従四位下に昇り、延暦二十二年九月には度者二名を賜っている（『類聚国史』）。有力な命婦の一人であったとみることができよう。延喜十五年の三嶋鎮子はこの三嶋広宅の同族であると思われ、摂津国嶋上郡を本来の出身地とする三嶋宿禰氏の宮人が、九世紀初頭と十世紀初頭にともに命婦として現れてくるのは興味深い。

S39　康保三年十二月御記

依無小忌納言二人例、納言・参議各一人、可供奉由、令仰、又卜食外記不候、仍以史令行事云々、

K⑪　康保三年十二月御記

有月次・神今食祭云々、酉尅、右近少将為光（藤原）申、左近小忌中将博雅（源）朝臣申障不參、自余不合御卜、令仰、依例以右将一人、令供左代、戌一尅、御南殿、右大将藤原朝臣（頼忠）令文範（藤原）朝臣申云、外記等不候、仍令召之、爰大外記物部安親雖參來、慥不知誰親王當小忌之由、公卿當小忌者、左衛門督藤原朝臣（師氏）及師尹（藤原）□（卿カ）參候陣、脩理大夫源朝臣（重信）奉□□□未還參、納言二人供奉、未見其例、為之如何、令仰、上卿一人宜供奉、源朝臣若還來、相加供奉、同刻御中院、先就湯殿、神祇官令蔵人為信（藤原）申云、例未行幸以前供殿祭、而依木工寮遅進八足机、未供奉、承仰将奉仕、令仰云、先々或行幸之後供奉、宜早令供奉、即供東隔殿祭之、丑三尅、乗輿還宮、于時大忌左近少将能正（源）・懐忠（藤原）、従御輿參入、失誤也云々、

『西宮記』の勘物は小忌として納言二人が供奉した例はないため、納言・参議各一人に供奉させたことと、卜食外記が不候のため、史に行事させたことを記す。これに対して、『神今食次第』はきわめて長文の「御記」を引用し、次のようなことを述べている。

㋐酉の刻に右近少将藤原為光が、小忌の左近中将源博雅が障りを申して不参であり、それ以外の左中将も御卜に不合であると報告した。村上天皇は前例に従い、右中将一人を左代として供奉させることを命じた。

㋑戌の一刻に南殿に出御した。（参議）右大将藤原頼忠が（蔵人頭）藤原文範を介して、外記たちの不候を報

告したので、天皇はこれを召させた。大外記物部安親が参来したが、小忌の親王は誰であるのかを確言できなかった。公卿のなかで小忌に当たる者は、（中納言）左衛門督藤原師氏と（大納言）藤原師尹であり、この二人は陣に参候しているが、（参議）修理大夫源重信はなんらかの理由のため（虫損のため判読不能）未帰還である。納言二人が供奉した前例はないため、どうすればよいのでしょうかというので、天皇は上卿は（納言）一人が供奉することとし、（参議）源重信がもし還り来たれば、あい加わりて供奉すべしと命じた。

㋒同刻（戌の一刻）に天皇は中院に出御し、まず湯殿に就いた。神祇官が蔵人藤原為信を介して、行幸以前に殿祭を供奉するのが例であるが、木工寮からの八足机進上が遅れたため、いまだに供奉していない、仰せを承りて奉仕したいと申上してきた。天皇は行幸後に殿祭を供奉する先例もあるので、早く供奉すべしと指示した。その後、東の隔殿に供して祭祀を行った。

㋓丑の三刻、乗輿は宮に還った。ときに大忌左近少将源能正・藤原懐忠が御輿に従って参入したが、これは失誤である。

これらのうち、まず㋐は『西宮記』の勘物にみえないことであるが、『北山抄』巻二、神今食事に、「小忌次将代官例」として「康保三年十二月、左中将博雅不参、自余不合御卜、以右次将、令供奉彼代」という記事が掲げられている。『神今食次第』所引の「御記」は、酉の刻に右近少将藤原為光が小忌中将博雅の不参を報告したことなど、独自の情報を書き込んでいる。

次に㋑は、『西宮記』の勘物が「依無小忌納言二人例、納言・参議各一人、可供奉由」と要点的に記述するものであるが、『神今食次第』所引の「御記」の方には、関係する官人の具体名や動きが詳しく語られており、天皇がどのように判断を下したのかも明記されている。神今食の当日における官人の不参などの違例に対して、天皇が前例を勘案して、次善策を考え出していることが読み取れるであろう。

最後に、㋒㋓は他の史料にみえない出来事である。天皇が神今食のため中院に行幸し、湯殿に就いたのちにも、さまざまな問題が発生している。天皇は神祇官に対して殿祭供奉のことを指示し、乗輿還宮時の大忌官人の失態に対しては、厳しい批判を行っている。儀礼のなかで次々に出来する違例に対して、天皇自身が前例を参照しながら、そのたびに対策を打ち出していることが判明するのである。

S40　延喜十三年六月十一日

御中院下輦、掃司申、少納言不候鈴云々、有定、遣少納言・左右近将監等、取鈴之、去八年有此事、仍遣少納言・左右近衛将監等、令取鈴云々、亥二刻、所司供神座、其後少納言淑光（紀）、領鈴奉進、掃司傳取、置殿内云々、

K④　延喜十三年御記

同十三年御記云、至中院、下輦、掃司申、少納言不候鈴、即令右近中将衆樹（良峯）朝臣問其由、藤原朝臣（忠平カ）令申當時（源）、御之間、少納言・主鈴・大舎人等不侍而不能候鈴、其間已御輦、不得以聞、令仰、前例如此之事、停輦待、備而後行之、今夜不以聞之遅怠、又宜令勘不候者、只至鈴追候、若無便者、宜遣少納言・近衛将監等、可令守之、衆樹〔朝脱〕臣還來云、藤原朝臣承仰旨了、只令検陣日記、去八年六月十一日、神今食御中院時、誤不候鈴、上宣、遣少納言當純（源）・左右近衛将監等内裏、取奉進云々、有此、仰云、前所仰、為将來之間無便也、而有前例、宜重仰藤原朝臣、因循彼年例、令行之、後日見右近陣日記云、権中納言源朝臣（昇カ）宣云々、又彼年日記、大舎人不候鈴櫃、使清貫（藤原）仰右大臣（藤原時平）、更遣近衛将監等、令取云々、然則承旨、源朝臣傳而行之、

『西宮記』の勘物は中院行幸時に鈴が携行されなかったことを述べる。天皇が中院に到着し、輦を下りたころ、掃司が少納言の鈴不候のことを報告したので、少納言・左右将監らに鈴を取りに行かせた。亥の二刻に所司が神座を整えたのち、少納言紀淑光が鈴を奉進し、掃司が伝取して、殿内に置いた。同様のことは延喜八年にもあったという。『北山抄』巻二、神今食事に「鈴御唐櫃追取遣例」として、「延喜八年、同十三年、行幸後、差少納・

主鈴・近衛将監等、取遣之」とあるのは、『西宮記』の勘物をさらに要約したものである。

一方、『神今食次第』所引の「御記」は同じ一件について、さらに詳しい事情を次のように書いている。

㋐天皇が中院にいたり、輦を下りたころ、掃司が少納言の鈴不候のことを申上した。右近中将良峯衆樹にその理由を問わしめたところ、藤原朝臣（大納言藤原忠平か）が源当時を通して次のように答えた。出御の間、少納言・主鈴・大舎人らが侍らず、鈴を用意することができなかったが、その間、すでに天皇は輦に御したため、報告することができなかった。そこで天皇は以下のように指示した。前例ではこのようなとき、輦を停めて待ち、（鈴が）備わってから再度出発する。今夜は上聞しなかったことによる遅怠であり、よろしく不候者を調査せよ。ただし、鈴を追候していては都合が悪いのであれば、少納言・近衛将監らを遣わして、これを守らせよ。

㋑（右近中将）良峯衆樹が還って来て報告した。藤原朝臣が仰せを承り（不候者を）召喚した。ただし、陣日記を検索すると、去る（延喜）八年六月十一日の神今食でも、中院に御したさい、誤って鈴を携行しなかった。（このとき）上卿は宣して、少納言源当純・左右近衛将監らを内裏に遣わして、（鈴を）取り奉進させた。

㋒これをうけて、天皇は次のように命じた。先ほどの指示は（鈴の）到着を待っていては不都合であるため出したものである。しかし前例があるので、よろしく重ねて藤原朝臣に命じ、かの年の例に従って行うように。

㋓後日、右近陣日記を見ると、権中納言源朝臣（中納言源昇か）が宣したとある。また同年の（天皇の）日記には、大舎人が鈴櫃を携行しなかったため、（右中弁）藤原清貫を通して右大臣藤原時平に、近衛将監らを遣わして、（鈴を）取りに行くように命じたとある。このため旨を承った源朝臣が伝宣して、そのように行ったのである。

『神今食次第』所引の「御記」によると、延喜十三年六月の神今食で起きた少納言の鈴不候一件は、複雑な経緯をたどって解決された。すなわち、㋐において天皇は鈴の到着を待つのは不都合なので、少納言・近衛将監らが内裏に戻り、鈴を守衛するよう命じたが、㋑において（右近中将）良峯衆樹が陣日記を検索して、延喜八年六月の前例を報告すると、その方針を変更し、㋒において前例に従い、少納言・近衛将監らに鈴を取りに行かせることとした。㋓にみえるように、天皇は後日、右近陣日記の記載を披見するとともに、自身の日記の同年条をも繙いて、今回の処置が妥当であったことを再確認しているのである。醍醐天皇の場合も、儀式のなかで発生する諸問題に対して、適宜対策を指示していることがわかるが、延喜十三年六月の神今食のさいには、近衛陣日記や自身の日記などから前例を検索し、先例に準拠した解決策を模索していることが判明するのである。

S43　延喜十一年十二月十一日

昨今日物忌也、戌剋、御中院、行神事云々、今夜参議二人、供奉小忌云々、

K③　延喜十一年十二月御記

延喜十一年十二月御記云、雖御物忌、御中院、此夜、元平親王・參議當時朝臣(藤原)・清貫朝臣(藤原)供小忌、前例、親王・納言・參議各一人供小忌、而此參議二人供奉、令問其由、外記申云、大納言藤原朝臣(忠平)在假中、因不合御卜、其餘納言等、或雖合卜、有穢、或不合、或有病、故因勘前例、去昌泰三年十二月記云、前例、無大納言・中納言者、參議二人供小忌、因告右大臣(源光)、ゝゝ仰、准彼例、令供奉云ゝ、前例、凢可供小忌者、又無他人、更不合御卜、潔斎供奉、大納言藤原朝臣、今日在假外而不供奉、更差參議失誤也、又大忌陣、解斎・殿祭後、与小忌相代可參入、而年來偏以殿祭終、還宮時、相副參入、今夜仰、還宮時、留陰明門外、後与小忌相代、令參入、

『西宮記』の勘物は、昨日と今日は物忌であったが、中院に出御して神事を行ったことと、今夜は参議二人が小忌として供奉したことを述べる。一方、『神今食次第』はきわめて長文の「御記」を引用し、次のようなこと

を述べている。

㋐物忌ではあったが、中院に出御した。

㋑この夜は元平親王・参議源当時・参議藤原清貫が小忌に供奉した。前例では親王・納言・参議各一人が小忌として供奉するが、今日は参議二人が供奉した。その理由を尋ねたところ、外記がいうには、大納言藤原忠平は仮中にあるため、御卜に合わず、それ以外の納言はある者は卜に合うも穢あり、ある者は卜に合わず、ある者は病気である。前例を勘案するに、去る昌泰三年十二月記に、前例では大納言・中納言がいなければ、参議二人が小忌に供奉するとあった。これを右大臣源光に告げると、右大臣はその例に準拠して供奉させよと指示したという。前例では、小忌に供奉すべき者は、他の人に交替できず、御卜に合わなければ、潔斎して供奉したものである。大納言藤原忠平は今日仮外であるのに供奉せず、参議を差遣したのは失誤である。

㋒大忌の陣は、解斎と殿祭の後に、小忌と交替して参入すべきである。ところが年来は殿祭終了と称して、還宮のとき、（乗輿に）従って参入する。今夜指示して、還宮のときには陰明門外に留まり、そののち小忌と交替して参入するようにさせた。

これらのうち、㋐と㋑は『西宮記』の勘物にも関わるものであるが、㋒は『神今食次第』にしかみえない独自の記事である。前述したように、康保三年十二月御記（K⑪）には還御時の大忌陣の違例が記されていたが、延喜十一年十二月の神今食時にも同様の失錯が行われたことがわかる。なお、㋑は参議二人が小忌として供奉するにいたった経緯を、大納言藤原忠平以下の関係者名を具体的にあげて記述したもので、結果のみを要約した『西宮記』の勘物に比べて、はるかに詳細な記事である。㋑の記載から、右大臣源光は昌泰三年十二月記の記載に従って、小忌参議二人が供奉する例としたが、醍醐天皇はこれは失誤であると批難していることが確認できる。

S51　応和四年六月十一日

於神官有祭、諸卿不参、平旦右大臣参入、行祭、

K⑦　康保元年六月十一日御記

公卿或軽服、或進假文、不參神今食所、子尅、召右大将藤原朝臣《師尹》、參入之間、及平明、始祭事、年來未有如此之例、云〻、

『西宮記』の勘物は、神祇官において祭祀を行ったこと、諸卿不参のため、平旦に右大臣が参入して挙行されたことを述べる。

これに対して、『神今食次第』の勘物は、公卿があるいは軽服と称し、あるいは仮文を出し、神今食の場所に不参であった。そこで、子刻に（権大納言）右大将藤原師尹を召したが、参入が遅くなり、平明に及んで祭事を始めたとある。『西宮記』は事実を要約して記述しているが、『神今食次第』を参照することで、公卿不参の理由とともに、村上天皇の督促後も、右大臣がなかなか参入しなかったという事実が判明する。

なお、『神今食次第』が引くK⑩の勘物は「天慶元年六月十四日吏部王記」である。これに対応する『西宮記』の勘物S37は「天慶元年六月十四日」と書き出すのみで、その出典名を欠いていたが、これが「吏部王記」であることが判明した。S37にはK⑩の前半部の記事が含み込まれている。K⑩の後半部の記事を包含するのは、『西宮記』巻九、宿申の勘物としてみえる「吏部記」である。ただし、この「吏部記」は天慶元年の「六月十四日」を「六月十一日」と誤記している。「吏部王記」についても、『神今食次第』所引の逸文により、いくつかの補訂が可能となるのである。

さて以上、『西宮記』神今食条の勘物と『神今食次第』所引の勘物のうち、注目すべきものを対照しながら検討してきた。『神今食次第』所引の勘物は、K⑧・K⑨・K⑥のように比較的短文のものでも、『西宮記』の勘物とまったく同文のものはなく、むしろ『西宮記』の勘物の材料となる詳しい情報を含み込んでいた。そうした特

徴がより顕著に認められるのが、K⑪・K④・K③のように長文の「御記」を引用したもので、その一部を要約的に引用した勘物が『西宮記』中にみられるものの、長文の記事の多くは他史料にみられない新出逸文であった。『神今食次第』所引の「醍醐天皇御記」「村上天皇御記」などは、『西宮記』の勘物を典拠とするものではなく、「醍醐天皇御記」や「村上天皇御記」などの原典から直接書き出したものとみてよいだろう。

「醍醐天皇御記」はもと二〇巻、「村上天皇御記」はもと三〇巻あったと思われ、内裏清涼殿の日記御厨子に納められて、政務・儀式の参考に供せられた。度重なる内裏の火災により、「御記」もまた焼亡したが、そのたびに謄写されて復原された。少なくとも後朱雀天皇・後三条天皇のころまでは日記御厨子に納められており、応仁の乱まではまとまった巻数の抄本が禁裏に伝えられていたようである(10)。前述したように、『神今食次第』は延久年間に編纂されたものであるから、この時期には「醍醐天皇御記」や「村上天皇御記」の写本から記事を抜き出すことは可能だったのである。「醍醐天皇御記」や「村上天皇御記」などの新出逸文を多数含むという点でも、九条家本『神今食次第』の有する価値は高いということができよう。

三　行幸と鈴印携行

『神今食次第』所引の「醍醐天皇御記」には、神今食行幸時の鈴御唐櫃の運搬や不候に関する記事が書かれていた。すなわち、新出の延喜元年十二月御記（『北山抄』巻二、神今食事所引勘物とほぼ同文）では、乗輿が月華門にいたる間、少納言の不参が判明したので、左近少将を仮の少納言に任じ、鈴を運ばせたとある。また、延喜十三年御記によると、中院まで行幸したのちに、少納言の不参と鈴の不候が判明したが、天皇は当初、鈴を取りに戻らずに、少納言・近衛将監らを遣わして鈴を守衛させるよう命じた。しかし、延喜八年六月十一日の前例が報告されると、天皇は方針を改めて、前例に従い、少納言と近衛将監らを内裏へ派遣して、鈴を取らせ中院に奉進させることとした。以上の史料は、神今食行幸のさいに鈴（鈴印）御唐櫃の運搬に関する不手際がしばしば起こっていたこと、違例出来のさいには、鈴（鈴印）を内裏に取りに戻らせる例と、官人を内裏に派遣して、鈴（鈴印）を守衛させる例の両方がありえたことを物語っている。

行幸時の鈴印（駅鈴と内印）の携行については、公式令と『延喜式』に次のような規定がある。

・凡車駕巡幸、京師留守官、給鈴契、多少臨時量給（公式令）

・凡行幸従駕内印幷駅鈴・伝符等、皆納漆籠子、主鈴與少納言、共預供奉、其駄者、左右馬寮充之（主鈴式）

・凡行幸者、将監一人、升自西階、受取御劒供奉、即率近衛二人護之、亦令近衛二人護鈴印（左近衛府式）

・凡車駕巡幸鈴印駄、用櫪飼強壮者充之、鞴人二人、以飼丁充之、……（左馬寮式）

まず公式令には、行幸時には京師の留守官に「鈴契」を与えよ、とある。留守官に「内印」を与えるかどうかは不分明であるが、義解は「案唐令、不給内印」と明言し、集解には諸説が列記されるが、明確に内印を与えるという解釈は載せられていない。一方の『延喜式』によると、行幸のさいに内印・駅鈴・伝符などは天皇の鹵簿に加えられ、漆籠子（漆筥）に納めた上で主鈴と少納言が管理し、左右馬寮が用意した強壮馬に載せられて、近衛二人が護衛するなか運ばれたことがわかる。令制では留守官に鈴契を給うことが規定され、『延喜式』には鈴印は行幸に携行されることが明記されていたのである。

しかし、奈良時代には行幸時に鈴印が従駕していない場合があった。一つの例は天平十六年（七四四）閏正月の恭仁宮から難波宮への行幸時である。『続日本紀』によると、難波宮において聖武天皇は、二月乙未（一日）に少納言茨田王を恭仁宮に遣わして「駅鈴・内外印」を取らしめており、翌丙申（二日）に中納言巨勢奈弖麻呂が留守官に給っていた鈴印を持ち難波宮にいたった。恭仁宮の留守官は知太政官事鈴鹿王と民部卿藤原仲麻呂であったから、聖武天皇は前月の難波宮行幸にさいしては鈴印を携行せず、恭仁宮の留守官に委ねていたが、翌月、なんらかの理由により、鈴印を恭仁から難波に取り寄せたということになろう。

いま一つの例は天平十七年八月の平城宮から難波宮への行幸時である。行幸翌月の九月癸酉（十九日）、聖武天皇は不予となったため、平城・恭仁の留守官に「宮中固守」を勅し、孫王らを召して悉く難波宮にいたらしめ、遣使して平城宮の鈴印を取らせた。この場合も、八月の平城から難波への行幸時に聖武は鈴印を携行せず、不予に陥ったことで急遽、鈴印を取り寄せたということになる。結局、九月庚辰（二十五日）に聖武は平城宮に向けて出発しており、翌月、平城宮に到着した。

行幸時に鈴印が携行されたかどうかについては議論がある。鈴木景二氏は、公式令車駕巡幸条の法意からすれば、内印は行幸に従駕すべきものと考えられていたとし、天平十六年・十七年ごろに内印が留守官のもとに残されたのは、聖武天皇と元正上皇との間で王権が二分するような複雑な政治情勢があったからであるとしている[11]。澤木（仁藤）智子氏も、行幸中に詔書の頒下などを行うには内印が必要なので、天皇はこれを携行しなければならなかったはずであり、天平年間のケースは朝廷の分裂や天皇の不予という異常事態であるから、これを一般化するのは難しいと説いた[12]。

これに対して鎌田元一氏は、天平年間の二例をもとに、平常の行幸には一般に鈴印をともなわなかったことがうかがわれると評価し、かえって行幸のたびごとに頻繁に鈴印が携行されるというありかたにこそ、律令制がしだいに衰退し、鈴印のもつ実質的な機能が形骸化していくなかでの儀式化の様相をみるべきかもしれないと論じている[13]。仁藤敦史氏も、天平十六年・十七年の例からみて、実際の行幸では鈴印を留守官に預けるのが一般的であり、行幸に鈴印を携行するという令制の原則は十分機能しなかったと論じた[14]。さらに、加藤麻子氏も鎌田説を支持し、遷都・改作等のため長期間にわたって内裏を空ける遷宮・遷都時には内印が携行されたが、一時的な行幸時にはむしろ内印は不携行であったと考えている[15]。

　鈴印携行を原則とみるか、不携行を原則とみるかで、意見が分かれているが、天平十五年から十七年にかけては頻繁な行幸がくり返されたことを想起したい。天平十五年には、正月壬寅（一日）に紫香楽から恭仁宮にいったが、四月壬申（三日）に紫香楽へ行幸（恭仁宮に留守官任命）、同月乙酉（十六日）に還宮、七月癸亥（二十六日）に紫香楽へ行幸（恭仁宮に留守官任命）、十一月丁酉（二日）に恭仁宮へ還り、翌天平十六年閏正月乙亥（十一日）に難波宮に行幸した（恭仁宮に留守官任命）。その後、同年二月戊午（二十四日）に紫香楽宮に行幸し、翌天平十七年の正月は紫香楽宮で迎えたが、五月壬戌（五日）には恭仁宮へ還り（甲賀宮に留守官任命）、同月戊辰（十一日）には平城へ行幸し、八月癸丑（二十八日）には難波宮に行幸した（平城宮に留守官任命）。

　この時期にこのような度重なる行幸が行われ、恭仁宮・平城宮などには留守官が任命されたことをみると、鈴印を頻繁に持ち出すのを避けるため、鈴印の保管・管理は留守官に委ねたと考えるのが穏当ではないか。その意味では、天平十五年から同十七年にかけて、天皇行幸時には留守官が任命され、鈴印を携行しないことが常態化していた可能性がある。また、難波宮は風光明媚な景勝地であったので、難波行幸のさいには基本的に政務を行わないという風潮があったことも検討してみる必要があろう。いずれにしても、天平年間における難波行幸時の二例をもとに、行幸時に鈴印不携行が原則であったというのは難しい。その時々の政治情勢にもよるが、奈良時代においても、行幸時に鈴印を携行するのが原則であったと考えるべきであろう。

　皇位を象徴する宝器（レガリア）として、鈴印と並ぶものに神璽鏡剣がある。神祇令には「凡そ践祚の日、中臣、天神寿詞を奏し、忌部、神璽の鏡劒を上れ」とあり、天皇践祚（即位）時には中臣が天神寿詞を唱え、忌部が神璽の鏡剣を献上することとなっていた。『日本書紀』持統四年（六九〇）正月戊寅朔条によると、物部麻呂が大盾を樹て、神祇伯中臣大嶋が天神寿詞を読んだのち、忌部色夫知が神璽の剣鏡を奉上し、皇后は天皇位に即いたとある。七世紀末には、中臣氏が天神寿詞を読み、忌部氏が神璽の鏡剣を上ることが、天皇即位儀の重要な構成要素となっており、これが大宝令の規定に継承されたことがわかる。神璽の鏡と剣は皇位を象徴する第一の宝器であるということができよう。

中臣の天神寿詞奏上と忌部の神璽鏡剣奉上は平安初期には即位式から大嘗祭へ移行したとされ(16)、その背景には剣璽渡御の儀の成立、すなわち即位と践祚の分離があるといわれる(17)。いずれにしても、皇位を象徴する宝器たる神璽鏡剣は、はじめ先帝崩御後の践祚儀において新帝のもとへ移され、のちには譲位後の践祚儀においても新帝の御所へ運ばれた(18)。諒闇践祚・譲位践祚のさいには、神璽鏡剣とともに鈴印・伝符などの移動もあったから、鏡剣と鈴印との類似性がうかがわれる。たとえば、嘉祥三年（八五〇）三月己亥（二十一日）の文徳践祚時には、文徳のいた皇太子直曹（宜陽殿東庭休廬）に「天子神璽宝劔符節鈴印等」が運ばれ、輦車に乗った文徳はこれらとともに東宮雅院に移った（『続日本後紀』『日本文徳天皇実録』）。『儀式』巻五、譲国儀には「内侍持節劔追従」とあるが、内侍が持って追従した「節劔」とは鏡剣をさすと考えられる。

このように神璽鏡剣と鈴印とは皇位にともなう宝器として重視されたが、両者には大きな相違があったことも見逃すべきではない。そのことは光孝天皇の即位儀から確認することができる。陽成天皇が譲位し、光孝天皇が即位する儀礼は、陽成が内裏から二条院に遷幸し、光孝がそれに隣接する東二条宮に入って行われた。このとき「天子神璽宝劔鏡等」は例により陽成に随伴したが、「駅鈴伝符内印管鑰等」は内裏の承明門内東廊に留め置かれた（『日本三代実録』陽成紀、元慶八年二月四日条）。譲位宣命ののち、「神璽宝鏡劔等」「天子璽綬神鏡宝劔等」は親王・公卿に付されて、東二条宮にいた光孝に手渡された。翌日、光孝が東宮に入御すると、内裏に留めてあった「鈴印匙鎰等」は左近少将・右近少将によって「東宮南門内西掖」に運び置かれた（『日本三代実録』光孝紀、元慶八年二月五日条）。

通常時の鈴印の保管場所は「承明門内東腋」（『日本三代実録』貞観十一年七月二十六日条）、「長楽門中」（同、貞観十七年七月二十一日条）などと記されるので、承明門と長楽門の間の廊であったことがわかる。[19]『新儀式』巻四、天皇遷御事にも「移置鈴印辛櫃於中門内南廊」とある。少なくとも光孝朝まで、神璽鏡剣は天皇と同殿内にあり、[20]常に側近を離れなかったのに対して、鈴印は内裏内郭の南門たる承明門内に置かれていた。陽成の譲位儀と光孝の即位儀は、光孝が皇太子となっていなかったため、同一の殿舎内で行うことはできず、隣接する二条院と東二条宮で神璽の返納と献上の儀式が挙行されたのであるが、[21]鈴印は陽成の行幸に従うことはなく、通常の保管場所である承明門内に残され、光孝が神璽を手にして東宮に入ったあと、東宮の南門内に移されたのである。神璽と比較した場合に、鈴印は相対的に低く位置づけられていたことになる。

同じく皇位を象徴する宝器として重んぜられたとはいえ、天皇と同殿に置かれ、行幸時には常に携行される神璽鏡剣とは異なり、鈴印の場合は、携行されない場合もあったことがわかる。天平十六年や天平十七年の鈴印不携行、『神今食次第』にみえた延喜八年と同十三年の鈴不携行などを参照すると、その理由はさまざまであるが、鈴印の不携行はしばしば起こりうることだったとみることができよう。ただし、このことから行幸時における鈴印不携行が原則であったとみるのは疑問で、公式令の留守官規定や延喜主鈴式・左近衛府式の鈴印規定からみても、行幸時には鈴印は従駕するのが基本であったとみるべきである。

『神今食次第』所引の「醍醐天皇御記」にみえた鈴（鈴印）の不候に関する記事は、神今食のために中院へ行幸するさいに、鈴印の入った唐櫃がどのように扱われたのかを示すもので、平安時代におけるこうした事例をも踏まえながら、今後さらに議論を深める必要があろう。

おわりに

本章では九条家本『神今食次第』が引用する諸書の逸文のうち、「西記」と「醍醐天皇御記」「村上天皇御記」などの逸文について検討を加えてきた。

「西記」逸文は現行本『西宮記』巻四（恒例六月）と巻八（臨時乙）とから、神今食に関する儀式文を抜き書きしたもので、その字句は現行本とほぼ同じであるが、いくつかの点において小さな相違点もあり、そのなかには『西宮記』の本文をより厳密に復原するための手がかりが含まれている。

「醍醐天皇御記」「村上天皇御記」などの逸文は、『西宮記』所引の勘物と年月日のみ一致するものも多いが、短文のものでも『西宮記』の勘物と同文というものは少なく、長文のものにいたっては、官人の動きや天皇の指示を具体的かつ詳細に伝えており、神今食関係に限定されるとはいえ、多くの新史料が姿を現したことになる。これら「御記」の逸文は「醍醐天皇御記」や「村上天皇御記」の原典から直接引用されたものであり、要約引用された『西宮記』の勘物からはうかがえない貴重な情報が書き込まれている。「内裏式」「清涼御記」だけでなく、醍醐・村上両天皇の「御記」逸文を多数含むという点でも、九条家本『神今食次第』のもつ価値は高い。

今回確認された詳細な「御記」逸文からは、醍醐天皇や村上天皇が政務・儀式をとり行うさいに、次々に発生する諸問題に対して、自身の日記や近衛陣日記などから前例を確認しながら、最善の解決策を模索しているさまがうかがわれた。醍醐天皇が「延喜蔵人式」を編纂して、蔵人に関わる法制を整備し[22]、村上天皇が「清涼記」（＝「新儀式」）を撰述して[23]、天皇を中心とする政務・儀式の次第を定めたのは、こうした醍醐朝以降の政務・儀式の混乱を正す動きと一連のものと捉えることができよう。醍醐・村上朝における政務・儀式の実態は、今回確認された「御記」逸文の詳細な記述からも、さらに明らかにされることがあるであろう。

註

（1）西本昌弘ａ「九条家本『神今食次第』所引の「内裏式」逸文について―神今食祭の意義と皇后助祭の内実―」（『史学雑誌』一一八―一一、二〇〇九年。本書第二部第一章）、同ｂ「九条家本『神今食次第』にみえる「清涼御記」逸文――「清涼記」の成立年代と「新儀式」との異同」（田島公編『禁裏・公家文庫研究』三、思文閣出版、二〇〇九年。本書第二部第二章）。

（2）延喜掃部寮式によると、二月四日の祈年祭のさいには、大臣と参議以上の座を神祇官西院の「北舎」に設け、弁官・史・諸司の座を「南舎」に設けた。『北山抄』巻二、神今食事には、禁中の穢や御物忌のため、神今食の御膳を所司に付す場合、上卿は神祇官において祭祀を行うが、そのさいは「斎院北屋」を神殿となし、「南屋」に親王・大臣・納言・参議らの座を設けたとある。

（3）西本昌弘「「蔵人式」と「蔵人所例」の再検討―『新撰年中行事』所引の「蔵人式」新出逸文をめぐって―」（『史林』八一―三、一九九八年。本書第一部第二章）。

（4）須田春子「命婦・女孺・采女」（『律令制女性史研究』千代田書房、一九七八年）。

（5）中原俊章「中世の女官」（『日本歴史』六四三、二〇〇一年）。

（6）加納重文「命婦考」（山中裕編『平安時代の歴史と文学』文学編、吉川弘文館、一九八一年）、須田春子「命婦・宮人」（『平安時代後宮及び女司の研究』千代田書房、一九八二年）。

（7）中原俊章註（5）論文二二頁。

（8）本多伊平編『平安時代補任及び女人綜覧〈人物索引〉』（笠間書院、一九九六年）三八五頁。藤原豊子の任典侍について、本多氏は『大日本史料』に依拠して「菊亭文書」を典拠史料とするが、同様の写本は東山御文庫にも所蔵されている（勅封一八一―一二三―一二三―四『女官加階叙位等勘例』一冊）。

（9）林陸朗「桓武朝後宮の構成とその特徴」（『桓武朝論』雄山閣出版、一九九四年）七八〜八〇頁。

（10）和田英松『皇室御撰之研究』（明治書院、一九三三年）、所功「三代御記の伝来過程」（『三代御記逸文集成』国書刊行会、一九八二年）。

（11）鈴木景二「日本古代の行幸」（『ヒストリア』一二五、一九八九年）。

(12) 澤木智子「日本古代における留守と行幸」(『ヒストリア』一三二、一九九一年。のち仁藤智子『平安初期の王権と官僚制』吉川弘文館、二〇〇〇年に再録)。
(13) 鎌田元一「律令制と文書行政」(岸俊男編『日本の古代』七、まつりごとの展開、中央公論社、一九八六年)。
(14) 仁藤敦史「古代王権と行幸」(『古代王権と官僚制』臨川書店、二〇〇〇年)。
(15) 加藤麻子「鈴印の保管・運用と皇権」(『史林』八四―六、二〇〇一年)。
(16) 加茂正典「剣璽渡御儀礼の成立についての一試論」(『日本古代即位儀礼史の研究』思文閣出版、一九九九年)。
(17) 井上光貞『日本古代の王権と祭祀』(東京大学出版会、一九八四年)、柳沼千枝「践祚の成立とその意義」(『日本史研究』三六三、一九九二年)。
(18) 帝国学士院編『帝室制度史』第五巻(ヘラルド社、一九四二年)、井上光貞註(17)著書、加茂正典註(16)論文など。
(19) 加藤麻子註(15)論文。
(20) 光孝朝までは神璽鏡剣は天皇の御在所たる仁寿殿などの「夜御殿」に安置されていたと思われるが、清涼殿を常居とするようになった宇多天皇の寛平年間になって、神鏡は温明殿に移された(『撰集抄』巻九、内侍所御事)。その後、清涼殿の「夜御殿」において天皇と同座したのは「御剣」と「璽筥」であり、天徳四年(九六〇)九月二十三日の内裏火災のときには、左近中将源重光が「御剣・璽筥」を持ち、村上天皇に陪従している(『小右記』)。神鏡の温明殿への遷移については、角田文衛「平安内裏における常御殿と上の御局」(『角田文衛著作集』四、王朝文化の諸相、法蔵館、一九八四年)、石野浩司「温明殿の成立」(『皇学館大学神道研究所紀要』二四、二〇〇八年)などを参照。
(21) 鴨野有佳梨「陽成譲位儀式と光孝の即位」(『古代史の研究』一六、二〇一〇年)。
(22) 西本昌弘「「蔵人式」と「蔵人所例」の再検討―『新撰年中行事』所引の「蔵人式」新出逸文をめぐって―」(『史林』八一―三、一九九八年。本書第一部第二章)。
(23) 西本昌弘註(1)b論文。

九条家本『神今食次第』所引「西記」「二代御記」逸文翻刻

凡　例

一、本書の底本は宮内庁書陵部所蔵の九条家本『神今食次第』（九―一五一一）であり、そのなかの「西記」と「二代御記」の逸文のみを翻刻した。
一、翻刻にあたっては、底本の体裁をできるだけ尊重した。
一、文中に読点・並列点を適宜加えた。
一、抹消文字はその左傍に抹消符（ゝ）を付した。
一、校訂注は、底本の誤字などについては〔　〕、参考・説明のためのものは（　）で示した。
一、字体は常用漢字を用い、異体字・略体字は正字に改めたが、一部底本の字体をそのまま採用したものもある。
一、底本の紙替りは、各丁オモテ・ウラの終わりに」を付して示し、各丁オモテ・ウラ最初の行頭上（16ウ）（17オ）などと示した。

（16ウ）
西記云
十一日神今食、於神祇官行例、卜合
親王以下小忌、
上卿着南舎、〔東〕親王入自北西面、上卿入自南北面、弁・少納言對座、弁北面、
侍従在未座、外記・史・中務丞・録・内舎人在南廂、召使候東面座、西方為侍従厨□〔候〕所、親」
（17オ）
王□〔王〕前机、餘用臺盤、外記置式筥、或申代官、□〔使〕部申
時、供神物弁備、王卿以下向北舎、帯鈠
人解之、主水司供手水、親王執打拂筥、無親王者、次人ゝ執之、

納言・參議昇板〔坂〕枕、弁・少納言已下
供御疊、納言東、掃部官人傳函〔取カ〕供之、宮主・陪膳・采女候、了
還南舍、亥供御膳、了又供曉膳、舊例、待曉、或有囲碁、冬以衾纒腰、
丑刻、供曉、王卿撤御座等、如初儀、
（17ウ）采女參內、奏夕曉御膳供了狀、
中院儀、子細注加清涼記了、抑有方忌之時、早還御、或又有方忌之時不御、
天暦元年十二月、無行幸、納言以下着中院
行之、
中院行幸儀、腰輿張蓋、
上卿奉　勅、仰外記、令催諸司、蔵人催取物・内豎・女官等、内蔵寮令持御釼、當日夕、候御輿於日
（18オ）華門、諸衛・駕丁向主殿寮、官人相加迎御輿、有執物、掃部候下敷、
天皇御南殿、着帛御衣、近衛次将等向日
華門外、左近出自敷政門、右近自階下率御輿長等、向日華門、内侍
持神璽御釼等、立左右、小忌王卿列庭
東邊、倚御輿、掃部寮官人敷筵、女官豫〔不脱カ〕持
大刀契櫃、置殿西南縁、或大刀候云々、左右
将監昇殿舁之、大舎人相待舁、主殿官人

（18ウ）取帊《オホヒ》、〈判官已上、〉中将左開戸、内侍入鈫、次
乗御、〈並西朔反〉次入筥、閇戸、東竪取御挿鞋、
御輿長等持御輿、駕丁相待荷、次
将立直、王卿前行、女官降自西階扈
従、殿上人相従、〈所人・御厨子所同之、〉着御中院、
大忌王卿立幕北、〈西上北面、〉停御輿於中
殿南階、降御、入自南庇西戸・母屋　」
（19オ）南面戸、御西隔、事了歸御、左将問、大
忌名謁、御南殿問、小忌王卿名謁、諸
衛督已下員壷胡籙、次将縫腋、御
輿居西廊、神祇官祭本殿、
　此日記同十一月卯日行幸、可見合
也、
弘仁十四年十二月廿八日宣旨云、六月　」
（19ウ）神今食刻限、戌一點、御斎院、〈十二月用酉、〉寅
二點、還宮、〈十二月用卯、〉卯一點、宮内・神祇候
延政門外、〈十二月用辰二點、〉二點、叩門、參入御
殿、〈十二月同、〉以前、右大臣宣、永以為例、
　少外記都宿祢廣田麿奉、

延喜例云、十一日神今食、行幸中院、蔵人奉御笏・御薬、陪従如例、内蔵寮」(20オ)弁備酒饌、給殿上侍臣及雑色以下、但供奉女蔵人・内侍等、以酒肴、

延喜十一年十二月御記云、雖御物忌、御中院、此夜、元平親王・參議當時（藤原）朝臣・清貫（藤原）朝臣供小忌、前例、親王・納言・參議各一人供小忌、而此參議二人供奉、令」(20ウ)問其由、外記申云、大納言藤原（忠平）朝臣在假中、因不合御卜、其餘納言等、或雖合卜、有穢、或不合、或有病、故因勘前例、去昌泰三年十二月記云、前例、無大納言・中納言者、參議二人供小忌、因告右大臣（源光）、〻〻仰、准彼例、令供奉云〻、前例、凢可供小忌者、又無他人、更不合御」(21オ)卜、潔斎供奉、大納言藤原朝臣、今日在假外而不供奉、更差參議失誤也、又大忌陣、解斎・殿祭後、与小忌相代

可參入、而年來偏以殿祭終、還宮
時、相副參入、今夜仰、還宮時、留陰明
門外、後与小忌相代、令參入、
同十三年御記云、至中院、下輦、掃司
(21ウ)申、少納言不候鈴、即令右近中将衆(良
峯)樹朝臣問其由、藤原朝臣令申當(源)時、
御之間、少納言・主鈴・大舎人等不侍而
不能候鈴、其間已御輦、不得以聞、
令仰、前例如此之事、停輦待、備而
後行之、今夜不以聞之遅怠、又宜
令勘不候者、只至鈴追候、若無
(22オ)便者、宜遣少納言・近衛将監等、可令
守之、衆樹〔朝脱〕臣還來云、藤原朝臣承仰
旨了、只令検陣日記、去八年六月十一日、
神今食御中院時、誤不候鈴、上宣、
遣少納言當純(源)・左右近衛将監等内裏、取
奉進云〻、有此、仰云、前所仰、為将
來之間無便也、而有前例、宜重仰藤
(22ウ)原朝臣、因循彼年例、令行之、後日見右

近陣日記云、權中納言源朝臣宣（昇カ）云〻、
又彼年日記、大舎人不候鈴櫃、使清（藤
原）貫仰右大臣（藤原時平）、更遣近衛将監等、令取
云〻、然則承旨、源朝臣傳而行之、
延喜元年十二月御記云、乗輿至月華
門之間、申云、少納言未參、不得運鈴、
（23ｵ）即□〔停〕輿、仰以左近少将言行（藤原）、假為少
納言、令取鈴之、
延喜十五年六月十一日御記云、此夜、行
神今食事如常、但大忌親王・公卿不
候、年來未有此事、又内侍等皆有
障不候、殿上命婦三嶋鎮子・藤原
豊子等供奉、内侍職掌年來又未
（23ｳ）有例、然以無内侍、不可闕供祭故、准他
時内侍代例、仰令奉仕、
康保元年六月十一日御記云、公卿或軽
服、或進假文、不參神今食所、子尅、
召右大将藤原朝臣（師尹）、參入之間、及平
明、始祭事、年來未有如此之例、云〻、

應和二年六月十一日御記云、暁更、神祇」（24オ）官人・御巫等參入、供殿祭、雖當物忌、依事不獲止、令參入之、

天暦八年十二月十一日御記云、外記春道有方、令蔵人安親（藤原）申云、可供小忌親王・公卿申障、不可參着云々、令仰有方、以參議正明（源）朝臣一人令行、又弁官以代官供奉云々、」

（24ウ）天慶元年六月十四日吏部王記云、大忌幕无弁・少納言、不能進盃、左大臣（藤原仲平）云、如此時、故右大臣（藤原恒佐）囲碁、賭盛居、即流其巡、又召近衛次将、令進盃、是故實也、即召左近中将英明（源）・右近中将正明（源）、令勧三巡後、左少弁朝綱（大江）參、依常進□〔擧カ〕、丑二尅、左近将曹以下就大忌」（25オ）幕、申宿直於□〔大〕将、中将唱姓、少将姓名、六位稱姓名、三尅、右近府生以下又來申、権中将師輔（藤原）朝臣云、公卿次官猶同長官、而府生申宿、乖例、

康保三年十二月御記云、有月次・神今
食祭云々、酉尅、右近少将為光（藤原）申、左
近小忌中将博雅（源）朝臣申障不參、自
（25ウ）」余不合御卜、令仰、依例以右将一人、令
供左代、戌一尅、御南殿、右大将藤原
（頼忠）朝臣令文範（藤原）朝臣申云、外記等不候、
仍令召之、爰大外記物部安親雖參
來、慥不知誰親王當小忌之由、公卿
當卜忌者、左衛門督藤原（師氏）朝臣及師（藤
原）尹□（卿カ）參候陣、脩理大夫源（重信）朝臣奉□
（26オ）」□□未還參、納言二人供奉、未見其
例、為之如何、令仰上卿一人宜供奉、源
朝臣若還來、相加供奉、同刻御中院、
先就湯殿、神祇官令藏人為信（藤原）申云、
例未行幸以前供殿祭、而依木工寮
遅進八足机、未供奉、承仰将奉仕、令
仰云、先々或行幸之後供奉、宜早令
（26ウ）」供奉、即供東隔殿祭之、丑三尅、乗
輿還宮、于時大忌左近少将能正（源）・懐忠（藤原）、

従御輿参入、失誤也云〻、

第四章　『北山抄』巻十の錯簡とその復元

――稿本と前田本の相違点を手がかりに――

はじめに

稿本『北山抄』は藤原公任の自筆草稿本で、巻十吏途指南の一軸のみが現存する。この稿本は長く三条家に伝えられたもので、一九二六年（大正十五）三月に公爵三条公輝氏所蔵の記録文書類が東京帝国大学史料編纂掛に委託されたさい、これを点検・調査した和田英松氏によって発見された[1]。本文のいたるところに加筆・訂正・削除のあとがみられ、紙背文書の余白や行間にも目録や裏書が記されており、公任の自筆草稿本とみて疑いないものである。この稿本『北山抄』は戦後、国に買い上げられて、一九五二年に国宝に新指定され、京都国立博物館に保管されている。

稿本『北山抄』の紙背文書の多くは、戦前に『大日本史料』第二編に翻刻され[2]、仮名消息を中心とする複製本の作成[3]や展覧会への出陳も行われたが[4]、一九八三年三月には稿本『北山抄』の表裏の縮小写真が、京博の蔵品目録に掲載され[5]、同年八月には解説と釈文を付して、稿本『北山抄』本文の原寸大写真が影印刊行された[6]。また、神道大系『北山抄』には所功氏の手になる稿本『北山抄』の釈文が収録され[7]、稿本の紙背文書の多くは『平安遺文』第二巻・第十巻にも翻刻されている。こうした影印本や活字本を通して、現在では稿本『北山抄』の姿に触れることが容易となった。

一方、稿本以外の『北山抄』の古写本としては、前田育徳会尊経閣文庫に平安末書写（一部鎌倉書写）の巻子本十二軸と、室町後期書写の冊子本（永正書写本）五冊の二種が伝存し、[8]国立公文書館内閣文庫には、慶長十九年（一六一四）に九条家本を借用して書写した紅葉山本（慶長御写本）五冊が所蔵されており、[9]このうち永正書写本と紅葉山本には巻十吏途指南が存在する。また、平安末に藤原為房が編纂した『撰集秘記』巻三十九（臨時十九）にも、『北山抄』巻十が一括引用されており（古今定功過例の末尾が欠けている）、これを永正書写本（以下、前田本と称す）や紅葉山本の巻十と比較すると、三者ともにそれぞれ相違点はあるものの、[10]本文の配列や記載方式は基本的には同じであり、平安末には古写本につながる本文が出来上がっていたことがわかる。

しかし、これらの古写本と稿本『北山抄』とを対比すると、稿本に存在しない記事が古写本にみえたり、稿本と古写本とで記事の配列が異なるなど、両者の間には多くの相違点が認められる。前田本や紅葉山本の記載は従来の刊本（丹鶴叢書本・故実叢書本）や最近の神道大系本にもおおむね継承されているので、[11]稿本の配列のみが古写本や流布本とは異なっているということになる。こうした稿本と流布本との相違点については、すでに先学の指摘があり、相違の由来についても仮説が提示されている。しかし、稿本自体の細かい検討から、稿本の作成過程を類推する作業はいまだ不十分であり、未解明のまま残された問題点も少なくない。

幸い私は一九九三年九月に京都国立博物館において、稿本『北山抄』を実見する機会をえたので、そのさいに気づいた点を中心に、稿本の細部の特徴と前田本との相違点を紹介し、本来の稿本の記事配列を推定復元するとともに、これが前田本の配列へと変化する過程を追ってみたいと思う。

一　稿本『北山抄』と前田本の相違点

まず、稿本『北山抄』の現状について、書誌的な説明を加えておきたい。稿本は長保・長徳の文書を貼り継いで一軸の巻子本としたもので、第14紙と第15紙の間、第19紙と第20紙の間にそれぞれ断裂部があり、現在は後補の白紙をこの間に補っている。後補の白紙二枚を除くと、本来の稿本は二十九紙からなっている。この二十九紙のなかにも白紙一枚（第18紙）が含まれているが、これは紙質からみて当初からのもので、公任が加えた白紙とみられる。各紙の法量は紙高三〇・七㌢前後で、紙幅はやや短いもので三九・〇㌢前後、長いもので五〇・〇㌢前後をはかるが、第19紙の紙幅のみ二一・二㌢と他紙の半分程度しかない（第18紙の白紙の紙幅も一六・六㌢とかなり狭い）。

稿本本来の二十九紙のうち、第1紙と第18紙（白紙）には紙背文書がなく、それ以外の二十七紙には紙背文書が存在する。紙背文書のなかには二紙で一通のものが三点[12]あるので、文書点数にすると二十四通ということになる。年紀不明の文書が数点あるが、それ以外はいずれも年月日を有しており、もっとも古いものが長徳二年（九九六）十一月二十五日、もっとも新しいものが長保六年（寛弘元年、一〇〇四）正月二十一日のものである。検非違使別当宣案が五通もあることが目をひくが、公任は長徳二年九月から長保三年十二月まで検非違使別当をつとめたから、その時期の文書を多く再利用して『北山抄』巻十を筆録したことがわかる。

以上のような外形をもつ稿本『北山抄』について、その本文の配列と裏書の位置および紙背文書名などを、各紙ごとに整理すると表10のようになる。また、表10と対比する形で、尊経閣文庫の前田本『北山抄』巻十の本文の配列と裏書の位置を示すと、表11のようになる。この二つの表をもとにして、稿本の細部の特徴を摘記しながら、前田本との相違点を探ってゆきたい。

〔第1紙～第2紙〕　稿本の巻首部分には破損があり、第1紙のはじめの方は失われているが、かろうじて「二」「三云」の文字や「□□〔紀伊〕國延喜十九年租□〔帳〕」以降の文章が残されている。前田本の巻首部分と対照すると、これらはb主計寮式云の記事の一部であり、稿本の記事はb主計寮式云の途中から残されていることがわかる。稿本の第1紙にはbのあと、c先公為権弁、d尾張国〔為輔納言任〕、ⓔ師尹大臣為右中弁之時、f陸奥守随身例、ⓖ下書目録などが書かれ、第2紙のはじめにh惟仲任帥之時が記されたのち、A国司下向早晩事の記事が書き起こされている。このうちⓔとⓖには墨抹の印が加えられており、ⓖにかわるg′清書目録が第2紙の裏から第1紙の裏にかけて記されている。

一方の前田本は、まずb主計寮式云の前にa勘出事と㊂「先公命云」を置くが、稿本ではaは存在せず、㊂は巻末の第29紙に書かれている。次に前田本はh惟仲任帥之時のあとに裏書の(5)衛府預文会者を引き、さらにi勘解由使勘不、j読大勘文事、k済当々公事国などの本文と、(6)越勘事、(7)勘出事、(8)糯字用例などの裏書を書くが、本文ijkと裏書(5)(6)(7)(8)は稿本には存在しない。また、前田本は稿本で墨抹されていたⓔとⓖを削除し、ⓖにかわるg′清書目録を裏から表に移して、これをA国司下向早晩事の直前に置いている。

以上の稿本と前田本の相違点のうち、まずa勘出事については、本来の稿本にも存在した可能性が高い。稿本は巻首の破損のために、b以前の記事を失っているが、b主計寮式云やc先公為権弁はa勘出事との関連で書かれたと考えられるからである[13]。ただし、稿本第1紙の残された紙幅からみて、この中にaが収まるとは思えず、第1紙の前にさらに一紙（第0紙）が存在し、ここにaが記されていたと推測される。また、前田本にみえる(5)の裏書は、現在の稿本には残されていないが、後述する稿本の複本一紙には記されているので、本来の稿本にはこれが存在したこともわかる。

表10　稿本『北山抄』巻十の配列

紙数	『吏途指南』本文	裏書	紙背文書
1	b主計寮式云（前欠） c先公為権弁 d尾張国〔為輔納言任〕 ⓔ師尹大臣為右中弁之時 f陸奥守随身例 ⓖ下書目録	g′清書目録	なし
2	h惟仲任帥之時 A国司下向早晩事 B罷申事 C計歴事	g′清書目録（題）	㉔長保元年4月5日 検非違使別当宣案
3	〃 D延任重任事 E臨時申請雑事		㉓長保元年3月29日 雑色錦滋任解
4	〃		㉒長保元年3月29日 検非違使別当宣案
5	〃 F前司卒去国申停交替使事 G不堪佃田事		㉑年未詳3月28日 備後権守某申文

表11　前田本『北山抄』巻十の配列

稿本紙数	『吏途指南』本文	裏書
なし	a勘出事	
29	㊂先公命云……	
1	b主計寮式云 c先公為権弁 d尾張国〔為輔納言任〕 f陸奥守随身例	
2	h惟仲任帥之時※	(5)衛府預文会者 弓箭帯否事
なし	i勘解由使勘不某乃国 j読大勘文事 k済当々公事国※	(6)越勘事 (7)勘出事
2	g′清書目録 A国司下向早晩事 B罷申事 C計歴事	(8)糒字用例
3	〃 D延任重任事 E臨時申請雑事	
4	〃	
5	〃 F前司卒去国申停交替使事※ G不堪佃田事	(9)寛弘御記云

6	〃		⑳年月日未詳 某仮名消息
7	〃 H減省事 I無直交易事		⑳年月日未詳 某仮名消息
8	〃 J賑給事 K給復事 L異損事 M勘出事		⑲長徳3年6月11日 前淡路掾美努兼倫解
9	〃 N未与不国事 O勘済前任公文事 P前司卒去国任終年雑米事		⑱長徳4年2月21日 備前国鹿田荘梶取解
10	〃 Q免半租年事 R解由状事		⑰長保元年7月15日 検非違使別当宣案
11	〃 S不与状事 T実録帳事		⑯年未詳9月23日 近江介源則忠書状（前欠）
12	〃 U功過定事		⑮長保元年9月9日 検非違使別当宣案
13	〃		⑭長徳3年5月5日 僧慶勢解
14	〃 ……物而言之	⑴省試詩蜂腰事	⑬長徳2年11月25日 高向国明宅検封注文

6	〃
7	〃 H減省事 I無直交易事
8	〃 J賑給事 K給復事 L異損事 M勘出事
9	〃 N未与不国事 O勘済前任公文事 P前司卒去国任終年雑米事
10	〃 Q免半租年事 R解由状事
11	〃 S不与状事 T実録帳事
12	〃 U功過定事
13	〃
14	〃 ……物而言之

紙数	『吏途指南』本文	裏書	紙背文書
〔断裂部Ⅰ〕			
15①	㊀或国々陳……		⑫長保6年2月16日 西市司申文
15②	V加階事	(2)阿衡事(後半)	
16	〃 1勘会公文所司罪状	(2)阿衡事(前半) (3)因論生論	⑪長保5年正月21日 秦至平申文
17	W給官事		⑩長保5年正月11日 小舎人所内蔵有満解
18	(白紙)		なし
19	X(古今定功過例) ㋑相模介維将		⑨長保2年3月2日 検非違使別当宣案(前欠)
〔断裂部Ⅱ〕			
20①	㊁受領見物……	(4)革命事(尾欠)	⑧長徳4年12月26日 大春日淑孝解
20②	㋺大和守共政 ㋩筑前守知章		
21	〃 ㋥大隅守仲宣 ㋭備後守方隆 ㋬備前介頼光 ㋣近江守忠望		⑦長徳3年5月20日 内蔵貴子解

紙稿数本	『吏途指南』本文	裏書
なし	㊃以興復亡国、合期済事、可為殊功也、	
複本	㊄諸国或致別進……	
20①	㊁受領見物……	
15②	V加階事	
16	〃 1勘会公文所司罪状 (3)私曲相須事(因論生論)※	(2)阿衡事 (4)革命事 (10)続命祭幡立 (1)省試詩蜂腰事
17	W給官事	
19	X古今定功過例 ㋑相模介維将	
20②	㋺大和守共政 ㋩筑前守知章	
21	〃 ㋥大隅守仲宣 ㋭備後守方隆 ㋬備前守頼光 ㋣近江守忠望	

22	23	24	25	26	27	28	29
〃 ㋠駿河守貞材 ㋷陸奥守維叙	〃 ㋦能登守致時 ㋸遠江守為憲 ㋾同国守為文	〃 ㋻伊豆守理明 ㋕丹波守永頼 ㋵豊前守識進 ㋟越中守業遠	〃 ㋹日向守保昌	〃 ㋞安芸守邦昌 ㋡加賀守重文	〃 ㋧阿波守忠良	〃 ㋤尾張守元命 ㋶紀伊守景理	㊂先公命云……
⑥年月日未詳 某書状	⑤長保元年4月1日 衛門府月奏文（後半）	⑤長保元年4月1日 衛門府月奏文（前半）	④長保元年8月27日 大和国司解（後半）	④長保元年8月27日 大和国司解（前半）	③年未詳2月30日 某書状（前欠）	②長保5年正月27日 県宿祢奉平申文	①長保6年正月21日 明法道注進状

22	23	24	25	26	27	28	15 ①
〃 ㋠駿河守貞材 ㋷陸奥守維叙	〃 ㋦能登守致時 ㋸遠江守為憲 ㋾同国守為文	〃 ㋻伊豆守理明 ㋕丹波守永頼 ㋵豊前守識進 ㋟越中守業遠	〃 ㋹日向守保昌	〃 ㋞安芸守邦昌 ㋡加賀守重文	〃 ㋧阿波守忠良	〃 ㋤尾張守元命 ㋶紀伊守景理	㊀或国々陳……

備考　前田本の裏書は※印を付した本文のあとに引用されている。

〔第5紙〕　前田本ではF前司卒去国申停交替使事のあとに、裏書の⑼寛弘御記云が書かれているが、Fが記される稿本第5紙の裏には、年未詳三月二十八日の備後権守某申文が存在するのみで、その余白や行間に裏書は記されていない。

〔第14紙〕　稿本の第14紙はU功過定事の記事の途中で終わっている。第14紙の最後の四行ほどを書き出すと、次のようになる。

又尋延喜天暦舊風、任難済國之者、雖不請究調庸惣返抄、不勘畢任中税帳、以其所済勝於前任、多被任要國也、何況漸済亡國之事、勘畢公文之者、不可敢為拙歟、如此之間、能可會釋、往代或不被用別功、新委憂国之甚也、惣而言之、

第14紙のあとには断裂部があり、第14紙末尾に記された「惣而言之」は、第15紙冒頭の㊀「或国々陳」という文章とはつながらないので、第14紙の次に錯簡のあることが想定される。また、第14紙左端の紙背には裏書の⑴省試詩蜂腰事が書かれているが、この裏書は前田本では⑶私曲相須事（因論生論）のあとに、その勘物の一つとして引かれており、稿本とはやや位置を異にしている。

〔断裂部Ⅰ（錯簡Ⅰ）〕　稿本の断列部Ⅰに相当する箇所に、前田本は次の計百四十二文字を記している。

㈣以興復亡國、合期済事、可為殊功也（以上、十四字）

㈤諸國或致別進、或年料米等、勤在前進納、是皆可為功也、但合期不済他事者、有何益乎、大宰管國公文、府雑掌相副参上、二寮所勘也、而延喜以来、為省事煩、停其入京、於府勘済、師貳有召上道、三位以上不責解由、任中勤堕見執印、少貳言上實録帳、其少貳参上時、必申少貳解由、而近代只申任國解由、不求少貳解由云々、可奇（以上、百二十八字）

このうち㈣の十四文字は、稿本第14紙末尾の「惣而言之」に無理なく接続するので、稿本の断裂部Ⅰに存在し

た錯簡Ｉの冒頭には、㊃の十四文字が記されていたと推定できる。一方、㊄の百二十八字は現在の稿本には残されていないが、本来の稿本には書かれていたようである。すなわち、和田英松氏が稿本『北山抄』を調査したさい、三条家には稿本とは別に近世に稿本を影写した複本が存在した。この複本を稿本と対照すると、複本には稿本に存在しない一紙が含まれており、現在の稿本からは失われた一紙が近世までは伝存していたことがわかる。複本にのみ伝わるこの一紙の表には、前田本にみえた㊄とほぼ同文の百二十七文字が書かれており、その紙背文書の行間には、前田本にみえる裏書の⑸衛府預文会者の全文と、同じく裏書の⑷革命事の末尾八文字が記されていた（なお、詳しくは後述）。したがって、本来の稿本には㊄の百二十七〜八字が存在したことが確認できる。ただし、㊄の百二十七〜八字を断裂部Ｉに補うことについては、後述のように疑問がある。

〔第15紙〕　稿本の第15紙にはまず㊀「或国々陳」の記事が五行書かれ、そのあとに二〜三行分の空白をおいて、Ｖ加階事の記事が十三行書かれているが、紙の右端から約一〇センチのところ、㊀の記事が終わった直後に切目の跡がある。第15紙の紙背文書である長保六年二月十六日西市司申文についていえば、一通の文書が「長保六年二月十六日」という日付けのほぼ中央で切られているのである。この部分がかつては切断されており、第15紙が①②の二片に分かれていた時代があったことを示していよう。

これと関連するかのように、前田本では㊀「或国々陳」の記事は巻末に移されており、これにかわって、稿本では第20紙①にあった㊁「受領見物」の記事が第15紙②の前に移されている。なお、稿本の第16紙裏から第15紙裏にかけて、裏書の⑵阿衡事が記されているが、裏書⑵は前田本では⑶私曲相須事（因論生論）のあとに引かれ、「阿衡事」という事書の下に「此私曲相須条勘文也」という注記が施されている。

〔第16紙〜第17紙〕　稿本第16紙にはＶ加階事の記事が書かれ、約三行分の余白部を残して文章を終えるが、Ｖのあとの余白部にＬ勘会公文所司罪状が追記されている。Ｌの追記は第16紙中では終わらず、第17紙のＷ給官事の記事の行間にまで及んでいる。また、稿本第16紙の左側の紙背には裏書の(3)因論生論が書かれている。

一方、前田本はⅤ加階事のあとに1勘会公文所司罪状を書き、そのあとに(3)因論生論を本文として採録し、その頭に「私曲相須事」という標題を加えている。しかし、(3)を本文とみなすのは前田本の誤解であろう。また、前田本はこの(3)私曲相須事（因論生論）のあとに、その勘文（勘物）として(2)阿衡事、(4)革命事、(10)続命祭幡立、(1)省試詩蜂腰事などの裏書を一括記載するが、稿本ではこれらの裏書は各所に散在して記されているので、前田本は何ゆえ(3)私曲相須事のあとに裏書を一括記載するのか、その理由を解明する必要がある。なお、前田本にみえる裏書のうち、(4)の末尾八文字と(10)の全文とは、現在の稿本には存在しないが、前述のように、(4)の末尾八文字は複本一紙の裏に残されている。

〔第19紙〕　稿本は第17紙のあとに幅の短い第18紙（白紙）をはさみ、第19紙からⅩ（古今定功過例）の記事を書きはじめる。ただし、前田本が明記する「古今定功過例」という標題は稿本にはみえず、稿本の第19紙は「相模介維将」と書き起こされている。前述のように、第19紙の紙幅は他紙の半分程度しかないが、紙背文書の長保二年三月二日検非違使別当宣案も前半分が欠けているので、第19紙は一通の文書を半分に切断した一片（第19紙①）であると考えられ、このあとにもう一片が脱落していると推測される。

〔断裂部Ⅱ（錯簡Ⅱ）〕　稿本の断裂部Ⅱに相当する箇所に、前田本はなんらの記事も補っていない。しかし、前述した第19紙の紙背文書の前欠状態や、後述する第20紙の裏書の尾欠状態を勘案すると、この部分には第19紙の後半の一片（第19紙②）が脱落していると考えられ、なんらの記事も補充しない前田本の記載には疑問がある。

〔第20紙〕　稿本第20紙の前半分には㈡「受領見物」の記事が書かれ、後半分にはⅩ㋺「大和守共政」以下の記事が記されるが、第20紙のほぼ中央部、両者の記事を分かつ一行ほどの空白部に切目の跡がある。第20紙の紙背文書である長徳四年十二月二十六日大春日淑孝解についていえば、文書のほぼ中央部で左右に切断されているのである。第19紙と同じように、第20紙も一通の文書が①と②に半裁されていたことになろう。また、第20紙の右側の紙背に裏書の⑷革命事が記されているが、前田本の記載と対照すると、稿本には末尾の八文字が欠けており、第20紙の前に一紙脱落していることが想定される。

一方、前田本は稿本が第20紙①に記載する㈡「受領見物」を第15紙②の前へ移動しており、かつ稿本の断裂部Ⅱになんらの記事も補わないので、前田本においては、稿本第19紙のX㋑「相模介維将」の記事が、稿本第20紙②のX㋺「大和守共政」の記事へと直接つながってしまっている。しかし、前述した裏書の尾欠状況からみても、こうした前田本の記事配列には問題がある。

〔第29紙〕　稿本末尾の第29紙には㈢「先公命云」がやや丁寧な書体で記されているが、功過定の重要性を説く㈢「先公命云」は、X（古今定功過例）の末尾の文章としてふさわしく、Xを締めくくる記事であると同時に、稿本『北山抄』全体の奥書的な記載であると思われる。前田本はこの㈢「先公命云」を巻首のa勘出事のあとに移し、これにかわって、稿本の第15紙①に書かれた㈠「或国々陳」を巻末部分に移動させている。しかし、稿本の第29紙には破損部がほとんどないので、長らく第1紙の前に貼り継がれていたとは考えがたい。したがって、第29紙の㈢「先公命云」を巻首部に移す前田本の記載には疑問がある。

さて以上、稿本『北山抄』の細部の特徴を紹介し、前田本巻十との相違点を列挙してきたが、稿本の複本一紙に残された記載をも考慮に入れると、稿本および複本と前田本との大きな相違点は、次の四点にまとめることができよう。

㈠　稿本や複本にみえない記事が、前田本には存在する。すなわち、前田本はg清書目録の前にi勘解由使勘不、j読大勘文事、k済当々公事国などの本文と、⑹越勘事、⑺勘出事、⑻糒字用例などの裏書を引き、F前司卒去国申停交替使事のあとに⑼寛弘御記云の裏書を記し、稿本の断裂部Ⅰに㈣「以興復亡国」以下の十四字を書き、⑶私曲相須事（因論生論）のあとに⑽続命祭幡立の裏書を書くが、これらはいずれも現在の稿本や複本一紙には存在しない記事である。

㈡　稿本や複本の記事が前田本では異なる位置に記されている。すなわち、稿本第15紙の㈠「或国々陳」が前田本では巻末に、稿本第20紙の㈡「受領見物」が前田本では第15紙②の前に、稿本第29紙の㈢「先公命云」が前田本では巻頭にそれぞれ移されており、稿本では各所に散在していた裏書が、前田本では⑶私曲相須事（因論生論）のあとに一括記載されている。

㈢　稿本では裏書であった⑶因論生論を、前田本は「私曲相須事」という標題で、本文として採録している。

㈣　稿本第16紙の裏書の⑶因論生論の前に、前田本は「私曲相須事」という標題を補い、稿本第19紙のXⓘ「相模介維将」の前に、前田本は「古今定功過例」という標題を補っている。

このうち㈢は前田本（の祖本）の誤認、㈣は前田本（の祖本）の追筆と考えられ、㈡のなかにも㈢「先公命云」の位置のように、前田本の配列に疑問のあるものもあるが、㈠にあげた㈣「以興復亡国」以下の十四字のように、稿本の失われた記事が前田本に残されている例もあるので、前田本の記載をいちがいに否定することもできない。稿本と前田本の相違点のうち㈠㈡については、稿本から前田本への変化の過程を詳しく検証した上で、その評価を下す必要があるだろう。そこで以下、先学の研究をふり返りながら、解決の糸口を探ってみたい。

二　従来の研究とその問題点

一九二六年に稿本『北山抄』を発見した和田英松氏は、一九三四年に「北山抄に就いて」を著わして、稿本の概要を紹介するとともに、『北山抄』の成立・伝来を詳細に論じ、同書の文献考証に先鞭をつけた。和田氏の論点は多岐にわたるが、稿本の特徴と流布本との関係については、次のように述べている(14)。

〔一〕稿本は完本ではなく、中に欠けたところのある残簡である。

〔二〕稿本にはもと継目の離れていたところがある。

〔三〕公任は各巻と対照して稿本を整理しようとしたが、結局は完成・清書するに至らず、稿本は未定稿のままに終わった。

〔四〕今に伝わる諸本は、未定稿の稿本のままを転写したもので、いずれも稿本の系統に属している。

〔五〕稿本と写本を対照するに、写本には継目の離れた稿本を、継ぎ誤ったまま写したところがある(15)。

このうち、〔一〕稿本が残簡であることや、〔三〕稿本が未定稿本であること、〔四〕未定稿本の稿本を転写したのが今本であることなどは、いずれもその後の研究に継承され、その指摘の正当性が確認されているが、〔二〕や〔五〕の指摘は、近年までの研究にほとんど生かされておらず、後述する所功氏らの論考にも取り上げられていない。しかし、本章では和田氏の指摘する〔二〕・〔五〕の事実こそ、稿本と流布本との相違点の由来を解く重要な手がかりであると考えている。

稿本『北山抄』の紙背文書には最古の仮名書状が含まれていたので、長らく国文学や書道史の方面からの研究が相ついだが(16)、稿本『北山抄』本文の綿密な考証は一九八〇年代に入ってから本格化した。まず釼持悦夫氏は、稿本と現行活字本との相違点を細かく紹介しながら、稿本の塗抹部分や加筆部分が活字本によく反映されていることを確認し、稿本と現行本とで「本文に大きな違いはみられない」と論じている(17)。また、神埼充晴氏は稿本と流布本との大幅な異同を指摘した上で、稿本が流布本と異なるのは「草稿本ゆえの結果」で、「他に、流布本の形態に整えた清書本があったと思われる」と述べている(18)。さらに所功氏は、稿本から現行本への変化の過程を詳細に検討しながら、「(稿本を)忠実に整理し清書したものが現行本であり」、「裏書の一部などを除けば、両者の

相違は殆どない」と結論づけている。(19)

このうち釼持・所両氏のように、稿本と現行本との違いを細かく指摘しながら、両者に大きな相違はないと総括するのは不可解で、神埼氏と同様に、稿本とは別に清書本があったことを、暗々裏に認めているように思われる。しかし、和田氏が指摘するように、現行本は未定稿の稿本をそのまま転写したもので、いずれも稿本の系統に属しているため、稿本とは別に公任の清書本があったという証拠はなく、神埼氏のように考えることを躊躇させる。そこで、この問題をもっとも詳しく考察している所氏の研究に戻って、上のような結論が導き出されてくる過程を検証してみたい。

所功氏は稿本の複本一紙の本文を、U功過定事の末尾（すなわち稿本の断裂部I）に補った上で、本文の内容や紙背文書の関連、余白の記入状況、および稿本が現在U功過定事の後と、X古今定功過例の㋑相模介維将の後で切れていることなどを考え併せて、稿本の原形とそれが現行本の形態へと変化する過程を、次のように想定している。(20)

㈠　稿本のA～Uは一続きであるが、元来はU功過定事の次には、X古今定功過例の㋺大和守共政～㋶紀伊守景理が列挙され、その後にV加階事とW給官事が記されていたのではないか。

㈡　当初の稿本には、A国司下向早晩事の前、X㋺の前、X㋶の後、V加階事の前と後、W給官事の後などに余白があったので、ここにa勘出事～h惟仲任帥之時、㈠「或国々陳」、㈡「受領見物」、㈢「先公命云」などを書き加え、さらに国司の吏途と直接関係ないl勘会公文所司罪状や、⑴省試詩蜂腰事、⑵阿衡事、⑶私曲相須事（因論生論）などの裏書まで書き込んだ。

㈢　この稿本を整理する段階で、UとXとを切り離して、Xを最後に移し、当初の目次になかった項目「古今定功過例」を新たに加え、清書目録の末尾に加えた。

㈣　さらに稿本を清書する段階では、㈢「先公命云」を巻頭に、㈠「或国々陳」をXの末尾に、㈡「受領見物」をUの末尾に各々移すことにより、現行の写本に近い配列に整えた。

以上の所氏の構想は、まず稿本の元来の配列を推定し、それが整理段階で変更されて、現在の稿本の配列に近い形となり、さらに清書段階で余白部の追記が移動されて、現行本に近い配列に整えられたというもので、稿本から現行本への変化の契機を㈣の清書段階に求めているといえよう。所氏のこの構想には示唆される点も少なくないが、実際の稿本に立ち戻って検証すると、次のような疑問点がある。

第一に、現在の稿本がU（第14紙）のあととX㋑（第19紙）のあとで切れているのは偶然の結果にすぎず、これを稿本の原形復元の手がかりとするのは不確実である。かりに所氏のように考えるとすると、X古今定功過例の冒頭にあたる第19紙の㋑相模介維将の記事のみが、なにゆえ断裂部Ⅱの前に残されているのか、合理的な説明がなされる必要があろう。後述のように、稿本の断裂部Ⅱには補うべき一紙が存在するので、第19紙と第20紙の間の断絶性を強調しすぎるのは問題である。

第二に、所氏が稿本の余白への追記とみなした記事のうち、a～hとlはそれを認めうるとしても、㈡「受領見物」や㈢「先公命云」の筆致は前後の記事とそれほど異ならず、余白への追記とみるだけの根拠に乏しい。そして、実際に余白への追記と思われるa～hやlは、前田本においても稿本と同じ位置に記されているので、余白への追記が清書段階に移動されたとする仮説は、必ずしも一般化できるものではない。

第三に、所氏は稿本から現行本への変化の契機を、清書段階に求めているが、問題はその清書・転写を行った人物と清書の正確さであろう。前述のように、公任が稿本を清書したという証拠はなく、未定稿の稿本をもとに転写されたのが前田本の祖本であるとすると、この転写のさいに過失が加わることは十分予想される。その意味では、稿本とは異なる前田本以下の写本の記載や配列は、転写のさいの錯誤に由来する可能性が少なくないので

表12　台紙付写真からみた稿本各紙の接続状態

12〜11〜10〜9〜8〜7〜6〜5〜4〜3〜2〜1	紙数
×　×　○　○　×　○　○　○　×	接続
20〜断Ⅱ〜19〜18〜17〜16〜15〜断Ⅰ〜14〜13〜12	紙数
×　★　　×　○　○　　×　○　○	接続
軸芯〜29〜28〜27〜26〜25〜24〜23〜22〜21〜20	紙数
×　★　×　○　○　×　○　×　○　○	接続

備考　○は接続、×は断裂、★は現状とは異なる接続を意味する。なお、第14紙の左端は断裂状態の写真と第15紙に接続している写真の両方がある。

ある。

そこで注目すべきは、前述した和田英松氏の指摘[二]・[五]であろう。和田氏は、[二]稿本にはもと継目の離れていたところがあり、[五]今に伝わる諸本には継目の離れた稿本を、継ぎ誤ったまま写したところがあると指摘していた。この事実は現在の整理された稿本の姿からは想像しにくいが、稿本の発見後ほどなくとられたと推定される写真には、和田氏の指摘を裏づける貴重な徴証が残されており、[二]・[五]の事実を再評価する必要性を痛感させる。

すなわち、東京大学史料編纂所には『北山抄並裏文書』と題する二冊本の台紙付写真が蔵されているが、『北山抄巻十』と外題されるその第一冊目には、稿本表側の本文の写真がほぼ原寸大で収められており、『北山抄巻十裏書』と外題される第二冊目には、稿本の紙背文書や裏書の写真が現在の稿本と同じ順番で貼付されている。このうち第一冊目の写真は稿本がすでに現在の形に整理されたのちのもので、後補の白紙も含めて、各紙の継目に切断面は認められないが、第二冊目の紙背文書・裏書の写真のなかには、各紙の左端や右端に断裂部が確認できるものがあり、継目の離れたままの状態で写されたものが少なくないことが想定される。

以上の事実は、第一冊目に収録された写真と、第二冊目に収められた写真とでは、その撮影時期に違いがあることを示唆している。第一冊目の写真は現在の稿本の形態と同じであるから、これとは異なる第二冊目の紙背文書の写真は、稿本が現在の形に整理される以前、すなわち稿本発見後の早い段階に撮影されたものであろう(21)。第二冊目の写真には、発見当時の稿本の姿がかなり残されていると思われるのである。第二冊目に収録された写真から継目の状態を読みとり、各紙別にまとめると表12のようになるが、第3紙のあと、第7紙のあと、第10紙のあと、第11紙のあとなど、計一〇カ所前後に継目の離れた状態が認められ、発見当初の稿本がかなりの部分に分断されていたことを物語っている。

さらに注目すべきことに、第二冊目に収録の写真から各紙の配列を読みとると、現在の稿本とは異なる配列の箇所が二、三確認できる。すなわち、第二冊目の五五・五六頁には、五六頁の写真の左端には長保六年二月十六日西市司中文の末尾（日付日明法道注進状の写真が貼られているが、第二冊目の五五・五六頁には、現在の稿本第29紙裏の長保六年正月二十一けの中心で切断されたもの）が継がれた状態で写っており、表側に返していうと、第29紙の前に第15紙①が貼り継がれていたことがわかる。同様に七四頁には、現在の稿本第19紙裏の長保二年三月二日検非違使別当宣案（前欠）の写真が貼付されているが、この写真の右端には長保四年十二月二十六日大春日淑孝解の前半が継がれた状態で写っており、第19紙のあとに第20紙②が直接貼り継がれていたことを示している。

このように、発見当時の稿本には現在の稿本とは異なる配列の部分が存在したと思われるが、このうち、第19紙のあとに第20紙②が接続するのは、前田本の配列とまったく同じである。また、第29紙の前に第15紙①が接続するというのは、第28紙のあとに第15紙①が続いていたことを示唆するので、これも前田本に通じる配列であったといえよう。つまり、稿本自体の一部が前田本と同じ順序で貼り継がれていた時期があるのであり、現在の稿本はその配列を一部訂正したものであると考えられるのである。

以上、史料編纂所の台紙付写真から読みとれる稿本の特徴を述べてきたが、発見当時の稿本には継目の離れていたところが多く、誤って貼り継がれた部分もあったことが確認できる。稿本自身がこのような状態で発見されたとすると、これを現在の形に整理したのは、史料編纂掛のスタッフであったということになる。和田氏らは目録所載の篇目配列や紙背文書・裏書の接続状況などを勘案して、離れていた継目を継ぎ直し、誤った接続の部分を訂正したのであろう。その意味では、現在の稿本の配列は和田氏らによる一復元案にすぎず、若干の修正案の入る余地はあろうかと思われるが、自筆稿本をもとに学問的に検証された復元案であるから、本来の稿本の配列がこれと大きく異なるとは考えられない。

そして、公任が稿本を清書したという確証はなく、後人が未定稿の稿本を転写したのが前田本の祖本であるとすると、現在の稿本とは異なる前田本の配列は、後人が稿本を継ぎ誤ったまま転写したことに起因する可能性が高いであろう。和田氏以降の研究には、転写段階における過失という観点が欠落しているが、稿本と流布本の相違点の由来を解くためには、こうした視点が不可欠であると思われる。そこで次に、和田説を適用しながら、稿本の二つの断裂部に入る記事について、推定復元を試みたいと思う。

三　稿本の断裂部の復元

1　断裂部Ⅱ（錯簡Ⅱ）の復元

前述した稿本の複本について、和田氏は次のように述べている[22]。

三條公爵家には、別にこの稿本を影寫したる複本あり。いつの頃影寫したるものか明ならねど、古きものにはあらず。公修、實萬両卿の頃なるが如し。稿本と複本とを對照するに、複本にありて、稿本になきもの一紙あり、これも文書の紙背に記したるものにして、文書の餘白にも註したるところあり。この一紙は、今の本、及び撰集秘記所収のものにも洩れたり。

複本にありて稿本になき一紙は、前田本以下の写本や『撰集秘記』所収のものにも入っているので、この点についての和田氏の記述は不正確であるが、ここに紹介された複本こそ、稿本の断裂部を復元する重要な手がかりである。複本の全貌やその現状は不明であるが(23)、稿本に存在しない一紙の表と裏のみは、一九二六年の調査の前後に稿本の表裏とともに撮影されて、前述した東京大学史料編纂所所蔵の二冊本の台紙付写真『北山抄並裏文書』のなかに収められている。

まず、同書の第一冊目の『北山抄巻十』は、稿本の表側の写真を整理したものであるが、その三五頁に複本一紙の表側の写真が貼付されている。上下左右の紙端を示す墨界線も含めて、その影写本の記載を忠実に活字化すると、左の翻刻図のようになる。ここには問題の一紙の表側全文と、これに接続する直前の一紙の末尾一行が影写されているが、末尾一行は現在の稿本第14紙の末尾にあたり、問題の一紙の右肩に「十五」と傍書されていることから、複本にありて稿本になき一紙は、複本では第14紙のあと（すなわち稿本の断裂部I）に編入されていたことがわかる。このうち、第14紙の末尾一行の筆跡は現在の稿本のそれと酷似しており、三条家で近世に作られたという複本が、稿本のきわめて忠実な影写本であったことがうかがえる。

翻刻図　複本一紙の表側の記載

釋、往代或不被用別功、新委憂國之甚也、惣而言之、

十五

諸國或別進、或年料米等、勤在前進納、是皆可為
功也、但合期不済他事者、有何益乎、
大宰管國公文、府雜掌相副参上、二寮所勘也、而延喜
以来、為省事煩、停其入京、於府勘済、帥貳有召上道、
三位以上不責解由、任中勤堕見執印、少貳言上實録
帳、其少貳参上時、公申少貳解由、而近代只申任國
解由、不求少貳解由云々、可奇、

そして、問題の一紙に記された㊄「諸国或別進」以下の三十三字と「大宰管国公文」以下の九十四字の計百二十七字は、前述のように現在の稿本にはみられず、前田本以下の写本にみえる字句であるが、この複本一紙の存在より、本来の稿本にはこの百二十七字が記されていたことが確認できる。複本がこの百二十七字を第14紙のあとに補入しているのは、前田本以下の配列にほぼ従ったものであるが（ただし、前田本は㊄の百二十八字の前に、㊃「以興復亡国」以下の十四字を記載するが、複本一紙には㊃の十四字は記されていない）、稿本一紙の紙背の記載を検討

すれば、前田本や複本の配列には再考の余地があるように思われる。

その複本一紙の裏側の写真は、同書の第二冊目『北山抄巻十裏書』の七十三頁に貼付されている。その一紙は右肩に「十五ノ裏」と傍書されているので、前述した複本一紙の紙背であることがわかるが、本来の紙背文書の記事六行分を墨抹したのち、その余白や行間に二つの裏書が記されている。本来の紙背文書の記事①、および二つの裏書の記事②③は、それぞれ次の通りである。

①被　別當宣偁、藤原最實等所進日記愁狀云、故
皇大后宮御領大和國野邊園屋一宇、納稲相共□
去年閏三月十日夜焼亡、爰國使并在地郡司刀□〔弥カ〕
立日記之處、木上正行有事疑之由、注載日記已□〔了カ〕
仍愁申官廳之日、給　御牒於國司、而早不糺
之間、正行成忿怨、語催山城國甕原不善輩、為

②因之改元詔不載之、

③　衛府預文會者弓ゝ案箭帯否事
東三条行幸日、右衛門権佐校〔長〕清在文人列、解弓箭不放緌、左将軍仰云、帯弓箭可参入、長清居似有可申事、
即无〔所カ〕可申退去、帯弓箭、在六位中間参入、解弓箭者可放緌、又最後可参歟、事々不覺、抑式云、衛府官領〔預〕文
會者、五位以上不帯弓箭、六位以下不著脛巾云々、後日将軍云、謂文會者重陽宴歟、臨時行幸何不帯哉、案
之重陽宴者、内裏式雖神泉苑儀、其日諸衛仗桙也、式意可帯日不可帯歟、但《康保》朱雀院行幸日、輔正為左衛門権
佐、在文人列不解弓箭者、如此事又依例者也、依式可解、休〔依カ〕例不可解乎、

まず、本来の紙背文書の記事①は後半部を欠いているが、故皇太后宮御領大和国野辺園でおきた屋一宇の焼亡

事件の処理に関して、現地の藤原最実らと木上正行らとの間に紛争があったことを述べる。前述のように、稿本第19紙の紙背文書は前半部を欠く長保二年三月二日検非違使別当宣案であるが、この文書には「最実」なる人物が殺害されたことが記されているので、『平安遺文』が復元しているように[24]、両者は本来一続きの文書であったとみてよいだろう。そうすると、現在の稿本には欠落している第19紙の紙背文書の前半部分が、この複本一紙の紙背文書として残されていることになり、複本一紙が稿本の第19紙のあと、すなわち断裂部Ⅱに入る錯簡であることが明らかになる。

次に、複本一紙の紙背に記された裏書のうち②は、前田本などに記された裏書の⑷革命事の末尾八文字に相当する。この裏書⑷は稿本の第20紙①の紙背に書かれているが、前述のように、稿本では末尾の八文字が欠けており、第20紙の前に一紙の脱落が予想された。したがって、裏書の⑷革命事の末尾八文字を記載している点からみても、複本一紙は第20紙の前、すなわち断裂部Ⅱに補充すべき紙片であるといえよう。なお、複本一紙の裏書のうち③も前田本などにみえるのみで、現在の稿本には欠落しているが、複本一紙の紙背の記載よりみて、本来の稿本にはこの裏書が存在していたことが確認できる。

さて以上のように、複本一紙の紙背文書や裏書からみて、この一紙は稿本の断裂部Ⅱに入るべきものとすると、当然のことながら、複本一紙の表に書かれた㊄「諸国或別進」以下の文章も、本来は稿本第19紙のX㋑相模介維将の記事のあとにつづいていたと考えなければならない。㊄の文章は、前田本などではU功過定事の記事の末尾、すなわち稿本の断裂部Ⅰに相当する箇所に配されており、三条家の複本においてもこの配列がほぼ踏襲されていたようであるが、稿本や複本の紙背の接合状況から考えると、前田本や複本の配列は誤ったものであり、㊄「諸国或別進」以下の記事は、第19紙のあとの断裂部Ⅱに補入すべきものと思われる。

そして、稿本第19紙の表側の記載を注意深く観察すると、複本のこの一紙が第19紙につづく一紙であることは、別の理由からも支持されよう。すなわち、稿本第19紙はX（古今定功過例）の記事の書き出し部分で、㋑相模介維将の功過定例が書かれているが、当初は相模介維将の記事は「以上宣非可破式、仍為成帳必可塡之、然□不可為功歟」までで終わっており、そのあとに改行して、

諸國或致別進之功、或年料米布等、勤在前進納、
是皆可為功也、但合期不済事者、還似無益者也、

と書かれていた。ところが、おそらく補訂段階に相模介維将の記述を増補する必要からであろう、第19紙に書かれていた「諸國或致別進之功」以下の二行分が墨抹され、「維将立用大嘗會悠紀所」以下の維将に関する記述が、当初の維将の記事末尾の余白や墨抹部の行間などに追筆されている。この墨抹された「諸國或致別進之功」以下の記述は、複本一紙に書かれた㊄「諸国或別進」以下の三十三字とほぼ同じであり、公任がX㋑相模介維将の記事のあとに、㊄「諸国或別進」の記事を書いていたことが確認できる。

以上を要するに、紙背文書や裏書の記載状況からみても、稿本第19紙表側の墨抹部分の記載からみても、複本の一紙は稿本の第19紙と第20紙の間、すなわち断裂部Ⅱに入るものと考えるべきで、これを第14紙のあと、すなわち断裂部Ⅰに補っている前田本以下の記述は、誤った配列にもとづくものといわざるをえない。

和田英松氏はつとにこの錯簡に気づいていたようで、現行の写本は稿本を継ぎ誤ったまま転写したため、「加階事」と「功過定例」の記事が混入していると指摘している。「加階事」と「功過定例」というのはやや不正確であるが、和田氏はX古今定功過例の記事中の断裂部Ⅱに補うべき複本一紙が、現行本ではV加階事の直前の断裂部Ⅰに誤って補入されているといいたかったのであろう。実際、東京大学史料編纂所に残されている『北山抄並裏文書』では、複本一紙の表と裏の写真はいずれも第19紙と第20紙の間に貼付されており、すでに和田氏によって複本一紙の錯簡は正されていたということになる。

2　断裂部Ⅰ（錯簡Ⅰ）の復元

前田本以下の写本が断裂部Ⅰに補入している複本一紙が、実は断裂部Ⅱに入るべき錯簡であるとすると、断裂部Ⅰにはどのような記事を補うべきであろうか。その記事が複本のいま一紙にでも残されていればよいのであるが、そうした一紙は確認されていないので、前田本に残された記載から考えてゆく他はない。前田本には現在の稿本には存在しない記述が残されており、そのなかには複本一紙に記載された本文・裏書も含まれている。したがって、複本が存在しなかったとしても、前田本以下の記述と稿本の記述とを対照することによって、現在の稿本に欠落している本来の記事を摘出することができるのである。そこで、前述したところから、稿本や複本一紙には欠けているが、前田本には存在するという記載を列挙すると、次のようになる。

①′g清書目録の前にある・i勘解由使勘不、・j読大勘文事、k済当々公事国などの本文と、そのあとに引かれる⑹越勘事、⑺勘出事、⑻糒字用例などの裏書。

②U功過定事の本文中の㊃「以興復亡国」以下の十四字。

③F前司卒去国申停交替使事のあとに引く裏書の⑼寛弘御記云。

④⑶私曲相須事（因論生論）のあとに引く裏書の⑽続命祭幡立。

このうち②の㊃「以興復亡国」以下の十四字は、前述のように、稿本第14紙の末尾「惣而言之」に無理なく接続するので、第14紙のあとの断裂部Ⅰに存在した一紙には、まずこの十四字が記されていたと考えられる。そうなると、この十四字のあとには、前田本に残されたメモ風の本文i・j・kがつづいていたとみる他はない。

iは不与解由状を読みあげるときの文言であり、jは勘解由大勘文を読むさいの注意を列記したものであるが、勘解由大勘文には前任と当任の二つの不与解由状が載せられ、両者を比較しながら受領功過定が行われたという(25)

から、ｉｊはいずれも功過定の根幹たる勘解由大勘文の読法に関するメモとみられる。また、ｋには済当々公事国や済三ケ年事国・済二ケ年事国などが列記されているが、これらは亡弊・難済などの理由で公事弁済の特例が設けられた国々をメモしたもの(26)で、やはり功過定と深く関係する記述である。このように、ｉｊｋはいずれも功過定の記述を補うもので、Ｕ功過定事の記事中に書かれるメモとしてふさわしい。

以上が断裂部Ⅰに入る錯簡Ⅰの表の記載とすれば、錯簡Ⅰの裏の記載としてはまず、前田本においてｉｊｋのあとに引かれる⑹越勘事、⑺勘出事、⑻糒字用例などの裏書が想定される。そして、残る⑼寛弘御記云と⑽続命祭幡立の裏書も、錯簡Ⅰの裏に記されていたのではないかと思われる。裏書⑼についてはまったくの憶測でしかないが、裏書⑽は前田本では裏書の⑴省試詩蜂腰事の直前に引かれており、裏書⑴は稿本では第14紙の左端の裏、すなわち断裂部Ⅰの直前の裏に記されているので、断裂部Ⅰに入る一紙の右端の裏に裏書⑽が書かれていた可能性が高い。このほか表側の記事との関連も考慮して、断裂部Ⅰに入る錯簡Ⅰの紙背を推定すると、中央付近に⑹越勘事、⑺勘出事、⑻糒字用例がまとまって記され、やや距離をおいて右側に⑼寛弘御記云、左端に⑽続命祭幡立がそれぞれ書かれていたと考えられる。

さて、稿本『北山抄』の二つの断裂部に補うべき記事を推測してきたが、まず断裂部Ⅱには、これまで断裂部Ⅰに補入されていた複本の一紙を補充したいと思う。すなわち、表には㈤「諸国或別進」以下の百二十七字を、裏には裏書の⑷革命事の末尾八文字と、裏書の⑸衛府預文会者の全文を補うのである。次に断裂部Ⅰには、前田本に残る記載を参照して、表には㈣「以興復亡国」以下の十四字とｉ勘解由使勘不、ｊ読大勘文事、ｋ済当々公事国などのメモを、裏には⑼寛弘御記云、⑹越勘事、⑺勘出事、⑻糒字用例、⑽続命祭幡立などの裏書を補入したい。要するに、稿本や複本一紙にみえず、前田本に残されていた記事はいずれも、断裂部Ⅰに入る錯簡Ⅰの表と裏に記されていたと推定されるのである。

ところで、断裂部Ⅰに推定復元した本文のi・j・kと裏書の(6)(7)(8)(9)には、実は次にあげたような問題点が存在する。

(イ)i・j・kは他の本文とはやや異質のメモ風の記載である。

(ロ)(6)(7)(8)(9)も他の裏書とは異なり、吏途指南（国司の心得）と関係の深い記述である。(27)

(ハ)iのあと・jの前に「此以後可除棄、予所書入也、裏又同之」という注記が施されている。

(ニ)kに記される国司のうち、伯耆守平定親と隠岐守宗岳国任は公任出家後の長元五年と同七年に遷任あるいは補任の国司、紀伊守藤原師仲は公任没後の延久四年に見任の国司である。(28)

以上の諸点、とくに(ニ)の事実からみて、本文i・j・kと裏書(6)(7)(8)(9)とは公任の手になるものではなく、後人が書き加えたものと考えざるをえない。(29)『北山抄』の他巻の勘物や裏書の追記者から推定して、その後人とは藤原資仲である可能性が高いと思われるが、(30)この人物は稿本の余白の表と裏に、U功過定事に関するi・j・kや(6)(7)(8)(9)などのメモを書き込み、これは「予の書き入れし所」であるから「除き棄つべし」と注記しておいたのであろう。

さて、以上のように考えて大過ないとすると、稿本の断裂部Ⅰに存在した錯簡Ⅰの表には、本来は(四)「以興復亡国」以下の十四字だけが、その紙背には裏書の(10)続命祭幡立だけが、それぞれ記されているのみで、一紙の大半は白紙のまま放置されていたということになる。なるほど、U功過定事の記事は(四)の十四字でひとまず終わっているようにみえる。しかし、そのあとに大きな空白部が存在したとすると、次の第15紙①に書かれている(一)「或国々陳」の五行分の記事が問題となろう。大きな空白部ののちに、この五行分の記事だけが書かれて、U功過定事の記事が終わっているのは、きわめて特異な書き方であると思われるからである。

ただ、和田氏が指摘するように、公任は各巻を対照して稿本を整理しようとしたが、結局はそれを果たせず、稿本は未定稿のままに終わったとすると、U功過定事の末尾近くの大きな空白部は、のちに他巻と対照して、ここになんらかの記述を補うために残してあったのではないかと推測できる。そのさい注目されるのが、稿本のg′清書目録の「功過定事」の下に「定文躰、在他巻」と注記されていることである。他巻にある「定文」とは、『北山抄』巻三の定受領功過事の冒頭に記す功過定の定文のことであろうが[31]、公任はあるいは巻十のU功過定事の末尾近くにもこの定文を書くつもりで、大きな空白部を残しておいたのではないだろうか。

いずれにしても、稿本『北山抄』のU功過定事の末尾周辺は、未整理のまま放置されたという印象が強く、このあたりに稿本の作成過程を探る手がかりが隠されているように思われる。本節では、稿本の二つの断裂部に補うべき記事を推定したが、このうち断裂部Iの復元案については、大きな空白部を想定することも含めて、あくまで推測の域を出ない感があり、別の角度からこの推測を補う必要があろう。そこで節を改めて、稿本の作成過程と流布本への変化の過程を検討しつつ、以上の仮説を補強してみたい。

四　稿本の編成過程と流布本への変化

1　稿本の編成過程

公任がひとまず書き上げた稿本は和田氏が復元した現在の配列に近いもので、その二つの断裂部には前述のような記事が入ると思われるが、稿本のⓖ下書目録とg′清書目録とに若干の相違がある点や、稿本の第15紙・第20紙などに途中で切断した痕跡が認められる点からみて、現在の配列に近い形に落ち着くまでには、何度かの編成替えが行われたことが想定できる。以下、稿本の編成過程を四段階に分けて考えてみたい（表13参照）。

まず、稿本本来のⓖ下書目録には「国司下向早晩」から「加階」「給官」までの篇目しか書かれていないので、第一段階の稿本は第2紙のA国司下向早晩事から第17紙のW給官事まで書かれて終わっており、これにⓖのみを記した第1紙が添えられていたのであろう。この段階の稿本は錯簡Iを含めても全部で十八紙にすぎず、現在の稿本の約三分の二の規模であった。このうち第1紙の大半は白紙のまま残され、第2紙も右端に八センチほどの余白を設けたのち、A国司下向早晩事が書き起こされていたようである。

また、第14紙の次に入る錯簡Iも㊃「以興復亡国」以下の十四字が記されるのみで、その大半は白紙であったと推定され、第15紙も右端から約一四センチ、V加階事を書き始めるまでの間は、白紙のまま残されていたと考えられる。錯簡Iから第15紙前半にかけての広い空白部は、前述のように、功過定の定文を追記するために、スペースを確保しておいたものであろう。このように第一段階の稿本は紙数も現在の三分の二程度で、巻首部や第14紙のあとに大きな余白部を有していたと推測されるが、この二つの余白部を中心にして、公任による追記・補筆が行われることとなる。

まず巻首部からみてゆくと、第二段階において公任は、A国司下向早晩事と関連して、随身のことを調べる必要性を感じ、第2紙右端の余白に「可勘、随身事、可尋之」とメモしたようである。陸奥国司や大宰府官人には下向時に随身が支給された(32)ので、その支給人数や随行の時点などを確認することを思い出したのであろう。そこで公任は第三段階において、第1紙の左側から第2紙右端の余白部にかけてf陸奥守随身例やh惟仲任帥之時を追記し、随身に関する先の疑問を解くとともに、大宰帥として下向した平惟仲への批判記事を併記したのである(33)。なお、このさい第1紙右側にいまだ余白があったため、M勘出事の補足記事として、b主計寮式云、c先公為権弁、d尾張国〔為輔納言任〕などを追記し、さらに第0紙を補って、a勘出事を書いたのであろう。

次に錯簡Iから第15紙にかけての空白部は、U功過定事の補足記事を書くためのもので、公任はここにまず功過定の定文を書くつもりであったが、第二段階において公任は定文を書くのを後回しにして、功過定の具体的事例をいくつか補うことにしたようである。そのさい、現在の稿本の第19紙①と複本一紙（第19紙②）とが元来は一通の文書であったのが、ある時期にほぼ半分に切断されており[34]、同様に第20紙も中央で二つに切断されていることが注目される。わざわざ一紙を中央で切断しているのは、稿本に順次貼り継いでゆく用紙ではなく、稿本の

表13　稿本北山抄の編成過程と変形過程

㈠第一段階

17	16	15	錯簡Ⅰ	14	12	2	1
W給官事	〃	V加階事	㊃以興復亡国……	……惣而言之	U功過定事	A国司下向早晩事	ⓖ下書目録

㈡第二段階

17	16	15	20①	19②	19①	錯簡Ⅰ	14	12	2	1
W給官事	〃	V加階事	㊁受領見物	㊄諸国或別進	㋑相模介維将	㊃以興復亡国……	……惣而言之	U功過定事	A国司下向早晩事　可勘、随身事	ⓖ下書目録

㈢第三段階

17	16	15②①	20①	19②	19①	錯簡Ⅰ	14	12	2	1	0
W給官事	〃　I勘会公文所司	V加階事　㊀或国々陳	㊁受領見物	㊄諸国或別進	㋑相模介維将	㊃以興復亡国……	……惣而言之	U功過定事	A国司下向早晩事　可勘、随身事　h惟仲任帥之時	ⓖ下書目録　b主計寮式云々	a勘出事

（四）第四段階

0	1	2	12	14	錯簡Ⅰ	15②	16	17	18	19①	19②	20①	15①	20②	28	29
a勘出事	b主計寮式云～ ⓖ下書目録	h惟仲任師之時 可勘、随身事 A国司下向早晩事	U功過定事	……惣而言之	㊃以興復亡国……	V加階事	〃 l勘会公文所司	W給官事	（白　紙）	X（古今定功過例） ㋑相模介維将	㊄諸国或別進	㊁受領見物	㊀或国々陳	㋺大和守共政	㋶紀伊守景理	㊂先公命云

（五）後人による加筆の段階

0	1	2	12	14	錯簡Ⅰ	15②	16	17	18	19①	19②	20①	15①	20②	28	29
a勘出事	b主計寮式云～ ⓖ下書目録	h惟仲任師之時 可勘、随身事 A国司下向早晩事	U功過定事	……惣而言之	㊃以興復亡国…… i勘解由使勘不 「此以後可除棄」 j読大勘文事 k済当々公事国	V加階事	〃 l勘会公文所司	W給官事	（白　紙）	X（古今定功過例） ㋑相模介維将	㊄諸国或別進	㊁受領見物	㊀或国々陳	㋺大和守共政	㋶紀伊守景理	㊂先公命云

（六）誤って貼り継がれた段階

0	29	1	2	12	14	錯簡Ⅰ	19②	20①	15②	16	17	18	19①	20②	28	15①
a勘出事	㊂先公命云	b主計寮式云～ ⓖ下書目録	h惟仲任師之時 可勘、随身事 A国司下向早晩事	U功過定事	……惣而言之	㊃以興復亡国…… i勘解由使勘不 「此以後可除棄」 j読大勘文事 k済当々公事国	㊄諸国或別進	㊁受領見物	V加階事	〃 l勘会公文所司	W給官事	（白　紙）	X（古今定功過例） ㋑相模介維将	㋺大和守共政	㋶紀伊守景理	㊀或国々陳
（裏書）		g′清書目録	g′清書目録		(1)省試詩蜂腰事	(10)続命祭幡立 (8)糯字用例 (7)勘出事 (6)越勘事 (9)寛弘御記云	(5)衛府預文会 (4)革命事	(4)革命事	(2)阿衡事	(2)阿衡事 (3)因論生論						

途中に補充・挿入するための紙片として準備されたためではないか。

すなわち、第19紙と第20紙を半裁した四枚の紙片は、U功過定事の補充記事を書くために用意され、順次、錯簡Iと第15紙の間に挿入されていったのではないかと推測される。公任は功過定の定文を書くスペースとして錯簡Iの大半を残し、そのあとに功過定の具体的記事を追加したのであろう。こうして、錯簡Iのあとに第19紙①の㋑「相模介維将」、第19紙②（複本一紙）の㊄「諸国或別進」、第20紙①の㊁「受領見物」の三つの記事が補入された状態を想定し、これを稿本の第二段階としたい。これら三枚の紙片に書かれた記事はいずれも各紙片内で完結しているので、三枚同時に挿入されたものとは思われず、はじめは半裁した紙片を一枚のみ補充するつもりであったのが、追加に追加を重ねて結局は三枚の補充となってしまったのであろう。

このように錯簡Iと第15紙の間に三枚の紙片を補入した第二段階には、第15紙の右側にはいまだ一四センチほどの余白部があったが、次の第三段階には、この余白部に㊀「或国々陳」の五行分の記事が追記されたと考えられる。前述のように、稿本の錯簡Iに想定した大きな空白部ののち、第15紙①に五行分だけ文章が書かれて、U功過定事の記述が終わっているのは、きわめて不可解な書き様であったが、大きな空白部ののちに三枚の補充記事が挿入され、そのあとで第15紙①に五行分の補充記事が追筆されたとみれば、前述のような疑問は解消するであろう。

U功過定事の末尾に挿入・追記されたこれらの記事のうち、特定の国司の功過例を述べるのは第19紙①の「相模介維将」のみで、その他は第19紙②の「諸国或別進」や「大宰管国」[35]、第20紙①の「受領見物」、第15紙①の「或国々陳」などのように、功過定のさいの問題点を諸国を一括する形で論じている。公任は第三段階までの間は、X古今定功過例のような記事を列記する構想を抱いておらず、「相模介維将」の功過例から書き出しながらも、結局は諸国通有の問題点を総括的に述べることで、U功過定事の補充記事を終えるつもりであったと考えられる。

ところが、半裁した紙片の四枚目に「大和守共政」の記事を書くころから、公任はU功過定事とは別にX古今定功過例という篇目を作り、個々の国司の定功過例を列記するという構想を固めたらしい。これを稿本の第四段階とすると、第15紙に追筆された㊀「或国々陳」の記事のあとに切目の跡があり、第15紙が①と②の二つに切断されていたことが注目される。稿本の一紙を途中で切断するようなことは、公任自身でなければ行いえないことで、この切断面から公任による稿本の編集過程をうかがうことができる。

おそらく公任はこの箇所を切断することによって、さきに挿入・追記した第19紙①、第19紙②（複本一紙）、第20紙①、第15紙①などの紙片を、錯簡Ⅰと第15紙②の間から取り除き、これらを稿本の末尾に移すとともに、第15紙①のあとに第20紙②「大和守共政」以下の記事を書き加えて、十紙を超える長文のX古今定功過例を作り上げたのであろう。そして、先にできていた第17紙のW給官事までの部分と、新たに出来上がったX古今定功過例の部分の間に、白紙を一枚はさむことで両者を接続し、三十二紙（現存二九紙と錯簡二紙と第0紙）を数える稿本『北山抄』をひとまず完成させたのである。新たにg′清書目録を追記して、「古今定功過例」の一篇目を加えたのは最終段階のことと思われる。

以上、推測にわたる部分が少なくないが、ⓖ下書目録とg′清書目録の若干の相違点や、稿本の一部にみられる切断痕跡などを手がかりに、公任による稿本の編成過程を四段階に分けて考えてみた。私案によると、稿本は何度かの編成替えののち、和田氏が復元した現在の配列に近い形に整えられたと思われる。ただ、和田氏の復元案と一つ異なるのは、第15紙①の位置である。和田氏は本来の紙背文書の接続を考慮して、第15紙①を第15紙②の前に置いているが、私は前述のように、稿本の第四段階において、第15紙①は第19紙①、第19紙②、第20紙①などとともに後方へ移動され、X古今定功過例の記事中に位置付けられたと推測している。

稿本はこうしてひとまず出来上がったが、公任はこれを他巻と対照して清書するつもりで、未定稿のまま放置しておいた。とくに第14紙のあとに貼り継がれていた錯簡Ⅰには、功過定の定文を書くための大きな空白部が残されていたが、公任は結局ここには何も書かなかったので、公任の没後ほどなくして、藤原資仲あたりが「読大勘文事」など功過定にまつわるメモや、「越勘事」などの裏書を書き込んだのであろう。

2　稿本から流布本への変化

それでは、以上のように編成されていた稿本がなにゆえ、前田本にみられるような配列で伝えられてしまったのであろうか。その理由は和田英松氏のいうように、継目の離れた稿本を継ぎ誤ったまま転写してしまったことに求めるべきであろう。稿本から前田本へと変化する過程は、次のように想像できる。

まず、公任が前述のように稿本を編成し、その空白部に後人が加筆したのち、年月の経過とともに稿本の各紙は糊離れを起こし、何枚かの紙片が継目から分離してしまった。継目から離れた紙片のなかには、断裂部ⅠⅡに入っていた錯簡ⅠⅡや、一紙の途中で切断されていた第15紙①、第20紙①、そして巻首の第0紙、巻末の第29紙などが含まれていたと推定できる。次に、分離した各紙を継ぎ直すさいに、錯簡Ⅰのみは正しく第14紙のあとに貼り継いだが、そのあとに錯簡Ⅱ（第19紙②）と第20紙①を誤って補入し、さらに第15紙①を巻末に、巻末にあった第29紙を第0紙と第1紙の間に、それぞれ誤って貼り継いでしまったのであろう。

こうして誤って貼り継がれた稿本の配列を一覧表にすると、表13の㈥のようになる。稿本自体がこのように誤って貼り継がれていた時期があるのであり、この時期の稿本をもとに筆写されたのが、前田本などの祖本であると考えられる。表13の㈥に掲げた稿本の配列は前田本などの配列とほぼ同じであるが、錯簡Ⅰに書かれたメモ風の本文ｉ・ｊ・ｋや裏書の⑼⑹⑺⑻、さらには第19紙②に書かれた裏書の⑸が、いまだ第14紙と第20紙の間に置かれており、この点が前田本などの配列とはやや異なっている。

しかし、これらの本文や裏書が前田本のような位置に移される理由は推定可能である。そもそもメモ風に記されたｉ・ｊｋの記事は、前後の本文と比べて明らかに異質であるが、ｉのあとに「此以後可除棄、予所書入也、裏又同之」と付記されていたことを想起したい。誤って貼り継がれた稿本を書写した人物は、この注記の指示にしたがって、追記メモ風の本文ｉ・ｊｋと、その裏に追記された(9)(6)(7)(8)をこの場所から削除したのであろう。

ただ、「此以後可除棄、予所書入也、裏又同之」と注記された錯簡Ⅰの紙背とその前後には、後人が追記した裏書とみられる(9)(6)(7)(8)以外にも、公任が書いたと思われる(19)(1)や(4)(5)などの裏書が存在するので、稿本を転写した人物はどの裏書までを削除すべきか迷ったことと思われる。そして結局この人物は、裏書(5)から裏書(8)までの五つを移動の対象と定めたようである。こうして、錯簡Ⅰの表裏と第19紙②の裏から削除された本文ｉ・ｊｋと裏書(5)(9)(6)(7)(8)のうち、本文ｉ・ｊｋとその裏書(6)(7)(8)とは巻頭のg′清書目録の直前に移されたのである。g′以前の巻首部分には、公任自身による追記風の本文が多くみられるので、メモ風の本文ｉ・ｊｋとその裏書(6)(7)(8)を移す場所としては適当と考えたのであろう。

そして、残された(5)と(9)の裏書については、裏書と内容的に関連すると判断した本文の裏に移動したものと思われる。(9)寛弘御記云は寛弘七年五月七日に大宰大弐からの申請をうけて、諸卿による陣定が行われたことを述べるが、これは稿本『北山抄』でいえば、Ｅ臨時申請雑事と関係するので、Ｅの紙背の周辺に(9)を移したのであろう。一方、(5)衛府預文会者弓箭帯否事と関係する適当な篇目はないが、巻首部のｆ陸奥守随身例やｈ惟仲任帥之時には、弓箭を帯して貴人を護衛する随身のことが記され、その文中にも「近衛一人」「近衛・兵衛四府」などの字句がみえるので、これらとの関連でｆｈの紙背付近に(5)を移したのであろう。(36)

さて、誤って貼り継がれた稿本の錯簡Ⅰから、本文のｉ・ｊｋを削除し、これらを巻頭部分に移動すると、㈣「以興復亡国」以下の十四字のあとには、錯簡Ⅱに書かれた㈤「諸国或別進」以下の文章がつづくことになり、前田本以下の写本とまったく同じ記事の配列となる。また裏書についてみても、巻頭その他に移動された裏書(5)(9)(6)(7)(8)を除外すると、残された裏書は(1)(10)(4)(2)(3)となる。このうち、(3)因論生論は前田本が本文と誤認して書写しているので除くと、(1)(10)(4)(2)は前田本が(3)私曲相須事（因論生論）のあとに一括記載する裏書と一致する。

また、裏書の記載順序についても、最後に書かれた(2)阿衡事から前の方に、(4)革命事、(10)続命祭幡立、(1)省試詩蜂腰事と遡ってゆくと、やはり前田本に引かれた順番と合致することになる。このことは、継ぎ誤った稿本をもとに転写した人物が、稿本の本文を1勘会公文所司罪状まで書写したのちに、稿本を裏側に返して、(3)因論生論を本文として写すとともに、(3)以前に書かれていた裏書を、(2)(4)(10)(1)の順で一括書写したことを示している。また、稿本では裏書であった(3)因論生論（私曲相須事）を本文とみなしたために、その前に記されていた(2)阿衡事などの裏書が、私曲相須条の勘文（勘物）であるかのように誤解してしまったのであろう。

以上のように考えれば、稿本から前田本への変化の過程は理解できるのであって、要するに、誤って張り継がれた稿本をもとに転写されたことが、稿本と前田本との配列の相違をもたらした第一の要因であったと結論できる。これに加えて、稿本途中の追記風メモとその裏書を「除棄」する過程で、前田本がg′清書目録の直前などに記事を移したことや、前田本が稿本の裏書(3)を本文と誤認したり、稿本では散在する裏書を一括引用したりしたことで、本来の稿本とは異なる転写本が出来上がったということになろう。

ただし、稿本自体に何度かの編成替えがあり、錯簡Ⅱ（第19紙②）や第20紙①がU功過定事の記事中に置かれていた時期があるとすると、前田本のような配列にも一定の意味はある。しかし、その場合でも、第15紙①を巻末に移動することや、第19紙①だけを白紙のあとに残すことには問題があろう。前述したような稿本の編成過程や記事の内容からみて、第19紙①、第19紙②（錯簡Ⅱ）、第20紙①、第15紙①には、それぞれに独立した記載ながら、相互に関連した記事が順次書き込まれたと推定されるので、これら四つの紙片はまとまって配置されるべきであり、位置的にもX古今定功過例の冒頭の方が適当であると考えられる。

また、前田本が稿本に追記された後人のメモ風本文を、その裏書とともに「除棄」しているのも、基本的には正しい編集姿勢といえる。ただ、これらの本文・裏書を巻頭部分などに移動したために、これらが本来はU功過定事に関係する追筆メモであったということが不分明になってしまった。同様にこれらのメモが割り込んできたために、A国司下向早晩事の記事とその前に書かれた随身に関する追記ｆｈとが分断され、Aとｆｈとの関連性が不明確になったことも問題であろう。

このように、前田本が稿本の記事を各所に移動した結果、本来の記事の関連がつかみにくくなった部分もあり、その意味では、前田本以下の写本の配列や記載には大きな問題点があるといえよう。稿本本来の配列については、和田英松氏の復元案があり、本章では和田説を一部修正する復元試案を提示したが、こうした復元案にもとづいて、前田本以下の古写本や現行流布本の誤りを正してゆくことが必要となってくるのである。

おわりに

稿本『北山抄』と前田本巻十の相違点とその由来について考察してきたが、最後に本章の要旨をまとめておくことにしたい。

第一。現存する稿本は二つの断裂部をもつ残闕本で、錯簡のうちの一紙は複本に残されているが、前田本以下の写本の記載と対比すると、稿本や複本にみえない記事が前田本に存在し、稿本の記事が前田本では異なる場所に書かれているなど、両者の間には相違する点が少なくない。

第二。近年の研究はこうした相違点を、稿本と清書本との違いとみたり、清書段階における追記の移動と解するのみで、とくに大きな注意を払わないが、公任が稿本を清書したという徴証はなく、未定稿の稿本を転写したのが前田本などの祖本であるとすると、和田英松氏がつとに指摘するように、稿本を誤って貼り継いだまま転写したのが現行本である可能性が高い。稿本と前田本との相違点は、書写のさいの過失に起因すると思われるのである。

第三。複本一紙に残されている記事は、前田本では稿本の断裂部Ⅰに相当する箇所に補われているが、複本一紙の紙背文書や裏書の接続状況からみて、前田本の補充箇所には疑問があり、複本一紙は稿本の断裂部Ⅱに補入されるべきである。一方、稿本の断裂部Ⅰには前田本にみえる記事を参照して、一紙の表には㈣「以興復亡国」以下の一四字とｉｊｋなどの追記風メモを、一紙の裏には⑼⑹⑺⑻⑽などの裏書をそれぞれ補いたい。ただし、ｉｊｋと⑼⑹⑺⑻とは後人の追記と思われるので、本来の錯簡Ⅰには㈣の一四字と裏書の⒆のみが書かれ、一紙の大半は功過定の定文を追記するために、白紙のまま放置されていたと推測される。

第四。稿本のⓖ下書目録とg′清書目録の相違点や、稿本の一部にみられる切断痕跡などからみて、稿本の作成過程は次の四段階ほどに分けて考えることができる。

㈠第2紙から第17紙までの十七紙（錯簡Ⅰを含む）に、A国司下向早晩事からW給官事までの記事を書き、これにⓖ下書目録のみを書いた第1紙を添えた段階。

㈡第2紙右端の余白部に「可勘、随身事、可尋之」とメモを書くとともに、錯簡Ⅰと第15紙の間に一紙を半裁した紙片三枚（第19紙①、第19紙②、第20紙①）を順次補入して、U功過定事の記述を補う具体例を追加した段階。

㈢第1紙から第2紙の余白に随身や勘出のことを追記し、第1紙の前に第0紙を補うとともに、第15紙右側の余白にU功過定事の末尾の補充記事となる㈠「或国々陳」を追筆した段階。

㈣Uとは別にX古今定功過例の篇目を作ることを思い立ち、第15紙を①と②の間で切断して、第19紙①から第15紙①までの四つの紙片を巻末に移し、このあとに第20紙②以降の記事を増補して、十紙を超えるXの記事を完成するとともに、これを第17紙のW給官事までの部分と白紙（第18紙）を介して接続した段階。

以上のような編成替えの結果、稿本は和田氏が復元した現在の形に近いものに整えられたものと思われる。ただし本章では、第15紙①は最終的には第20紙②の前に置かれ、X古今定功過例の記事の一部になったと想定している。

第五。年月の経過とともに稿本の一部に糊離れが起こり、これを継ぎ直すさいに、誤った復元が行われたと想定される。そして、誤って貼り継がれた稿本を転写したために、本来の稿本とは異なる配列の部分が生じたのである。これに加えて、稿本に追記されたメモ風の本文とその裏書を「除棄」するさいに、後人がこれを巻頭部分などに移したりしたことで、本来の稿本とはさらに相違した転写本が出来上がることになる。

さて、以上が本章の結論であるが、こうした想定に大過がないとすると、前田本以下の写本には転写のさいの過失が含まれており、これを盲信することはできないと考える。神埼充晴氏や所功氏は稿本の釈文を作成するさいに、流布本の記事の順序にしたがって、稿本の記事の配列を改めているが、これは本末転倒の作業といわねばなるまい。古写本や流布本をもとに稿本を改訂するのではなく、稿本をもとに古写本や流布本の誤りを訂正することが、今後は必要となってくるであろう。

『北山抄』巻十には平安中期の地方統治の詳細が語られているので、近年さかんな国司交替制度の研究では、受領功過定[37]や検交替使[38]・里倉負名[39]などの実態をうかがう貴重な史料として、その記述がしばしば引用されている。しかし、流布本の本文には前述のような問題点があり、古写本といえどもこの弱点を免れてはいない。『北山抄』巻十の利用にあたっては、こうした点をよく注意する必要があろう。幸い稿本の影印本が普及しているため、これによって流布本の誤りを補正することはできるが、錯簡部の復元までを含めた新たな校訂本の作成が今後の課題であるといえよう。本章で提示した復元試案が、和田英松氏の復元案とともに、稿本『北山抄』の原形復元のための叩き台になれば幸いである。

註

(1) 和田英松「北山抄に就いて」(『史学雑誌』四五―九、一九三四年九月。のち『本朝書籍目録考証』明治書院、一九三六年に再録)一二二頁。なお、頁数は再録本による。

(2) 『大日本史料』第二編之二(一九三〇年十月)、同第二編之三(一九三二年二月)、同第二編之四(一九三三年五月)、同第二編之五(一九三四年十二月)。なお、『古文書時代鑑』続編解説上(一九二七年)は「藤原公任自筆北山抄断簡」と題して、稿本の第29紙(「先公命云」ではじまる記事)の写真と釈文を掲載する。

(3) 出雲路通次郎編纂『国寶北山抄紙背草假名消息』(便利堂、一九三六年。解説・釈文を付す)は、コロタイプ複製写真を貼り継いで一軸に仕立てたもので、このなかには第6紙裏・第7紙裏の某仮名消息、第22紙裏の某書状、第1紙裏・第2紙裏の清書目録、巻首部の本文の一部、第4紙裏の長保元年三月二十九日検非違使別当宣案、第5紙裏の年未詳三月二十八日備後権守某申文などが収められている。

(4) 一九三五年十月の梨木神社鎮座五十年祭のさいに、京都博物館で催された三条実万・実美両公記念展覧会に出陳され(『京都国立博物館七十年史』一九六八年参照)、一九四〇年一月の国史善本展覧会で大阪府立図書館に出陳された(『皇紀二千六百年記念国史善本展覧会目録』大阪府立図書館、一九四〇年)。

(5) 『京都国立博物館蔵品図版目録』書跡編日本(京都国立博物館、一九八三年)。

(6) 小松茂美監修・神埼充晴解説『平安　藤原公任　稿本北山抄』(日本名跡叢刊七五、二玄社、一九八三年)。

(7) 所功校注「藤原公任自筆稿本(吏途指南)」(神道大系『北山抄』神道大系編纂会編集・発行、一九九二年)。

(8) 尊経閣文庫所蔵の二種の古写本に関する書誌的解説は、和田英松註(1)論文、所功「『北山抄』の成立」(『平安朝儀式書成立史の研究』国書刊行会、一九八五年。以下、a論文と称す)、所功「解題」(神道大系『北山抄』前掲所収。以下、b論文と称す)、橋本義彦「『北山抄』―尊経閣文庫本を中心に―」(『日本古代の儀礼と典籍』青史出版、一九九九年)などに詳しい。

（9）近藤守重『好書故事』（『近藤正斎全集』第三）が引用する林道春の『御本日記』は、慶長十九年に徳川家康が謄写させた古写本のリストであるが、そこに「北山抄　九條殿　五冊」と記されている。九条家に古写の『北山抄』が伝存することは、同年四月に京都の船橋秀賢から金地院崇伝に知らされていた（『本光国師日記』十一、舟橋式部少輔卯月廿日之返書）。なお、内閣文庫に現存する紅葉山本『北山抄』は七冊本であるが、このうち巻五の一冊は享保年中に宮重千之助（信義）が新写し、延享三年に羽倉東之進（荷田在満）が献上したもの、いま一冊は羽倉の手になる『北山抄差誤』（紅葉山本と一本との対校結果）で、残る五冊が慶長御写本である。巻五の奥書および『御書籍来歴志』五を参照。

（10）『撰集秘記』所引本と紅葉山本は前田本に記される「裏書」をすべて省いている。また、『撰集秘記』所引本は前田本や紅葉山本の巻頭部にみられるa勘出事、i勘解由使勘不、j読大勘文事、k済当々公事国などの記事を欠いている。

（11）従来の刊本は古写本の巻頭部の記載（a勘出事から⑻糒字用例まで）のうち、裏書の⑸衛府預文会者を巻九の裏書に編入し、それ以外をいずれも巻十のM勘出事の直前に移動しているが、これは巻頭部の体裁を整えるために刊本が行った恣意的な改変で、古写本の原形を損なうものである（和田英松註（1）論文一四一頁参照）。

（12）第6紙裏・第7紙裏の年月日未詳某仮名消息、第23紙裏・第24紙裏の長保元年四月一日衛門府月奏文、第25紙裏・第26紙裏の長保元年八月二十七日大和国司解の三通。最初の某仮名消息は各一通とみる意見もあるが、文脈的に接続するので、あわせて一通とする久曽神昇氏の見解に従いたい（久曽神「北山抄紙背仮名書状」『平安時代仮名書状の研究』風間書房、一九六八年）。

（13）所功註（8）a論文二六二頁は、bとcをL異損事の補足記事とみなすが、b主計寮式の書き出しは延喜主計寮式下の「勘公文条」の引用であり、c先公為権弁とd尾張国〔為輔納言任〕も広義の公文勘会に関わる記述なので、bcdはいずれもa勘出事との関連で書かれた追記とみて不都合はない。また、aには平惟仲が故実に暗かったことが記されているが、惟仲への批判的な記述はh惟仲任帥之時にもみえており、aがhと同じく稿本の巻首部の追記であった可能性を示唆している。平惟仲は正暦三年（九九二）八月二十二日に藤原公任と同時に参議となったが、翌年十一月に従三位に昇ったため、正四位下の公任を位階の点で超え、惟仲が寛弘二年（一〇〇五）に薨去するまでこの順位は変わらなかった。こうした両者の関係からみて、公任は惟仲に激しい対抗意識をもっていたと推察される。

（14）和田英松註（1）論文一二二頁、一三七～一四二頁。

（15）稿本を継ぎ誤ったまま写したところとして、和田氏は「加階事」と「功過定例」の間の混入、「免半租年事」と「国任終年雑米事」の間の混入の二つを例示するが、前者は後述のように「功過定事」と「古今定功過例」の間の混入と改めるべきであろう。また後者の混入例は、稿本の第10紙に、

就國解所下官符、能可案其《非无事疑》趣、可決理非者也、
勘済之人、可為功、不勘者、不可為過乎、
被免半租年事、

とある部分をさすと思われ、前田本以下の写本は「勘済之人」云々という十五字を、次行のQ「免半租年事」の下の細注として写しているが、内容的にみてもこれはP「前司卒去国任終年雑米事」の末尾の書き入れと考えた方がよく、前田本はP末尾の記事をQの冒頭に混入させているのである。ただし、この箇所は紙継目ではないから、継ぎ誤りによる混入とはいえず、稿本を転写するさいの行の読み違いとした方がよいであろう。

(16)　出雲路通次郎「国寳北山抄紙背假名消息解説釋文」(出雲路通次郎前掲註(3)編著所収)、上田星邨「北山抄紙背假名消息」(『書道全集』十二、日本・平安Ⅱ、平凡社、一九五四年)、久曽神昇「北山抄稿本」(同上書所収)、久曽神昇註(12)論文。

(17)　釼持悦夫「北山抄巻十吏途指南（公任筆草稿本）」(『国書逸文研究』七、一九八一年)。

(18)　前掲註(6)著書所収の神埼充晴氏の解説。

(19)　所功註(8)a論文二三五頁、同b論文四一頁。

(20)　所功註(8)a論文二二七〜二三〇頁。

(21)　稿本『北山抄』の発見後、その紙背文書を翻刻した『大日本史料』第二編之二〜第二編之五が、一九三〇年十月から三四年十二月にかけて刊行されたが、翻刻作業が一段落ついた一九三四年九月に、和田英松氏の「北山抄に就いて」が発表されたことを思うと、稿本『北山抄』の点検・調査のさいには、まず紙背文書の撮影・解読が優先され、それがほぼ終了したのちに、表側本文の最終的な検討・復元が行われたのであろう。そして、稿本が現在の形に復元されたのちに、改めて表側の写真が撮り直されたものと推測される。

(22)　和田英松註(1)論文一四〇〜一四一頁。

(23)　『国書総目録』第七巻の北山抄の項には、三条家の蔵本として「三条実万抄写一冊」と別の「一冊」が掲げられており、このいずれか一冊が稿本の複本である可能性もある。今後の検討課題である。

(24)　竹内理三編『平安遺文』第十巻・補七。

(25)　寺内浩「受領考課制度の成立と展開」(『史林』七五―二、一九九二年)六五頁。のち『受領制の研究』(塙書房、二〇〇四年)に再録。

(26)　たとえば済二ケ年事国には、相模・安房・上総・下総・常陸の五国が列記されるが、『北山抄』巻十の臨時申請雑事には、二カ年あるいは三カ年以上を弁済すれば、勧賞に与らしめるとの約束を得て、亡国へ赴任した国司として、常陸守・常陸介・上総介があげられている。また、安房国も延喜以来の国守三十四人中、公文を勘済したのはわずか六人という難済国であった(『本朝続文粋』巻六、寛仁四年正月十五日大江時棟申文)。『小右記』寛弘二年十二月二十一日条には、「至坂東已亡弊国」とある。

(27)　公任が稿本の紙背に書き入れた裏書は(1)(2)(3)(4)(5)(10)の六つであったと考えられるが、これらは和田英松註(1)論文一四一頁が指摘するように、国司と関係のない記事ばかりであり、巻六備忘巻などに編入すべき草案を、とりあえずメモしておいたものかと思われる。なお、裏書の(4)革命事には、藤原広業が辛酉年は毎回革命に当たると主張したのに対して、陣議では今年は革命に当たらずと決したことが記されているが、この議論が行われたのは寛仁五年(一〇二一)二月二日の治安改元のときで(『大日本史料』同日条を参照)、『小右記』同月二十九日条によると、藤原広業と公任の間に辛酉革命をめぐって議論があったという。したがって、裏書(4)は治安元年以降に書かれたもので、公任はかなりのちまで稿本に手を加えていたことがわかる。

(28)　宮崎康充編『国司補任』第四(続群書類従完成会、一九九〇年)による。なお、藤原公任の出家は万寿三年(一〇二六)、薨去は長久二年(一〇四一)のことである。

(29)　ｉｊｋが後人の追記であることや、その追記者として藤原資仲が想定できることについては、詫間直樹氏からご教示を受けた。

(30)　『北山抄』巻九などに追記された裏書・勘物のなかでも、藤原資仲のものがとくに多いことは、和田英松註(1)論文一四四頁、所功註(8)b論文三七頁などに指摘がある。寛治元年(一〇八七)に没した資仲ならば、延久四年前後の紀伊守の名を追記することは可能である。なお、藤原公任の身辺にあった『北山抄』とその素材となった『九条殿記』『西宮記』『清慎公記』の三書が、藤原資仲の子顕仲のもとに一括して伝えられていたことは、桃裕行「『北山抄』と『清慎公記』」(桃裕行著作集四『古記録の研究』上、思文閣出版、一九八八年。初出は一九七四年)に詳しい。松薗斉「元永二年小野宮家記事件について」(『古代文化』四四―一二、一九九二年)は桃説を否定しているが、公任が小野宮家から借用した『清慎公記』を切り継いで部類していることを思うと、その部類された『清慎公記』が『北山抄』などとともに、小野宮家に還入することは十分考えられよう。

(31)『北山抄』巻三、定受領功過事の冒頭に記される書式が功過定の定文であろうことは、『西宮記』巻二、除目（定受領功過）が同様の書式を「定文書様」と称して引用していることからもわかる。

(32) 下向時の随身支給の実例は、『三代実録』元慶三年正月十五日条、同元慶五年十月十日条、『公卿補任』寛平六年条、『類聚符宣抄』巻七、長保三年五月二十九日官符などにみえる。なお、『西宮記』巻十三、臨時雑宣旨にも、「帥随身、主人進請文、依宣旨仰近衛・兵衛、令進差文、次給官符、四府各二人、合八人、内印」とあるが、この細注とほぼ同じ記事が前田本『北山抄』巻十の巻首部にも書かれており（稿本では破損のため下半が判読しにくい）、公任が『西宮記』の趣意文をメモしたことが推測される。随身については、大饗亮『封建的主従制成立史研究』（風間書房、一九六七年）、竹内チヅ子「随身について」（『九州史学』四、一九五七年）などを参照。

(33) 平惟仲の任帥下向が異例であったことについては、黒板伸夫「大宰帥小考―平惟仲の補任をめぐって―」（『日本歴史』二六七、一九七〇年）を参照。

(34) 東京大学史料編纂所の『北山抄並裏文書』に収められた写真によると、複本一紙の紙高は二七・二㌢、紙幅は一七・五㌢をはかるが、本来の稿本の紙高が三〇・七㌢前後であることから比例計算して、本来の複本一紙（第19紙②）の紙幅は一九・八㌢前後であったと推定できる。稿本第19紙（第19紙①）の紙幅は二一・二㌢であるから、第19紙①と第19紙②はそれぞれ本来の一紙をほぼ半分に裁断したものであったといえよう。

(35) 第19紙②の「大宰管国」には、延喜以来、大宰管国の公文の京上が停められ、府の勘済に委ねられたことが記されているが、この事態のもつ意味については、佐々木恵介「大宰府の管内支配変質に関する試論」（土田直鎮先生還暦記念会編『奈良平安時代史論集』下、吉川弘文館、一九八四年）を参照。

(36) 陣定の場で審議された臨時申請雑事（諸国申請雑事）については、谷口昭「諸国申請雑事」（日本史研究会史料研究部会編『中世の権力と民衆』創元社、一九七〇年）、曽我良成「諸国条事定と国解慣行」（『日本歴史』三七八、一九七九年）などを参照。

(37) 福井俊彦「受領功過定について」（森克己博士還暦記念論文集『対外関係と社会経済』塙書房、一九六八年）、同「受領功過定の実態」（『史観』八八、一九七四年）、同『交替式の研究』（吉川弘文館、一九七八年）、梅村喬「民部省勘会と勘解由使勘判」（『日本古代財政組織の研究』吉川弘文館、一九八九年。初出は一九七五年）、佐々木宗雄「十～十一世紀の受領と中央政府」（『史学雑誌』九六―九、一九八七年）、大津透「受領功過定覚書」（『律令国家支配構造の研究』岩波書店、一九九三年。

初出は一九八九年）、寺内浩註(25)論文など。

(38)　吉岡眞之「検交替使帳の基礎的考察」（『書陵部紀要』二六、一九七五年。のち補訂のうえ『古代文献の基礎的研究』吉川弘文館、一九九四年に再録）、菊地礼子「令任用分付実録帳と交替実録帳」（『古代文化』二七―四、一九七五年）、佐々木恵介「摂関期における国司交替制度の一側面―前司卒去の場合―」（『日本歴史』四九〇、一九八九年）。

(39)　村井康彦「公出挙制の変質過程」（『古代国家解体過程の研究』岩波書店、一九六五年）、加藤貞子「利稲率徴制」（『史窗』三二、一九七四年）、坂上康俊「負名体制の成立」（『史学雑誌』九四―二、一九八五年）。

〔付記〕　稿本『北山抄』の閲覧にさいしては、当時、京都国立博物館におられた下坂守氏に便宜をはかっていただいた。厚くお礼申し上げる次第である。また、本章成稿にあたっては、宮内庁書陵部の詫間直樹氏から多大のご教示をたまわった。表10および表11は詫間氏原作のものを筆者が改補したものであるし、筆者の仮説は詫間氏の批判にあって、何度も修正を余儀なくされた。その意味では、本章は詫間氏との共同研究に近いものといってよい。ただ、本章の結論部分には筆者の独断が多いので、あえて個人名で発表させていただくこととした。詫間氏の学恩に心から感謝の意を表したいと思う。

〔補記〕　旧稿発表後、阿部猛編『北山抄注解　巻十吏途指南』（東京堂出版、一九九六年）が刊行された。稿本『北山抄』を底本とし、前田本などを参照して本文を定め、訓読と注解を加えたものである。

また、宮内庁書陵部において九条家本『北山抄』の修補と整理が終わり、二〇〇四年から一般の閲覧が可能となった。九条家本『北山抄』は慶長写本の親本としてつとに知られるが、鎌倉時代書写の巻子本であるため、前田本に先行する古写本として重要である。九条家本『北山抄』巻十、吏途指南の記事配列は、本文・裏書とも前田本とほぼ同じであるが、裏書は実際に紙背に書かれている点が注目される。すなわち、第二紙ウラに衛府預文会者弓箭帯不事、第四紙ウラに越勘事、勘出事、糒字用例、第八紙ウラに寛弘御記云、第二十四紙ウラに阿衡事、革命事、続命祭幡立、省試詩蜂腰事などの裏書が記されている。前田本に書かれていた「裏書」がすべて九条家本にも存在することが確認できるのであり、前田本は九条家本のような古写本を忠実に書写したものであることが判明する。

第五章　『江家年中行事』と『年中行事秘抄』
――大江匡房原撰本の展開過程――

はじめに

仁和元年（八八五）に藤原基経が献上した『年中行事御障子』に注解を加えたものを御障子文系年中行事書という。その一つに『年中行事秘抄』があり、「本朝月令」「官曹事類」など古書の逸文を多く引用することで知られる。この『年中行事秘抄』はおおむね鎌倉初期に成立したものとみられているが、その撰者については定見のない状態がつづいている(1)。一方、『年中行事秘抄』と相似した行事項目をもつ『江家年中行事』という年中行事書がある。これについては奥書や行事項目からみた成立過程の検討はなされているが、『年中行事秘抄』との関連を踏み込んで考察することは行われていない。

本章では、従来からその存在は知られていながら、いまだ十分に検討されてこなかった大東急記念文庫本『年中行事秘抄』の記載を手がかりに、これを『江家年中行事』の記載と比較・検討することを通して、両者の関係を追究するとともに、『年中行事秘抄』の原撰者やその編成・増補に関わった人物を明らかにすることをめざしたい。

一　『江家年中行事』の著者とその成立年代

『国書総目録』第三巻によると、『江家年中行事』と題する写本一冊が静嘉堂文庫に所蔵されている。この写本については、かつて所功氏が詳細に検討を加え、全文の翻刻を行った(2)。所氏の紹介によると、静嘉堂文庫所蔵の『江家年中行事』は縦二十五センチ、横十九センチの冊子本で、墨付二十三丁、各丁九行の保存良好な写本である。その中身はⒶとⒷに分かれ、Ⓐは第一丁オモテから第十七丁オモテまでに三百項目近い恒例年中行事をほぼ等間隔に列挙し、第一七丁ウラに奥書（甲）を記す。Ⓑは第十八丁オモテから第二十三丁オモテまでに八十項目近い年中行事と勘物とを補遺し、最末尾に奥書（乙）を加えている。

奥書（甲）は次のようなものである。

　年中行事一巻
本云、
　此書故江都督秘蔵抄也、故号江家年中行事、
大治二年三月十六日書寫了、
　　　大學助平時信
　委細注・勘物等、大外記師遠注加之、
　　故右金吾重隆御本也、

本奥書の前半三行の記載によれば、この「年中行事一巻」は故江都督すなわち大江匡房の秘蔵抄であり、「江家年中行事」と号した。これを大治二年（一一二七）三月十六日に大学助平時信が書写した。後半二行の記載は

二通りの解釈ができる。まず、前半三行の補足説明とみれば、平時信が書写したのは故右金吾重隆の書写本であり、それには大外記師遠の注が加えられていたと解するものである。次に、前半三行とは別の奥書であるとみれば、平時信書写本に師遠が加注したものを故右金吾重隆が所持していたとも解釈できる。しかし、右衛門権佐藤原重隆は元永元年（一一一八）に卒去しており、これは平時信が「江家年中行事」を書写する九年前にあたるから、後者の解釈は成立しない。所功氏が指摘するように、前者の解釈が妥当であろう。

平時信は桓武平氏知信の子で、その子女に時忠・時子・滋子らがいる。時子は平清盛の室となり、時忠は平氏政権の公卿として権勢をふるった。『尊卑分脈』によると、後白河天皇の后となり、高倉天皇を生んだ建春門院滋子は、藤原顕頼の女を母とするから、平時信は葉室家の藤原顕頼と姻戚関係にあったことになる。さらに、平時信の女は顕頼の叔父親隆の室となり、全真を生んでいる。『江家年中行事』を書写した藤原重隆は、『雲図抄』『蓬莱抄』の著者として知られるが、彼も葉室流藤原氏に属し、顕頼からみれば叔父、親隆からみれば兄にあたる。平時信は葉室流との婚姻関係を背景に、重隆が所持する『江家年中行事』を借用して書写することを得たのであろう。

所功氏は藤原重隆が匡房から譲り受けたか、または借りて写したと推測しているが[3]、白河上皇による書写を介在させる方がよいのではないか。『中右記』元永元年（一一一八）三月八日条によると、白河院は源経信の子孫たちに経信の日記を献上させ、近臣に手分けして書写させたが、先年、大江匡房の日記も同様にして書写されたという[4]。この場合の日記とは『新儀式』のような儀式書をも含む（『中右記』嘉保二年十月十二日条）。藤原重隆の兄顕隆は白河院の近臣で、毎夜院の御座所に伺候して、言上することは何事でも聞き届けられたので、「よるの関白」とあだ名された[5]（『今鏡』）。『雲図抄』の奥書によると、この書は顕隆が蔵人頭のときに弟重隆に命じて鈔出させたものであるという。『江家年中行事』書写の背景にも同じようなことが想定され、白河院が書写させた匡房の日記のなかから一巻を選びだし、顕隆が弟重隆に書写させたものである可能性が高い。

次に、奥書（乙）は次のようなものである。

右江家年中行事一冊、元本者以

大炊御門殿御本書寫之、小幡氏書之、

速水房常

静嘉堂文庫本は速水常房が小幡氏に書写させた本で、その親本は大炊御門本であったことがわかる。速水常房は江戸中期の有職学者で、『本朝紹運続録』『公事根源愚考』『禁秘抄註』などの著作がある。静嘉堂本の冊首には「速水家蔵」「山田」の朱印が捺されているから、常房本が山田以文の蔵書となり、静嘉堂文庫に入ったことになる。なお所功氏は、京都御所東山御文庫所蔵の『年中行事』一冊（勅封一四四―一一）が、静嘉堂文庫本と同じ本文と奥書をもつと紹介しているが、私が実見したところでは、東山御文庫本には速水房常による奥書（乙）が存在しない。霊元天皇による外題をもつ東山御文庫本は江戸前期に遡る写本であることから、静嘉堂文庫本の親本である大炊御門本は東山御文庫本を書写したものである可能性が出てくる。

さて、『江家年中行事』のⒶの部分とⒷの部分の関係について、所氏は元来の「年中行事一巻」はⒶの部分からなり、大江匡房の秘蔵抄に中原師遠が細注や勘物を加筆したものであったが、その後さらに、中原師遠か平時信あたりがⒷの部分を補遺したと論じている(6)。しかし、Ⓑの補遺を行った人物に平時信を想定するのは問題であろう。Ⓐは『江家年中行事』巻子本の表側の記載、Ⓑは同じく裏側の記載を忠実に書写したものと考えられるからである。Ⓑにおいて、正月腹赤の記事が行間書き入れのように記されている点、二月春日祭や十月大乗会の記事が脚書のように記されている点は、Ⓑが裏書を一括書写したものであることを示唆している。実際、巻子本である大東急記念文庫本『年中行事秘抄』では、『江家年中行事』のⒷの部分のうち、春日祭・石清水臨時祭・灌仏・位記召給などの記述が、いぜんとして裏書のまま残されている。したがって、Ⓑの部分は紙背に記された裏書を一括書写したものと考えられ、その著者としてはやはり匡房か師遠を想定すべきであろう。

Ⓐの部分に記された国忌でもっとも新しいものは、康和五年（一一〇三）正月二十五日に死去した贈皇太后藤原苡子（鳥羽天皇生母）の国忌であるが、苡子の国忌は鳥羽天皇即位後の天仁元年（一一〇八）七月に設置され、翌年正月から東寺で法会が行われている（『殿暦』『中右記』『百練抄』など）。Ⓑの部分に所載の国忌では、七月十九日の堀河院御国忌がもっとも下るものである。嘉承二年（一一〇七）に崩御した堀河天皇の周忌法会は、翌天仁元年七月から営まれており、大江匡房はこのときに「堀河院周忌願文」を作っている（『殿暦』『中右記』『江都督納言願文集』）。匡房が薨去するのは天永二年（一一一一）十一月のことであるから、『江家年中行事』のⒶⒷ両部分の根幹はともに匡房の著作として矛盾はなく、これに中原師遠が注記や勘物を加えたものと考えられる。

『江家年中行事』は『年中行事御障子』の系統に連なる書物であるが、『師遠年中行事』などと比較すると、いくつかの相違点が認められる。所功氏は『江家年中行事』について、『年中行事御障子』と比べると仏事項目がより多くなっており、院政初期の年中行事書の基本形を伝えるものと述べている(7)。また遠藤基郎氏は、『師遠年中行事』がなお政務系行事を載せ、『年中行事御障子』の規範に拘束されているのに対して、『江家年中行事』は政務系行事を省略し、『年中行事御障子』からはより自由であったこと、月初めに禁忌事項を記載し、月末に「撰吉日事」項目を設定したのは『江家年中行事』の創意であり、年中行事書の新しい記述法を開拓したものであったことを指摘する(8)。『江家年中行事』は匡房や師遠の手によって、これまでにはない新たな年中行事書として編纂されたものであった。

ところで、『柱史抄』上巻末尾の北野臨時祭の勘物には、次のようにみえる（〈　〉内は細字割書であることを示す。以下これに同じ）。

北野祭正應御代ヨリ始之由、載宣命之儀不審事、保延元年五月書寫之年中行事奥書云、故江都督秘蔵本也、
勘物委細注付等、故大外記師遠注加之云々、彼本云、
八月上丁釋奠事
四月北野祭事、〈元五日也、而後冷泉院御宇、依當母后國忌、改用四日、當時被停彼國忌、而未被下依舊
可用五日宣旨歟、可尋、但近例四日祭、亘〈五日〉御霊会也、〉

保延元年（一一三五）五月書写の『年中行事』で、故江都督大江匡房の秘蔵本といえば、年代的にみて『江家年中行事』か『年中行事秘抄』のいずれかである可能性がある。そこで両書の記載を参照すると、それぞれに小異はあるものの、両書とも『柱史抄』所引文とほぼ一致する。したがって、『柱史抄』にいう故江都督の秘蔵本『年中行事』は、『江家年中行事』と『年中行事秘抄』のいずれをさすとも決しがたい。

次に『山槐記』元暦元年（一一八四）九月三日条には、御燈の行事に関して、

江帥年中行事云、有群行年可停止歟、大嘗会年不被停止、

と記されている。ここにみえる「江帥年中行事」は『江家年中行事』をさすようにも思われるが、『江家年中行事』九月三日条には、

三日御燈事、〈廢務、有群行之時可停止歟、〉

とあり、「大嘗会年不被停止」という一節が記載されていない。大東急記念文庫本『年中行事秘抄』も『江家年中行事』とほぼ同文である。一方、群書類従本の『年中行事秘抄』には、

三日御燈事、〈廢務、有群行事、可停止歟、〉
件事、有斎宮群行年、依為一月斎、被停止之、
大嘗会年不被停止、已上代々例也、

とあり、「大嘗会年不被停止」という一文が明記されている。つまり、『山槐記』の引く「江帥年中行事」は群書類従本系『年中行事秘抄』の記事にもっとも近似していることになる。したがって、平安時代末期に「故江都督秘蔵の年中行事」「江帥年中行事」と呼ばれたのは、現存する『江家年中行事』だけではなく、『年中行事秘抄』もそのように称された可能性があるといえよう。

『年中行事秘抄』の著者については、中原師遠説以下の諸説が唱えられているが、諸説のうちの一つに大江匡房説がある。「江帥年中行事」逸文の検討からうかがえる以上の事実は、『年中行事秘抄』が『江家年中行事』とも呼ばれた可能性を物語るものであり、『年中行事秘抄』の著者を改めて考え直してみる必要性を示唆している。そのことはまた同時に、『江家年中行事』と『年中行事秘抄』の関係を再検討することにもつながるであろう。

二　『年中行事秘抄』の著者をめぐる議論

『年中行事秘抄』に関する専論としては、山本昌治氏(9)と所功氏(10)の業績が存在する。両氏の研究などによりながら、まず『年中行事秘抄』の写本系統を概観しておきたい。

『年中行事秘抄』の写本系統は延応元年系本と建武元年系本とに分かれる。延応元年系本の代表的な写本は前田育徳会尊経閣文庫所蔵本であり、その他の写本に宮内庁書陵部所蔵の鷹司本・伏見宮本などがある。延応元年系本は複雑な書写過程をもつが、ごく簡単にいえば、延応元年（一二三九）八月に中原師世本を書写したものである。本文中に記載された国忌には、天福元年（一二三三）に崩じた藻壁門院御国忌〈当代国母〉（九月十八日）、天福二年（一二三四）に崩じた後堀河院御国忌（八月六日）、寛元二年（一二四四）に設置された贈后通子国忌（正月十八日）などが認められ、頭書には仁治三年（一二四二）に崩じた四条院御国忌（正月九日）が記述されている。

延応元年前後の国忌はもちろん、それ以後の国忌も一部追記されていることがわかる。なお、のちに詳しく検討する大東急記念文庫本『年中行事秘抄』は、基本的には延応元年系本に連なる写本であるが、鎌倉初期に遡る古写本で、延応元年系本の一祖本ともみなしうるものである。

一方、建武元年系本の代表的な写本は彰考館文庫所蔵の葉室長光本であり、その他の写本に宮内庁書陵部所蔵の葉室頼孝本・壬生家本などがある。群書類従に翻刻されているのはこの系統の写本である。建武元年系本は永仁（一二九三〜九九）から嘉暦（一三二六〜二九）の間に源国資が書写した本を、建武元年（一三三四）六月に藤原（葉室）長光が書写したものであるが、本文中の国忌でもっとも新しいものは、寿永二年（一一八三）始修の高倉院御国忌（正月十四日）、であり、勘物では十二月吉日内侍所御神楽事にみえる「建久六年（一一九五）十二月」云々という記載がもっとも新しい。また、行事の由来や先例などを記した勘物の量も、建武元年系本の方がはるかに多い。建武元年系本は祖本の書写年代である永仁・嘉暦のころよりも約一世紀ほど前に、豊富な勘物を引用する形で成立していたものとみられる。

次に『年中行事秘抄』の著者をめぐる議論をふり返っておきたい。山本昌治氏のまとめによると、『年中行事秘抄』の作者については、㈠中原師尚説、㈡中原師光説、㈢大江匡房説の三つが唱えられてきたという。(11)

㈠中原師尚説

東京大学国文学研究室所蔵本居文庫本『年中行事秘抄』や静嘉堂文庫所蔵山田以文本『年中行事秘抄』などの見返しに、

斯書不知誰人之筆作、并時代等可尋考之、爰石清水臨時祭延引及
四五月例之中勘例、有承安五年例、以之年代大概知之乎、
公澄考

大外記中原師尚撰、権中納言定基卿説、

師尚者師元男、天承元年十一月十三日生、建久八年（アキママ）月二日卒、〈六十二歳〉

とある。まず、石清水臨時祭条に付された勘例に承安五年（一一七五）のものがあることから、このころの筆作であろうとする滋野井公澄の考察が引かれている。ついで、野宮定基の説として、「大外記中原師尚撰」という見解が引用される。本居文庫本や山田以文本は享保十四年（一七二九）に滋野井公澄本を書写した紀宗直本に遡るものであるから、これらの記載は滋野井公澄本の書き入れとみられる。公澄は野宮定基の指摘を参考に、『年中行事秘抄』に勘物を付加した人物として中原師尚を考えていたようである。上に記されているように、中原師尚は師元の男で、天承元年（一一三一）に生まれ、建久八年（一一九七）に没した。師尚であれば、承安五年の勘物を書き入れることができ、また建武元年系本にみえる建久六年の勘物を書き入れることも可能である。

(二)中原師光説（実は中原師元説）

三手文庫本『年中行事秘抄』や天理図書館本『年中行事秘抄』などの奥書追記に、

此書之作者、野宮宰相定基卿仰曰、大外記中原師光所著述也、
見季御読経条下、長寛〈三条院〉之比人也、

とあり、『年中行事秘抄』の作者について、野宮定基は大外記中原師光の著述であると説いたという。季御読経条の下にみえるというのは、群書類従本『年中行事秘抄』二月季御読経事の勘物に、

保安五年三月十三日、季御読経也、権中納言藤原実能卿、参議同伊通朝臣、行南殿事、行香之時、大夫史政重以下六位外記史等参上、不居簀子直着座、伊通朝臣不知故実之由被申也、又弁実親直着座、同被傾之、実親被申云、依為五位蔵人、直参上也云々、是日、予〈師光〉不参行香列事、参堀河、令申此旨於家君〈師遠〉之処、仰云、尤可然、定故実也、今日予不列行香也、件間事思先〔失〕、不令尋申家君之故也、

とあることをさす。保安五年（一一二四）三月に行われた季御読経のさいの着座作法について、予（師光）が家君（師遠）に故実を尋ねたことを記したものであるが、すでに所功氏が指摘しているように[12]、群書類従本が予を「師光」とするのは明らかに「師元」の誤りである。保安五年に大外記に任じていたのは中原師元であり、中原師光はこの約八十年後の建永元年（一二〇六）に生まれているからである（『地下家伝』）。したがって、三手文庫本や天理図書館本の奥書追記にみえる野宮定基説は、『年中行事秘抄』を中原師元の著述とみなしていたと考えるべきであろう。山本昌治氏は師光が長寛ごろに生存していたかどうか疑問であるとして、野宮定基の指摘を否定的に扱っているが、定基の真意が中原師元説であったとすると、これは後述するように、一面では正鵠を射た指摘であったということになる。

㈢大江匡房説

『年中行事秘抄』六月内膳司供忌火御飯事に「予以此事、申後三条院」云々とある文章は、大江匡房『江家次第』巻七からの引用文である。また、『年中行事秘抄』の引用書のなかでもっとも新しいものは『江家次第』であり、さらに、『年中行事秘抄』は書名を明記せずに『江家次第』と類似の文を引用している場合が多い。以上の事実から、山本昌治氏は『年中行事秘抄』の作者は大江匡房であろうと結論している[13]。山本氏はこの他、静嘉堂文庫所蔵の山田以文本や鈴鹿本の下巻奥書に、「保延元年五月書写之、此年中政要者、都督匡房卿納于筐底秘蔵之、彼卿便選也」云々とあることを紹介しつつ、保延元年（一一三五）以前に存在した年中行事書に大江匡房の名をあげた記事がみえていることは重要であると述べている[14]。

山本氏の大江匡房撰者説に対しては、所功氏の批判がある[15]。所氏によると、六月忌日御飯事の勘物「予以此事、申後三条院」は尊経閣文庫本や大東急記念文庫本の『年中行事秘抄』にはみえないから、原著者の記述とは決めがたく、むしろ後人が『江家次第』から補入したものとみた方がよいという。また、山本氏が対比・列挙した

『年中行事秘抄』と『江家次第』の類似記事のなかには、匡房薨去後の年次を明記した勘注が数例あることから、これらも後人の手になるものとみなす他ないと指摘する。所氏は『年中行事秘抄』の著者と成立年代を改めて検討し直した結果、㈣中原師遠説を提示している。

㈣中原師遠説

所功氏は詳細な奥書を有する尊経閣文庫本『年中行事秘抄』の成立過程をたどりながら、尊経閣文庫本の祖本は大外記師遠所進本であり、それを転写・校合する過程で、朱点や近代の行事および勘物などが付け加えられてきたのであると論じている[16]。所氏は「大外記師遠所進本」とは師遠がみずから編成し、献進したものであると理解し、中原師遠を『年中行事秘抄』の原編者と推定するわけである。

以上のように、『年中行事秘抄』の著者については、㈠中原師尚説、㈡中原師元説、㈢大江匡房説、㈣中原師遠説の四説が唱えられており、いまだに通説的見解が形作られるまでにはいたっていない。ただし、『年中行事秘抄』には重層的な追記や補訂が施されているから、四人のいずれもが『年中行事秘抄』の編成に関与している可能性も想定できないわけではない。したがって、最初に『年中行事秘抄』の本文を整えた人物を特定することはもちろんであるが、その後、これに注記や勘物を加えていった人物を割り出していくことも必要な作業であるといえよう。

そのさい、『年中行事秘抄』の著者として、大江匡房と中原師遠の名前があがっていることは注目される。この両名は前述した『江家年中行事』の著者でもあったからである。また所功氏は、『年中行事秘抄』の行事項目が『江家年中行事』のそれと近似していることを指摘している[17]。『江家年中行事』と『年中行事秘抄』の行事項目を比較することで、『年中行事秘抄』の著者をめぐる議論に一つの見通しをつけることができるのではないか。

一方、大東急記念文庫には『年中行事秘抄』の古写本が蔵されているが、所功氏によって簡単に言及されたのみで、その詳細な検討はいまだ行われていない。そこで以下、大東急記念文庫本の様態を具体的に分析しつつ、『江家年中行事』と『年中行事秘抄』の記載を比較・検討してみたい。

三　大東急記念文庫本『年中行事秘抄』と『江家年中行事』

大東急記念文庫本『年中行事秘抄』の書誌的情報は、『大東急記念文庫貴重書解題』第三巻国書之部に次のようにまとめられている(18)。

年中行事秘抄　寫一軸函　一〇六―一三―一
大江匡房著　巻子本　改装替表紙　用紙鳥の子　二九・八糎―一二九・一糎
一紙十六行　原題簽「年中行事秘抄」　内題「年中行事秘抄近代」、「寶玲文庫」
識　語
右兵衛督卜部（花押）
（鎌倉初期寫、「正月　元日四方拜事」以下の年中行事の抄、巻末尾題のあとに「都督江納言以近代公事被撰定云々」とある、頭書、傍書のほかに、同筆の裏書勘物が多い。「後高倉院」のことが見え、その院號の定まった時點での補記があり、ほぼその當時の寫か）

私の実見したところにより、一部データを補っておくと、巻子本の表側に一月から十二月までの行事を記載したあと、「年中行事秘抄」と尾題を書き、そのすぐあとに「都督江納言、以近代公事、被撰定云々」と記している。さらにそのあと結政剋限、節会剋限事、諸祭剋限事などを記述し、最後に「校合了」と校合奥書を書いている。巻尾の軸近くのところには、本文などとは異筆で「右兵衛督卜部（花押）」と記し、花押のすぐ右に「寶玲文庫」の長方朱印が捺されている。花押は吉田（卜部）兼右のものであり、長方朱印はフランク・ホーレーのものである。[19] 大東急本は鎌倉初期の古写本であるが、その後、室町後期に吉田兼右の所蔵となり、近代にはイギリス人蒐集家フランク・ホーレーの蔵書となったことがわかる。

『貴重書解題』が指摘する後高倉院は高倉天皇の皇子守貞親王で、後堀河天皇の父として院政を行い、貞応二年（一二二三）に崩じた。したがって大東急本『年中行事秘抄』の書写年代はその前後に求められる。その大東急本に「都督江納言、以近代公事、被撰定云々」と記載されているのは注目すべきで、『貴重書解題』が本書について「大江匡房著」と判断していることは重視されねばならない。ところが所功氏は、

その（大東急記念文庫本の）巻尾に「都督江納言、以近代公事被撰定云々」と注記されている。このような見解が早い時期に生じたのは、おそらく『秘抄』の項目構成上、『江家』（故江都督秘蔵抄）が基盤になっているからであろう。しかし、さりとて匡房を『秘抄』の原著者とみなすことは困難である。

として、大江匡房撰者説に否定的な見方を述べている。[20] しかし、大東急本にみえる「都督江納言」云々との記載は、たんなる「注記」とか「見解」として片づけられうるものではない。この記載は尾題のあとに書かれているところからみても、奥書に相当するものと考えるべきで、鎌倉初期の古写本に残された貴重な奥書として重要視されてしかるべきものであろう。

『年中行事秘抄』の撰者は大江匡房であるとする古写本の記載もあることを念頭におきながら、『江家年中行事』の記載と大東急記念文庫本『年中行事秘抄』の記載を比較・検討する必要がある。

二〇〇三年三月に刊行した科学研究費補助金研究成果報告書では、両書の行事項目を逐条ごとに比較・対照し、その共通点と相違点を検討した。[21] 詳細は報告書所載の一覧表に譲るが、このときの分析結果をもとにして、『江家年中行事』と『年中行事秘抄』の関係を中心に、大東急記念文庫本『年中行事秘抄』の特徴をまとめると、以

下のようになる。

第一に、合計四百項目ほどの行事項目を比較・検討した結果、ほとんどの行事項目において、『江家年中行事』の記載が『年中行事秘抄』の記事に継承されていることが判明した。たとえば、正月後半の両書の記述を対照して示すと、次のようになる（以下、Gは『江家年中行事』、Nは『年中行事秘抄』の記事。〈 〉内は細字割書、《 》内は傍書、▲は頭書であることを示す。相違点は太字で示した）。

（G1）《聖武天皇御宇天平元年正月十四日、始有踏歌、》
十六日踏歌節會事、〈明日射礼、於建礼門被行之時、不開門、依御装束也、〉

（N1）《天平元年正月十四日、始有踏歌、聖武天皇御宇**也**、**女踏歌也**、》
十六日節會事、踏歌**節**〈明日射礼、於建礼門被行之時、不開**件**門、依御装束也、〉
《踏歌》

（G2）《代始射礼、於豊楽**院**行之、焼亡已後、無**此**沙汰歟、》
十七日射礼事、〈延久元年、中納言忠家**卿**、於建礼門行之、不尋先例經長卿之咎**也**云々、猶有沙汰歟、〉

（N2）▲代始射礼、**多**於豊楽行**給**之、焼亡已後、無沙汰歟、》
▲延久元年、中納言忠家、於建礼門行之、不尋先例經長卿之咎云々、猶可有沙汰歟、
十七日射礼事、〈於建礼門行之、〉

（G3）十八日賭**弓**事、

（N3）十八日賭**射**事、〈**於弓場殿射之**、**四府**、**公卿以下束帯**、〉

（G4）明日射遺事、〈右衛門・左兵衛、差遣参議一人、近代朔日不参之府遣之、〉

（N4）明日射遺事、〈差遣参議一人、右衛門・左兵衛**所射也**、近代朔日不参府遣之、〉

（G5）仁壽殿觀音経《供或本》事、〈餘月亦同、東寺長者勤之、里内裏之時、或於真言院修之、〉
（N5）仁壽殿観音供事、〈餘月亦同、**仁明天皇御宇、依勅願始之、**《**可尋之、**》東寺長者勤之、里内裏時、或於真言院修之、〉

（G6）廿一日内宴事、〈二二三日間有子日、件日行之、長元以後久不被行之、若有内宴年、三月殿上賭射・麹塵之次歟、〉
▲**内宴**、国史云、嵯峨天皇弘仁三月〔年〕二月、幸神泉苑覧花樹、令文人賦詩、花宴之節、始於此云々、
（N6）廿一日内宴事、〈**廿**一二三日間有子日、件日行之、長元以後久不被行、若有内宴年、三月有殿上賭射・麹塵之次歟、〉
▲國史云、嵯峨天皇弘仁三年二月、幸神泉苑覧花樹、令文人賦詩、花宴之節、始　於此云々、

（G7）廿五日國忌**事**、〈廢務、贈皇太后宮苡子、東寺、〉
（N7）廿五日國忌、〈廢務、贈皇太后宮苡子、東寺、**是日於轉輪院、有國忌事、**〉

（G8）晦日神祇官供御贖物事、〈他月**効**〔效〕之、〉
（N8）晦日神祇官供御贖物事、〈他月**同**之、〉

（G9）撰吉日事、
（N9）撰吉日事、

（G10）始外記政事、〈検非違使聽政、同日行之、御斎會**間**、外記令撰吉日後、申殿下披露之、十六**七**日間歟、避**主上**幷執柄御衰日云々、〉
（N10）始外記政事、〈御斎會**終日**、外記令撰吉日、申殿之後披露云々、十六日間歟、避御衰日幷執柄衰日歟、

検非違使聴政、同日行之、

（G11）大臣候吉書奏事、〈近代必**不然**、〉

（N11）大臣候吉書奏事、〈近代必**無此事、公事雖多、大臣者以除目・官奏・内弁三事為最重、凡先告〔衍カ〕習我身体作法後、奉仕公事也**、〉

（G12）除目事、〈三箇日、避**主上**幷執柄御衰日、〉

（N12）除目事、〈三箇日、避**御衰日**幷執柄御衰日、〉

（G13）《新任大臣、明年行之、已為近代例、》

大臣家大饗事、〈上古、四日左大臣饗、五日右大臣也、而貞信公依避殺生、御斎會間設饗、被設精進、其後無式日、以蔵人派蘇甘栗、〉

（N13）大臣家大饗事、〈新任大臣、明年行之、已為近代例、上古、四日左大臣饗、五日右大臣也、而貞信公依避殺生、御斎會間設饗、被設精進**饗**、其後無式日**也**、**近代無此事**、**有此事時**、以蔵人派蘇甘栗、〉

（G14）七瀬御祓事、〈餘月亦同、川合、一条、土御門、近衛御門、中御門、大炊御門、二条末**云々**、〉

▲後冷泉院御**宇**、隔月被行霊所七瀬御祓、耳敏川、川合、東瀧、松崎、不〔石〕影、西瀧、大井川等也、

（N14）七瀬御祓事、〈餘月亦同、川合、一條、土御門、近衛御門、中御門、大炊御門、二条末、**以上七瀬**、〉

▲**七瀬御祓**、後冷泉院御**時**、隔月被行霊所七瀬御祓、川合二、松崎四、耳敏川一、西瀧六、東瀧三、石影五、大井川七、**或本書次第如此**、

（G15）火災御祭事、

（N15）火災御祭事、

（G16）代厄御祭事、〈已上両事、餘月亦同、〉
（N16）代厄御祭事、〈已上二事、餘月亦同、〉

以上のように、正月後半の部分においては、一字一句の相違や表現の微妙な相違はあるものの、『年中行事秘抄』は『江家年中行事』の記述をほぼそのまま継承しており、これに加えて細字割書や頭書などの形で、新たな記述を増補していることがみてとれる。しかし、この増補部分も裏書以外はそれほど長文のものはなく、表側の記載に関していえば、『年中行事秘抄』は『江家年中行事』の記載をかなり忠実に踏襲しているといえよう。こうした傾向は正月後半以外の部分でも基本的には同じであるから、『年中行事秘抄』は『江家年中行事』をもとに増補を加えていった書物であると考えてよい。

第二に、『江家年中行事』にはみえないが、大東急記念文庫本『年中行事秘抄』には記載されている行事項目がある。それは次の二十八件である。

(1)正月四日国忌事、〈太皇后穏子、〉
(2)正月十一日除目、〈祭酒注、如此、〉
(3)正月十四日高倉院御忌日、〈祭本、如此、〉
(4)二月中旬以前始石清水行幸所事、〈翰本、〉
(5)二月十四日勝光明院修二月事、《翰注、》
(6)二月吉日外記所充事、
(7)三月上午日石清水行幸事、〈承保聖代、毎年有行幸、〉
(8)五月三日左近騎射事、〈翰暦、〉
(9)五月四日右近騎射事、

⑽五月九日新日吉小五月会、〈輸注、〉
⑾五月九日紫野今宮祭、
⑿五月十日安楽光院御八講始、〈後高倉院御忌日、〉
⒀七月廿四日山階寺長講会始、《輸注、》
⒁八月三日淡海公忌日、
⒂八月十四日貞信公忌日、
⒃八月十八日出雲寺祭事、
⒄九月（一日）同日造酒司奏新嘗会黒白酒文事、
⒅九月十三日住吉相撲会、〈輸暦不注、〉
⒆九月卅日興福寺法花会始、〈七ヶ日、〉
⒇九月（卅日）同日東北院八講始、
(21)十月廿一日大歌所初事、
(22)十月最勝寺灌頂事、〈或十一、十二月、〉
(23)十一月賀茂臨時祭調楽事、
(24)十一月晦日法成寺御八講始事、
(25)十二月吉日最勝寺灌頂事、
(26)十二月吉日以屠蘇漬御井事、

このうち⑵⑶は注記に示されているように、「祭酒注」「祭本」の記載を取り入れたものであり、⑷⑸⑻⑽⒀は「輸本」「輸注」「輸暦」の記載を取り入れたものである。⑻や⑽の直後に記された⑼や⑾も「輸暦」「輸注」によるものであろう。「祭酒」は大学頭の唐名であるから、「祭酒注」「祭本」とは大学頭某所持本の本文や注記をさす。「翰」が「翰林学士」や「翰林主人」の唐名と関わるとすると、「翰本」「翰注」「翰暦」とは文章博士某所持本の本文や暦注を意味することになろう。これらの行事項目は本来の『年中行事秘抄』には存在しなかったが、他本の本文や暦注を取り入れることで、行事項目の増補をはかったわけである。こうした「祭本」や「翰本」に近い写本として、東山御文庫本『年中行事』（勅封一四四―六）がある。この写本は『江家年中行事』の増補本と考えられるものであるが、(22)頭書や脚書の部分に⑵⑶⑸⑻⑼⑽⑾⑿⒂㉑などが注記されている。

さて、『江家年中行事』にみえない二十六件の行事項目を、『年中行事御障子文』や『師遠年中行事』『師元年中行事』『師光年中行事』などの行事項目と対比した結果を示したのが表14である。これによれば、二十六件の行事はおおよそ二つのタイプに分けることができる。一つは『江家年中行事』の編纂以前に存在した古層の行事で、⑴⑵⑻⑼⒀⒁⒄⒆㉑などがそれにあたる。これらは⑴正月四日穏子国忌が天仁元年（一一〇八）七月に省除されたように、『江家年中行事』編纂時には実質を失っていたために項目から省かれたが、大東急本『年中行事秘抄』は「祭本」「翰本」によって補充するなどして、これらを増補したのであろう。二つは『江家年中行事』編纂後に開始された行事で、⑶⑸⑿⒃⒅㉒㉔㉕などが相当する。これらの多くは鳥羽院政期以降に創始された行事であるが、「祭本」「翰本」や『師元年中行事』（後補の朱書を含む）などによって補充されたものと考えられる。

大東急記念文庫本『年中行事秘抄』には『江家年中行事』にみえない二十六件の行事項目が掲出されていたが、これは大東急本が「祭本」「翰本」の本文や暦注を取り入れたり、『師元年中行事』などから近代の行事を補ったりした結果であると思われる。このように大東急本がのちに補充したものを除くと、『年中行事秘抄』の行事項目は基本的に『江家年中行事』のそれを継承しているということができよう。

第三に、大東急本『年中行事秘抄』のなかには、「江家次第」もしくは「江記」の引用を六例見出すことがで

表14　『江家年中行事』にみえず大東急本『年中行事秘抄』にみえる行事

行　事　名	障子	師遠	師元	師光	144―6
(1)正月四日国忌事	×	○	×	○	×
(2)正月十一日除目〈祭酒注，如此〉	○	○	○	○	○
(3)正月十四日高倉院御忌日〈祭本，如此〉	×	×	○	○	○
(4)二月中旬以前始石清水行幸所事〈翰本〉	×	○	×	×	×
(5)二月十四日勝光明院修二月事〈翰注〉	×	×	×	○	○
(6)二月吉日外記所充事	×	○	×	×	×
(7)三月上午日石清水行幸事〈承保聖代，毎年有行幸〉	×	×	×	×	×
(8)五月三日左近騎射事〈翰暦〉	×	○	×	×	○
(9)五月四日右近騎射事	×	○	×	×	○
(10)五月九日新日吉小五月会〈翰注〉	×	○	○	○	○
(11)五月九日紫野今宮祭	×	×	×	○	○
(12)五月十日安楽光院御八講始〈後高倉院御忌日〉	×	×	○	○	○
(13)七月廿四日山階寺長講会始〈翰注〉	○	○	×	○	×
(14)八月三日淡海公忌日	○	×	×	×	×
(15)八月十四日貞信公忌日	×	×	○	○	○
(16)八月十八日出雲寺祭事	×	×	×	×	×
(17)九月(一日)同日造酒司奏新嘗会黒白酒文事	○	×	×	×	×
(18)九月十三日住吉相撲会〈翰暦不注〉	×	×	×	×	×
(19)九月卅日興福寺法花会始	○	○	欠	×	×
(20)九月(卅日)同日東北院八講始	×	×	欠	×	×
(21)十月廿一日大歌所初事	○	○	○	○	○
(22)十月最勝寺灌頂事〈或十一，十二月〉	×	×	×	×	×
(23)十一月賀茂臨時祭調楽事	×	×	×	×	×
(24)十一月晦日法成寺御八講始事	×	×	○	○	欠
(25)十二月吉日最勝寺灌頂事	×	×	○	○	欠
(26)十二月吉日以屠蘇漬御井事	×	×	○	○	欠

凡例　①行事の記載があるものに○，記載がないものに×を付した。欠は欠脱箇所。
②障子は『年中行事御障子文』，師遠は『師遠年中行事』（裏書を含む），師元は『師元年中行事』，師光は『師光年中行事』，144―6は東山御文庫本『年中行事』（勅封144―6）をさす。

きる。このうち三例は、
①正月立春日主水司献立春水事

江帥次第云、飲御若水之時、有呪万歳不変水、急々如律令云々、

②八月上丁釈奠事

上丁当日触若国忌者、用中丁、若重延引者停止、不用下丁、《可見私記、》帥大臣記、海涼説云々、善澄歟、

③九月九日重陽宴事裏書

九日重陽宴事、〈江次第云、〉

文人在安福殿座、

進題幷講詩之時、有召参上、道経南廊幷春興殿

日華門宜陽殿、如公卿道、

文台立安福殿東壇上、

式部輔取筥参上、道如上、

舞妓於殿上西第三間舞移、御酒具置母屋、音聲、

女官等候南簀子敷、

の三つであり、このほか六月・九月・十二月の各条の冒頭に、服者参内のことについて「見江記」との注記がある。服者参内に関する「江記」は『師遠年中行事』や『師元年中行事』にも同文がみえ、①は『師元年中行事』に、②は『師遠年中行事』に同文がみえている。③の「江次第」のみ他の年中行事書にはみえないものであるが、この記事は現行の『江家次第』にも記載されていない。

大東急記念文庫本『年中行事秘抄』の「江家次第」の引用のなかで注目すべきは、②にみえる「可見私記」という傍書であろう。②は上丁・中丁の日に障りがあった場合、下丁に釈奠を催すことはないということを述べたもので、「帥大臣記」すなわち『江家次第』の巻五、二月釈奠には、たしかに同様のことが「海淳〔澄〕説」として記

述されている。『江家次第』巻八、九月釈奠後朝には「助教善澄旧記」とみえるから、「海澄説」とは海（清原）善澄の説のことであろう。『江家次第』のことを「私記」と称するのは、大江匡房をおいて他に考えられないので、「可見私記」との傍書は、匡房自身が付した注記が残ったものと推測される。八月釈奠のさいに下丁を用いないことについて、匡房は「可見私記」とだけ注記しておいたのを、後人が『江家次第』を引用して「帥大臣記、海淳〔澄〕説云々」と追記したと考えるのである。そのように考えて大過ないとすると、大東急本『年中行事秘抄』には大江匡房による草稿本の痕跡が一部残されているということになろう。こうした事実もまた『年中行事秘抄』が大江匡房の著作であることを示す一傍証である。[23]

第四に、大東急本『年中行事秘抄』の裏書には中原師元の手によって加えられたものがいくつか存在する。

①正月十六日節会裏書

十二種若菜

若菜、薊、苣、芹、（中略）水雲、松、

家君令申、院給云、松字如何、若菘〈コオホネ歟〉

上皇被仰云、相具松進上也、僻事也、

これは十二種若菜のうちの松を上皇に進上することについて、「家君」の説を述べたものである。群書類従本『年中行事秘抄』には「白河院仰云、松字如何、師遠申云、若松菘、上皇被仰云、相具松進上、此僻事也、〈蘊菘、和名古保禰〉」とみえ、『師遠年中行事』裏書には「松、〈上皇供御、相具松云々、若菘コヲホネ歟〉」とある。「家君」は師元の父師遠のことで、大東急本の裏書は師元の立場から「家君」（師遠）の説を引用している。尊経閣文庫本『年中行事秘抄』にこの裏書はみえない。

②二月臨時仁王会事裏書

保安五年三月十三日、季御読経也、権中納言藤原実能卿、参議同伊通朝臣、行南殿事、行香之時、大夫史政重以下六位外記史参上、不居簀子直着座、伊通朝臣不知故実之由被申也、又弁実親直着座、同被傾之、実親被申云、依為五位蔵人、直参上也云々、是日、予〈師元〉不参行香列事、参堀河、令申此旨於家君〈師遠〉之処、仰云、尤可然、定故実也、今日予不列行香也、件間事思失、不令尋申家君之故也、

これは仁王会や季御読経のさいの外記・史の参上次第について、「予」（師元）が「家君」（師遠）に不審を尋ねたものである。群書類従本にも同文がみえている。ここでも大東急本の裏書は「予」（師元）の立場から「家君」（師遠）の説を引いていることになる。尊経閣文庫本にはこの裏書はみえない。

③四月十五日召給位記事裏書

位記召給事、近代久絶、大夫外記必可申行此事云々、故肥後殿初度大外記、康平年中行後不行之、

「故肥後殿」が最初の大外記を務めた康平年中に大夫外記による位記召給が行われて以来、久しくこのことが行われていないことを述べる。『師遠年中行事』裏書に「近代久絶、大夫外記必可申行之云々、此事、厳親初度大外記、康平年中申行之後不行之」とあり、群書類従本『年中行事秘抄』に「此事、故師平〈初度大外記〉康平年中申行之後、不行之云々」とあるように、「故肥後殿」とは師遠の父で、師元の祖父にあたる師平をさす。[24]『師遠年中行事』にみえる「厳親」が「故肥後殿」と改められているのは、この裏書を書いたのが師元であることを示している。尊経閣本の裏書では「故肥州初度大外記」云々とある。

④五月最勝講事裏書

最勝講間、服者不可参内事、

故肥州康平五年記云々、

③の「故肥後殿」と同様、師元の立場から祖父師平のことを「故肥州」と称したものである。群書類従本には

「康平□年〔五〕五月八日、最勝講第二日也、師平参局、不参内、依重服也」とあり、尊経閣本の裏書も誤写を含むものの、群書類従本とほぼ同じ記載である。

⑤六月大祓事裏書

晦日祓事

服者忌之、古人之口傳也、

家君御説云、六月晦、祓重服幷妊者、雖撫物、不莅貫云々、〈陰陽頭家栄説又同、〉

これは六月晦日祓のさいの重服者および妊者の扱いに関して「家君御説」を引用したものである。群書類従本に「師遠記云、六月晦、祓重服幷妊者、雖撫物、不莅貫、陰陽頭家栄説」とあるので、「家君御説」が「師遠記」の引用であることがわかる。ここでも大東急本は師元の立場から父師遠説を「家君御説」と称していることになろう。尊経閣本の裏書では「家君御記云」と記されている。

以上のように、大東急記念文庫本『年中行事秘抄』の裏書はいずれも、中原師元の立場から父師遠を「家君」、祖父の師平を「故肥後殿」「故肥州」と称しており、この裏書を一部引用しない尊経閣文庫本や、「師遠」「師平」などと記す群書類従本と比べて、師元の付加した裏書の記述および様態をよく残していると考えられる。所功氏は②⑤の記述をもとに、群書類従本や尊経閣本の勘物・裏書のなかには、師元によって引かれたものが少なからず含まれていると指摘しているが(25)、こうした所氏の指摘をも踏まえながら考えると、師元の立場から記された裏書を多く含む大東急本『年中行事秘抄』は、師元が書写し増補した『年中行事秘抄』の形態をよく残した写本であるということができるのではないだろうか。

このことと関連して思い起こされるのが、次に掲げる尊経閣文庫本『年中行事秘抄』の奥書である。

本奥書曰

本云
元久三年二月六日、借請哥儒〈師行〉本書寫了、
年来所持之本、不慮紛失之故也、重可合證本
而已、　　　　　　　　　　　判
即校合畢、
建暦三年八月廿九日、合前相州之本、重可勘物等了、
件本、以故羽州之御本、予書写之、而先日不慮紛失了、
今此本羽州御本由記奥、尤珎重也、其奥書云、
本云
長寛二年四月五日、以大外記師元之本書写之、
　　　　　　　　散位藤原〈在判〉
治承五年五月七日、校合或人本之次、加朱點、近代事少々
勘入了、
件本云
保安元年七月十一日、於直廬休閑之隙書之、
大外記師遠所進本也、
延應元年八月廿九日、以前大監物師世之本〈祖父博士
師高《尚歟》自筆、師世又近代事多勘入之、〉書写之、
可秘々々、即校合畢、

複雑な書写の過程を示す尊経閣本の奥書の内容を、所功氏の研究などを踏まえながら、簡単に要約すると、以下のようになる。

(Ⅰ)　元久三年（一二〇六）二月六日、音儒（中原）師行本を借り請けて書写・校合した。中原師行は師元の子清定の子で、師元の孫にあたる。

(Ⅱ)　建暦三年（一二一三）八月二十九日、前相州の本と校合し、重ねて勘物等を加えた。

(Ⅲ)　この前相州本は故羽州御本（を祖本とする写本）を書写したもので、もっとも珍重すべきものである。故羽州は中原師元をさす。

(Ⅳ)　前相州本の本奥書は次の通りである。

㋐長寛二年（一一六四）四月五日、大外記師元の本を散位藤原某が書写した。

㋑治承五年（一一八一）五月七日、或人本をもって校合のついでに、朱点を加え、近代のことを少々勘入した。

㋒或人本は保安元年（一一二〇）七月十一日、大外記師遠所進本を書写したものである。

(Ⅴ)　延応元年（一二三九）八月二十九日、前大監物師世の本を書写した。これは師世の祖父博士師高の自筆本で、師世が近代のことを多く勘入している。

以上の奥書を詳細に検討した所功氏は、尊経閣本の祖本は(Ⅳ)㋒にみえる師遠所進本に遡ると理解し、『年中行事秘抄』の原編者を中原師遠とする結論を導き出した。しかし、奥書の記載を注意深く読むと、師遠所進本は前相州本の校合に用いられた或本の祖本であるにすぎない。尊経閣本の祖本といえるのは、(Ⅰ)にみえる中原師元の孫師行の本であり、また(Ⅱ)にみえる校合に用いられ、勘物を加えたという前相州本（この前相州本は大外記師元本を祖本とする）の二本であろう。紛失した羽州（師元）御本を再度探し出して書写していることからも、師元書写本に対する評価の高さがうかがわれよう。中原師元は安元元年（一一七五）に死去したが、尊経閣本の奥書からみて、長寛二年（一一六四）から建暦三年（一二一三）にいたる間、師元本を求めて書写せんとする動きのあったことがわかる。『年中行事秘抄』写本のなかでも、師元書写本が大きな価値をもった時代があったのである。鎌倉初期の古写本である大東急記念文庫本『年中行事秘抄』は、系統的には尊経閣文庫本などの延応元年系本に連なるが、尊経閣本に比べてより古い書写本であり、前述したように、師元書写本の記載や様態をよく伝えている。尊経閣本の奥書からうかがわれるように、平安末期から鎌倉初期にかけては『年中行事秘抄』の師元書写本が珍重されたが、大東急本『年中行事秘抄』はそうした師元本の様態をよく残した良質の写本であると考えられるのである。

四　『年中行事秘抄』の成立過程

以上、前節までの考察を要約すると、次のようになる。

(i)　大東急記念文庫本『年中行事秘抄』には「都督江納言、以近代公事、被撰定云々」という奥書が記されているが、これは鎌倉初期の古写本に残された記述として重視すべきものである。

(ii)　『江家年中行事』と大東急本『年中行事秘抄』の行事項目を比較・検討すると、後者は前者をほぼそのまま継承した上で、『師元年中行事』などから記事を補充した書物であったことがわかる。

(iii)　大東急本『年中行事秘抄』のなかには、『江家次第』のことを「私記」と称する傍書がみえるが、これは大江匡房の書き入れに遡る記述と推測され、匡房による草稿本の痕跡をとどめるものと思われる。

(iv)　大東急本『年中行事秘抄』には、中原師元の立場で記された裏書をいくつか確認することができ、大東急本には平安末期から鎌倉初期にかけて尊重された師元本の記載や様態がよく残されているとみられる。

これらを総合的に勘案して考えられることは、『年中行事秘抄』の基盤には『江家年中行事』が存在し、大江匡房や中原師遠の営みを継承しているということである。大東急本『年中行事秘抄』の奥書が匡房の撰定であることを明記しているのも、その意味では当然のことで、信頼すべき記載といわねばならない。ただし、大東急本の裏書からからうかがわれるように、『年中行事秘抄』の編成・増補に果たした中原師元の役割には大きなものがあり、匡房原撰、師遠加注の『江家年中行事』をもとに、師元の増補、師尚の追記などを加えて編成されたのが『年中行事秘抄』であるといえよう。

ところで、大東急本『年中行事秘抄』以外にも、『年中行事秘抄』の撰者を大江匡房と明記する奥書が存在する。山本昌治氏が紹介した、静嘉堂文庫所蔵の山田以文本と鈴鹿本の『年中行事秘抄』奥書である。私が実見したところによって、山田以文本にみえる奥書のデータを示すと、次のようになる。

まず、上冊の末尾に次の奥書を記す。

(a) 此抄一見、有其奥、（花押一）

　　正二位藤（花押二）

次に、下冊の本文末尾に、次のような校合奥書を書き込む。

(b) 校正畢、

　保延元年五月書写之、此年中政要者、都督匡房卿納于筐底秘蔵之、彼卿便撰也、於再注勘物者、大外記中原師遠注加之、予依懇望請於三條文亭許命、不日模写了、

(c) 本云、此抄上下可秘蔵々々、更不可出閫外者也、　判

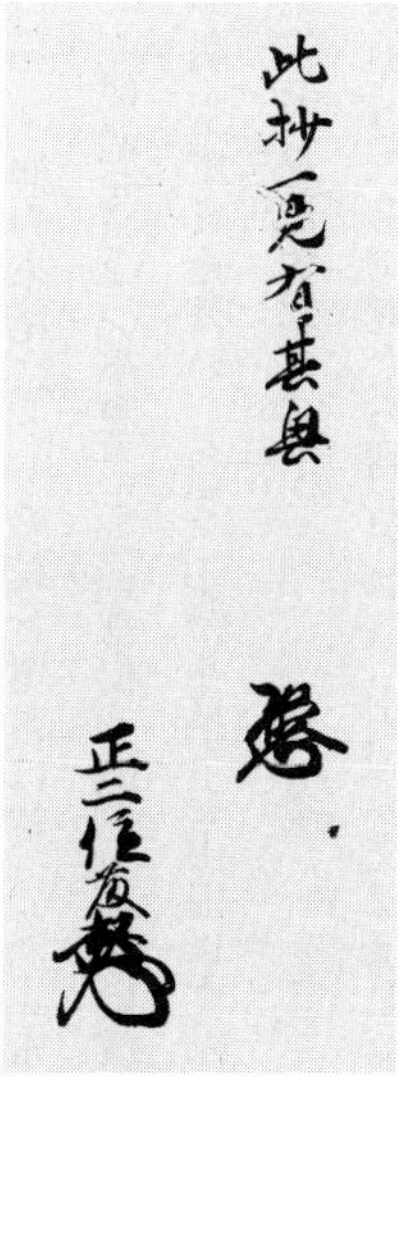

図3　山田以文本『年中行事秘抄』上冊奥書（静嘉堂文庫所蔵）

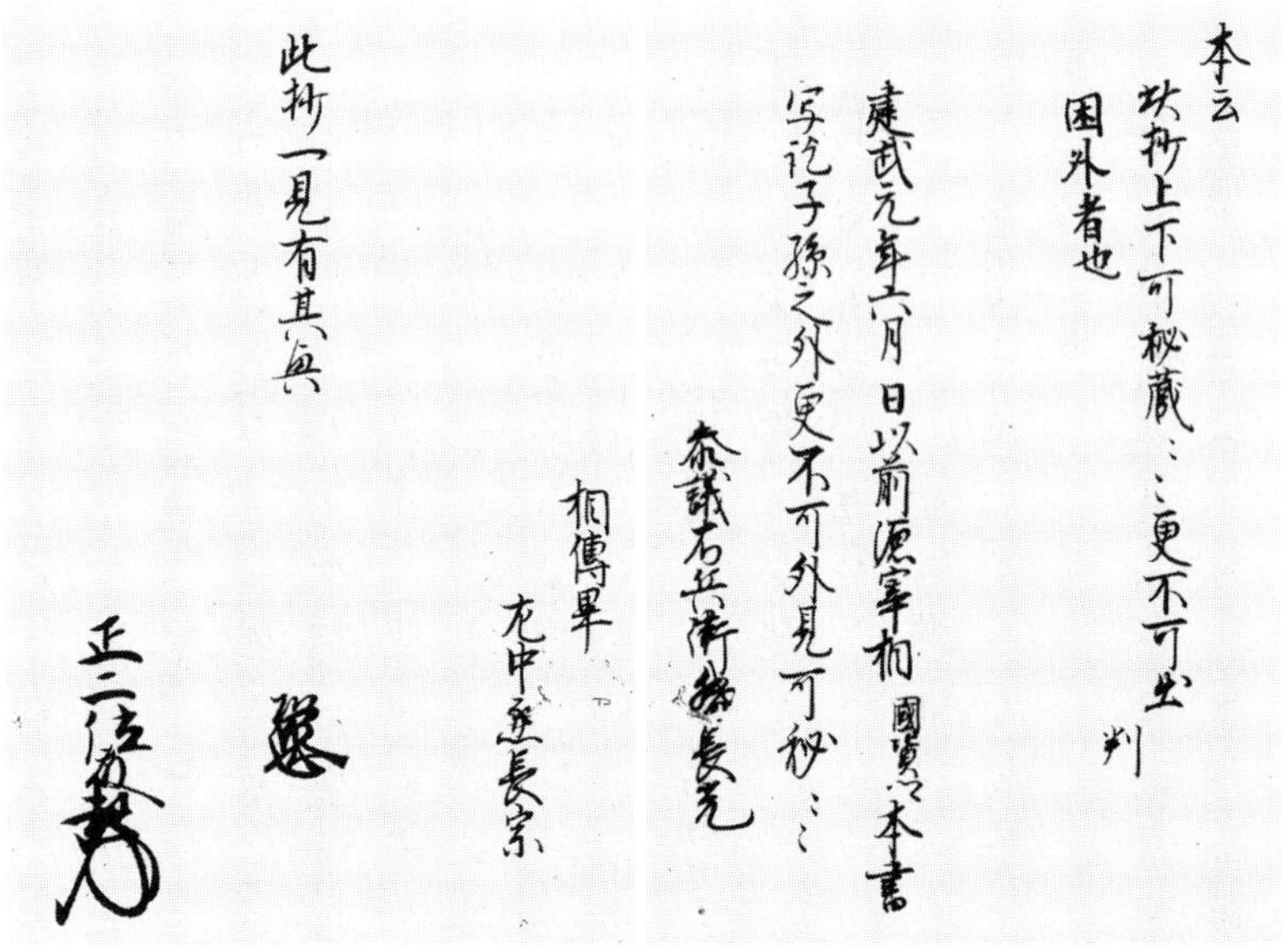

本云
此抄上下可秘蔵〻〻、更不可出
国外者也　判
建武元年六月　日以前源宰相国資卿本書
写訖子孫之外更不可外見可秘〻〻
参議右兵衛督長光
相傳畢
右中弁長宗
此抄一見有其興
正二位

図4　葉室頼孝本『年中行事秘抄』六月条末奥書（宮内庁書陵部所蔵）

さらに、下冊の末尾に、(c)の校合奥書に続けて、「永仁之比」「建武元年」「承應三年」「享保十四年」「宝暦戊寅」などの本奥書を書いたのち、源元寛本を山田以文が書写したことを記す。

奥書の記される位置から判断して、山田以文ははじめ建武元年本系の源元寛（曽我部容所）本を書写して、下冊末尾に「永仁之比」などの書写奥書を書いたが、その後、保延元年（一一三五）五月の書写奥書をもつ写本を見出して、これを本文の校合に用いたのであろう。校合後に上冊末尾に(a)の奥書、下冊の本文末尾と書写奥書の前に残る余白に(b)(c)の校合奥書を書き入れたとみることができる。

問題となるのは奥書(a)(b)(c)である。また、（花押一）と（花押二）は誰のものなのであろうか。このことを考えるさいに参考となるのが、宮内庁書陵部所蔵の葉室頼孝本『年中行事秘抄』の奥書である。葉室本『年中行事秘抄』の上冊には、次のような奥書が記されている。

本云、
此抄上下可秘蔵さゝ、更不可出

闔外者也、　　　　　　判
建武元年六月日、以源宰相国資卿本書
写訖、子孫之外、更不可外見、可秘〻〻、
　　　参議右兵衛督長光
　　　　相傳畢、
　　　　　左中丞長宗
　　　　　　（花押三）
　　　　　　　正二位藤（花押四）
此抄一見、有其奥、

葉室本は建武元年本系に属する写本で、江戸時代前期に葉室頼孝が書写した本であり、上冊の奥書をみると、葉室家において相伝されてきた古本の写しであることがわかる。最後に書かれた（花押四）は葉室頼孝のもので、その前に記された（花押三）は筆運びからみて葉室教忠のものと思われる。葉室頼孝は寛文三年（一六六三）に正四位上で参議となり、元禄四年（一六九一）十二月に正二位に昇った。葉室教忠は宝徳二年（一四五〇）三月に正四位上で参議となり、延徳二年（一四九〇）十二月に前権大納言従一位で出家、明応三年（一四九四）十月に薨去した。

山田以文本の奥書(a)にみえる（花押一）と（花押二）は、葉室本にみえる（花押三）と（花押四）にそれぞれ一致するので、（花押一）は葉室教忠のもの、（花押二）は葉室頼孝のものであることが判明する。また、山田本の奥書(c)も葉室本の本奥書にみえているので、山田以文は葉室本と同系統の写本を校合本として用いたことになる。このように、山田以文本に引かれた奥書は由緒ある古写本の記述に遡ることが確認できるので、同じく山田本が引く奥書(b)の保延元年奥書も、信憑性のあるものとみなしてよい。また、葉室本に書かれている位置からみても、奥書(c)は源国資本かその親本に遡る古本の奥書を伝えるものと推定される。

山田本の奥書(b)に類似した記述として、『柱史抄』上巻末尾の「保延元年五月書写之年中行事奥書云、故江都督秘蔵本也、勘物委細注付等、故大外記師遠注加之云々」という記載がある。「保延元年五月書写之」という部分をはじめとして、両者の間には類似点が多い。しかし、山田本の奥書(b)には「予依懇望請於三條文亭許命、不日模寫了」という独自の記載があるので、『柱史抄』の記事をもとにして、この奥書を創作することは難しい。「三條文亭」の許命を請い、この本を模写したという記述は、『年中行事秘抄』の祖本に関わる情報として重要である。

「三條文亭」の「文亭」とは「文殿」に類する語で、漢詩文では「書斎」「書閣」などと並んで、文庫を意味する言葉として用いられた(26)。大江匡房の邸宅は左京二条三坊十三町にあり、二条高倉宅・小二条殿・欵冬《やまぶき》殿などと呼ばれた(27)。二条高倉宅には文庫が付設されており、それ以外に左京六条三坊の樋口町尻にも江家の千種文庫があったという(28)。「三條文亭」というのは江家文庫の所在地とは合致せず不審であるが、あるいは三条にも江家の文庫があったのであろうか。「三條文亭」についてはさらに調査を続ける必要がある。

さて、山田以文本に写された奥書(b)は、保延元年に大江匡房原撰、中原師遠加注の年中行事書が存在したことを示すが、山本昌治氏はこれを一つの傍証として、『年中行事秘抄』の作者を大江匡房と推定した。これに対して所功氏は、『柱史抄』にみえる「保延元年書写之年中行事奥書云」という記載を、『江家年中行事』の保延元年書写本が存在した徴証として掲げている(29)。しかし、山田以文本の奥書(c)に「本云、此抄上下可秘蔵々々」とあり、保延元年書写本に関わる年中行事書は上下二巻本であったことが明記されているから、これを一冊本として伝存する『江家年中行事』の写本とみなすことには無理がある。保延元年書写本はやはり二巻本としても伝わる『年中行事秘抄』の古写本と考えるべきであろう。

ただし、『江家年中行事』をもとに『年中行事秘抄』が編纂されたとすると、保延元年書写の年中行事書は『江家年中行事』の写本であるともいえるし、『年中行事秘抄』の写本であるとみても誤りではないことになる。要するに、大江匡房が原撰し、中原師遠が加注した年中行事書があり、これを大治二年（一一二七）に書写したものが『江家年中行事』の祖本となり、保延元年（一一三五）に書写したものが『年中行事秘抄』の祖本となっていったということになるのである。

そのように考えてよいとすると、山田本が引く保延元年書写本の奥書もまた、『年中行事秘抄』の撰者が大江匡房であると考えられていたことを示す史料として重要である。「都督江納言、以近代公事、被撰定云々」と記す大東急本『年中行事秘抄』の奥書は孤立した記載であったのではなく、平安時代末期から鎌倉時代初期にかけては、『年中行事秘抄』の撰者を大江匡房とする見方の方がむしろ一般的であり、またそれは真実を反映しているということができよう。

おわりに

以上、『江家年中行事』と大東急本『年中行事秘抄』の記載を対比・検討してきた結果、『年中行事秘抄』は『江家年中行事』の記載を基本的に継承しながら、勘物・裏書などを増補した書物であること、それゆえに『年中行事秘抄』の撰者は大江匡房であり、これに注記と勘物を加えたのが中原師遠であるという認識が存在したが、これは正当な認識であるということを述べた。ただし、大東急本が中原師元による書写・増補本の様態をよく残しているように、『年中行事秘抄』の編成には師元が大きな役割を果たしており、その後、中原師尚による追記をはじめ、外記家中原流の勘物が順次付加されてゆくことになるのである。

『年中行事秘抄』の成立過程を考えるためには、『師遠年中行事』や『師元年中行事』との細部にわたる対比・検討も必要であろうが、本章ではそこまで考察を及ぼすことができなかった。大江匡房や中原師遠・中原師元の周辺人脈に関する分析とあわせて、いずれも今後の課題としたい。

註

（1）『年中行事秘抄』の成立年代については、『図書寮典籍解題』続歴史篇（養徳社、一九五一年）や『日本史大辞典』第五（山中裕氏執筆）が建久から永仁の間とし、『群書解題』第六（岩橋小弥太氏執筆）や『国史大辞典』第一一（山中裕氏執筆）、『日本歴史大辞典』第三（佐多芳彦氏執筆）などは鎌倉時代初期と推測している。その著者については、『国史大辞典』『日本歴史大辞典』とも不明とし、『平安時代史事典』本編下（山本昌治氏執筆）のみ中原師尚・同師光・大江匡房らの撰とする説があることを紹介する。なお、佐藤誠実「類聚国史考」（『律令格式論集』汲古書院、一九九一年）三〇八頁は、「年中行事秘抄は、作者詳ならず、されど中原氏の書にして建久の末年の撰なるべし」と指摘している。

（2）所功「『江家年中行事』の成立」（『平安朝儀式書成立史の研究』国書刊行会、一九八五年。初出は一九八一年）。

（3）所功註(2)論文六二四頁。木本好信「大江匡房の有職故実研究」（『国文学　解釈と鑑賞』六〇―一〇、一九九五年）五八頁も同様に理解している。

（4）松薗斉「天皇家」（『日記の家』吉川弘文館、一九九七年）一四八～一四九頁、山崎誠「博士家の学問と大江匡房」（『国文学解釈と鑑賞』六〇―一〇、一九九五年）七二頁。

（5）橋本義彦「院政政権の一考察」（『平安貴族社会の研究』吉川弘文館、一九七六年）、同「白河法皇」（『平安の宮廷と貴族』吉川弘文館、一九九六年）。

（6）所功註(2)論文六二五～六二六頁。

（7）所功註(2)論文六二六頁。

（8）遠藤基郎「年中行事認識の転換と「行事暦注」」（十世紀研究会編『中世成立期の政治文化』東京堂出版、一九九九年）。

（9）山本昌治ａ「年中行事秘抄の作者及び成立年代」（『皇学館論叢』六―一、一九七三年）、同ｂ「年中行事秘抄の写本」（『大阪私立短期大学協会研究報告集』一一、一九七五年）、同c「校訂 年中行事秘抄（一）〜（五）」（『大阪青山短期大学研究紀要』八〜一二、一九八〇〜八五年）。

(10) 所功a「『年中行事秘抄』の成立」（『平安朝儀式書成立史の研究』前掲）、同b「中原家流年中行事書の成立」（同上書所収）。

(11) 山本昌治註(9)a論文。

(12) 所功註(10)a論文六六一頁。

(13) 山本昌治註(9)a論文六三頁。

(14) 山本昌治註(9)a論文六二〜六三頁。

(15) 所功註(10)a論文六五〇頁。

(16) 所功註(10)a論文六五四頁、六六二頁。

(17) 所功註(10)a論文六六六頁、六六八頁。

(18) 『大東急記念文庫貴重書解題』第三巻国書之部（大東急記念文庫、一九八一年）。

(19) 反町茂雄「大コレクター、フランク＝ホーレー」（『蒐書家・業界・業界人』八木書店、一九八四年）、横山學『書物に魅せられた英国人―フランク・ホーレーと日本文化―』（吉川弘文館、二〇〇三年）。

(20) 所功註(10)a論文六六九頁。

(21) 西本昌弘『古写本による年中行事書の比較研究』（平成十二〜十四年度科学研究費補助金（基盤研究（C）（2））研究成果報告書、二〇〇三年三月）。

(22) 西本昌弘「『江家年中行事』の一異本について」（前掲『古写本による年中行事書の比較研究』所収）。

(23) 八月上丁釈奠事の「可見私記」との注記は『師遠年中行事』にもみえており、ここでは「帥大臣記、海涼〔澄〕説云々」との記載は朱書されている。このことから「可見私記」との注記を加えたのは中原師遠であると考えることもできるが、師遠が『江家次第』を「私記」と称するのは不自然であることから、本文のように考えておきたい。なお、『江家年中行事』のこの部分には「可見私記」の記述はなく、「帥大臣記、海涼〔澄〕説云々、善澄歟」とのみ記されている。

(24) 中原師平は『地下家伝』によると、康平二年（一〇五九）二月に大外記を兼ね、同三年二月に大外記に更任し、寛治五年（一〇九一）正月二十八日に肥後守に遷任している。

(25) 所功註(10)a論文六六一頁。

(26)　久保木寿子「江家文庫への一階梯―大江匡衡の位置より見たる―」(『白梅学園短期大学紀要』三三、一九九七年)。
(27)　古代学協会編『平安京提要』(角川書店、一九九四年)。
(28)　小野則秋『日本文庫史研究』上巻(大雅堂、一九四四年)、川口久雄『大江匡房』(吉川弘文館、一九六八年)五〜六頁、山崎誠註(4)論文七二頁。
(29)　所功註(2)論文六二八頁。

〔付記〕　本章の基礎となる写本調査および紙焼写真の頒布については、宮内庁侍従職・宮内庁書陵部・大東急記念文庫の方々に特段のご配慮をいただいた。記して謝意を申し述べたい。

あとがき

『新撰年中行事』とはじめて出会ったのは一九九五年十月のことである。宮内庁書陵部編修課に勤務していた私は、その年の京都出張に田島公氏（現、東京大学史料編纂所教授）とともに出かけることを命ぜられた。七泊八日の日程のうち、十月二十六日から二十九日までの四日間、京都御所の参内殿と奏者所で東山御文庫本の調査を行った。十月二十六日には『周易抄』（勅封一一五―二）を閲覧した。宇多天皇の宸筆で、紙背に寛平九年（八九七）の太政官符（任符）案が書かれていることで知られるが、銀野毛箔を散らした裏打紙が厚く、裏側から透かし読むことは困難で、かつて飯田瑞穂氏がそうしたように、表側から鏡文字を読むようにして解読を試みた。田島氏が「『周易抄』紙背文書と内案」（『日本歴史』六〇八、一九九九年）において、「奏者所で障子越しの微妙な光の変化により一瞬かすかに文字が読める機会を捉えて」釈読を試みたと述べているのは、このときの調査風景の一齣を紹介したものである。

そして、十月二十九日に勅封一四四番の函中に収められた年中行事書を調査した。一四四―八の二冊本『年中行事』は何の変哲もない近世初期の写本であったが、一見してこれまで見たこともない年中行事書であるという印象をもった。冒頭に毎月事や春の行事を記したのちに正月の行事を書きはじめるのは、他の年中行事書に類例がない。また当時、宮城十二門号のことを調べていたので、十二月大寒日の記事を確認すると、諸門に土牛童子像を立てることに関して、弘仁・貞観・延喜の陰陽寮式が並んで引かれていた。『撰集秘記』が引く既知の逸文ではあったが、字句の一部が微妙に異なっており、ここでも新たな書物の出現を予感した。

実は京都出張に出かける前に、書陵部編修課の先輩方が書かれた過去の出張報告書を電覧する機会があり、勅封一四四—八の二冊本『年中行事』には注目していた。とくに橋本義彦氏が書かれた出張報告書には、この写本の冒頭部がやや詳しく書き写されており、正月正朝拝天地四方事に「内裏式」の逸文が引用されていたが、この逸文はこれまで知られていないものであった。このような未知の逸文を引用する書物の正体はいったい何なのであろうか。京都御所においてこの写本と接する前から、私は大きな手がかりを得ていたことになる。貴重な出張報告書を残して下さった諸先輩方には心から敬意を表したい。

京都御所において実際の二冊本『年中行事』の記載を通覧した私は、この写本が未知の古典籍である可能性が高いことを確信し、田島氏にそのことを話してみた。田島氏も同感のようであり、二人で要点をメモして帰京した。幸いこの写本の全文は勅封一四四番の函中の他の年中行事書とともに、一九七三年にマイクロフィルム撮影されていたため、東京の書陵部庁舎でこれを紙焼写真にした上で、基礎的な検討を開始した。大きな導きの糸となったのは所功氏による「行成（卿）抄」の研究であり、所氏が集成した「行成（卿）抄」逸文のほとんどが二冊本『年中行事』のなかに含まれることが判明した。田島氏はこの年中行事書が仏教関係記事を多く引用することを指摘し、この点でも大きな価値をもつことを教えて下さった。

こうして佚書とされていた藤原行成の『新撰年中行事』が、近世の写本ながら二冊とも伝存することが確認されたのである。裏付けのための調査をさらに進めた上で、調査結果の概要を一九九八年二月に『史学雑誌』に発表した。これが本書の巻頭に収めた第一部第一章である。

その後、『新撰年中行事』の全文を翻刻するため、紙焼写真をもとに勤務終了後や休日に解読を進めていった。当初は書陵部編修課の荻宏枝さんに助力を求めたが、私が一九九九年春に書陵部を退職し、関西大学文学部へ移ったため、授業の準備などに追われて、なかなか時間がとれなくなった。それでも妻の朋子にも一部助けてもらい、夏休みなどに少しずつ翻刻を進めた結果、二〇〇六年夏には校異も加えて完成に近づいた。しかし、刊行を予定していた出版社が倒産したりして、結局、二〇一〇年八月にようやく『新撰年中行事』として刊行することができたのである。この間、『行成大納言年中行事』『行成卿除目小葉子』『禁省日中行事』などに相当すると推定される写本も見出すことができ、藤原行成に関わる年中行事書がひとまず顔を揃えたと考えられることは喜ばしいことである。これらの史料の多くは刊行された『新撰年中行事』のなかに翻刻するとともに、これら新史料の性格を分析した論考はいずれも本書に収録した。

一方、九条家本『神今食次第』の存在をはじめて知ったのは一九九三年十二月のことである。書陵部図書課図書調査室の櫻井彦氏から、九条家本の未整理本のなかに「内裏式」の逸文を引用する古写本のあることを教えていただき、翌年の一月に同調査室の小森正明氏と櫻井氏に原木を見せていただいた。当時、『内裏式』の写本や『内裏儀式』の逸文に関する研究を行っていたため、未知の一括逸文が存在することに驚くとともに、いつか機会があれば、この写本についても調べてみたいと思ったことを記憶している。

その後、九条家本『神今食次第』は修補と整理を終えて、二〇〇四年前後から一般の閲覧が可能となった。私は二〇〇五年十二月に書陵部から紙焼写真を購入し、「内裏式」以外にも「蔵人式」や「清涼御記」の一括引用があることを知って、改めてこの写本を本格的に分析する必要性を感じ、関西大学の佐藤健太郎氏にデータ入力を依頼した。二〇〇七年十月に書陵部で正式に閲覧して以来、「清涼御記」「内裏式」などの逸文に順次検討を加え、新出逸文の全貌とそれが投げかける諸問題について調査成果を発表した。それらの考察結果はいずれも本書に収録し、さらに「西記」「醍醐天皇御記」「村上天皇御記」などの逸文紹介とその分析を追加した。

このような書物が世に伝わるであろうことは、室町時代の『江次第抄』が「内裏式」や「新儀式」の逸文を長文にわたって引用している点からも予想することはできたが、実際に私がそうした書物に出会えるとは夢想だにしていなかった。この書の存在をお教えいただいた櫻井氏と小森氏のご好意に厚くお礼申し上げる次第である。九条家本『神今食次第』は後三条天皇の時代の書物であると思われるが、その具体的な書名を確定するまでにはいたっていない。全文の紹介・翻刻と書名の考究は今後に残された課題である。

本書はこのように主として書陵部勤務中にめぐり会った新史料との付き合いのなかから生まれたものである。こうした出会いが可能となったのは、縷々述べてきたように、書陵部に勤務された諸先輩方をはじめ、田島公・櫻井彦・小森正明の諸氏からのご教示があったためである。諸氏の学恩に改めて深謝したい。また、書陵部での八年間の勤務経験がなければ、本書をまとめることはなかったであろう。その意味で、私が書陵部に勤務する道を開いて下さった長山泰孝先生と米田雄介氏にもお礼を申し上げねばならない。

東山御文庫本の調査にあたっては、宮内庁侍従職からご許可をいただき、同職御物係の水村正光氏と大村卓司氏のご高配を賜った。深甚の謝意を申し述べたい。また、毎年の京都出張時にお世話をおかけし、ご教示を頂戴してきた宮内庁書陵部の吉岡眞之（現、東京大学史料編纂所客員教授）、北啓太（現、宮内庁京都事務所長）、田島公（前出）、詫間直樹、鹿内浩胤、相曽貴志、高田義人、小倉慈司（現、国立歴史民俗博物館准教授）、石田実洋、新井重行の諸氏にも厚くお礼申し上げる。また本書の出版については、吉川弘文館の石津輝真氏からお話をいただいた。出版事情の厳しいなか、このように地味な史料研究に着目して下さり、大変ありがたく思っている。さらに編集と製作の実務については、吉川弘文館の並木隆氏と歴史の森の関昌弘氏のお世話になった。お世話になった方々に改めて厚くお礼申し上げたい。

二〇一一年十一月

西本昌弘

初出一覧

序章　古代史研究と新史料―東山御文庫本と九条家本を中心に―（新稿）

第一部　藤原行成の年中行事書と新史料

第一章　東山御文庫所蔵の二冊本『年中行事』について―伝存していた藤原行成の『新撰年中行事』―（『史学雑誌』一〇七―二、一九九八年）

第二章　「蔵人式」と「蔵人所例」の再検討―『新撰年中行事』所引の「蔵人式」新出逸文をめぐって―（『史林』八一―三、一九九八年）

第三章　「官曹事類」「弘仁式」「貞観式」などの新出逸文―『新撰年中行事』に引かれる新史料―（『続日本紀研究』三一五、一九九八年）

第四章　広橋家旧蔵本『叙除拾要』について―藤原行成の除目書と思われる写本―（田島公編『禁裏・公家文庫研究』第一輯、思文閣出版、二〇〇三年）

第五章　東山御文庫本『日中行事』について（『日本歴史』七一六、二〇〇八年）

第二部　古代の儀式書・年中行事書と新史料

第一章　九条家本『神今食次第』所引の「内裏式」逸文について―神今食祭の意義と皇后助祭の内実―（『史学雑誌』一一八―一一、二〇〇九年）

第二章　九条家本『神今食次第』にみえる「清涼御記」逸文―「清涼記」の成立年代と「新儀式」との異同―

（田島公編『禁裏・公家文庫研究』第三輯、思文閣出版、二〇〇九年）

第三章　九条家本『神今食次第』所引の「西記」と「二代御記」―行幸時の鈴印携行とも関わる新史料―（新稿）

第四章　『北山抄』巻十の錯簡とその復元―稿本と前田本の相違点を手がかりに―（『史学雑誌』一〇四―一、一九九五年）

第五章　『江家年中行事』と『年中行事秘抄』―大江匡房原撰本の展開過程―（平成十二～十四年度科学研究費補助金〔基盤研究〔C〕〔2〕〕研究成果報告書『古写本による年中行事書の比較研究』、研究代表者　関西大学文学部西本昌弘、二〇〇三年）

著者略歴

一九五五年　大阪市に生まれる
一九八七年　大阪大学大学院文学研究科博士課程単位取得退学
日本学術振興会特別研究員、宮内庁書陵部主任研究官を経て
現在　関西大学文学部教授

〔主要編著・論文〕
『日本古代儀礼成立史の研究』（塙書房、一九九七年）
『日本古代の王宮と儀礼』（塙書房、二〇〇八年）
『新撰年中行事』（編著、八木書店、二〇一〇年）

日本古代の年中行事書と新史料

二〇一二年（平成二十四）二月十日　第一刷発行

著　者　西《にし》本《もと》昌《まさ》弘《ひろ》

発行者　前田求恭

発行所　株式会社　吉川弘文館
郵便番号一一三―〇〇三三
東京都文京区本郷七丁目二番八号
電話〇三―三八一三―九一五一〈代〉
振替口座〇〇一〇〇―五―二四四番
http://www.yoshikawa-k.co.jp/

印刷＝藤原印刷株式会社
製本＝誠製本株式会社
装幀＝山崎　登

ISBN978-4-642-02489-1

索　　引

Ⅰ 事　　項

あ　行

か　行

さ　行

た　行

な　行

は　行

ま　行

や　行

ら　行

わ　行

II　研究者・所蔵機関

あ　行

か 行

さ 行

た　行

な　行

は　行

ま　行

や　行

わ　行